Manfred Voigt

Johann Christoph Silchmüller
Ein lutherischer Pietist zur Zeit der Aufklärung

CHW-Monographien

Im Auftrag des Colloquium Historicum Wirsbergense e.V.
herausgegeben von
Günter Dippold

Band 7

Manfred Voigt

Johann Christoph Silchmüller

Hofprediger und Superintendent in Bayreuth und Kulmbach

Ein lutherischer Pietist zur Zeit der Aufklärung

Lichtenfels 2005

Die laufende Arbeit des Colloquium Historicum Wirsbergense e. V. wird vom Bezirk Oberfranken und einer Reihe oberfränkischer Landkreise und Gemeinden regelmäßig unterstützt.
Die Herausgabe des vorliegenden Bandes wurde durch die Oberfrankenstiftung gefördert.

ISBN 3-87735-185-9

Colloquium Historicum Wirsbergense – Heimat- und Geschichtsfreunde in Franken e. V.
1. Vorsitzender: Prof. Dr. Günter Dippold, Brückleinsgraben 1, D-96215 Lichtenfels

Kommissionsverlag: H. O. Schulze, Marktplatz 15, D-96215 Lichtenfels
Druck: Ellwanger Bayreuth

Inhalt

1. Silchmüllers Jugend und geistige Wurzeln
(1694–1727)

1.1. Das Elternhaus in Wasungen

Johann Christoph Silchmüller wurde am 2. August 1694 in Wasungen geboren. Der ehemals henne-bergische Ort gehörte von 1672 an zum Herzogtum Sachsen-Meiningen. Wer heute die thüringische Stadt im Tal der Werra besucht, der findet manches Sehenswerte: Schöne Fachwerkhäuser, Adelshöfe aus der Renaissance- und Barockzeit und die Stadtkirche, im Nordosten hoch über der Stadt gelegen.

In der Stadtkirche zeigte mir der Ortspfarrer zwei Grabsteine mit dem Namen Silchmüller. Der eine erinnert an Johannes Silchmüller, den Vater von Johann Christoph. Er hatte von 1687 bis 1710 als Superintendent in der Stadt gewirkt.[1] Die Inschrift erzählt von seinem Leben und Sterben:

„Geehrter leser | Wiße, das allhier ruhen die Gebeine eines truen und glaubigen Knechts Gottes. | Er hieß Herr Johannes Silchmüller, | ward gebohren zu Saltzungen A. D. 1645, 25. Aug. | beruffen ins Predig Ambt als Pfarrer nach Unfind in Francken 1675, | als Superintendens nach Neustadt an der Heyde 1685, | als Superintendens nach Wasungen 1687. | Er ging zu seinem Heylande | Als ein glaubiger Jacob den Seegen zu empfangen, | nachdem er von ihm auf der Jährlichen Circular Visitation zwar hart |

doch in Gnaden heimgesuchet und durch einen unvermutheten Schlag fluß gerühret worden zu Unter Katz | d. 11. July 1710, | hat gelebet 65 Jahr weniger 3 Monate und 3 Tag. | Leichentext Gen. 32, 26. Ich laße dich nicht, du segnest mich denn. | Circum eundo consumptus. Hac morte beatus.“[2]

Johannes Silchmüller war also in seiner Funktion als Superintendent unterwegs gewesen und hatte in Unterkatz die Gemeinde und ihren Pfarrer besucht. Dabei starb er an einem Schlaganfall. Man spürt dem Text noch das Erschrecken über dieses plötzliche Hinscheiden ohne die Vorbereitung durch Beichte und heiliges Abendmahl an. Auch die beiden lateinischen Sätze sprechen das aus: „Über dem Gehen dahingerafft. Durch diesen Tod selig.“

Johann Christoph, der jüngste von zehn Kindern, wurde damals gerade sechzehn Jahre alt. Noch in seinem Mannesalter erinnerte er sich tief bewegt an die letzte Begegnung mit seinem Vater. Er verließ zum ersten Mal für längere Zeit das Elternhaus, um nach Schleusingen zu reisen. Er sollte am dortigen Gymnasium illustre das Studium beginnen. Vor der Abreise nahm ihn der Vater mit in seine Studierstube. Sie knieten nieder, um für den neuen Lebensabschnitt Fürbitte zu tun, und der Vater gab dem Sohn den Segen „unter

Die Stadtkirche zu Wasungen. Hier stehen die Grabsteine für Silchmüllers Vater und seinen Bruder Johann Georg

In den wenigen Hinweisen zur Biographie des Superintendenten Johannes Silchmüller findet sich vieles, was dem damals Üblichen entspricht. Auffällig sind die Stiftungen von Abendmahlsgeräten, die während seiner Dienstzeit in Wasungen gemacht wurden: drei silberne Kelche, zwei silberne Weinkannen, zwei silberne Hostienbüchsen, drei Patenen, ein silbernes Löffelchen. Fast alles, was in der Wasunger Kirche zur Feier des Sakramentes gebraucht wurde, stammt aus dieser Zeit.[4] Das lässt darauf schließen, dass er stark in der Abendmahlsfrömmigkeit lebte, wie sie oft in der lutherischen Orthodoxie lebendig war. Bezeichnenderweise trug er beim feierlichen Einzug der Geistlichen zur Weihe der Schlosskirche in der Meininger Elisabethenburg im Jahr 1692 den Kelch.[5]

Wie der Vater entstammte auch die Mutter von Johann Christoph einer Pfarrfamilie. Maria Elisabetha Pfnör war die Tochter des Diaconus Pfnör in Salzungen.[6] Von Silchmüllers drei am Leben

Gebet und Thränen". In Schleusingen erreichte ihn die Nachricht vom Tod des Vaters. „Ich war kaum drey Wochen daselbst, so erhielte ich die traurige Nachricht, daß Ihn der HErr in die Ewigkeit hinweggenommen, da ich seiner Hülffe zu Fortsetzung meines Studirens am allernötigsten bedurffte."[3]

Rathaus in Wasungen, erbaut 1532/34

Das Pfarrhaus von Wasungen, erbaut 1603.
Johann Christoph Silchmüller verbrachte hier seine
Kindheit

gebliebenen Brüdern studierten zwei ebenfalls Theologie: Johann Georg wirkte zuletzt wie sein Vater als Superintendent in Wasungen, wo er im Jahr 1735 starb. Auch sein Grabstein ist in der Stadtkirche erhalten und erwähnt „äußere und innerliche Leyden", durch die er gehen musste. Die Gemeinde nahm daran großen Anteil und spürte, wie er durch all das Schwere zu einer besonderen geistlichen Reife gelangte.[7] Der andere Bruder Johann Daniel machte in der Residenzstadt Meiningen Karriere, zunächst als Inspektor und Direktor des Lyzeums, dann als Hofdiaconus und Lehrer für die Kinder des Herzogs, schließlich als Superintendent und Konsistorialrat. Er sei ein mit Energie wirkender Kirchenleiter und feuriger Kanzelredner gewesen. Er starb mit 77 Jahren. In

der letzten Zeit musste er im Sitzen predigen, weil seine Beine schwach geworden waren.[8] Der dritte Bruder, Heinrich Christian Silchmüller, war Advokat in Wasungen.[9]

1.2. Das Hennebergische Gymnasium

In Wasungen wurden die Kinder in einer dreiklassigen Knabenschule und in einer einklassigen Mädchenschule unterrichtet. Die Buben konnten auch schon die Anfangsgründe der lateinischen Sprache lernen.[10] Als Johann Christoph Silchmüller nach Schleusingen an das dortige Gymnasium übersiedelte, wurde er in die vorletzte Klasse aufgenommen. Wo er sich das Lernpensum der unteren Gymnasialklassen angeeignet hatte, ist nicht ersichtlich. Man kann vermuten, dass ihn sein Vater oder ein älterer Bruder privat unterrichtet hatte. Er konnte jedenfalls dem Unterricht gut folgen und wurde schon in seinem ersten Schleusinger Jahr 1711 als bester Schüler ausgezeichnet.[11]

Das Schleusinger Gymnasium hatte einen ausgezeichneten Ruf.[12] In den Jahren 1696 bis 1713 war Gottfried Ludovici Rektor der Schule. Er hatte an der Universität Leipzig von 1689 an studiert, dann auch selber Vorlesungen gehalten und an der Nikolaischule als Konrektor gewirkt. Nach seiner Schleusinger Zeit war er Theologieprofessor und Direktor am Gymnasium Casimirianum in Coburg. Er schrieb eine Geschichte der geistlichen Liederdichter und verfasste auch selbst Choräle, z. B. das Lied „Mein treuer Jesu, steh mir bei im Leben und im Sterben".

Von seinen Lehrern erhielt Johann Christoph ein solides philologisches, historisches und biblisches Wissen und wurde von ihrer Frömmigkeit geprägt.

Aus dem Jahr 1712 gibt es eine Veröffentlichung des Schleusinger Gymnasiums, an welcher der Rektor den damals siebzehnjährigen Silchmüller beteiligte.[13] Am 19. März referierte Ludovici über einige Geschichtsschreiber des 16. und 17. Jahrhunderts. Daran schloss sich eine „Disputatio Historico-Moralis" an, bei der der Rektor Beobachtungen aus seiner Forschung mitteilte, die der Schüler Silchmüller erörtern sollte – natürlich wurde dabei Latein gesprochen. So habe der „Historiographus" Heinrich de Valois geurteilt, man solle sich an den Feiertagen dem Lobe Gottes und nicht den wissenschaftlichen Studien widmen. Silchmüllers These am Ende der Disputation lautete: „Einige schlecht Gebildete sagen oft gegen die genaue Beachtung der Festtage: Studieren heißt Gott dienen." Der „Historiographus" Nicolaus Blancard habe seine Schule verlassen, weil er mit deren Einrichtung unzufrieden gewesen sei, und habe in einem Dorf als Privatier gelebt. Der Schüler Silchmüller urteilte darüber: „Wenn so viel an Kräften und Gaben von Gott vorhanden ist, dass einer anderen Menschen auf löbliche und zweckmäßige Weise hilfreich sein kann, so ist es nicht erlaubt, sein Leben ohne öffentliche Wirksamkeit zu verbringen und das private Leben zu wählen." Die Thesen lassen schon etwas von den späteren Überzeugungen des Predigers erkennen.

Johann Christoph nahm aus seiner zweijährigen Gymnasialzeit noch eine weitere Erfahrung mit. Die berühmte Lehranstalt wurde von Sachsen-Meiningen und einigen anderen Herzogtümern verwaltet und bezuschusst. Die Zahlungen aber ließen häufig auf sich warten oder blieben

ganz aus. So konnte wiederholt die Besoldung an die Lehrer nicht ausbezahlt werden. Im Internat wurde an Essen, Heizung und Licht gespart. Einige Male stand man vor der Frage, ob das Internat nicht ganz geschlossen und die Schüler nach Hause geschickt werden sollten. Wiederholt schrieben Ephorus, Rektor und Lehrer Bittschriften um Auszahlung der rückständigen Gehälter. Sie würden in dem Schulstaube verarmen und könnten ihre Arbeit nur mit Kummer und Hunger verrichten. Im Jahr 1712 (als Silchmüller die Schule verließ) schuldete allein Sachsen-Meiningen dem Gymnasium 3535 Gulden. Das war das Jahresgehalt für etwa zehn Lehrer. Die anderen Fürsten hatten Schulden in ähnlicher Höhe.[14]

Misswirtschaft und Verschwendung der Fürsten bedeuteten für die einfachen Menschen Mangel und Not. Der damals regierende Herzog Ernst Ludwig I. von Sachsen-Meiningen (1706–1724) hatte von seinem Vater Herzog Bernhard I. einen großen Schuldenberg geerbt, verursacht durch den Bau der Elisabethenburg und durch eine kostspielige Hofhaltung. Auch er selber lebte über seine Verhältnisse. Viele deutsche Fürsten versuchten damals den „Sonnenkönig" Ludwig XIV. nachzuahmen. Das bedeutete Prunk und Pracht, selbst wenn es das kleine Fürstentum nicht erwirtschaften konnte. Zudem hatte Bernhard I. die Nachfolge nicht klar geregelt. Es gab unentwegt Streit zwischen Ernst Ludwig I. und seinen Brüdern. Das verhinderte ebenfalls eine geordnete, sparsame Verwaltung.

Bestimmt aber hörte Johann Christoph auch von einem vorbildlichen Fürsten: Die thüringischen Herzogtümer zehrten damals noch von manchen Segnungen aus der Regierungszeit von Herzog Ernst, dem Frommen, der den Bewoh-

nern seines Landes nach den verheerenden Zer-
störungen des Dreißigjährigen Kriegs zu einem
bescheidenen Wohlstand verholfen und ein mo-
dernes Staatswesen geschaffen hatte, das in Europa bewundert wurde. Seine Anliegen waren eine klar gegliederte Verwaltung und Rechtssicher-
heit, die Förderung der Jugend durch gute Schulen und eine allgemeine Schulpflicht sowie die
Stärkung des christlichen Glaubens und der guten Sitten.

Herzog Ernst war einer der wenigen Fürsten in
Deutschland, die dem „Sonnenkönig" nicht nach-
eifern wollten. Vielmehr schrieb er in seinem Testament von 1654: „Und bestehet das Fürstenamt
nicht in großem Pomp und äußerlichen Anstalt,
sondern vielmehr in ordentlicher Führung des
Regiments und fleißiger, guter Aufsicht, daß es
im Land allenthalben, sowohl in geist- wie in
weltlichen Sachen, richtig daher gehe, Gottes Ehre befördert, jedermann gleich und unparteyisch
Recht ertheilet, Schutz geleistet, das Gute beloh-
net, das Böse gestrafet und was sonsten versprochen, Fürstlich gehalten werde."[15]

Mit dem Bild eines vom christlichen Glauben
bestimmten, sparsamen Regenten kam Silchmüller Jahrzehnte später nach Bayreuth. Er bestärkte
den Markgrafen Georg Friedrich Carl in seiner
puritanischen Lebensweise und kritisierte Luxus
und Verschwendung bei Markgraf Friedrich und
seiner Gemahlin Wilhelmine.

1.3. Studium im Spannungsfeld von Orthodoxie, Aufklärung und Pietismus

Über Silchmüllers Studium ist wenig bekannt. An
der Universität Jena wurde er am 1. Oktober 1712

immatrikuliert.[16] Neun Tage später erfolgte die
„depositio cornuum" (das war ein akademischer
Aufnahmebrauch, bei dem den Anfängern mit
derbem Ulk die „Hörner der Unwissenheit" abge-
schlagen wurden).

Nach eineinhalb Jahren in Jena ließ sich
Silchmüller am 2. Mai 1714 an der neugegründeten Universität Halle einschreiben. In der Matrikel wurde vermerkt: „Freitisch, nicht bezahlt."[17]
Der „Freitisch" war eine hallische Besonderheit.
In den zahlreichen Schulen, die August Hermann
Francke gegründet hatte, wurden auch Studenten
als Lehrer und Erzieher beschäftigt. Sie übernahmen einige Stunden Unterricht, dafür bekamen
sie Unterkunft und Essen. Das gab manchem armen Studenten überhaupt die Möglichkeit zu studieren. Für andere Studenten sprangen reiche
Gönner ein und bezahlten den Freitisch. Silchmüller hatte nach Auskunft der Matrikel einen
nicht bezahlten Freitisch, d. h. er verdiente sich
Unterkunft und Verpflegung, indem er in der
Schule mithalf. Das wird auch in einem Lexikon
aus dem Jahr 1740 bestätigt.[18] Da heißt es, dass
er im Hallischen Waisenhaus als „Praeceptor"
(Lehrer) arbeitete und dabei Unterricht im He-
bräischen gab. In einem Dankschreiben zum 50.
Jubiläum des Hallischen Waisenhauses schreibt
Silchmüller, er habe vier Jahre in der Lateinischen
Schule in allen Klassen unterrichtet, und zwar in
den Fächern Theologie, Latein, Griechisch, He-
bräisch, Geschichte, Geographie und habe auch
immer wieder Katechesen über Bibelsprüche
ausgearbeitet.[19]

Mit welchen geistigen Strömungen musste sich
damals ein Student auseinander setzen? Die Stich-
worte wurden schon bei der Überschrift dieses
Abschnitts genannt: Orthodoxie, Aufklärung und

Pietismus. Die Orthodoxie hatte in der Zeit nach Luther versucht, die evangelische Lehre in einem imponierenden Dogmengebäude festzulegen und zu verteidigen. Orthodoxe Theologen stritten gegen Katholiken und Kalvinisten und gegen so genannte Kryptokalvinisten unter den Lutheranern. Man entwickelte eine hochgestochene Begrifflichkeit. Doch das wirkte sich dann kaum noch im praktischen Leben aus. Die Sitten verwilderten zusehends: Saufereien, Schlägereien, Foppen und Betrügen der Bürger, Besuche bei Prostituierten, das gehörte oft auch zum Studentenleben eines angehenden Pfarrers. Darüber klagten nicht nur Pietisten, sondern auch orthodoxe Professoren.[20] Die jungen Theologen waren zwar in der exakt richtigen Lehre ausgebildet. Aber es fehlte ihnen die „praxis pietatis", die persönliche Frömmigkeit, und sie hatten nicht gelernt, die christliche Botschaft den einfachen Leuten verständlich weiterzugeben. Die Predigten wiederholten theologische Begriffe, ereiferten sich in dogmatischen Streitfragen, waren oft gespickt mit lateinischen Zitaten. Sie gingen jedoch über die Köpfe der geschundenen Bauern, der hungrigen Handwerksgesellen und der kranken Tagelöhnerin, die nicht wusste, wo sie das Brot für ihre Kinder hernehmen sollte, hinweg. Das religiöse Wissen der Getauften war erschreckend gering. Die Leute besuchten den Gottesdienst, weil sie mussten. Aber sie erhielten wenig Trost und Hilfe für ihren Alltag.

Vor allem war die orthodoxe Theologie nicht in der Lage, auf die neuen Gedanken und Fragen einzugehen, die durch die Aufklärung angestoßen wurden. „Ein unersättlicher Wissensdurst hat Europa gepackt; die großen Entdeckungen heben an, und die Welt weitet sich in ungeahn-

tem Maße. [...] Gewaltige Dinge erwartet man noch von dem forschenden menschlichen Verstand. Wird er nicht noch viele Rätsel und Geheimnisse lösen? Der menschliche Geist ist in einem unaufhörlichen Vormarsch begriffen. Alte Vorurteile zerflattern, ehrwürdige Traditionen verblassen."[21]

Nach dem Dreißigjährigen Krieg und dem nicht aufhörenden konfessionellen Hader empfanden die Gebildeten in steigendem Maße Überdruss an der überlieferten Religion. Die naturwissenschaftlichen Entdeckungen schienen die Möglichkeit zu eröffnen, die Lebensprobleme auf eine andere, auf weltliche Weise zu lösen. Die Vertreter der Aufklärung hatten ein grenzenloses Vertrauen in die eigene Vernunft. Geltung sollte nur das beanspruchen, was „vernünftig" war. Statt auf das Jenseits hin zu leben, wollte man die Zustände im Diesseits verbessern. Fortschrittsoptimismus und ein rücksichtsloser Reformeifer beflügelten die führenden Köpfe.

Die Ideen der Aufklärung wurden zunächst in Holland und England verbreitet. Dort hatten sich die Bürger auch schon politische Freiheiten erkämpft. In England entstand die Religionsphilosophie der Aufklärung, der Deismus. Er geht davon aus, dass allen Menschen bestimmte Wahrheiten angeboren sind. Dazu gehört der Glaube an einen Gott, der durch Tugend und Frömmigkeit verehrt werden soll und der das Tun des Menschen im Diesseits und im Jenseits belohnt bzw. bestraft. Von dieser „natürlichen Religion" ausgehend, wurde das „Unvernünftige" an der bisherigen Religion kritisiert, z. B. die christliche Lehre vom Dreieinigen Gott und von der Menschwerdung Gottes in Christus, ebenso die biblischen Wundererzählungen.[22] In Deutschland wurden die Gedanken der Aufklärung meist nicht so radikal vertreten wie in anderen europäischen Ländern. Das ist auf den Mathematiker, Philosophen und Staatsmann Gottfried Wilhelm Leibniz (1646–1716) zurückzuführen, der eine Synthese von christlichem Glauben, Philosophie und Naturwissenschaft anstrebte. Dennoch stürzte das neue Denken das Christentum in eine tiefe Krise. Zweifel, Skepsis und Distanz zur Kirche breiteten sich aus. Auch Christen wie August Hermann Francke lernten solche Anfechtungen kennen: „Bald kam mir in den Sinn, wer weiß, ob auch die heilige Schrift Gottes Wort ist. Die Türken geben ihren Alcoran und die Juden ihren Talmud auch dafür aus. Wer will uns sagen, wer recht habe?"[23] Die orthodoxen Theologen hatten Sätze aus der Bibel zitiert und andere Meinungen mit dem Argument „Es steht geschrieben!" beiseite geschoben. Aber jetzt wurde das alles zweifelhaft: „Woher willst du wissen, dass das stimmt, was in der Bibel steht?"

Auf diese an die Substanz gehende Anfrage suchte der Pietismus eine Antwort. Man vertiefte sich in die Schriften Luthers und in die Schriften der Mystiker. Diese wiesen den Weg nach innen: „Du kannst erfahren, dass Gott bei dir ist und dass er durch sein Wort zu dir redet." Erlebnisse von Führungen und Fügungen, aber auch Gefühle und aufleuchtende Erkenntnisse sind für den Pietisten ein Hinweis auf das Wirken Gottes. Las der orthodoxe Theologe die Bibel vor allem mit der Absicht, um Beweise für seine Dogmatik zu finden, so suchte der Pietist beim Bibellesen zu erfahren, dass Gott durch diese Worte persönlich zu ihm spricht. Der Pietismus war eine Bibellesebewegung. Man studierte die Bibel für sich allein. Aber noch lieber las man sie im Kreis von Gleich-

gesinnten, wo einer dem anderen ein Wort des Trostes, der Ermunterung und der Lebenshilfe sagen konnte.

Der Programmatiker des Pietismus in Deutschland war Philipp Jakob Spener (1635–1705), ein bescheidener und nüchterner Theologe mit einem klaren Blick für die Schwächen der evangelischen Kirche. Im Jahr 1675 veröffentlichte er eine kleine Schrift mit dem Titel „Pia desideria" (fromme Wünsche). Sie enthielt sechs Reformvorschläge: 1. Beschäftigung mit der Bibel (sie war damals bei den Evangelischen ein unbekanntes Buch), 2. Mitarbeit der Laien in der Gemeinde (statt „Pfarrerkirche"), 3. Beherzigung, dass das Christentum nicht im Wissen, sondern in Taten besteht (die orthodoxe Predigt hatte die „guten Werke" in Abgrenzung zur katholischen Lehre abgewertet), 4. Liebevolles Verhalten in Religionsstreitigkeiten (anstatt konfessionellem Hader), 5. Reform des Theologiestudiums (die angehenden Pfarrer sollen zur Praxis ihres Berufes hingeführt werden und das, was sie lehren, auch selber leben), 6. Die Predigten sollen „erbaulich" sein, nämlich verständlich und lebensnah.[24]

Eine Generation später wurde Halle an der Saale durch das Wirken von August Hermann Francke (1663–1727) zur Hauptstadt des Pietismus in Europa. Francke war als Pfarrer in den verrufenen Vorort Glaucha und als Professor für orientalische Sprachen an die Universität berufen worden. Er gab dem Pietismus eine starke soziale Ausrichtung. „Das soziale Elend war damals in Deutschland unvorstellbar groß. In Bayern liegt zu dieser Zeit noch ein Drittel des Landes wüst. Man schätzt, daß zehn bis zwanzig Prozent der Bevölkerung überwiegend vom Bettel gelebt hat."[25] Auch in Glaucha zogen die Ortsarmen,

August Hermann Francke (1663–1727)
(Gemälde um 1725)

vor allem Alte und Kinder, täglich durch die Gassen, um sich Nahrung zu erbetteln. Die Bettelkinder verwahrlosten durch das Leben auf der Straße, und sie wuchsen ohne die Möglichkeit auf, etwas zu lernen, weil ihre Eltern das Schulgeld nicht aufbringen konnten.

Als eine Beamtenfrau dem Glauchaer Pfarrer eine Spende von vier Talern und sechzehn Gro-

schen für die Armen anvertraute, fasste er den Entschluss: „Das ist ein ehrlich Kapital, davon muß man etwas Rechtes stiften; ich will eine Armenschule anfangen."[26]

Im Jahr 1695 begann Francke mit der Schule, in der armen Kindern kein Schulgeld abverlangt wurde. Danach erfolgte bald die Errichtung eines Waisenhauses und der Bau weiterer Schulen. Schließlich wurden fast dreitausend Schüler unterrichtet. Der Anteil der Mädchen betrug 40 Prozent, was damals ungewöhnlich war.[27] Auch Franckes Unterrichtsmethode war neu: Die Schüler betrieben immer nur drei Unterrichtsfächer zur gleichen Zeit. Nach einer Prüfung trat an die Stelle des bisherigen ein neues Fach. Es gab auch kein starres Klassensystem. Je nach dem Stand des Wissens wurden die Kinder einer Unterrichtsgruppe zugeteilt. Francke führte Unterrichtsfächer neu ein, die uns heute als selbstverständlich erscheinen: Geographie und Geschichte, Physik und Biologie, Französisch und Deutsch.[28] Seine Anweisungen an die Erzieher lauteten: Kein unbeherrschter Zorn, keine Prügel, sondern Liebe, Geduld und Gebet.[29]

Ohne Zweifel bekam Silchmüller in seiner hallischen Studienzeit die stärkste Prägung. Er nannte später den Professor Francke seinen „geistlichen Vater" und Halle seine „geistliche Geburtsstadt", „das ich [...] bis zu meiner Asche liebe und hochachte."[30] Er erlebte also in Halle seine Bekehrung, und zum Pietismus hallischer Prägung bekannte er sich noch in seinem Alter. Er wohnte ja während der vier Jahre, die er in Halle als Student verbrachte, im Waisenhaus und beteiligte sich nicht nur am Unterricht in der Lateinschule, sondern auch an den Betstunden, Konferenzen und Bibelkreisen, zu denen August Hermann

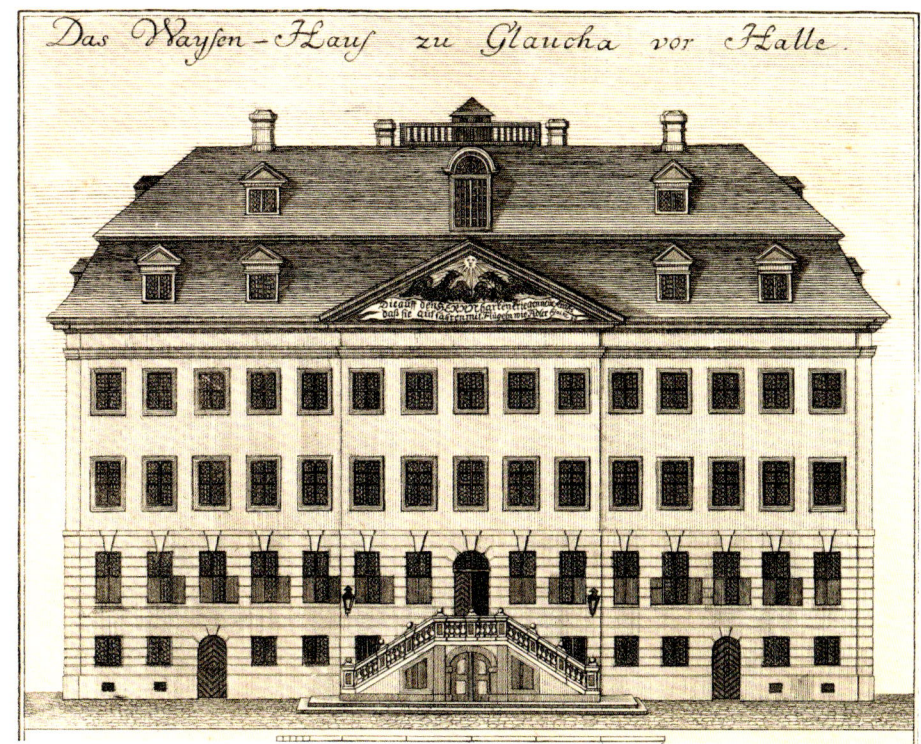

Das Waysen-Haus zu Glaucha vor Halle.

Vorderansicht des Hauptgebäudes der Franckeschen Stiftungen, 1749

Francke einlud.[31] Auch an die übrigen Universitätslehrer dachte Silchmüller mit Dankbarkeit. Der Schwerpunkt der Lehrveranstaltungen lag bei der Bibelwissenschaft. Die Studenten wurden angeleitet, die ganze Bibel in der Ursprache zu lesen und für die Gemeindeglieder auszulegen. Francke war überzeugt, dass das Bibelwort am ehesten Zweifler und Ablehnende überzeugen könne.[32]

Silchmüller konnte ferner bedeutende Vertreter der Aufklärung kennen lernen. Seit 1694, dem Gründungsjahr der Universität, wirkte Christian Thomasius (1655–1728) in Halle. Er verteidigte

Francke gegen die Angriffe der Orthodoxen, kämpfte gegen Folter und Hexenprozesse und für die Freiheit des Gewissens und der Forschung. Er hielt es auch für falsch, dass der Staat gegen abweichende theologische Auffassungen mit Polizeigewalt vorging. Das wurde auch Silchmüllers Überzeugung.

Der Philosoph und Mathematiker Christian Wolff (1679–1754) lehrte seit 1707 in Halle. Er versuchte, die ganze Wirklichkeit von Gott bis hin zu Politik und Wirtschaft in ein einheitliches logisches System zu fügen. Er popularisierte Leibniz und den englischen Deismus.

Pietismus und Aufklärung gingen eine Weg-
strecke in die gleiche Richtung. Beide suchten
auf die neue geistige Situation eine modernere
und angemessenere Antwort, als sie von der Orthodoxie gegeben wurde. Das Spannungsverhält-
nis zwischen Vernunft und Offenbarung ver-
schob sich aber bei den Aufklärern immer weiter
zu Ungunsten der Offenbarung, bis man schließlich die Möglichkeit einer Offenbarung überhaupt verneinte. Der Pietismus, dessen Schwerpunkt auf dem erbaulichen Bibelstudium und
dem praktischen Christentum lag, konnte dieser
Entwicklung nichts entgegensetzen. Deshalb betonte der Pietist Silchmüller in seinem Alter wieder mehr das lutherische Bekenntnis und die orthodoxe Position. Diese Haltung, welche die
Mauern der Kirchenparteien übersprang, traf er
freilich schon in seinem ersten Studienort Jena
an. Der berühmte Theologe Franz Buddeus
(1667–1729) verband Ehrfurcht vor dem überlieferten Dogma mit kritischer historischer Forschung und Verständnis gegenüber dem Pietismus.[33]

1.4. Kontakte zu den Markgrafen von Brandenburg-Kulmbach

Nach seinem theologischen Examen erhielt
Silchmüller im Jahr 1717 (wohl durch die Vermittlung Franckes) eine Anstellung als „Informator" der beiden jungen Markgrafen Friedrich
Ernst und Friedrich Christian aus der so genannten Weferlinger Linie der fränkischen Hohenzollern.[34] Der Begründer der Weferlinger Linie war
Georg Albrecht d. Ä. (1619–1666), ein jüngerer
Sohn des Markgrafen Christian. Sein Sohn Chris-

tian Heinrich (1661–1708) heiratete im Jahr 1687
die Gräfin Sophie Christiane von Wolfstein. Der
älteste Sohn aus dieser Ehe war Georg Friedrich
Carl (geboren 1688). Er regierte von 1726 bis
1735 in Bayreuth. Dessen jüngster Bruder war
der oben schon genannte Friedrich Christian (geboren 1708). Er regierte als letzter Bayreuther
Markgraf von 1763 bis 1769.

Markgräfin Sophie Christiane schenkte vierzehn Kindern das Leben, von denen sieben das
Erwachsenenalter erreichten. Sie war fromm und
hochgebildet und kümmerte sich selbst um die
Erziehung ihrer Kinder, was damals eine Ausnahme war. Für die Hausgottesdienste in Schloss
Schönberg bei Lauf stellte sie im Jahr 1703 ein eigenes Gesangbuch zusammen mit dem Titel
„Glaubenschallende und himmelsteigende Her-
zensmusik". Sie hatte Kontakt zu namhaften Pietisten und war mit dem Grafen Zinzendorf entfernt verwandt. So ist ihr Wunsch verständlich,
dass ihre beiden jüngsten Söhne in Halle studierten (ab 1715) und dann auch einen pietistischen
Informator bekamen, der sie zum Studium anleiten sollte.

Auch als beschlossen war, dass die Prinzen das
Studium an der Universität Helmstedt fortsetzten,
wünschte die Markgräfin, dass Silchmüller die
beiden als Mentor begleitete. Es gab aber in dieser Frage zwischen ihr und ihrem ältesten Sohn
Georg Friedrich Carl eine Meinungsverschieden-
heit. Denn dieser setzte es durch, dass Baron
Christian Ernst von Schülin als Oberhofmeister
mitreiste.

Silchmüller berichtete davon in einem Brief
vom 4. Oktober 1718, als er seinem geistlichen
Vater August Hermann Francke die Ankunft in
Helmstedt meldete.[35] Nach dem Hin und Her war

die Abreise von Halle so überstürzt erfolgt, dass er sich von Francke nicht verabschieden konnte. Und dabei hätte er dessen „vätterlichen und weisen Rath" sehr nötig gehabt, weil es viele Verdrießlichkeiten gegeben hatte, von denen „mir einige sehr contrair waren, daß nicht viel fehlte, noch in der letzten Stunde, da wir nach Helmstedt gehen sollten, um meine dimission anzuhalten". Die Markgräfin habe dann sehr verständnisvoll mit ihm gesprochen; und jetzt erkenne er in seinem Verhalten „Kleinmüthigkeit" gegenüber den „Wiederwärtigkeiten dieser Welt". Er habe Gott dafür um Vergebung gebeten.

Die Briefe Silchmüllers aus dieser Zeit zeigen ihn ziemlich unsicher und von mancherlei Stimmungen umgetrieben. Bei Francke suchte er Rat, Hilfe und fürbittendes Gedenken. Der „Waisenvater" wurde zum Ersatzvater für den jungen Mann, der seinen leiblichen Vater schon in früher Jugend verloren hatte.[36]

Für die Markgräfin fungierte Silchmüller damals des Öfteren als vertrauter Sekretär; denn infolge der nicht allzu großen Entfernung von Helmstedt weilte er mit den Prinzen häufig in Weferlingen. So berichtete er in ihrem Auftrag an Francke und den Grafen Heinrich XXIII. Reuß von der überraschenden Hochzeit des dänischen Kronprinzen und späteren Königs Christian VI. mit der Weferlinger Prinzessin Sophia Magdalena am 7. August 1721 im sächsischen Pretsch.[37] Er stand der Markgräfin auch in ihrer schweren Erkrankung im Frühjahr 1722 bei und schrieb deswegen im Auftrag der markgräflichen Familie an Francke und den Grafen Reuß.[38]

In einem Brief vom 16. September 1722 meldete Silchmüller dem „in Christo hertzl. geliebten Vatter", dass er mit den beiden Prinzen Anfang

Oktober nach Genf umziehen würde, damit diese dort ihr Studium fortsetzten.[39] Gerne würde er den Umweg über Halle reisen, um „dadurch Gelegenheit zu haben, sowohl von Euer Hoch-Ehrwürden als meinen andern lieben Geistl. Vättern in Halle mündlich Abschied und von Ihnen zugleich den Seegen mitnehmen zu können." Aber es ginge „die Tour von hieraus gleich über Caßel, Franckfurth und Straßburg nach Geneve." Francke möge für ihn beten: „Die mancherley Versuchungen deren man in der Welt vornehmlich auf Reisen unterworffen ist, und meines Geistes Armuth und Untüchtigkeit werden Euer Hoch-Ehrw. nicht unbekannt seyn." Auch wenn er Francke wegen der Überfülle an Arbeit nicht zu bitten wage, sei er doch dankbar für „einige gute Vätterliche monita" und „addressen von rechtschaffenen und Gottliebenden Seelen".

Die Übersiedlung nach Genf wurde von der Schwester der Prinzen ermöglicht. Nach ihrer Vermählung mit dem dänischen Kronprinzen gab sie einen regelmäßigen Zuschuss. In Genf studierte auch schon Prinz Friedrich, der älteste Sohn Georg Friedrich Carls. Er regierte als Nachfolger seines Vaters von 1735 bis 1763 in Bayreuth. Genf war damals für den deutschen Adel ein beliebter Studienort. Hier konnte man die französische Sprache lernen. Die Studiengebühren waren geringer als in Paris. Zudem ging es nicht so zuchtlos zu wie in der französischen Metropole.

Über seine Eindrücke in Genf, wo er sich vom 3. November 1722 bis zum 10. August 1724 aufhielt, schrieb Silchmüller einen ausführlichen Bericht an die „Väter und Brüder in Halle".[40] Er schilderte die politischen und kirchlichen Verhältnisse und den Lehrbetrieb an der Akademie.

An der Verfassung der Genfer Republik lobte er, dass die Regierungspersonen von den Gemeindegliedern in geheimer Wahl bestimmt würden. Auch gefiel ihm, dass die Wahl während eines Gottesdienstes in der Hauptkirche St. Pierre vor sich ging. Besonders rühmte er die Versorgung der Armen und Kranken. „Ich habe überhaupt observiret, daß man den Armen viel Gutes thut." Das „Hospital" sei das prächtigste Gebäude in der Stadt. Hier würden täglich etwa 500 Bedürftige gespeist. Die Kranken und Siechen würden im Hospital aufgenommen und bekämen Medizin und ärztliche Behandlung gratis. Die Räume seien sauber und gepflegt. Weiter würden vom Hospital monatliche Zahlungen an verarmte Bürger geleistet, die zu Hause wohnten. Der jährliche Etat des Hospitals betrage 25000 Species-Thaler. Zur Hälfte würde diese Summe durch Spenden der Bürger aufgebracht. Das Übrige käme aus dem Ertrag der Kapitalien und Grundstücke.

Von den strengen Sitten der einstigen „kalvinistischen Theokratie" war noch etwas zu spüren. Silchmüller gefiel, dass sie von Staats wegen durchgesetzt wurden. Das würde die Arbeit der Prediger sehr erleichtern.

Vom Pietismus hielten die Genfer nicht viel. Sie nannten die Vertreter dieser Frömmigkeit „Fanatici", „Inspiranten", ja auch „Wiedertäufer". Wiederholt erhielten Pietisten den Befehl zum Auswandern. Vom Waisenhaus in Halle hatten die führenden Leute in Genf wohl gehört. Aber sie meinten, dass auch Francke ein Sektierer sei. Überhaupt waren die Gesprächspartner Silchmüllers über deutsche Verhältnisse wenig informiert. Sie erklärten das damit, dass jetzt viele Bücher in deutscher Sprache geschrieben würden. Auch sei Deutschland in so viele Teile zerfallen, dass es

schwer sei, einen Überblick zu bekommen. Silchmüller begegneten viele Vorurteile. Ein Professor ging sogar so weit, bei einer Vorlesung, die auch von den drei brandenburgischen Prinzen besucht wurde, Deutsche und „Barbaren" in eins zu setzen. Silchmüller, der zu den Vertretern von Politik und Akademie gute Kontakte besaß, konnte einiges zurechtrücken, zumindest was den Pietismus und Francke betraf.

Über die Genfer Kirche berichtete er, sie habe ihre frühere dogmatische Strenge abgelegt.[41] So habe die Regierung verboten, die Lehre von der doppelten Prädestination zu predigen.[42] Während es vor siebzig Jahren den Lutheranern nicht erlaubt war, eine Andacht im Wohnzimmer zu halten, sei jetzt auch der öffentliche Gottesdienst möglich. „Wenn sie von Lutheranern reden, heissen sie solche allezeit nos chers freres Lutheriens, den Doctor Luther meist: le saint Reformateur le Docteur Luther." In Genf habe man eine Union zwischen beiden Kirchen angestrebt. Man plante, für die deutschen Reformierten und Lutheraner eine Simultankirche zu bauen. Die Pfarrer der beiden Konfessionen sollten abwechselnd den Sonntagsgottesdienst halten und dazu alle einladen. Auch das heilige Abendmahl sollte gemeinsam gefeiert werden. Das Vorhaben sei allerdings am Einspruch des Herzogs von Sachsen-Gotha gescheitert, der als Protektor der deutschen lutherischen Gemeinde in Genf fungiere.

Die Toleranz würde aber noch nicht die Katholiken einbeziehen. In der Schweiz, so Silchmüller, sei ihm ein regelrechter Hass zwischen Reformierten und Katholiken begegnet. In Genf habe das wohl vor allem politische Gründe; denn der Herzog von Savoyen habe wiederholt versucht, den Stadtstaat zu erobern. Dagegen betonte Silchmüller, bei seinen Reisen in das benachbarte Savoyen habe er immer wieder fromme Priester und Mönche getroffen, mit denen ein gutes Gespräch möglich gewesen sei.

Die Hochschule in Genf sei keine Universität, sondern eine Akademie, hauptsächlich für Theologen und Juristen.[43] Es seien etwa hundert Studierende immatrikuliert; die Hälfte käme aus Deutschland und England. Silchmüller schilderte ausführlich die einzelnen Professoren. Besonders rühmte er den „Professor primarius" Jean Alphonse Turretini, einen Vertreter der Frühaufklärung. „In seinen Predigten ist er ungemein erbaulich anzuhören." Er sei der „Urheber der jetzigen moderation der Genfer Kirche".

Im Sommer 1724 kehrte Silchmüller mit den beiden Prinzen nach Deutschland zurück. Friedrich Ernst und Friedrich Christian hatten das Angebot vom dänischen König bekommen, ein Regiment zu übernehmen. Das Oberhaupt der Weferlinger Familie, Georg Friedrich Carl, wohnte damals in Rothenburg ob der Tauber. Seine finanzielle Lage war alles andere als gut; denn er führte einen nun schon fünfzehn Jahre währenden Kampf um das Bayreuther Erbe. Sein Vater Christian Heinrich hatte im Vertrag von Schönberg (1703) darauf zu Gunsten des Königs von Preußen verzichtet. Er tat es, wie er schrieb: „Aus keiner Leichtsinnigkeit […] sondern da man gleichsam von aller Welt verlassen gewest, aus höchst dringender Noth gezwungen und getrieben mit recht vielen Schmertzen."[44] Die finanzielle Lage der Familie war so bedrückend, dass Christian Heinrich nur diesen Ausweg sah, zumal man damals noch nicht wusste, ob jemals einer aus der Familie in die Lage kommen würde, die Regierung in Bayreuth zu übernehmen. Der preußische König schickte nach Vertragsabschluss eine jährliche Leibrente von 6000 Talern. Dazu gewährte er der Familie freie Unterkunft im Schloss Weferlingen und versprach eine standesgemäße Ausbildung und Versorgung für alle Kinder. Im Jahr 1704 unterschrieben auch Georg Friedrich Carl und sein Bruder Albrecht Wolfgang den Vertrag.

Der Widerstand dagegen kam zunächst von anderer Seite. Die fränkischen Bistümer fürchteten eine Ausdehnung Preußens an ihre Grenzen. Auch der Kaiser in Wien war gegen diesen Machtzuwachs. Als schärfster Gegner des Vertrags erwies sich Christian Heinrichs jüngerer, unverheirateter Bruder Carl August. Er reichte eine Klage beim Reichshofrat ein. Nun leisteten auch der Ansbacher Markgraf und der Bayreuther Kronprinz Georg Wilhelm Widerstand. Im Jahr 1709 reiste Georg Friedrich Carl nach Potsdam, um sich mit dem König auszusprechen. In seiner Sache erreichte er nichts. Aber Friedrich I. richtete ihm eine glanzvolle Hochzeit aus. Er verheiratete den Prinzen mit der Tochter des Herzogs von Holstein-Beck, seines Generalfeldmarschalls. Aus der Ehe entsprossen fünf Kinder; einer davon war Friedrich, der spätere Markgraf von Bayreuth. Trotzdem war die Ehe unglücklich; die beiden waren zu verschieden: Georg Friedrich Carl, fast ängstlich fromm und gewissenhaft, dazu sehr sparsam, Dorothea von Holstein-Beck, lebenslustig, etwas oberflächlich und auch anderen Männern zugetan. Im Jahr 1714 trennte sich das Paar, im Jahr 1716 kam es zur förmlichen Scheidung. Georg Friedrich Carl blieb dann bis zu seinem Tod unverheiratet.

In diesen Jahren der Trennung und Scheidung erhielt der Weferlinger Markgraf sein Anrecht auf die Bayreuther Herrschaft zurück. Das kaiserliche Gericht hatte für ihn entschieden. Aber der preußische König sperrte nun alle Unterhaltszahlungen. Bitterste Not war die Folge. Georg Friedrich Carl schilderte die Situation seiner Familie mit den Worten: Sie sei „in solchen embarras gesezet, daß sie nunmehr nicht wüßten, wo sie bey dermahliger winterlicher Saison das tägliche Aufkommen vor Sich und Ihr Hauß hernehmen und Ihren engagierten Credit salvieren könnten."

Wegen dieser Notlage konnte der Markgraf den Kandidaten der Theologie Silchmüller nicht weiter beschäftigen, als dieser mit den beiden jüngsten Prinzen Ende August 1724 in Rothenburg erschien. Doch fühlte sich die markgräfliche Familie für Silchmüllers weiteres Ergehen verantwortlich. Sophie Christiane, die Mutter des Markgrafen, war zu ihrer Tochter nach Kopenhagen gereist. Von dort schrieb sie an den Grafen Zinzendorf und fragte an, ob er nicht eine Verwendung für Silchmüller habe.

Nikolaus Ludwig Graf Zinzendorf (1700–1760) hatte seit 1722 auf seinem Gut Berthelsdorf in Sachsen mährische Glaubensflüchtlinge angesiedelt, die durch einen Erlass des habsburgischen Kaisers Karl VI. aus ihrer Heimat vertrieben worden waren. Das war der Anfang der „Herrnhuter Brüdergemeine". Der Graf antwortete der Fürstin, Silchmüller wäre willkommen. Er bot ihm zunächst freie Unterkunft an und stellte eine Anstellung in Aussicht. Das teilte die Markgräfin Silchmüller mit. Dieser schrieb darauf am 22. Oktober 1724 an Zinzendorf einen Brief, der erhalten ist.[45] Darin bedankte er sich höflich für das Angebot, teilte aber mit, er würde zunächst in seine Heimat Meiningen reisen. Das vorgeschlagene Treffen in Ebersdorf in Thüringen wollte er

auf das Frühjahr verschieben, da aus dem Brief der Markgräfin nicht zu ersehen gewesen sei, ob der Graf jetzt eine Aufgabe für ihn habe. Wenn das doch der Fall sei und sein Dienst demnächst gebraucht werde, so erbitte er eine Nachricht an seinen Bruder, den Superintendenten Silchmüller in Meiningen. „Ich werde alsdann nicht ermangeln, dero gnädigsten Befehl unterthänigst nachzuleben, und in der That zu bezeugen, mit wie viel devotion und respect ich bin Hochgebohrner Graf, gnädigster Graf und Herr, Ew. Excellence unterthänigster Knecht Johann Christoph Silchmüller."

Es war nicht nach Silchmüllers Geschmack, das Gnadenbrot eines Fürsten zu essen und zu warten, bis dieser eine Aufgabe für ihn hätte. Deshalb reiste er in das Fürstentum Sachsen-Meiningen, wo der Name Silchmüller einen guten Klang hatte. Hier hoffte er auf eine Anstellung. Er wohnte zeitweise bei seinem Bruder Johann Georg in Schwallungen und dann auch bei seinem Bruder Johann Daniel in Meiningen. Doch in der Residenzstadt herrschte infolge der unklaren Erbfolgeordnung das Chaos. Drei Söhne des Herzogs Bernhard I. stritten um die Herrschaft. Ernst Ludwig I., der als der Erstgeborene die alleinige Herrschaft beansprucht hatte, starb am 17. November 1724. Aber nun stritten die übrig gebliebenen beiden Brüder und die Vormünder der beiden Söhne des Verstorbenen, einer gegen den anderen. Silchmüller predigte vor verschiedenen fürstlichen Personen und bekam auch immer wieder gute Worte gesagt. Aber es ging nichts voran in Richtung einer Anstellung. Ungünstig wirkte sich auch aus, dass sich der jüngste der drei Brüder, Herzog Anton Ulrich, die meiste Zeit außerhalb Meiningens aufhielt. Silchmüllers Bru-

Herrnhut, 1755. Nikolaus Ludwig Graf von Zinzendorf nahm mährische Glaubensflüchtlinge auf. Es entstand die „Herrnhuter Brüdergemeine" (Kupferstich von Christian Meder 1755).

der, der Meininger Superintendent, hatte bei diesem Herzog vorgesprochen, und dieser habe sich, so schreibt Silchmüller in einem weiteren Brief an Zinzendorf, „in faveur meiner gegen meinen Bruder sehr gnädig declariret".[46] Aber es gelang nicht, vor dem Herzog eine Probepredigt zu halten. Über die Osterfeiertage 1725, als Her-

zog Anton Ulrich in Meiningen weilte, besuchte Silchmüller seinen Bruder in Schwallungen. Als er nach Meiningen zurück eilte, war der Herzog schon wieder abgereist, und niemand wusste, wann er wiederkommen würde. Doch auch in einem Brief an seinen väterlichen Freund August Hermann Francke sprach Silchmüller noch von der gewissen Hoffnung, „bey ehester aufgehender Gelegenheit befödert zu werden“.[47]

Graf Zinzendorf hatte ihn vor Ostern erneut eingeladen. In dem zweiten Brief vom 16. April 1725 suchte Silchmüller zu erklären, dass er jetzt Meiningen nicht verlassen könne. Er berichtete auch, dass er im Januar in Halle geweilt und sich mit dem Professor Francke besprochen habe. Dieser habe ihm geraten, den Sommer über bis Michaelis (29. September) nach Halle zu kommen, „um mich aufs neue zu erwecken, und zu dem, wozu mich Gott brauchen wil, recht in dem gesegneten Halle zu praepariren“. Doch erkannte Silchmüller schon im April, dass sein Geld für solch einen unbezahlten Urlaub nicht mehr reichen würde, „so sehr auch mein Gemüth sich nach solcher Erquickung sehnet“. Er hatte seit Oktober 1724 keine Bezahlung mehr bekommen. Nun offenbarte er seine finanzielle Lage der Frau Markgräfin, die daraufhin bei Francke anfragte, ob er dem jungen Mann nicht mit 40 oder 50 Talern aushelfen könnte.[48] Im Juni bedankte sich Silchmüller in einem Brief nach Halle für die Zusage, ihm 50 Taler vorzuschießen.[49] Im Juli reiste er über Gera nach Halle.[50] Im August wurde deutlich, dass die erhoffte Anstellung in Meiningen nicht zustande kam. So nahm Silchmüller ziemlich schnell einen Dienst in der Stiftung an, der ihm von Francke angeboten wurde.

1.5. Mitarbeiter von August Hermann Francke

Silchmüller fing im August 1725 in Halle an und arbeitete zwei Jahre und drei Monate dort.[51] Zunächst übernahm er die Inspektorenstelle an der Lateinschule. Damit war ihm die Aufsicht über die Lehrer und die Organisation des Unterrichts anvertraut. Er hielt auch selbst einige Stunden Unterricht in Geschichte und Rhetorik. Auch für den erkrankten Francke sprang er ein und unterstützte ihn im Waisenhaus bei den Andachten. Ab 1. August 1726 war er Zuchthauspfarrer in Halle.[52] Francke hatte ihn dem Ministerium in Berlin vorgeschlagen, und der König hatte ihn ernannt.[53] In einem Brief vom 2. August dankte Silchmüller seinem Fürsprecher, der wegen seiner Erkrankung auswärts war: „Da ich auch weiß, daß Gott Ew. Hoch-Ehrw. als die erste Mittels-Person in dieser Sache gebraucht, durch welche ich nebst andern in Vorschlag gebracht worden: so statte ich auch billig Denenselben den verbindlichsten Danck ab, mit der Versicherung, daß ich alle so in dieser Sache, als in andern Stücken genossene besondere Vätterliche Liebe, als ein Kind mit Kindlichem Hertzen danckbahrlich Zeit Lebens erkennen, und durch die Gnade und Barmhertzigkeit deß Herrn mein vornehmstes Bemühen seyn laßen werde, mich als einen würdigen Sohn, eines so theuern liebwerthesten Vatters in Christo Jesu zu verhalten.“[54]

Die Zucht- und Arbeitshäuser waren für solche Menschen gedacht, die mit dem Gesetz in Konflikt geraten waren oder sonst ein unordentliches Leben führten. Durch regelmäßige Arbeit und durch den Unterricht des Zuchthauspredigers versuchte man, sie zu resozialisieren.

Halle war damals so etwas wie der geistliche Mittelpunkt für die evangelische Kirche in Deutschland. Und Francke war ein Christ mit einem weltweiten Horizont. Das war im Zeitalter der Kleinstaaterei mit den oft winzigen Kirchentümern etwas Außergewöhnliches. Von Hal-

Die Schulstadt der Franckeschen Stiftungen (Darstellung um 1750) beherbergte Lehranstalten für arme Waisenkinder wie für den Adel samt den entsprechenden Internaten

le wurden die ersten evangelischen Missionare ausgesandt. Der Dänenkönig Friedrich IV. fühlte sich verpflichtet, auch seine tamilischen Untertanen im südindischen Trankebar mit dem Evangelium bekannt zu machen. Da sich in Dänemark niemand dafür bereit fand, übernahmen Schüler Franckes diese Aufgabe. Francke wurde der Motor der indischen Mission. Er baute einen Freundeskreis auf, der jährlich 6000 Taler an Spenden aufbrachte. Bis zu seinem Tode verfasste und verschickte er die Missionsnachrichten. Auch Silchmüller wurde für diese Aufgabe gewonnen. Er verteilte später sowohl in Bayreuth wie in Kulmbach die Missionsnachrichten und sammelte Spenden ein.[55]

Von Halle gingen Briefe, Hilfssendungen und Boten in viele Länder. Man unterstützte die bedrängten Protestanten in Schlesien, in Böhmen, Ungarn und Polen. Man half den deutschen Auswanderern in Nordamerika. Aus ganz Deutschland und darüber hinaus kamen Anfragen, ob Halle nicht einen Lehrer, Pfarrer oder Waisenerzieher schicken könnte. Francke hielt die Verbindung zu den erweckten Kreisen in England, Holland, Dänemark, Russland und im Baltikum. Die Pietisten fühlten sich als eine große Bruderschaft, obwohl sie verschiedenen Kirchen angehörten.

In den Jahren 1724 bis 1727 (als Silchmüller dort arbeitete) hatte das Bauen und Expandieren in Halle allerdings merklich nachgelassen. Francke klagte schon damals über den Mangel an guten Mitarbeitern. Der Geist der Aufklärung ließ die Menschen zuerst einmal nach dem eigenen Nutzen fragen. Die Arbeit als Erzieher für freie Station und ein Taschengeld war da nicht mehr attraktiv genug.[56] Und Franckes eigene Kräfte nahmen ab. Seit 1725 fühlte er sich krank. Im November 1726 traf ihn der erste Schlaganfall. Im Frühjahr 1727 litt er unter Schmerzen und fühlte sich unsäglich elend. Er starb am 6. Juni 1727.

Silchmüller begleitete das monatelange Leiden seines geistlichen Vaters. Als im Frühjahr aus Bayreuth die Anfrage kam, ob er als Hofprediger kommen wolle, da rang er zunächst selber im Gebet um Klarheit und fragte dann auch den todkranken Freund. Der machte ihm Mut, den Ruf anzunehmen.[57]

Noch eine wichtige Veränderung ereignete sich damals in Silchmüllers Leben. Im April 1727 reiste er nach Weferlingen, um zu heiraten. Seine Braut Sophia Charlotte Strobel hatte ihre Vornamen von zwei prominenten Patinnen bekommen, nämlich von der verwitweten Markgräfin Sophie Christiane, der Mutter des eben an die Regierung gekommenen Georg Friedrich Carl, und von der Markgräfin Dorothea Charlotte, der späteren Gräfin von Hohenlohe-Weikersheim, einer Schwester des Bayreuther Markgrafen. Das hing damit zusammen, dass der Vater der Braut, Paul Friedrich Strobel, in ihrem Geburtsjahr 1704 als Hofmeister der Markgräfin auf Schloss Schönberg angestellt war.[58]

Die markgräfliche Familie zog dann nach Weferlingen, ebenso der Hofmeister mit seiner Familie. Die Bekanntschaft Silchmüllers mit der Familie Strobel scheint in der Zeit entstanden zu

sein, als er die beiden jüngsten Prinzen bei ihrem Studium in Helmstedt betreute. Sie kamen häufig nach Weferlingen zu Besuch. Die Markgräfin Mutter nahm gerne Silchmüllers Dienste in Anspruch, auch in finanziellen Fragen, die sehr schwierig wurden, seit der Berliner Hof die Zahlungen eingestellt hatte.

Silchmüller gewann auch das Vertrauen der Familie Strobel. Das zeigte sich, als der Hofmeister im Oktober 1725 gestorben war. Die Witwe schrieb einen flehenden Brief nach Halle, Silchmüller möge kommen und ihr beistehen; sie wisse sich wegen der angelaufenen Schulden keinen Rat. Dieser wandte sich daraufhin an August Hermann Francke und bat um Urlaub und wegen der preußischen Werber um einen Pass, der bestätigte, dass er im Waisenhaus angestellt war.[59] Er fürchtete, als hochgewachsener Mann unterwegs in die preußische Armee gepresst zu werden. Mit bewegten Worten schilderte er seine Betroffenheit und sein Mitgefühl mit der Familie: „Mir liegt nun die Sache dermasen am Gemüthe, daß ich es nicht genug beschreiben kan. Der Jammer, darinnen die arme Witbe und Waysen seyn, schwebt mir ohne Unterlaß im Gemüth." Nach dem Tod des Hofrats legten die Kaufleute und Handwerker der Witwe die unbezahlten Rechnungen und Schuldscheine vor und verlangten das ausstehende Geld. Und sie kämen auch mit Schulden, die für die Hofhaltung der abwesenden Frau Markgräfin angelaufen waren. Silchmüller erhielt Urlaub, und er bat von Weferlingen aus um Verlängerung, weil sich die Angelegenheit schwieriger gestaltete als erwartet.[60]

Als der Freund und Vertraute der Familie begegnete er auch der ältesten Tochter Sophie Charlotte, die gerade 21 Jahre alt geworden war.

Silchmüller wird sich mit ihr ein Jahr später verlobt haben, als er durch seine Anstellung als Zuchthauspfarrer die Möglichkeit sah, eine Familie zu ernähren. Und am Sonntag Misericordias Domini 1727 wurde dann in Weferlingen die Hochzeit gehalten.[61]

Aus diesem Anlass verfassten die Lehrer der Lateinschule des Hallischen Waisenhauses ein „Epithalamium", ein lateinisches Brautlied.[62] Solche Gedichte dienten damals dazu, um Lob und Verehrung für Bräutigam und Braut zu verkünden. Das fehlte auch hier nicht ganz, wenn von dem „verdienstvollsten Pastor am Zuchthaus und dem fürsorglichsten Inspektor der Schule" die Rede ist und von der „vortrefflichsten und mit der Zierde aller Tugenden geschmückten Jungfrau". Aber die hallischen Pietisten legten das Hauptgewicht auf eine theologische Frage: Wie ist es möglich, dass einer, der im Süden des Vaterlandes wohnt, seine Braut findet, die im Norden lebt? Die Antwort: Gott selber ist der Stifter der Ehe, und er selber erwählt die Ehegefährtin. „Aber vielleicht fragst du, durch welche Hinweise zu spüren sei, dass deine Ehe auch durch den Ratschluss Gottes […] bestimmt wurde?" Da soll der Suchende nicht auf die betrügerische, schöne Figur, nicht auf den „eiskalten Schmuck eines liebreizenden Mundes" schauen, auch nicht die „ängstliche Sorge der Eltern hinsichtlich einer ehrwürdigen Ahnenreihe" beachten und sich nicht anfreunden mit einer „mit vielen Geschenken vergoldeten Braut". Vielmehr solle der Mann bei seiner Suche auf Sittenreinheit und Tugend achten und im Gebet um Klarheit ringen. Silchmüller habe sich in dieser Weise führen lassen. Und nun wünschten die Lehrer mit der ganzen Schule dem Brautpaar Glück.

1.6. Abschied von Halle

Sehr eingewöhnen konnte sich die junge Frau in Halle nicht mehr. Am 21. September hielt Silchmüller in der Zuchthauskirche seine letzte Predigt. Sie wurde in Halle gedruckt und im Jahr darauf noch einmal in Bayreuth. Sie trägt den Titel: „Die Seligkeit derer, die da trachten nach dem Reich GOttes", entsprechend dem Evangelium des 15. Sonntag nach Trinitatis: „Trachtet am ersten nach dem Reich Gottes" (Matth. 6, Vers 33). An Hand dieses Bibelworts konnte der Prediger der Gemeinde in der Zuchthauskirche noch einmal erklären, wie jemand Christ werden und Christ bleiben kann.

In einem ersten Teil entfaltete er, was mit dem „Trachten" nach dem Reich Gottes gemeint sei. Es bedeute, dass ein Wechsel der Herrschaft stattfindet. Christus spricht zu dem Menschen: „Begieb dich wieder unter mein Scepter und Regiment, als deines Königs, huldige mir, und sage mir wieder den Gehorsam zu, und übergieb dein Hertz dem Trieb, Würckungen und Regungen meines Geistes, der in dir Gerechtigkeit, Friede und Freude wieder herstelle, so wirst du selig seyn."[63]

Das Trachten nach Gerechtigkeit führte Silchmüller in der Weise weiter, dass er die „Gerechtigkeit des Glaubens" von der „Gerechtigkeit des Lebens" unterschied. Die Gerechtigkeit des Glaubens erlangt der „bußfertige Sünder", wenn er sich „die Gerechtigkeit Jesu Christi samt seinem gantzen Verdienst und Gehorsam" zurechnet und wenn er „in dem Verdienst und in den blutigen Wunden seines Heylandes Gnade vor GOtt zu erlangen" sucht. Mit der „Gerechtigkeit des Lebens" setzte der Pietist Silchmüller einen

*Der Freylinghausen-Saal diente als Versammlungs-
ort für Gottesdienste und Feste. Namensgeber war
ein führender Mitarbeiter Franckes*

zweiten Schwerpunkt, der so von den Reformatoren nicht betont worden war. Der Gläubige
bemüht sich, im Glauben an Christus auch einen
gerechten und Gott wohlgefälligen Wandel zu
führen. „Christus theilet ihm nehmlich die Krafft

seines Geistes mit, welcher das Hertz des Sünders, in dem die Gerechtigkeit des Glaubens aufgerichtet ist, von allen ungerechten Wercken der
Finsterniß also reiniget, daß der Mensch nun wiederum anfänget, im Lichte zu wandeln, und
Wercke der Gerechtigkeit auszuüben. Und das ist
alsdenn die Gerechtigkeit des Lebens, nach welcher er nicht weniger trachtet, als nach der Gerechtigkeit des Glaubens.“[64]

Im zweiten Teil redete Silchmüller von der „Seligkeit, die das Trachten nach dem Reich GOttes
mit sich bringt“. Seligkeit bedeute schon die Verheißung, dass dem Christen dann das zufällt, was
er zum Leben braucht. Das geschehe oft schon in
der Weise, dass er aufhört, durch Luxus und Völ-
lerei sein Gut zu verschwenden. Er werde vielmehr durch Arbeit, Fleiß und Treue sein Aus-
kommen suchen. Und er habe die Gewissheit,
Gott werde ihn auch in schwierigen Zeiten nicht
verlassen. Und er empfinde inneren Frieden
durch die erfahrene Vergebung und durch die
Hoffnung, ein Erbe des ewigen Lebens zu sein.
„Die Welt würde es für eine grosse Glückseligkeit
achten, wenn ein König ein armes Bettel-Kind an
Kindes-Statt auf- und annehme, aller Königlichen
Herrlichkeit theilhafftig, ja zum Nachfolger und
Erben seines Reiches machte. Aber was wäre das
alles gegen die Seligkeit, die denen zu Theil
wird, so durch den Glauben die Gerechtigkeit
Christi erlangen, daß sie, da sie nicht nur etwan
Bettel-Kinder, sondern die elendesten Sclaven in
dem Reich des Teufels gewesen, nunmehro
GOttes Kinder heissen, Kinder und Erben der
Herrlichkeit des Königs aller Könige und HErrn
aller Herren.“[65]

Im Unterschied zu den Predigten der orthodoxen Theologen durfte bei den Pietisten am

Schluss die „Applicatio" (die Hinwendung zum Hörer) nicht fehlen. „O! daß ich doch nun die Seligkeit, die die Kinder GOttes in ihrem Trachten nach dem Reiche GOttes haben, Euch allen, meine hertzlich Geliebten, recht tief in euer Hertz einprägen, und euch dadurch reitzen könnte, euch aufzumachen, und dem Reiche GOttes nachzutrachten, auf dass ihrs zu euch reissen möchtet. GOtt hat euch alle geschaffen zum ewigen Leben".[66]

Silchmüller vermerkte dankbar, dass sein Dienst nicht ganz ungesegnet geblieben war. Gottesdienstbesucher aus der Stadt und auch Insassen des Zuchthauses hätten sich bekehrt. Er warnte sie nun vor falscher Sicherheit. „Haltet euch nie dafür, daß ihrs schon ergriffen habt. Sondern daß ihr ihm nachjaget mit Paulo, ob ihrs auch ergreiffen möchtet." „Fehlet es beim Kampf gegen die eigenen Begierden und Affekte an Muth, Krafft und Freudigkeit, fühlt ihr dabei eure Ohnmacht, so wendet euch zu eurem Heyland. Er sagt doch: Ohne Mich könnt ihr nichts thun."[67]

Silchmüller schloss mit dem Dank an Gott, an den König, der ihn berufen hatte, an den Rat der Stadt Halle, an die Glieder der Gemeinde, und auch an die, die ihm „durch unzeitiges Richten Leid zugefügt haben." Hätten sie ihm doch damit bestätigt, dass er nicht jederman „nach dem Maul" reden würde.[68]

Am 30. Oktober reiste Silchmüller mit seiner Frau und ihrem jüngsten Bruder, ferner mit der Tochter eines Stuttgarter Kammerdirektors, die mit im Haushalt lebte, der Köchin Sophia Elisabetha Hyser, dem Hausdiener August Richter und dem Theologiestudenten Neumüller ab.

„Sobald wir zum Galg-Thor hinaus waren, sungen wir das Lied: Befiehl du deine Wege, nach welchem ich ein Gebeth that, uns der Obhut Gottes auf unserer Reise befahl, auch alle lieben Freunde, die wir in Halle verlaßen musten, dem lieben Vater im Himmel nebst der gantzen lieben Stadt zu seiner Liebe und Gnade nochmals übergaben, und also im Nahmen des HErrn unsere Straße zogen."[69]

Zu Mittag hielten sie in Kauschberg bei Dürrenberg. Silchmüller erinnerte sich, dass er vor zwei Jahren und drei Monaten auch durch diesen Ort gekommen war, um seinen Dienst in Halle anzutreten. Damals hatte sein ganzer Besitz in einem Koffer Platz gehabt. „Und nun war ich mit einer so starcken Suite, und außer demselbigen eintzigen Coffre, den ich auf unserer Chaise bey mir hatte, noch mit 2 Wagen voller Meubles wieder an diesen Ort kommen." Es kam ihm der Erzvater Jakob in den Sinn, der mit nichts in die Fremde gegangen und mit großem Besitz zurückgekehrt war und der beim Anblick dessen, was ihm geschenkt war, den Satz betete: „HErr, ich bin zu gering aller Barmhertzigkeit, die du an mir thust."[70]

2. Hofprediger und Konsistorialrat in Bayreuth

(1727–1741)

2.1. Pietisten vor Silchmüller

Brandenburg-Bayreuth war von der lutherischen Reformation geprägt. An dem Bekenntnis dazu hatten Pfarrer und Gemeinden auch in politisch schwierigen Zeiten festgehalten. Und das sollte bewahrt werden. Die Markgrafen nahmen ihre Aufgabe als Beschützer der Kirche ernst. Sie erließen wiederholt Gesetze, um die Kirchlichkeit und die althergebrachte Sitte zu stärken, Gesetze gegen die Entheiligung des Sonntags, gegen das Fluchen, gegen Ehebruch und Unzucht, auch gegen das unverständliche Predigen der Geistlichen.[71] Die Häufigkeit solcher Erlasse beweist allerdings, dass sie wenig bewirkten. Die Pfarrer waren durchweg Anhänger der lutherischen Orthodoxie. Gegen pietistische Einflüsse sperrte man sich. Pietistisch geprägte Pfarrer hatten im Markgraftum einen schweren Stand.

Das erlebte schon der Spenerschüler Johann Heinrich Hassel, den Markgraf Christian Ernst 1688 zum Hofprediger ernannt hatte.[72] Hassel hielt neben den üblichen Gottesdiensten auch Erbauungsstunden in der Schlosskapelle und versuchte, mit den Besuchern ins Gespräch zu kommen. Der Markgraf, seine Familie, die Höflinge, aber auch einfache Leute nahmen teil und meldeten sich zu Wort. Dagegen erhob sich Protest aus der Pfarrerschaft. Hassel ging es darum, die Menschen mit ihren Fragen ernst zu nehmen, sie zu überzeugen und zu gewinnen. Deshalb hielt er sich öfter an den Abenden im Schlosspark der Markgräfin auf, der für die Allgemeinheit zugänglich war, um mit den Leuten über Glaubensfragen zu diskutieren. Zu der Frage, was er vom Ballett und überhaupt vom Tanzen hielte, äußerte er, wie im Pietismus üblich, eine ablehnende Meinung. Der Generalsuperintendent Johann Jacob Steinhofer klagte ihn deshalb an, ein Irrlehrer zu sein. Das Konsistorium verurteilte Hassel; er musste im Frühjahr 1691 gehen.

Silchmüller traf 1727 bei seiner Ankunft in Bayreuth noch auf Menschen, die Hassels Predigten gehört und dadurch erweckt worden waren.[73] Man erzählte: Wenn Hassel predigte, verflog der Kirchenschlaf. Seine Worte ergriffen die Hörer manchmal so stark, dass sie vor Rührung weinten. Mancher Spötter kam nach der Predigt erschüttert zu Hassel und fragte, was er tun solle.

Pietistische Kreise existierten vor Silchmüllers Ankunft in Neustadt a.d. Aisch und in Erlangen. Die Lateinschule in Neustadt erhielt 1696 Johann Jacob Schober als Rektor. Durch seine Arbeit wurde das Niveau der Schule stark verbessert, was selbst seine Gegner anerkannten. Angegriffen wurde er wegen seiner Unterstützung der Bibelkreise, die sich in Neustadt und in den Dörfern ringsum versammelten. Der Neustadter Superintendent Wolfgang Christoph Räthel sah es als gefährlich und bekenntniswidrig an, dass in solchen Kreisen ein ungelehrter Schuster, Schneider oder Weber die Bibel las und auslegte. Er rief nach der Obrigkeit und veranlasste den Landeshauptmann, gegen die Pietisten vorzugehen. Der ließ durch seine Leute Schobers Gartenlaube niederbrennen und den umliegenden Weingarten verwüsten, weil dort Versammlungen stattgefunden hatten.[74] Räthel erreichte beim Markgrafen Christian Ernst, dass er im Jahr 1704 private Zusammenkünfte zum Bibellesen verbot. Das Reskript nennt dafür folgende Gründe: Die „Schwärmer", die unter dem Namen „Pietisten" aufträten, würden „verwerfliche Neuerungen", „Irrungen" und „Ärgernisse" verursachen. Sie seien „gefährliche Leute, so unter dem Schein eines gottseligen Lebens sich nur des Müßiggangs befleißigen, und gute Ordnung, ohne welche doch kein Staat bestehen kann, zu tadeln und über den Haufen zu werfen, sich unterstehen."[75] Solche Vorwürfe tauchen in früheren und späteren Verboten der Hausbibelkreise häufig auf. Man fragt sich, ob die damaligen Machthaber wirklich fürchteten, die paar Bibelleser könnten die staatliche Ordnung gefährden oder gar zerstören.

Obwohl Rektor Schober zu den Angriffen schwieg und sich fügte, blieb er bei seiner Überzeugung bis zu seinem Tod im Jahr 1717. Die Bibelkreise aber verschwanden nicht. Man traf sich weiter in den Dörfern rings um Neustadt.[76]

Die Ablehnung durch die Pfarrerschaft und die Drohungen des Staates bewirkten, dass die Pietisten teilweise eine distanzierte, ja ablehnende Haltung zur Landeskirche einnahmen. Als der Superintendent Räthel immer weitere Kampfschriften gegen die Neustadter Pietisten drucken ließ, widersprach ihm der Erlanger Notar Johann Adam Raab.[77] Er verteidigte den Pietismus und übte Kritik an den kirchlichen Verhältnissen. Die Prediger würden verschweigen, dass zum Christsein Gehorsam und gute Werke gehörten. Sie wüssten nichts zu sagen von Bekehrung und Wiedergeburt, denn „wie will einer sagen, wie das Fieber thut, so er solches nie gehabt, wie will einer sagen, wie das Kindergebähren thut, so er nie schwanger gewesen?" Raab führte in Erlangen ein zurückgezogenes und bescheidenes Leben. Aber er hatte auch den Wunsch, Außenstehende zu gewinnen. Er führte Gespräche über den christlichen Glauben und verteilte seine Schriften. So gewann er Johann Georg Rosenbach, einen Militärsattler, der ein ziemliches Lotterleben geführt hatte. Jetzt zog dieser als Wanderprediger von Ort zu Ort und rief die Menschen zur Umkehr. Er besuchte die Bibelkreise, die sich in Franken und Württemberg gesammelt hatten. Weil er meinte, die Pfarrer seien „nicht wiedergeboren"[78] und die mit dem absolutistischen Fürstenstaat verquickte Kirche sei das „Sündenbabel"[79], verstärkte er die separatistischen Neigungen in diesen Gruppen. Die Bibelkreisleute mieden Gottesdienst und Abendmahl in den Kirchen. Sie lehnten die Kindertaufe ab. Persönliche Offenbarungen und Inspirationen spielten bei ihnen eine große Rolle.

Von 1703 bis 1707 hielt sich Raab in der Grafschaft Thurnau auf. Auch Rosenbach lebte einige Zeit hier. Thurnau bildete damals mit einigen umliegenden Dörfern eine eigene Landeskirche unter dem Patronat der Grafen Giech.[80] Seit 1696 wirkte Georg Christoph Brendel hier als erster

Pfarrer und dann auch als Konsistorialrat. Er vertrat einen Pietismus, der sich immer stärker zum Spiritualismus wandelte und schließlich bei den Gedanken der Aufklärer landete. Seiner Meinung nach waren Religionen eigentlich überflüssig; denn keine könne einen Menschen selig machen. Das sei auch gar nicht nötig, weil jeder Mensch, ob Heide, Türke, Jude oder Christ, den „Heiligen Geist" oder „Christus" in sich trage, und das sei das Gewissen. Nach Brendel waren Gott, Christus, Heiliger Geist und das menschliche Gewissen identisch. Dagegen schrieb im Jahr 1712 der Bayreuther Hofprediger Johann Georg Dieterich, Silchmüllers Vorgänger, ein „Sendschreiben", in dem er mit fünf Belegstellen aus der Bibel bestritt, dass ein Mensch allein durch ein ihm innewohnendes Licht die Gemeinschaft mit Gott und die Seligkeit erlangen könne. Dieterich wurde durch die Auseinandersetzung mit Brendel ein schroffer Gegner des Pietismus, was Silchmüller später zu spüren bekam.

Unter der Leitung Brendels wurde ab 1701 die Thurnauer Kirche gebaut. Seine Einweihungspredigt, die er 1702 hielt und drucken ließ, ist eine Art Eiertanz. Denn eigentlich war er überzeugt, dass die Feier des Gottesdienstes, die Sakramente, die Kirchengebäude, die Bilder überflüssig seien, ja eine Gefahr darstellten, in den Götzendienst abzuirren. So lautete der Titel seiner Predigt: „Der Neue Tempel ohne Götzen in der Neuen Kirche. Das ist: Deutliche Anweisung, Wie die äußerlichen Kirchen-Häußer zu Wiederaufrichtung des verstörten Tempels Gottes im Herzen, oder zum wahren Seelen-Heyl der Menschen heylsamlich genützet, und ohne Abgötterey gebrauchet werden können." Die allegorischen Bilder an der Decke der Kirche wollen das unter-

streichen. Da ist etwa ein Baum mit Früchten und ein Blumenstrauß in einer Vase gemalt, dabei steht der Spruch: „Leben muß doch beßer seyn, Alß ein todter schöner Schein." Das Bild fragt also den Betrachter: Wurzelt dein Leben in Gott und bringt es Frucht, oder gleicht es einem Blumenstrauß, der zwar schön aussieht, aber von den Wurzeln abgeschnitten wurde?

Das Ausmalen der Kirche besorgte Gabriel Schreyer aus Bayreuth. Einige kleinere Bilder stammen von Johann Adam Raab. Dieser vertrat in seinem reifen Alter eher einen kirchlichen Pietismus wie Francke.[81] Er kritisierte jetzt die radikalen Pietisten. Sie gäben ihre eigenen Phantasien als göttliche Offenbarungen aus. Er lehnte auch ihre Lehre von einem göttlichen Seelenfunken oder einem inneren Licht ab, denn damit werde der Unterschied von Schöpfer und Geschöpf aufgehoben. Schließlich warf er ihnen vor, sie kämpften gegen das „äußere Babel" (die Institution Kirche), vernachlässigten aber den Kampf gegen „das Babel im eigenen Herzen".

Raabs Entwicklung zu einem mehr kirchlichen Pietismus wurde von seinen Neustadter Gesinnungsgenossen nicht mit vollzogen. Das offenbarte ein Verhör, das eine Kommission im Jahr 1710 in Dachsbach abhielt.[82] Es ist erstaunlich, mit welcher inneren Freiheit und Festigkeit diese einfachen Bauern und Handwerker gegenüber dem Regierungsamtmann und den Theologen auftraten: Sie nähmen deshalb nicht am Abendmahl in der Kirche teil, weil es oft von unwürdigen Pfarrern gehalten werde und weil ein großer Teil der Kommunikanten gar nicht die Absicht habe, das eigene Leben zu bessern; auch dass für das Abendmahl ein Beichtgeld verlangt wurde, stieß bei ihnen auf Ablehnung. Vielen Pfarrern fehle zudem die innere Berufung durch den Heiligen Geist. Sie seien vielmehr durch Beziehungen, Geldzahlung oder Heirat zu ihrer Pfarrstelle gekommen. Die Separatisten sagten weiter, sie litten darunter, dass ihnen die Pfarrer mit Feindschaft begegneten und auf der Kanzel gegen sie predigten. Deshalb hielten sie ihren Gottesdienst daheim mit Chorälen und Bibellesen. Einer belehre und tröste den anderen. Als die Kommission betonte, dass die Obrigkeit die Macht habe, auch in geistlichen Dingen für Ordnung zu sorgen und die Widerspenstigen, die das Predigtamt verachteten, zu bestrafen, da antworteten sie, die Obrigkeit dürfe zwar in weltlichen Dingen für Ordnung sorgen, aber sie habe keine Macht über das Gewissen. Sogar als die Vertreter der Obrigkeit mit dem Landesverweis drohten, ließen sie sich nicht von ihrer Überzeugung abbringen. Das berichtete die Kommission an die Konsistorialräte in Bayreuth. Diese rieten dem Markgrafen, man solle zunächst versuchen, die Separatisten durch Seelsorge und gemeinsames Bibellesen zur Umkehr zu bewegen. Der Befehl auszuwandern solle eine letzte, äußerste Möglichkeit bleiben.

Ob die vorgeschlagenen Gespräche versucht wurden, ist nicht berichtet. Jedenfalls bestanden die Kreise noch, als im Jahr 1712 Markgraf Georg Wilhelm nach dem Tod seines Vaters Christian Ernst die Regierung übernahm. Er erließ im Mai 1714 ein scharfes Reskript gegen „sectirische Sonderlinge". Sie würden seit Jahren vom Gottesdienst weg bleiben, ihre Kinder nicht taufen lassen und Irrtümer gegen die heilige Schrift und die Bekenntnisschriften ausstreuen. Sie sollten ermahnt werden, die kirchliche Sitte zu befolgen und wenigstens zweimal im Jahr bußfertig an Beichte und Abendmahl teilzunehmen. Sonst drohe ihnen die Strafe der Landesverweisung.[83]

Es wird deutlich, dass im Markgraftum der Pietismus nicht in die Landeskirche integriert wurde, wie das in anderen Gegenden Deutschlands, etwa in Württemberg, geschah. Wie wenig ein kirchlicher Pietismus hatte Fuß fassen können, zeigte die Reise August Hermann Franckes nach Süddeutschland vom August 1717 bis zum April 1718. Er besuchte Frankfurt, Stuttgart, Ulm, Augsburg, große und kleine Fürstentümer. Wo er eingeladen wurde, hielt er Predigten und Vorträge und besichtigte Waisenhäuser, Schulen, Witwenstifte und Zuchthäuser. Er hatte Gespräche mit Fürsten, Ministern, Räten und Geistlichen. Er bekam Spenden und Kollekten für die Anstalten in Halle. Seine Reise glich teilweise einem Triumphzug und half, den kirchlichen Pietismus zu stärken.[84]

Aber in Brandenburg-Bayreuth war das Echo denkbar gering. In Erlangen war der Reisende aus Halle Gast in der Familie eines Justizbeamten, die ihn herzlich aufnahm.[85] In Thurnau übernachtete er in einem Wirtshaus vor dem Tor. Er vermied es, mit dem extremen Pietisten Brendel Kontakt aufzunehmen. In Kulmbach quartierte ihn der Superintendent Johann Schard in einem Gasthaus ein. In Oberkotzau besuchte er die Freifrau von Kotzau, die Witwe des 1703 verstorbenen Markgrafen Georg Albrecht d. J. (er war ein Onkel des späteren Markgrafen Georg Friedrich Carl). Sie hieß mit Geburtsnamen Regina Magdalena Lutz. Nach der Hochzeit hatte der Markgraf den Bayreuther Hof meiden müssen und wohnte in Oberkotzau. Hier sammelte sich um die Freifrau ein pietistischer Kreis. Francke nannte sie in einem Brief nach Halle „eine gar feine Seele, und ist wohl des Trostes recht froh als ein dürres Land des Regens."

Eine radikal-pietistische Kritik an Regierung und Kirche erlebte Bayreuth sechs Jahre später durch das Auftreten des Pfarrerssohns und Sattlers Johann Friedrich Rock.[86] Dieser kam am 20. Oktober 1723 bei einer seiner Missionsreisen in die Stadt und blieb zehn Tage. Begleitet wurde er von dem Strumpfwirker Gottfried Neumann, der die Reden Rocks mitschrieb und danach eine Reinschrift fertigte. Ein dritter, C. Löw, ein Strumpfwirker, diente als Gehilfe. Rock bekam seine Eingebungen im Zustand der Ekstase, Kopf und Glieder wurden geschüttelt und verkrampften sich, dabei stieß er einzelne Sätze oder Worte hervor, die Neumann schriftlich festzuhalten suchte. Am 23. Oktober übergab dieser folgende Botschaft im Rathaus: „Aus der Tiefe bricht das liebe Wort herfür und stehet, ja streitet gegen die geistlosen und leeren Wortschwätzer. Darum will ich – spricht die Liebe – daß ihr sie aufsuchet an diesem Ort, nämlich die Prediger, und ihnen meine Donnerworte, so an die hiesige Herrschaft ergangen, vorleget. Denn von geistlicher und weltlicher Obrigkeit, wie sie sich nennen, soll es zehnfach gefordert werden, denn sie lassen die Seelen bei tausenden zugrunde gehen und denken kaum: Was machen wir?"

In den oben erwähnten „Donnerworten" an den Fürsten von Bayreuth heißt es: „Sie haben es gerne, wenn jedermann ihr Tun recht spricht oder dazu still schweiget, ob sie gleich dadurch immer tiefer ins Verderben geraten. Sie sind auf einem tiefen Sündenpfuhl gegründet und werden in dem Höllenpfuhl versinken müssen. Was wird sie alsdann helfen, daß sie das Blut und Schweiß der Armen wie Wasser in sich gesoffen haben

Johann Schard wirkte von 1695 bis 1727 als Superintendent in Kulmbach. Seine jüngste Tochter wurde Silchmüllers dritte Frau.

durch ihr üppiges und leichtfertiges Leben. Ihre Seelsorger, wie sie sich nennen, waren meist stumme Hunde, wollten nicht strafen, wie sie sollten, aus Sorge, sie möchten Ungunst und Ungnade [...] auf sich laden."

Der Schulmeister Erdmann Johann Creta schrieb in seiner Autobiographie insgesamt sieben Weissagungen auf, die Rock bei seinem Bayreuther Aufenthalt gesprochen hatte. Offensichtlich war Creta von diesen Reden beeindruckt, und nicht nur er, sondern viele sahen den Bußruf an die Oberen als berechtigt an angesichts der maßlosen Verschwendung und Vergnügungssucht am Hofe des damaligen Markgrafen Georg Wilhelm.

Während Rock in anderen Städten Schläge und Ausweisung erlebte, blieb er in Bayreuth unbehelligt. Er wurde zwar stundenlang von der Geistlichkeit und im Rathaus examiniert. Doch man fand, dass seine Reden mit der Bibel, besonders mit den Reden der Propheten übereinstimmten. Friedrich Caspar Hagen, der Bayreuther Superintendent, unternahm nichts. Der Magistrat zahlte sogar die Zeche in dem Gasthaus, in dem die drei abgestiegen waren. Sie nützten das aber nicht aus, sondern aßen nur einmal am Tag. Überhaupt verhielten sie sich höflich, freundlich und unauffällig. Mit Creta und dem Stadtschreiber Christ verband sie anscheinend mehr; denn von ihnen verabschiedeten sie sich, bevor sie nach Kulmbach weiter wanderten. Hier wurden sie aber nicht angehört. Der Superintendent Schard rief nach dem Büttel, der sie aus der Stadt hinaus trieb.

2.2. Ein frommer Fürst

Am 18. Dezember 1726 starb Markgraf Georg Wilhelm nach einen Schlaganfall innerhalb weniger Stunden im Alter von 48 Jahren.[87] Sofort vereidigten die Geheimen Räte von Stuttersheim und von Berghoffer gemäß den Instruktionen des Nachfolgers Georg Friedrich Carl das Militär, die Beamten und die Bürgerschaft auf den neuen Landesherrn. Dieser hielt schon am 22. Dezember seinen Einzug in Bayreuth. Bürgermeister und Stadtrat empfingen ihn am Unteren Tor und überreichten auf einem schwarzen Kissen den Schlüssel für das Stadttor. Der Stadtsyndikus Johann Wolfgang Christ hielt die Willkommensrede. Eine große Menschenmenge säumte die Straße.[88] Begleitet wurde Georg Friedrich Carl von seiner Mutter und seinen drei Töchtern. Am 25. Dezember sandte der Markgraf seinen ersten Erlass an das Konsistorium als oberste kirchliche Verwaltungsbehörde. Dieses solle die Pfarrämter anweisen, dass „am Sonntag den 12. Januar künftigen Jahres in dem ganzen Lande von allen Kanzeln das Volk zu andächtiger Erbittung göttlichen Gedeihens und gnadenvollen Beistandes bei seiner aufhabenden Regierungslast von dem Beherrscher des Himmels und der Erden ermahnt und der Allmächtige um seinen Segen inbrünstig angeflehet werde."[89]

Die „Regierungslast", von der dieser Erlass spricht, war in der Tat groß. Der vorige Regent, Georg Wilhelm, hatte dem Land riesige Schulden hinterlassen.[90] Der Entfaltung seiner Prachtliebe dienten zahlreiche Bauten, z. B. das Schloss am Brandenburger Weiher, das Komödien- und Redoutenhaus, das Jagdschloss Thiergarten, das (alte) Schloss in der Eremitage, das Schloss Himmelkron. Im Jahreslauf folgte ein Fest auf das andere: Im Frühling hielt sich der Fürst am Brandenburger See auf. Hier veranstaltete er Ausfahrten zu Schiff, Seefeste und Seeschlachten (der

Markgraf hatte dafür eigens Matrosen angestellt, die in den fünf Matrosenhäusern am See wohnten); den Sommer verbrachte er meist in Himmelkron mit Reiherbeiz und Manöverspielen seiner Grenadiere und Husaren (das kleine Fürstentum unterhielt im Unterschied zu den meisten anderen auch in Friedenszeiten ein stehendes Heer); im Herbst war man in der Eremitage und mimte in Mönchsgewändern „Einsiedlerleben" oder man amüsierte sich mit Schäferspielen und Ballnächten; zu den Hauptjagdzeiten wohnte der Fürst im Thiergarten; Karneval feierte die Hofgesellschaft in Bayreuth und Erlangen. Die Feste lockten viele Auswärtige, und mit etwas Geschick gelang es ihnen, einen Titel und eine Besoldung für Nichtstun zu bekommen. Dazu wurden ihnen eine reich gedeckte Tafel und Vergnügungen aller Art geboten. Georg Wilhelm zog sich auf diese Weise viele Schmarotzer und Faulenzer heran, die mit ihm zusammen die Güter des Landes verprassten.

Der neue Markgraf Georg Friedrich Carl musste die Schulden seines Vorgängers übernehmen.[91] Dazu verlangten die Witwe des Markgrafen und die Tochter Christiane Sophie Wilhelmine eine großzügige Apanage. Außerdem wartete der preußische König auf 550 000 Gulden Abstandszahlung. Da die Staatskasse leer war und die Beamtengehälter monatelang nicht ausbezahlt worden waren, musste die preußische Forderung mit Hilfe eines Darlehens befriedigt werden. Am 13. Januar 1727 traten die Landstände in Gefrees zusammen. Sie bewilligten die Aufnahme eines Kredits vom Fränkischen Kreis (d. h. von der Organisation der fränkischen Fürstentümer, Grafschaften und Reichsstädte) und die Verpfändung etlicher Orte als Sicherheit. Der Markgraf ver-

Markgraf Georg Friedrich Carl regierte von 1726 bis 1735 in Bayreuth. Er war der „Pietist" unter den Markgrafen und berief Silchmüller zu seinem Hofprediger

sprach dafür sparsames Wirtschaften, die Bewahrung der evangelischen Lehre, den Erhalt der Stiftungen, die Achtung der Verfassung und Rechte der Städte und Märkte und der übrigen Landstände, ferner verpflichtete er sich, für die Heiligung des Sonntags einzutreten und gegen die Untugenden und Laster der Geistlichen anzugehen.

Georg Friedrich Carl war von Jugend an gewohnt, einfach und sparsam zu leben. Die Geldverschwendung und das Schuldenmachen seines Vorgängers waren ihm ein Gräuel. Mit dem neuen Jahr 1727 begann er deshalb einen konsequenten Sparkurs, durch den es in der kurzen Regierungszeit von etwas über acht Jahren gelang, Schulden abzuzahlen und verpfändete Städte und Dörfer wieder auszulösen.[92] Er entließ den größten Teil der Hofbediensteten, dazu die Schauspieler, Sänger, Soldaten und Matrosen, die sein Vorgänger zu seinem persönlichen Vergnügen angestellt hatte. Nur eine kleine Kammermusik behielt er sich. Die reiche Silberkammer wurde fast ganz verkauft. Die Beamten bekamen die ausstehenden Gehälter, allerdings mit einem Abschlag von 20 Prozent.

Georg Friedrich Carl war von seiner religiösen Prägung her Pietist. Als solcher wollte er die Weisungen der Bibel ernst nehmen. Sein Regierungsamt verstand er als Dienst für Gott und die Menschen. Er war überzeugt, dass ein gläubiger Mensch mit Gott Erfahrungen machen kann, Erfahrungen, die den Betreffenden innerlich beglücken und bestärken. Der Markgraf erzählte davon seinen Seelsorgern Silchmüller und Flessa auf seinem Sterbebett. Gott habe ihm in seinem Leben „drey besondere Gnadenblicke seiner Süßigkeit schmecken lassen."[93] Das erste Mal in seiner Kindheit mit sieben Jahren, da habe er die Liebe Gottes in seiner Seele empfunden, als er in einer Art Verzückung einen Blick in die Ewigkeit habe tun können. Diese Erfahrung konnte er nie mehr vergessen und er habe später „bitterlich darüber geweint, daß ihm diese süße Empfindung wieder entgangen" und er nicht mehr „in der kindlichen Einfalt" geblieben war. „Den andern besonderen Gnadenblick der Liebe Gottes" habe er gehabt, als er in Holland zum ersten Mal das heilige Abendmahl empfing. Er sei von einem frommen lutherischen Pfarrer vorbereitet worden. Dessen Unterricht habe ihn auf den Grund eines rechtschaffenen Christentums geführt und er habe damals den Unterschied zwischen einem Namenschristentum und dem wahren Christentum erkennen können. Damals habe er eine solche Liebe zu Gott verspürt, dass ihn eine große Sehnsucht erfüllte, zu Gott in die Ewigkeit zu kommen (was man in jungen Jahren eigentlich nicht wünscht). Allerdings sei er nicht in diesem Stand der Gottesliebe und Unschuld geblieben. Der dritte „Gnadenblick" sei ihm bei der Abendmahlsfeier geschenkt worden, einige Wochen vor seinem Tod. Da habe ihm Gott kräftig versichert, dass er ihm gnädig sei und ihm alle Sünden vergeben habe.

Als gläubiger Christ, dem als Landesfürsten die Leitung des evangelischen Kirchenwesens aufgetragen war, suchte Georg Friedrich Carl Sitte und Frömmigkeit seiner Untertanen zu bessern. Schon am 3. März 1727 befahl er den Polizeibehörden, darüber zu wachen, dass der Sonntag still und heilig begangen werde. Die Leute sollten den Gottesdienst besuchen, aber alle unnötigen Arbeiten, ebenso Reisen, Jagen, Fischen, Handel, Gastereien und Tanzvergnügen unterlassen.[94] Der Erlass wurde am 1. November erneut eingeschärft, weil er nicht überall befolgt worden war. Die Namen derjenigen, die die Sonntagsruhe störten, sollten von der Kanzel verlesen werden. Im Wiederholungsfall sei eine Kirchenbuße zu bezahlen. Weitere derartige Verbote folgten, und das zeigt die Problematik, die entsteht, wenn der Staat versucht, kirchliche Gebote durchzusetzen.

Wie sehr dem Markgrafen die Erneuerung des Kirchenwesens am Herzen lag, zeigt das Reskript an das Konsistorium vom 7. April 1727.[95] Er betont darin, dass er es nicht nur als seine Aufgabe ansehe, für das äußere Wohlergehen und für die Ordnung im Lande zu sorgen, sondern er wolle auch Religion, Kirche und Schule bessern. „Denn überlegen wir den zeitherigen Kirchenzustand, so zeiget sich leyder! auf Seiten der Zuhörer nichts als grobe Unwißenheit in göttl. und geistl. Dingen, ein roher und ruchloser Lebens-Wandel, welcher in mancherley Sünden und Laster beständig ausbricht. Auf Seiten der Lehrer und Prediger aber findet sich eine große Lauig- und Schläfrigkeit in Beobachtung ihres geistl. Amts, bey einigen eine starcke ignoranz in denen Religions- und Glaubens-Gründen." Viele meinten, sie täten ihrem Amt Genüge, wenn sie am Sonntag eine Predigt hielten und die Pfarreinkünfte verwalteten. Dagegen sei die Zahl der Pfarrer gering, die durch regelmäßigen Unterricht für die Jugend, durch Hausbesuche und durch seelsorgerliches Bemühen die Menschen zu Gott führen wollten. Es ginge vielen hauptsächlich darum, die besten Pfründen zu bekommen, und sie versuchten das durch Beziehungen und Bestechung zu erreichen. Ja, die Zahl der Pfarrer sei nicht gering, die durch einen unchristlichen Lebenswandel und öffentliche Laster der Gemeinde Ärgernis gäben. Der verderbte Zustand der evangelischen Kirche sei selbst in der benachbarten katholischen Diözese Bamberg bekannt, und man rede dort darüber.

Die Mitglieder des Konsistoriums sollten also darüber nachdenken, was die Ursache des Verfalls sei und warum man nicht schon längst etwas dagegen unternommen habe. Er, der Markgraf,

sehe es als seine Pflicht an, der Kirche wieder aufzuhelfen, und er fordere die Konsistorialräte auf, ihn dabei zu unterstützen. Sie wurden angewiesen, das Reskript an die Superintendenten weiterzugeben, die von jetzt an jährlich einen Bericht über den Zustand der einzelnen Pfarreien einreichen und darauf achten sollten, dass die Pfarrer ein gutes Beispiel für Gottesfurcht und Mäßigkeit abgäben. Die aber in ihrem Lebenswandel unordentlich seien, sollten sie ermahnen und in schlimmen Fällen dem Konsistorium melden. Wenn Pfarrstellen frei würden, so der Markgraf, solle die Wiederbesetzung in anderer Weise geschehen als bis dahin. Nicht die Pfarrer und Kandidaten würden genommen, die sich durch Besuche bei den Räten selber empfählen, sondern das Konsistorium solle die geeigneten Pfarrer aussuchen und dabei das Augenmerk auf Gottesfurcht und Amtstreue richten. Auch die Fähigkeit zu predigen müsse geprüft werden. Den schriftgemäßen, erbaulichen und den Hörern verständlichen Predigten solle unbedingt der Vorzug gegeben werden gegenüber kunstvoll und mit viel „Wortgepränge" vorgetragenen, oft bloß aus Büchern abgeschriebenen Kanzelreden.

Wie sehr dem Markgrafen die Verbesserung der kirchlichen Situation am Herzen lag, zeigt das Reskript vom 10. Juni 1727 an das Konsistorium mit dem Befehl, ein Verzeichnis der Kandidaten für ein Pfarramt zu erstellen.[96] Darin sollten Kenntnisse, Fähigkeiten, Lebenswandel und die Wartezeit vermerkt werden (damals musste ein examinierter Theologe etliche Jahre auf eine Anstellung warten). Um die Kandidaten persönlich kennen zu lernen, ließ er sie am Sonntagnachmittag in der Schlosskirche predigen und schrieb seine Beobachtungen in ein Notizbuch. So konnte er sich ein eigenes Urteil bilden, bevor er jemanden auf eine freie Pfarrstelle berief.

Sein Hofprediger Johann Georg Dieterich bewarb sich entgegen dem markgräflichen Befehl selber auf die freigewordene Superintendentur in Kulmbach.[97] Als er vorsprach, antwortete ihm der Markgraf: „Ei, ei, Hofprediger, wo bleibt die Vocation?" Der antwortete: „In der Schrift steht: So jemand ein bischöflich Amt begehrt, der begehrt ein köstlich Werk." Der Markgraf ließ sich von der angeführten Bibelstelle überzeugen und verlieh ihm die Stelle. Für ihn berief Georg Friedrich Carl den Mitarbeiter Franckes und früheren Erzieher seiner beiden jüngeren Brüder, Johann Christoph Silchmüller, zum neuen Hofprediger nach Bayreuth.

2.3. Viele Begegnungen und eine bewegende Predigt

Über die erste Zeit seines Aufenthaltes in Bayreuth gibt uns Silchmüller selber einen Bericht in seinem „Bayreuther Tagebuch". Er verfasste es für die Freunde in Halle. An sie schrieb er weiterhin Briefe, die zum Teil erhalten sind, nämlich an Gotthilf August Francke (1696–1769), der nach dem Tod seines Vaters die Hallischen Stiftungen leitete, und an die Theologieprofessoren Joachim Lange (1670–1744) und Johann Heinrich Callenberg (1694–1760). Aus dieser Verbindung sind über hundert Briefe erhalten. Der letzte stammt aus dem Jahr 1767. Auch Briefe an den Grafen Zinzendorf bringen Nachrichten über die Bayreuther Zeit. Und schließlich wurde seine Predigt zum 1. Advent, dem Tag seiner Amtseinführung, gedruckt.

Am 5. November 1727 betrat Silchmüller markgräfliches Gebiet.[98] Fuhrleute aus Hof hatten ihn in Schleiz abgeholt. Nachdem er sie zweimal bewirtet und freundlich mit ihnen geredet hatte, äußerten sie im Gespräch mit seiner Magd ihre Überraschung. Man habe sie nämlich gewarnt, Silchmüller sei „ein böser Mann", mit dem sie ihre liebe Not haben würden; auch habe er so viele Kinder, dass sie diese kaum auf dem Wagen fortbringen könnten. Nun sähen sie, dass die Leute gelogen hätten; denn er sei ihnen sehr freundlich begegnet und bringe kein einziges Kind mit. Silchmüller meinte dazu, die Verleumdung sei vermutlich deshalb aufgekommen, „weil mich die Leuthe unter die so genannten Pietisten gerechnet und für einen unfreundlichen, mürrischen Sauertopf gehalten" hätten. Ohne es zu wissen, habe er durch Wohltun ein böses Gerücht entkräftet. Und er sah die biblische Lehre bestätigt, „daß die Liebe beßert, und ich durch den Weg der Liebe den Bösen am meisten den Mund werde stopfen können."

Wohin Silchmüller kam, suchte er das Gespräch mit den Menschen, mit den einfachen Leuten genauso wie mit den Vertretern des Adels und der Regierung. Und wenn er Interesse bemerkte, verteilte er die aus Halle mitgebrachten Schriften. In Gefrees gab er das letzte mitgenommene Exemplar seiner Abschiedspredigt dem Sohn des Gastwirts, mit dem er sich über den Glauben unterhalten hatte.

Am 8. November mittags erreichten die Umzugswagen Bayreuth. Am nächsten Tag erlebte Silchmüller den ersten Sonntag in der Stadt. Er wunderte und freute sich, wie streng der Feiertag gehalten wurde: „Niemand gehet ins Wirtshaus; noch weniger unterstehet sich jemand im gantzen

Lande Schmausereyen, Spielleute etc. zu halten. In der Residenz unterstehet sich kein Mensch auszureiten oder auszufahren, sondern es ist alles so stille und ruhig, daß es nicht genug zu bewundern ist."[99]

Am übernächsten Tag besuchte er den früheren Hofprediger Johann Georg Dieterich, einen entschiedenen Gegner des Pietismus. Er erwähnt, dass Dieterich für einen der besten Theologen im Lande gehalten werde. Er selbst fand aber keinen rechten Kontakt zu ihm.

Überhaupt fällt auf, dass ihm die Theologen oft mit Vorbehalten begegneten, während die weltlichen Beamten viel aufgeschlossener waren, so der juristische Konsistorialrat Georg Wilhelm Lockel, ein „von gantzem Hertzen frommer Mann, der mich sehr erquicket hat."[100] Er war noch dem pietistischen Hofprediger des Markgrafen Christian Ernst, Johann Heinrich Hassel, begegnet. „Es versicherte mich auch dieser H. Consistorial-Rath, daß noch hier und da ein Segen von dem Sel. H. Hassel in der Stadt und Land wäre, und daß bey manchen Personen ein großer Hunger wäre nach dem Guten. Welches alles mich sehr vergnüget hat."[101] Auch der erste Minister und Geheime Rat von Stuttersheim freute sich über die Berufung Silchmüllers und bot ihm seine Unterstützung an.

Am 12. November erhielt Silchmüller eine Audienz beim Markgrafen Georg Friedrich Carl. Sein Eindruck war: „Ich kan mit Wahrheit sagen, daß ich an Serenissimo großen Ernst und Eyfer für die Ehre Gottes mercke."[102] Er sei den ganzen Tag bis zum Abend mit Regierungsgeschäften befasst. Neu eingeführt habe er die öffentliche Audienz an jedem Donnerstag. Da brächten die kleinen Leute ihre Klagen und Bitten vor. Was gleich entschieden werden könne, geschehe sofort. Das übrige protokollierte der Sekretär, damit es am nächsten Tag behandelt werde. Die Armen erhielten ein Almosen. So trügen an einem Donnerstag 100 bis 150 Bittsteller ihr Anliegen vor.

Während dem Fürsten die soziale und sittliche Not in seinem Lande auf den Nägeln brannte, zeigte er kein Interesse für Oper und Theater. Silchmüller berichtet in seinem Tagebuch, dass die drei Komödien- und Opernhäuser nicht mehr bespielt wurden. „Alle Comoedianten und virtuosen sind abgedancket, und man hört bey Hoff weder spielen, noch tantzen, noch sauffen. Im Schloss ist alles so stille, als ob es ein Kloster wäre."[103]

Einen Tag später besuchte Silchmüller den wohl bedeutendsten Vertreter der Bayreuther Kirche, den Superintendenten Friedrich Caspar Hagen. Dieser war der Sohn eines Bayreuther Gymnasialprofessors und seit 1703 selber Professor für Beredsamkeit, Dichtkunst und Griechisch am Christian-Ernestinum. Im Jahr 1710 wurde er zum Hofprediger ernannt, 1723 zum Oberhofprediger und Bayreuther Superintendenten. Er gab für das Land zwei Gesangbücher heraus und ließ eine Bibel mit einer revidierten Lutherübersetzung sowie einer Vorrede und Einführung drucken.[104]

Hagen redete mit dem neuen Hofprediger sehr freundlich. Er lobte Francke und die Anstalten in Halle. Da er in Wittenberg studiert hatte, war er sicher kein Pietist, sondern eher ein Vertreter der Reformorthodoxie, die einige Anliegen des Pietismus aufzunehmen suchte. Hagen erzählte von einer eigenartigen Begegnung, die er vierzehn Tage zuvor gehabt hatte. Ein Theologiestudent sei bei ihm und bei anderen Pfarrern aufgetaucht und habe sich als Vorläufer des Herrn Hofpredi-

Friedrich Caspar Hagen war von 1723 bis 1741 Superintendent in Bayreuth. Er begegnete Silchmüller freundlich und korrekt, obwohl er der lutherischen Orthodoxie zuneigte.

gers vorgestellt. Dieser werde eine neue Reformation machen und Bayreuth bekehren. Das habe ziemliches Aufsehen und Spott erregt, und manche seien in ihrem Vorurteil gegen den neuen Hofprediger bestärkt worden. Niemand habe feststellen können, wer den Studenten, der eher ein Psychopath war, geschickt hatte.[105]

Einen Tag später erhielt Silchmüller eine Audienz bei der Mutter des Markgrafen, Sophie Christiane. Sie hatte veranlasst, dass ihre beiden jüngsten Söhne einen pietistischen Informator bekamen, und das war der jetzige Hofprediger. Auch hatte er in Weferlingen mancherlei Dienste für sie übernommen. So ergab sich ein sehr freundliches und aufgeschlossenes Gespräch. Sie bat Silchmüller, Predigtbände von Francke für die Witwe des verstorbenen Markgrafen Georg Wilhelm zu besorgen. Diese sei jetzt an Glaubensfragen interessiert und habe nach den Büchern gefragt.

Am 21. und 22. November konnte Silchmüller in die Wohnung einziehen, die für den Hofprediger bestimmt war. Schon einen Tag später kam Graf Zinzendorf zu Besuch.[106] Dieser suchte zuerst den frommen Küster der Schlosskirche auf und nahm dann am Gottesdienst teil. Nach der Predigt ließ er sich bei Silchmüller melden. Sie beteten mit einander und dann heißt es in Zinzendorfs Reisetagebuch: „[Sie] lerneten den Br[uder] Silchmüller und seine Liebe zum Heylande genauer kennen, und freuten sich über die Gnade, die auch in diesem Jünger mächtig war." Silchmüller vermittelte sodann verschiedene Besuche. Gemeinsam gingen sie zur Mutter des Markgrafen, zum Konsistorialrat Lockel und zum Hofmeister der alten Markgräfin, Baron von Hertzberg, der zur gleichen Zeit wie Zinzendorf im Paedagogium regium in Halle zur Ausbildung gewesen war. Am nächsten Tag kamen der Erste Minister von Stuttersheim und der Oberhofmarschall von Berghoffer in die Wohnung des Hofpredigers, um den Grafen zu sprechen. Vom Markgrafen wurde Zinzendorf zur Mittagstafel geladen. Das Reisetagebuch berichtet: „Sie wurden alßo sehr höflich empfangen, und zur Taffel gesezt, worunter Sie gelegenheit nahmen mit

Nikolaus Ludwig Graf von Zinzendorf (1700–1760) war neben Spener und Francke der herausragende Führer des Pietismus in Deutschland

der HErr es gab. Nach der Mahlzeit mögten Sie gerne Abschied genommen haben; der HErr gab Ihnen eine neue gelegenheit an dessen statt von seiner Gnade und Wahrheit zu zeugen, und wurde eine vollständige Conferenz gehalten über Staats, Justiz und Kirchen-Sachen, da Sie dann erfuhren, was der treüe Heyland versprochen hat: Ich will Euch Mund und Weisheit geben etc. Sie conferirten der gestalt von Christo und seiner Krafft so treühertzig und kindlich, daß auch der MarkGr[aff] fieng an mit thränenden Augen von Hertzensänderung, Nachfolge und Dienst des Heylandes zu reden, und seine Erweckung zu erzeigen." Bei seiner Rückkunft lobte Zinzendorf die guten Absichten des Fürsten. Bei Silchmüller traf er den Konsistorialrat und Archidiaconus Johann Adam Roth. Im Reisetagebuch heißt es: „Mit denen Sie Sich aufs neue erweckte und mit bewegung Ihres Hertzens betete, wornach der letzte fieng hertzlich an zu weinen, und versprach sich dem HErrn ganz zu ergeben, und alle seine Kräffte anzuwenden etc."

Der Besuch des Grafen zeigt ein wenig seine Absichten: Er versuchte dort, wo man für pietistische Frömmigkeit aufgeschlossen war, Kontakte zu knüpfen, Einfluss zu nehmen und vielleicht einen Stützpunkt zu gewinnen. Die Begegnung mit ihm war für viele ein aufwühlendes Erlebnis: Unter Tränen beteten sie und versprachen, Christus zu dienen. Allerdings wahrten sowohl der Markgraf als auch Silchmüller bei aller Freundschaft eine gewisse Distanz. Der Hofprediger, der im Vergleich zu dem sehr spontanen und in seinen Gefühlen oft überschwänglichen Grafen mehr der nüchtern denkende Kirchenmann war, meinte nach dem Besuch, Zinzendorf brauche einen erfahrenen Mann an der Seite, der ihn zur

dem MarkGr[afen] und der MarkGr[äfin] ziemlich offenhertzig und nachdrücklich zu reden, wie

Mäßigung anleite, „so würden Sie mancherley extrema vermieden haben."

Am Abend fuhr der Graf mit der Extrapost weiter in Richtung Coburg, um den Erbprinzen von Sachsen-Saalfeld zu treffen. Das Reisetagebuch erzählt von einem Problem, das aber glücklich gelöst werden konnte: Sie „kamen die Nacht in Culmb[ach] an, da Sie eine rechte Glaubens Probe wiederum wegen Geld-Mangel hatten, denn ohnerachtet Sie eine erstaunliche Menage führeten, so gieng doch unvermuthet das geld auf, weil Sie immer viele Pferde um des bößen weges willen haben musten, und musten Ihre eigene in Ebersd[orf] lassen, daß sie sich erhohlen könten zum RückReyse. In dem Sie aber gar nichts übrig hatten, und warteten, was der HErr daraus machen wolte, kam in der 12. Stunde Herrn Feilers Bruder, und liehe Ihnen, daß Sie nach Coburg langen könten." Der Name „Feiler" wird in der weiteren Erzählung öfter auftauchen: Die Frau des Bayreuther Rechnungskommissars Feiler übernahm bei einem Kind Silchmüllers das Patenamt, und der Sohn desselben wurde von Silchmüller als Inspektor im Waisenhaus angestellt. Offenbar wohnte ein Bruder des Rechnungskommissars in Kulmbach und half dem Grafen Zinzendorf aus der Klemme.

Am 30. November, dem 1. Advent, hielt Silchmüller seine Antrittspredigt in der Bayreuther Schlosskirche. Das Thema war vom Evangelium des Sonntags vorgegeben und lautete: „Der Einzug Christi in Jerusalem als ein Bild seines geistlichen Einzugs in die Herzen der Gläubigen." Mit dem Zitat des Adventspsalms („Machet die Tore weit und die Türen in der Welt hoch, dass der König der Ehren einziehe") in der Einleitung war die Ansprache sogleich bei den anwesenden Zuhörern: Sie, der Fürst, die Minister und Räte, die Hausväter und Hausmütter seien aufgerufen, ihre Länder, Orte, Häuser und Herzen für Christus und sein Evangelium zu öffnen.[107] In die gebannte Stille hinein sprach sie der Prediger ganz konkret auf ihre Pflichten als Christen und Amtspersonen an. Der Fürst solle in seinem rühmlichen Eifer für das Wohlergehen der Kirche fortfahren und durch entsprechende Verordnungen den Menschen zu einem rechtschaffenen, tätigen Christentum helfen. Auch die Minister, Räte und Beamten sollen den Ruf „Machet die Tore weit" ernstnehmen. „Ich ermahne Sie alle in dem Nahmen meines Königs der Ehren [...] daß Sie durch gewissenhafte Handhabung des Rechts [...] durch heiligen Eyfer für die Ehre GOttes und durch heylsame Rathschläge die gnädigste und Christ-Fürstliche Intention unseres gnädigsten Landes-Vaters zu unterstützen und das Reich JEsu CHristi auszubreiten, sich so angelegen seyn lassen, als Ihnen Dero Seele und Seligkeit lieb ist."[108]

Silchmüller meinte in dieser Anfangszeit ähnlich wie Francke, durch das gemeinsame Wirken von christlicher Obrigkeit und Kirche wäre es möglich, die Welt christlich zu machen und in das Reich Gottes umzuwandeln. Es war dies gleichsam die pietistische Variante des Fortschrittsoptimismus, der die Vertreter der Aufklärung beflügelte. Später erwartete er das nicht mehr. Unter der Regentschaft von Markgraf Friedrich, dem Sohn Georg Friedrich Carls, schrieb er im Neujahrsbrief 1756 an die Pfarrer der Diözese Kulmbach, sie sollten vom „bracchium saeculare" (von der staatlichen Obrigkeit) keine Hilfe erwarten. „Durch das weltliche Schwert wird dem Satan keine Seele abgejagt und kein Herz zum lebendigen Glauben bekehrt."[109]

Freilich war diese mehr politische Zielrichtung nicht das Hauptthema der Adventspredigt, auch wenn man bei Hofe darüber sprach.[110] Als Pietisten ging es Silchmüller vor allem um die Seele des Einzelnen, in die Christus als Retter einziehen wolle. Dabei zu helfen, sah er als seinen Auftrag an. „Am heutigen Tag lässet Er mich mein neues Amt unter euch antreten. Zu was Ende? Dazu, daß Er auch durch meinen geringen Dienst euch zu solchem seinen Einzug will zubereiten lassen. Denn keinen anderen Zweck hat CHristus bei Aussendung der Lehrer und Prediger, als daß sie Ihm als seine Braut-Werber die Seelen gewinnen, zubereiten und zuführen mögen, daß Er sich mit ihnen verloben könne in Ewigkeit."[111]

Am Schluss sprach der Prediger jeden persönlich an, werbend und andringend: „Sehet, euer König kommt zu euch, ein Gerechter und ein Helffer, arm und sanfftmüthig, Zach. 9, 9. Hörest du es, o Sünder! Dein König, dem du bisher dein Hertz nicht hast aufthun wollen; Dein König, den du verworffen; Dein König, wider den du durch die Sünde rebelliret; Dein König, den du so offt verschmähet […] der kommt dennoch heute zu dir. Hörest du es? Zu dir, zu dir kommt Er und will gern aller Beleidigungen vergessen, dich von deinen Sünden abwaschen, dich mit Gnade aufnehmen, sich mit dir vereinigen, und aller seiner Herrlichkeit und Seligkeit theilhafftig machen. Er will deine Gerechtigkeit, Er will dein Helffer, Er will dein Erlöser, Er will dein Seligmacher seyn; du solst ihm nur dein Hertz einräumen und seinen Geist regieren laßen. Ey wohlan! so säume doch nicht einen Augenblick länger, sondern mache nun den vesten Entschluß, dein gantzes Hertz, Sinn und Gemüth Christo zu übergeben."[112]

Eineinhalb Stunden stand der Prediger auf der Kanzel, zweieinhalb Stunden dauerte der Gottesdienst. Aber die Aufmerksamkeit hielt bis zum Schluss an. Während sonst die Kavaliere, die auf der Galerie standen, sich ziemlich laut unterhielten, war diesmal bei der Predigt alles still. Nur da und dort hörte man ein Seufzen oder Schluchzen. Mancher konnte seine Tränen nicht zurückhalten. Offensichtlich wurden viele von der Predigt bewegt.[113] Dabei sprach er durchaus nicht gefühlvoll und überschwänglich. Kantzenbach schreibt zu seiner Predigtweise: „Silchmüller steht als Prediger in seiner Zeit erheblich über dem Durchschnitt […]. Die von uns nachgewiesenen Predigten entkräften das Vorurteil, daß er sich Geschmacklosigkeiten und taktlose Zudringlichkeit geleistet habe."[114] Er sprach, so Kantzenbach, ohne Konzept. Nach der Meditation des Bibeltextes schrieb er nur eine Gliederung auf, die er in freier Rede entfaltete.

Zwei Tage später lobte ihn der Markgraf bei einer Audienz für seine Antrittspredigt. Er fand es gut, dass er selbst und die Minister ermahnt worden waren, Gutes zu wirken. Silchmüller solle in ihm weniger den Markgrafen von Bayreuth sehen, sondern als sein „Beicht-Kind, deßen Heyl und Seligkeit" er mit zu befördern habe.[115]

Der Fürst besprach einige Vorhaben mit dem Hofprediger. Er wolle gegen das Duellieren vorgehen. Wer sich auf einen Zweikampf einlasse, solle bei Hof und in der Regierung die Anstellungsfähigkeit verlieren. Auch wolle er das Geben und Nehmen von Geschenken abstellen, das bei Bewerbungen auf freigewordene Stellen üblich geworden war. Unzucht und Ehebruch wolle er wieder bestrafen, Unzucht zwischen Ledigen mit einer Kirchenbuße und Ehebruch bei Verheirateten mit Ausweisung von Mann und Frau aus dem Land. Er müsse etwas dagegen unternehmen, so der Markgraf, weil das seit der Regierung seines Vorgängers gar nicht mehr als Sünde angesehen werde.[116] 1729 bestimmte der Markgraf, Ehebrecher sollten ins Arbeitshaus kommen.[117]

Am 3. Dezember 1727 wurden Silchmüller und seine Frau eingeladen, als Gäste der Eröffnung des Landtages beizuwohnen. Superintendent Hagen hielt zu Beginn die Predigt in der Stadtkirche. Das Bibelwort dazu hatte der Markgraf ausgesucht: „Nun fürchtet den HErrn und dienet Ihm treu von gantzem Hertzen; denn sehet doch, wie große Dinge Er an euch gethan hat. Werdet ihr aber Unrecht thun, so werdet ihr und euer König verloren sein" (1. Samuel 12). Das gewählte Bibelwort zeigt, wie Georg Friedrich Carl seine Aufgabe als Regent verstand. Er wusste sich in allem Gott verantwortlich. Nach dem Gottesdienst versammelte sich der Landtag in einem Saal des Schlosses. Zunächst redete der Erste Minister von Stuttersheim im Namen des Fürsten: Man wolle einige Vorschläge machen, um den Zustand des Landes zu verbessern. Die Vertreter der Stände sollten dann darüber beraten und ihre Meinung äußern. Die Vorschläge las der Geheime Rat und Sekretär Kipping vor:

1. Verbesserung des verfallenen Kirchen- und Schulwesens; 2. Verringerung der allzu großen Steuer- und Abgabenlast; 3. Abschluss des Zuchthausbaus in St. Georgen; 4. Verbesserung der Almosenordnung, um die vielen Bettler und Landstreicher von der Straße zu holen; 5. Einheitlichkeit in Maß und Gewicht; 6. Verkürzung der Prozesse vor den Gerichten; 7. Striktere Durchsetzung des Rechts; 8. Abbau der großen Staatsschuld.

Der Fürst ließ darauf hinweisen, dass er bei dem letzten Punkt schon einen Anfang gemacht habe, indem er die große Zahl von Militär- und Zivilbediensteten verminderte. Er ließ auch seinen Unwillen darüber kundtun, dass man von armen Untertanen, denen es oft selber am täglichen Brot mangele, mit militärischer Gewalt die Steuern eingetrieben habe. Exekutionen solcher Art wolle er ganz abstellen. Sein Ziel sei es, die Lage der Untertanen zu erleichtern.

Der Bayreuther Stadtrichter dankte im Namen der Landstände „für Serenissimi gnädige intention, salutem publicam wieder herzustellen."[118] Sie wollten darüber diskutieren und dann ihre Meinung äußern. Darauf traten die Landstände einzeln zum Handkuss vor den Markgrafen. Die Eröffnung des Landtags endete mit einer gemeinsamen Tafel, bei welcher der Fürst gemeinsam mit den Ministern und Landständen speiste.

In einen inneren Konflikt geriet Silchmüller durch die Sitte am Bayreuther Gymnasium, dass ein Schüler, der neu in eine Klasse kam bzw. sie verließ, einen Access- oder Discess-Schmaus ausgeben musste. Er bezahlte für alle Mitschüler Bier, Brot und Tabak. Nach der Mahlzeit spielten Musikanten zum Tanz auf. Nun wollte der jüngere Bruder von Silchmüllers Frau im Christian-Ernestinum seinen Abschluss machen, und die Familie stand vor der Frage, ob er einen Access-Schmaus halten solle. Zunächst lud der Sohn des Superintendenten Hagen dazu ein. Man beriet in der Familie das Für und Wider. Der Schwager äußerte schließlich, dass er nicht hingehen wolle. So wurde beschlossen, weder einen Access-Schmaus zu besuchen noch zu halten, zumal man gehört hatte, dass solche Feiern oft ausarteten. Silchmüller befürchtete, der Superintendent könne wegen dieses Verhaltens vielleicht beleidigt sein und der Schwager bekomme es von den Mitschülern zu spüren. Aber nichts davon trat ein.[119] 1730 verbot der Markgraf die Access-Schmäuse ganz.[120]

2.4. Bibelkreise und Feste

Am 22. Dezember 1727 lud Silchmüller zum ersten „Colloquium Biblicum" ein.[121] Nach dem Vorbild Franckes wollte er mit Studenten und Kandidaten der Theologie gemeinsam jeweils einen Bibelabschnitt lesen und dann darüber ins Gespräch kommen. Dabei sollte bedacht werden, wie das Bibelwort verständlich für die Gemeinde gepredigt werden könne. Fünf junge Leute hatte Silchmüller eingeladen. Neun kamen, dazu zwei Mitglieder des Landtages. Zwei Tage später, am 24. Dezember, bat Silchmüller bei einer Audienz um Genehmigung des Bibelkreises. Der Markgraf war damit einverstanden. Er wollte noch am selben Tag ein entsprechendes Dekret erlassen. Es wurde von dem Geheimen Rat von Bobenhausen, Silchmüller und dem Geheimen Sekretär Kipping verfasst, dann allen Mitgliedern des Geheimen Rates zur Begutachtung vorgelegt, schließlich noch einmal von Silchmüller durchgesehen und dann vom Kanzlisten in Reinschrift abgeschrieben. Um 23 Uhr unterschrieb Georg Friedrich Carl, bevor er zu Bett ging. Zum 25. Dezember vermerkte Silchmüller in seinem Tagebuch: „Wurde mir Morgens nach 8 Uhr das erwehnte Decret zugeschickt, welches mir gar ein angenehmes Weyhnachts-Geschenk war, das mich zum Lobe meines Neugebohrnen Heylandes kräfftig erweckete."[122] Das Dekret[123] wurde

dem Konsistorium übersandt, da dieses für die Neubesetzung der Pfarrstellen zuständig war. Der Markgraf äußerte darin die Absicht, dass die freien Pfarrstellen „mit solchen Personen besezet seyn mögen, welche die anvertrauten Gemeinden als rechtschaffene und des im göttlichen Wort vorgeschriebenen Weges allenthalben kundige Leiter durch reine Lehre und untadeliges Leben ihrem Seelen-Hirten zuzuführen geschickt sind." Das Colloquium Biblicum solle dazu beitragen, die künftigen Pfarrer auf ihre Aufgabe vorzubereiten, vor allem im Blick auf Seelsorge und verständliches Predigen.

Der Bibelkreis war sofort Anlass für Verdächtigungen und Verleumdungen. Schon am 28. Dezember forderte ein Prediger in der Stadtkirche die Besucher auf, sie sollten beten, dass Gott die reine Lehre erhalte, da sich zur Zeit allerlei falsche Lehren in die Kirche einschlichen.[124] Die Aufregung legte sich aber, als das markgräfliche Dekret öffentlich bekannt wurde.[125] Der Bibelkreis war beim nächsten Treffen auf sechzehn Personen angewachsen, sechs waren Mitglieder der Ständeversammlung. Auch zu anderen Abgeordneten bekam Silchmüller Kontakt. Er besuchte sie und sie wollten seine Predigten hören. Es kamen zeitweise so viele Menschen zu den Gottesdiensten in die Schlosskirche, dass sie vor dem Eingang stehen mussten.[126]

Schon seit Mitte Dezember hatte Silchmüller den Auftrag, sich über die Verbesserung des Bayreuther Gymnasiums Gedanken zu machen. Der Markgraf äußerte den Wunsch, eine Akademie zu gründen (wie es später sein Sohn Friedrich zunächst in Bayreuth, dann in Erlangen erreichte). Die Minister und auch der Hofprediger rieten davon ab. Man solle vielmehr versuchen, zunächst das Gymnasium in einen besseren Zustand zu bringen. Bei den Beratungen lernte Silchmüller Johann Adam Flessa kennen. Dieser stammte aus Goldkronach. Seit 1723 war er am Gymnasium Professor für Geschichte und Mathematik. 1727 erhielt er zusätzlich die Stelle als Hofdiaconus. 1731 wurde er Professor für Theologie am Gymnasium und Mitglied des Konsistoriums. Flessa war Silchmüllers treuester Freund in Bayreuth. Er verließ 1741 die Stadt, in dem Jahr, als Silchmüller nach Kulmbach versetzt wurde und Superintendent Hagen starb.[127]

In den ersten Februartagen 1728 besuchte Carl Ludwig von Hohenlohe-Weikersheim mit seiner zweiten Gemahlin Bayreuth. In erster Ehe war er mit der 1716 verstorbenen Dorothea Charlotte, der Schwester des Markgrafen, verheiratet gewesen. Durch diesen Besuch sah sich Georg Friedrich Carl veranlasst, zu Ehren der Gäste Feste und Bälle zu veranstalten, was den Pietisten ziemlich missfiel.

In diesen Tagen war ein Abgesandter Zinzendorfs in Bayreuth, David Nitschmann. Dieser nahm einen Brief Silchmüllers an den Grafen mit, der erhalten ist.[128] Darin erwähnt er die „mancherley eitelen divertissements". Die Hofleute würden bei den Bällen wacker mit herumhüpfen. Nur der Premierminister von Stuttersheim „hat sich durchaus nicht zum sündlichen tantzen bereden laßen, ob man ihm schon sehr zugesetzt." Die Mutter des Markgrafen missbilligte ebenfalls die Festlichkeiten, doch ohne Erfolg.

Man merkt es dem Brief an: Die Veranstaltungen, die durch die Anwesenheit des Markgrafen sicher nicht ausarteten, waren Silchmüller und seinen Freunden eine Anfechtung. Die Gäste spürten das und kritisierten öffentlich die Art seiner Predigt, so dass der Markgraf die Gottesdienste vom Superintendenten halten ließ, bis der Besuch abgereist war. Silchmüller tröstete sich in dem besagten Brief damit, dass „die Geringen und Elenden im Lande" zur Erbauungsstunde in sein Haus kämen: Sechs Männer, die „Gott von Hertzen suchen".[129] Das Collegium Biblicum mit den Kandidaten der Theologie war schon auf dreißig Personen angewachsen.

Zinzendorf schrieb nach der Rückkehr Nitschmanns eine Ermahnung an den Markgrafen wegen der Festlichkeiten. Zur großen Erleichterung Silchmüllers nahm es der Markgraf nicht übel. Er beauftragte seinen Hofprediger, eine Antwort zu verfassen.[130] Der Markgraf ließ erklären, dass ihm dergleichen Lustbarkeiten nicht gefielen. Aber er habe sie um der Gäste willen veranstaltet. Denn er erfahre bei Besuchen in Weikersheim viele Höflichkeiten, und die Dankbarkeit gebiete es ihm, die Gäste gut zu unterhalten, zumal die Gemahlin des Grafen großen Gefallen daran fände. Man merkt es beim Lesen des Briefes: Der Schreiber war sehr erleichtert, dass es nicht zu einem Eklat zwischen seinem Dienstherrn und dem Grafen gekommen war.

Wegen der Bibelkreise wurde Silchmüller auch in Kulmbach heftig angegriffen. Der Superintendent Dieterich und der Senior Matthias Heinrich Otto nannten sie „Sectirerey" und sie äußerten, Silchmüller sei kein lutherischer Theologe. Als Otto das bei einer Hochzeitsfeier äußerte, widersprachen ihm einige anwesende Frauen. Auch der Stadtschreiber verteidigte den Hofprediger. Als Mitglied der Landstände hatte er während der Bayreuther Tagung einige Male den Bibelkreis besucht und konnte aus persönlicher Erfahrung urteilen. Trotzdem schrieb Dieterich entsprechende

Johann Georg Dieterich war von 1727 bis 1740 Superintendent in Kulmbach. Durch sein Studium von der Orthodoxie geprägt, polemisierte er gegen Silchmüllers Bibelkreise.

Briefe nach Bayreuth und äußerte, Silchmüller sei ein „Pietist" und „fanaticus". Wenn er, Dieterich, gewusst hätte, dass in Bayreuth die „Pietisterey" so überhand nehme, hätte er sich nicht weggemeldet. Auch behauptete er, das Verhältnis zwischen der Hofgeistlichkeit und den Stadtpfarrern sei völlig zerrüttet; man predige öffentlich gegeneinander. Silchmüller widersprach: Abgesehen von der Predigt am 28. Dezember, stimme dies nicht. Der Superintendent Hagen verhalte sich korrekt und freundlich, und der Archidiaconus Johann Adam Roth sei mit ihm, Silchmüller, befreundet und besuche selbst das Colloquium Biblicum.[131]

Silchmüller fragte sich, wer solche Falschmeldungen ausgesprengt hatte. Schließlich offenbarte sich der Urheber selber. Während einer Zusammenkunft des Colloquiums kam es zu einem Skandal: Ein Theologiestudent namens Müller, der sich bis dahin unauffällig verhalten hatte, kränkte den Hofprediger mit Beleidigungen und Unterstellungen. Das Gleiche hatte er nach Kulmbach geschrieben. Der Markgraf erfuhr davon und befahl dem Konsistorium, den Studenten zur Rede zu stellen.[132] Dieser gab dann vor den Konsistorialräten keineswegs klein bei. Er leugnete, was man ihm vorhielt, und wurde dabei so laut und ausfällig, dass das Verhör abgebrochen wurde. Silchmüller hatte vor der Sitzung gebetet, von einer Bestrafung abzusehen. Er war der Hoffnung, dass der junge Mann doch noch umkehren könne. Dessen Dienstherr, ein Oberstallmeister, hatte nämlich erzählt, Müller habe ihm berichtet, er sei in der Hofkirche gewesen und von der Predigt so getroffen worden wie nie zuvor in einem Gottesdienst. In Bayreuth stritten sich damals sogar die Leute in den Wirtshäusern, wer recht habe, der Student oder der Hofprediger. Es kam zu Raufereien, wobei Biergläser flogen. Das erzählte man wiederum dem Kulmbacher Superintendenten, der auf der Kanzel warnte, durch die Neulinge, Irrgeister und Schwärmer werde Aufruhr verursacht.[133]

Der Student Johann Jakob Müller scheint ein etwas streitsüchtiger Mensch gewesen zu sein. Von 1734 bis 1737 arbeitete er am Kulmbacher Lyceum. Weil er sich mit dem Superintendenten Dieterich nicht vertrug, wurde er nach Münchberg versetzt. Dort hatte er Streit mit dem Superintendenten Johann Adam Roth. Er kam 1741 als Diaconus nach Selb. Dort stritt er mit dem Pfarrer Ellrod. Auf Bitten seiner Frau wurde er im Amt belassen, aber 1745 auf die wenig dotierte Pfarrei Mangersreuth versetzt, wo er 1755 starb.[134]

Während Silchmüller von Theologen angegriffen wurde, fand er woanders offene Türen. Er konnte einfache Menschen für den Glauben interessieren und sie befähigen, darüber zu sprechen. Seine Predigthörer hatte er aufgefordert, den Predigttext in ihrer Bibel mitzulesen. Aber die meisten besaßen keine Bibel. Deshalb besorgte er aus Halle achtzig billige Bibeln und sechzig Neue Testamente und gab sie an Interessierte weiter. Der Premierminister von Stuttersheim hatte dafür spontan 50 Gulden zur Verfügung gestellt.[135] Menschen, die auf diese Weise erweckt worden waren, wirkten nun ihrerseits werbend für die pietistische Frömmigkeit. Silchmüller erzählte von einem Sattler, den er besuchte. Seine Ehefrau, seine Kinder und sein Geselle hatten sich bekehrt. Darüber hinaus hatte er Nachbarn und Bekannte gewonnen.[136]

Oft war eine ernste Erkrankung der Anlass, um Silchmüller zu rufen und seine Seelsorge in Anspruch zu nehmen. Er besuchte Minister, Räte, Hofdamen, aber auch Bayreuther Bürger. Er betete mit ihnen und suchte sie durch Bibelworte aufzurichten und zu trösten.[137]

An einem Märztag 1728 standen über sechzig Kinder auf einmal vor seinem Haus, weil sie gehört hatten, er habe Schriften aus Halle bekommen. Er hielt ihnen eine kleine Katechese mit Frage und Antwort und teilte ihnen seinen Vorrat aus. Als weitere Kinder kamen, musste er sie auf die nächste Sendung vertrösten.[138] Er schrieb deshalb an Gotthilf August Francke: „Eüer Hoch-Ehrwürden haben mir eine rechte Weyhnachts-Freüde, wie den Kindern, durch die Übersendung der vielen kleinen tractätlein gemacht. Ich dancke gantz hertzlich und ergebenst dafür, und bitte inständig, unser Armuth allhier ferner aus Ihrem reichen Brot-Schranck zu unterstützen und mir dann und wann was zu schicken."[139]

Schon in den ersten Jahren vermittelte Silchmüller eine ganze Reihe von Theologiestudenten nach Halle. In seinen Empfehlungsbriefen schilderte er die Herkunft, Begabung und die finanziellen Verhältnisse des jungen Mannes und setzte sich dafür ein, dass der betreffende ein Stipendium oder einen Freitisch bekam.[140] Im Namen des Markgrafen bat er Francke, die Studenten aus dem Bayreuther Land dann und wann zusammenzurufen und sie zu Wohlverhalten, Gottesfurcht und Fleiß zu ermahnen.[141]

Von Mai 1728 an sandte Francke regelmäßig die „Malabarischen Relationen" nach Bayreuth. Das waren Berichte von der Missionsarbeit in Südindien, die Silchmüller an Mitglieder des Fürstenhauses, des Adels und an die Bibelkreisleute austeilte. Die Missionsgaben, die er jährlich einsammelte, überstiegen selten den Betrag von

10 Taler. Denn es waren hauptsächlich die kleinen Leute in den Bibelkreisen, die etwas für die Mission übrig hatten.[142]

Professor Callenberg schickte Traktate für die Juden im Markgraftum. Er hatte in Halle das „Institutum Judaicum" gegründet zur Erforschung der jüdischen Literatur und zur Vermittlung der christlichen Botschaft an die Juden. Auf seine Anfrage hin berichtete Silchmüller, dass vor allem im Unterland, also in Erlangen, Baiersdorf und Neustadt a.d. Aisch, Angehörige dieser Religion lebten.[143] Bei seinen Reisen in diese Orte nahm er Callenbergs Schriften mit und versuchte, sie zu verteilen. In der Grafschaft Wolfstein besuchte er ebenfalls die dortigen Juden und gab ihnen die Schriften aus Halle. Dabei hörte er von einer eigenartigen Überlieferung, die von den Juden dieser Gegend erzählt wurde. Ihre Vorfahren hätten schon zur Zeit Christi in Worms gewohnt. „Sie behaupten steiff und vest, daß ihre Väter in die Creützigung Christi nicht gewilliget, sondern da das Synedrium an ihre Väter nach Worms von dem Jesu von Nazareth geschrieben [...] so hätten die von Worms geantwortet: das Gerücht von Jesu, und seinen Wundern mache sie glauben, er sey ein großer Prophet, und wäre ihre Meynung, sie solten ihn ia nicht töden. Wäre er ein falscher Prophet, so würde ihn Gott schon selbsten zu Schanden werden laßen."[144]

Von Anfang Mai 1728 an hielt sich der Markgraf in Himmelkron auf. Hier war er am liebsten. Er mochte das Landleben, die Nähe von Wald und Flur. Begleitet wurde er von seiner Mutter und seinen drei Töchtern.[145] Silchmüller hatte an den Sonn- und Feiertagen den Gottesdienst zu übernehmen, zum ersten Mal an Christi Himmelfahrt. Er vermerkte besonders in seinem Tage-

Bibliothek der Franckeschen Stiftungen

buch, dass ihn der Fürst an diesem Tage an seine Tafel lud. Er verstand das als eine Auszeichnung, weil üblicherweise nur Ministern und Adeligen diese Ehre widerfuhr. Georg Friedrich Carl forderte ihn auf, einige Tage zu bleiben. Die frische Luft werde ihm gut tun. So erlebte er eine Reiherbeize mit, eines der wenigen Vergnügen, das sich der Markgraf gönnte. Silchmüller schaute fasziniert zu, wie mit Falken Jagd auf Fischreiher gemacht wurde. Diese waren mit dem bloßen Auge zunächst gar nicht zu sehen. Aber der Falke hatte sie schon entdeckt und flog auf sie zu. Die Reiher erkannten sofort die Gefahr, sie spien die gefressenen Fische wieder aus und suchten in einen Wald oder in ein Wasser zu entkommen. Silchmüller machte sich seine Gedanken über das Verhalten dieser Tiere. Es musste ihnen doch eingepflanzt worden sein, für den Theologen ein Hinweis für Gottes Walten in der Natur.

Er sah die berühmte Lindenallee in Himmelkron mit einer „Maille-Bahn", die aber von dem derzeitigen Markgrafen nicht bespielt wurde.[146] Allerdings befand sich unter den Linden ein kleines Gartenhaus. „In demselben pfleget die Herrschaft bey schönem Wetter zu speisen, welches ungemein angenehm in dieser Frühlingszeit gewesen ist."[147]

Von Himmelkron aus besuchte Silchmüller Kulmbach. Der Kommandant der Plassenburg war angewiesen worden, ihm die Festung zu zeigen.[148] Der Hofprediger bewunderte das gewaltige Mauerwerk, den tiefen Ziehbrunnen, das Zeughaus mit Gewehren und Kanonen. Eine Besatzung von etwa hundert Soldaten bewachte einige Staatsgefangene und das markgräfliche Archiv. Auf der Burg traf er den Schlossprediger Keck, mit dem er sich auf Anhieb gut verstand. Keck wurde später sein Schwager, weil er mit einer Tochter des verstorbenen Superintendenten Schard verheiratet war und Silchmüller nach dem Tod seiner zweiten Frau ebenfalls eine Tochter Schards heiratete. In der Stadt besuchte er den Superintendenten und die beiden anderen Pfarrer, die ihn auf der Kanzel angegriffen hatten, „um ihnen zu zeigen, daß ich mich nicht vor ihnen fürchte. Sie sind alle gar freundlich gewesen, als ob sie meine besten Freunde seyn, und liesen sich nichts mercken." Allerdings konnte er nicht länger mit ihnen reden.

Von Pfingsten an weilte das dänische Kronprinzenpaar zur Kur in Karlsbad. Kronprinz Christian war mit Sophia Magdalena, der jüngeren Schwester des Markgrafen, verheiratet. Nun stand zu erwarten, dass die königlichen Hoheiten bei ihrer Heimreise Bayreuth besuchen würden. Die Mutter des Markgrafen war deshalb nach Karlsbad gereist, und der Oberhofmarschall hatte eine Einladung überbracht.[149]

Da bekundete Graf Zinzendorf sein Interesse, das dänische Fürstenpaar kennen zu lernen. Silchmüller erhielt den Auftrag, den Grafen davon abzubringen; denn man dachte noch an seine kritischen Bemerkungen anlässlich des Besuchs aus Weikersheim im Februar. So schrieb Silchmüller, „das es S. Hochfürstl. Durchl. eine Ehre seyn würde, wenn der herr Graf zu Ihnen kommen würde, Sie wolten Ihnen aber solches nicht befehlen, glaubten auch, daß die Lustbarkeiten bey der Königl. Hoheiten Hoh. Ankunfft dem Herrn Grafen wohl wenig Freude und Erbauung geben möchten."[150] Silchmüller redete dem Grafen in diesem Sinne zu: Es gebe bei dem Besuch wenig Zeit und Aufgeschlossenheit, sein Anliegen zu besprechen. Der Markgraf habe aber vor, sich nach Beendigung des Besuches nach Himmelkron zurückzuziehen. Das biete eine bessere Gelegenheit. Die dänischen Hoheiten aber könne der Graf in Karlsbad besuchen.

Der Brief zeigt, wie Silchmüller dem Grafen Zinzendorf gegenüber in gleicher Weise Freundschaft pflegte und Distanz wahrte. Der Graf hatte ihm die Patenschaft für seinen zweiten Sohn Christian Renatus (geboren im September 1727) angetragen. Nun fragte Silchmüller nach dem Ergehen des Patensohnes: „Der Herr seegne ihn tausendfältig."[151] Seine Frau ließ in freundschaftlicher Verbundenheit Grüße bestellen. Andererseits bestand Silchmüllerer darauf, den Grafen weiterhin mit seiner vollen Titulatur anzureden: „Hochgeborener Graf, gnädigster Graf und Herr" und „Eure Hochgräfliche Gnaden", obwohl Zinzendorf wiederholt gewünscht hatte, er wolle ein Bruder unter Brüdern sein. Silchmüller berief sich auf Francke, der den Grundsatz vertreten hatte: „Ehre, wem Ehre gebührt!"[152]

Zinzendorf hatte ein Gedicht geschickt mit der Bitte, es dem Markgrafen zu überreichen. Silchmüller war dem nicht nachgekommen und zitierte zur Begründung einen Freund, der geurteilt hatte: Der liebe Herr Graf meine, dass er es mit lauter einfältigen Kindern zu tun habe. „Vorsichtige Klugheit ist ietzo höchst nöthig", betonte der Hofprediger.[153] Zinzendorf hatte gefragt, ob sich die Markgräfin-Mutter über ihn geäußert habe. Silchmüller berichtete: „Sie haben viel consideration für dieselben gegen mich contestirt. Eines wünschten sie ehemals, nehmlich daß der liebe H. Graf mehr Vorsichtigkeit und Behutsamkeit dann und wann brauchete, auch nicht alles à la rigueur nähme." Der Unterschied zwischen dem vorsichtig abwägenden Kirchenmann und dem impulsiven und in seinen Gefühlen manchmal über das Ziel hinaus schießenden Grafen wird hier deutlich.

In seiner Antwort äußerte Zinzendorf, dass die Vergnügungen, die das Kronprinzenpaar für annehmbar hielt, auch für ihn erträglich seien. Er wolle dem Markgrafen keine Unannehmlichkeiten bereiten. Seine Absicht sei vor allem, mit dem Kronprinzen bekannt zu werden; denn ihn, Zinzendorf, beschäftige der Plan, Dänemark „Christo zu Füßen zu legen."[154] So schickte Silchmüller am 29. Juni die Nachricht, dass der Kronprinz und die Prinzessin an diesem Tag in Bayreuth einträfen.[155] Es kam aber doch nicht zu einer Begegnung in der Residenzstadt, sondern der Graf traf den Kronprinzen bei dessen Heimreise in Gera.[156]

Für Markgraf Georg Friedrich Carl, dem seine Familie sehr viel bedeutete, war der Besuch ein Treffen mit lieben Verwandten, das er glanzvoll auszugestalten trachtete. Er hatte im Jahr zuvor einen großen Teil der Bediensteten entlassen. Nun wurden einige wieder befristet eingestellt. Es kamen ja noch weitere Gäste. Nach dem Kronprinzenpaar trafen die verwitwete Markgräfin von Ansbach und Fürst Georg Albrecht von Ostfriesland mit Gemahlin ein (er war mit der jüngsten Schwester des Markgrafen, Sophie Caroline, verheiratet). Dessen Sohn aus erster Ehe, Carl Edzard, war dabei.[157] Er heiratete 1734 die jüngste Tochter des Markgrafen, Sophia Wilhelmina.[158]

Ein Programm der festlichen Tage vom 29. Juni bis zum 14. Juli 1728 ist noch vorhanden.[159] Verglichen mit dem, was der Vorgänger und der Nachfolger Georg Friedrich Carls veranstalteten, wirkt es bescheiden. In der Hauptsache bot man festliche Mahlzeiten mittags und abends, sehr häufig allerdings „in der Retirade", wo man im kleinen Kreis die Möglichkeit zu einem persönlichen Gespräch fand. Dreimal wurde Gelegenheit zur Jagd geboten, zweimal „Bonterey und Ball", zweimal eine Serenade mit dem kleinen Kammerorchester, das sich der Markgraf behalten hatte. Auf dem Brandenburger Weiher gab es „ein klein Feuerwerk" und in St. Georgen eine Illumination. Ort des Geschehens war hauptsächlich das Bayreuther Schloss. Zwei Tage hielt man sich in Himmelkron auf, wo man an einem Abend in der „Maille" speiste. Von dort machte man einen Jagdausflug zur Plassenburg. Gejagt wurde auch im Thiergarten. An den Sonntagen war man „ganz stille". Außer dem Gottesdienst in der Schlosskirche war nichts geplant.

2.5. Erneuerung der Katechese

Nach der Abreise der Gäste begab sich Georg Friedrich Carl nach Himmelkron. Anfang September reiste er mit dem Oberhofmarschall Christoph Heinrich von Reitzenstein und dem Leibarzt Dr. von Pezold nach Karlsbad. Offenbar fand er hier für seine Beschwerden nicht die erhoffte Linderung und entschloss sich, den Winter in Südfrankreich zu verbringen. In Ulm gab er dem Geheimen Rat Friedrich Carl Voit von Salzburg und dem Geheimen Sekretär und Rat Christian Ernst von Schülin Instruktionen für die Zeit seiner Abwesenheit. Der Hofstaat wurde weiter verkleinert, um Geld einzusparen. In der Nähe von Genf traf der Markgraf seinen ältesten Sohn Friedrich, der hier studierte. Den Winter über blieb er in Montpellier. Anfang Mai 1729 kehrte er nach Himmelkron zurück.[160]

Silchmüller hatte sich im August 1728 beim Markgrafen in Himmelkron aufgehalten und war mit ihm nach Karlsbad gereist.[161] Seine Abwesenheit war der Grund, dass es nicht zu einem Treffen mit dem Grafen Zinzendorf in Ebersdorf kam. Dieser hatte Ende August nach Bayreuth geschrieben und Silchmüller eingeladen. Für ihren abwesenden Mann antwortete Sophie Charlotte Silchmüller. Sie werde ihm Zinzendorfs Brief nachsenden. Erst im Herbst 1728 schrieb Silchmüller eine Antwort.[162] Er berichtete von einer großen Arbeit, die er auf Befehl des Markgrafen begonnen hatte: die Neuausgabe eines lutherischen Katechismus für Lehrer und Schüler. Bei ihrem gemeinsamen Aufenthalt in Karlsbad war öfter das Gespräch darauf gekommen, wie die Situation in Kirche und Schule verbessert werden könne. Es hatte sich herausgestellt, dass durch

Erlasse und Gesetze die Einstellung der Menschen nicht verändert worden sei. Sie hielten die Vorschriften gezwungenermaßen und suchten zugleich nach Schlupflöchern, um das Verbotene trotzdem tun zu können. Da erschien es Erfolg versprechender, schon bei den Kindern und Jugendlichen zu beginnen, indem man den Unterricht verbesserte. Silchmüller hatte beobachtet, dass sich Pfarrer und Lehrer damit begnügten, den Katechismustext auswendig lernen zu lassen, ohne den Sinn der Worte verständlich zu machen. Er meinte sogar, dass an den „teutschen Schulen" viele Schulmeister die Bedeutung der Worte selber nicht verstünden. So erließ der Fürst ein Reskript, dass ein Katechismus für Lehrende und Lernende herausgegeben werden solle. Es wurde am 10. November, an Luthers Geburtstag, veröffentlicht.[163]

In seinem Brief an Zinzendorf erwähnte Silchmüller, dass er bei seiner Arbeit am Katechismus vor allem Speners „Erklärung der christlichen Lehre" von 1677 zu Rate zog, aber auch Zinzendorfs Katechismus von 1725. Besonders die zu den Katechismusstücken ausgewählten Bibelsprüche fand er hilfreich. Er bereitete in diesem Herbst auch die Herausgabe eines Neuen Testaments mit den Psalmen vor. Es solle wie das hallische nur zwei Groschen kosten. Der Markgraf hatte befohlen, beide Bücher, das Neue Testament und den Katechismus, in allen Schulen des Landes einzuführen.

Silchmüller arbeitete über drei Jahre an seinem Katechismus. Erst im Jahr 1732 konnte die erste Auflage gedruckt werden. Es war ein umfangreiches Werk, über 500 Seiten stark. Der Autor hatte gebeten, dass das Konsistorium als Herausgeber auftrat. Silchmüllers Name wurde nicht

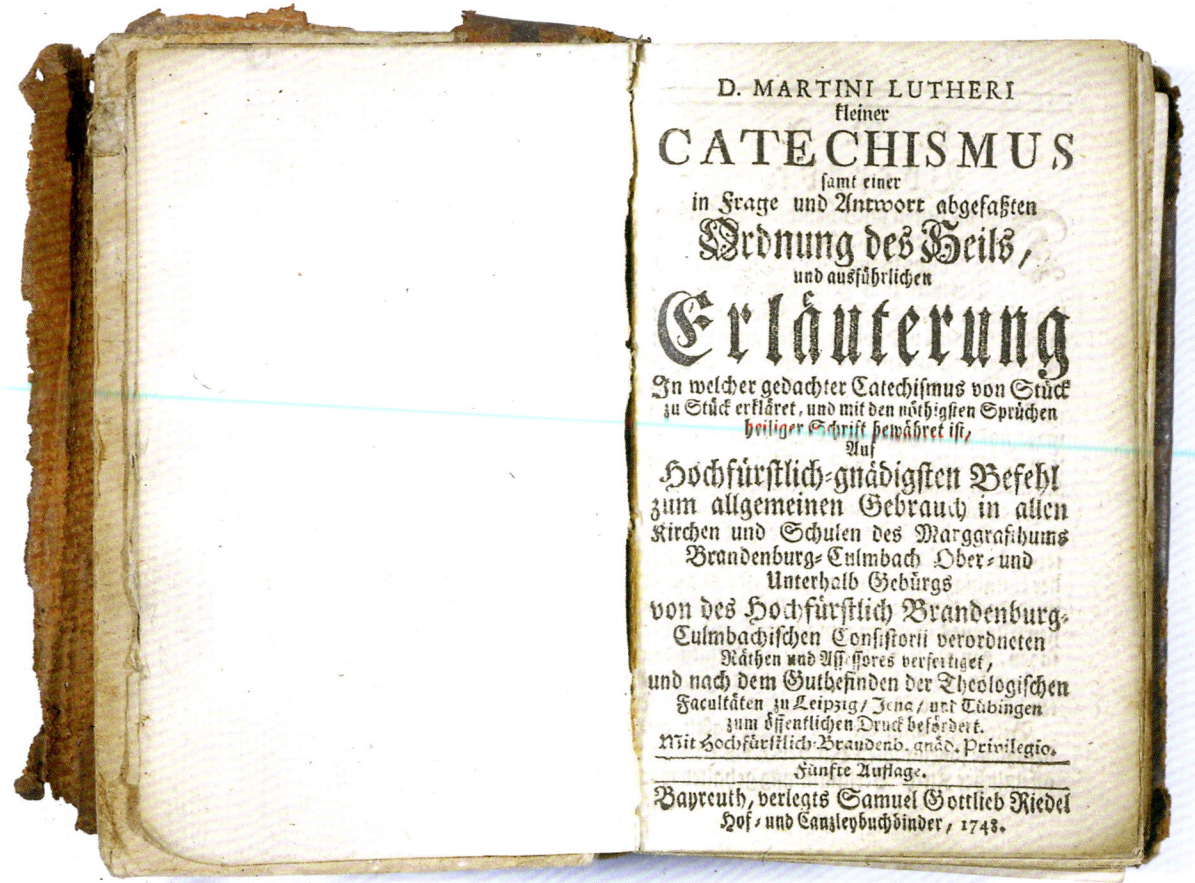

Silchmüllers Katechismus wurde heftig bekämpft. Trotzdem erreichte er mehrere Auflagen – die fünfte ist hier abgebildet – und war dreißig Jahre in Gebrauch.

besonders erwähnt, wohl weil man Widerstand erwartete.

Das Werk „D. Martini Lutheri Kleiner Catechismus Samt einer in Frage und Antwort abgefaßten Ordnung des Heyls und ausführlichen Erläuterung" enthält in einem ersten Teil den Kleinen Katechismus Luthers, also den Text der Zehn Gebote, des Glaubensbekenntnisses, des Vaterunsers, der Taufe, des Abendmahls und der Beichte samt den Erläuterungen des Reformators. Angefügt ist eine „Christliche Haustafel", das sind Regeln, wie sich Pfarrer, Eheleute, Kinder und Eltern, Herren und Untergebene verhalten sollen. Beigefügt ist eine Hinführung zum gesegneten Empfang des Abendmahls.

Diese genannten Stücke waren auch in den früheren Katechismen enthalten. Durch den Pietismus neu eingeführt wurde die „Ordnung des Heils". Hier wird versucht, die einzelnen Lehraussagen als Heilsgeschichte zu erzählen und dadurch verständlicher werden zu lassen. Silchmüllers Katechismus enthält die „Ordnung des Heils" gleich zweimal: Zunächst als Kurzfassung, dann breit entfaltet in Frage und Antwort.

Die Kurzfassung hat die Form einer biblischen Erzählung und ist für Schulanfänger, die noch nicht lesen können, gedacht. Sie soll ihnen wiederholt vorgesagt oder vorgelesen werden. Sie beginnt mit der Erschaffung der Welt, erzählt von dem Ungehorsam und dem daraus folgenden Elend der Menschen, so dann von dem Erbarmen Gottes, der Christus als Erlöser sandte. Sie zeigt, wie ein Mensch durch den Heiligen Geist, durch das göttliche Wort und die Sakramente mit Christus Gemeinschaft haben kann. „Wer nun das Verdienst des Erlösers JEsu CHristi bußfertig in wahrem Glauben ergreiffet und sich zueignet, der erlanget GOttes Gnade, Vergebung der Sünde und ewige Seligkeit [...] Alsdann aber wird er in solcher Krafft hingehen und seine Busse und Glauben in einem heiligen Leben beweisen: fleißig beten, wider die Sünde streiten, seinen Glauben durch GOttes Wort und das heilige Abendmahl stärcken, und bis an seinen Tod darinnen beharren: so wird er einen seligen Tod, am Jüngsten Tag eine fröhliche Auferstehung, und die ewige Seligkeit gewiß erlangen."[164]

An diese Kurzfassung schließt sich eine vertiefende Entfaltung an: „Ordnung des Heyls in Frag

und Antwort etwas ausführlicher abgefasset."[165] Durch 133 Fragen und Antworten wird versucht, mehr Verständnis zu wecken. Da geht es etwa bei der Frage 47 um die Folgen des Sündenfalls für die Menschen: „Was für Elend kam über seine Seele?" Antwort: „Die Seele blieb zwar unsterblich, aber der Verstand und Wille und alle Kräffte derselben wurden äußerst verdorben." Gibt es eine Möglichkeit, sich selber zu erlösen? Darauf geht die Frage 56 ein: „Weder der Mensch noch irgendeine andere Creatur ist vermögend, ihn aus seinem Elende zu erretten."

Den allergrößten Raum in Silchmüllers Werk nimmt die „Erläuterung des Kleinen Catechismi Lutheri" ein. Sie enthält 1281 Fragen und Antworten auf fast 450 Seiten. Die „Erläuterung" ist als Lehrbuch hauptsächlich für die Lehrenden gedacht. Sie bringt zu den einzelnen Lehraussagen nicht nur Fragen und Antworten, sondern auch die entsprechenden Bibelstellen. Am Ende findet sich noch ein alphabetisches Register „über die in der Erläuterung des Catechismi vorkommende Materien."

Wer diese Erläuterung des Kleinen Katechismus aufschlägt, der ist erstaunt, mit welchem theologischen Tiefgang die gesamte christliche Dogmatik entfaltet wird. Da kann man sich über die beiden Naturen in der Person Christi genauso kundig machen, wie über das Problem, was denn nun unter der sichtbaren und der unsichtbaren Kirche zu verstehen ist. Und das wird nicht in einem theologischen Fachchinesisch oder in der „Sprache Kanaans" dargelegt, sondern mit einer rationalen, in sich schlüssigen Klarheit, die noch für Leser von heute verständlich ist.

Silchmüller wollte freilich nicht nur den Verstand der Lehrer und Schüler ansprechen und es

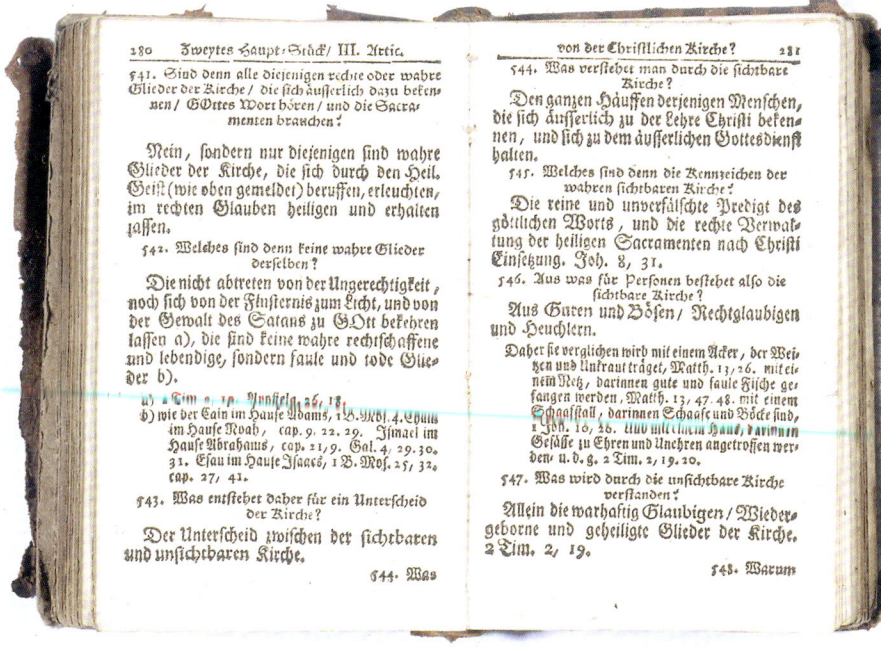

Silchmüllers Erläuterungen zu Luthers „Kleinem Katechismus" in Frage und Antwort, dazu Hinweise auf einschlägige Bibelstellen

ging ihm nicht nur darum, Wissen zu vermitteln. Er wollte den Menschen zur Umkehr, zur Frömmigkeit, zum Tun des Guten motivieren. Darum wird bei der Darlegung der Lehre häufig gefragt, welche Folgerung daraus für die „Gottseligkeit", d. h. für die Praxis des Glaubens im Alltag gezogen werden soll.

Der Verfasser gab seinem Werk eine Art Lehrplan mit.[166] Er stellte sich vor, dass die Stücke des Kleinen Katechismus in etwa einem halben Jahr durchgenommen werden könnten. Im nächsten halben Jahr solle der Stoff wiederholt werden. In der ersten Stufe, d.h. bei den Kindern, die das Lesen lernen, waren die „Ordnung des Heils" zu erzählen, die Zehn Gebote zu erklären und ohne Auslegung zu lernen, ebenso Tischgebete und

ein Morgen- und ein Abendgebet. Schon hier ermahnt er die Lehrer, es nicht beim Auswendiglernen zu belassen, sondern den Lernenden zu helfen, dass sie den Sinn verstehen. Von der zweiten Stufe, d. h. von den Kindern, die lesen können, wird der Katechismus mit der Auslegung Luthers gelernt. Besprochen wird die ausführliche „Ordnung des Heils" mit den 133 Fragen und Antworten, ferner die Haustafel. Silchmüller regt an, in dieser Stufe den Katechismus auch aufzuschlagen, wenn Leseübungen auf dem Stundenplan stehen. In der dritten Stufe oder bei Erwachsenen wird das Gelernte wiederholt und vertieft. Mit Auswendiglernen sollen die Schüler nicht mehr „gemartert" werden. Vielmehr geht es hier um das Begreifen und um die Anwendung im Alltag. Neben dem Katechismus sollen in dieser Stufe das Neue Testament und der Psalter gelesen werden.

Das ist ohne Zweifel ein schlüssiges Konzept, ein Fortschritt auf dem ziemlich brach liegenden Feld der Katechese. Francke und der Pietismus hatten die Kinder und Jugendlichen als Zielgruppe der Glaubensvermittlung neu entdeckt, und das gesamte Schulwesen erhielt dadurch einen starken Impuls. Allerdings sah die damalige Pädagogik in den Kindern kleine Erwachsene. Anschauung und Erleben als Voraussetzung für das kindliche Verstehen, das wurde erst später entdeckt. Trotzdem: Der neue Katechismus war durchaus geeignet, die Lehrenden neu zu motivieren. In einem Konsistorialschreiben vom 16. Februar 1729 wird geklagt, dass viele Kinder den kirchlichen Unterricht versäumten und andere, die teilnehmen wollten, abhielten und verspotteten.[167] Dass die oft unverständliche und lebensfremde Art des Unterrichts dafür eine Ursache war, wurde schon erwähnt.

Die Einführung des neuen Katechismus kam aber nur stockend voran und wurde begleitet von theologischen Grabenkämpfen. Orthodoxe Pfarrer äußerten ihre Ablehnung, bevor sie den Katechismus gesehen hatten. Sie sagten einfach: „Der bisherige genügt." Und der neue war verdächtig, weil er aus der pietistischen Ecke kam.

Der Briefwechsel des Konsistoriums mit dem Hauptgegner, dem Kulmbacher Superintendenten Johann Georg Dieterich, ist erhalten.[168] Am 20. Juli 1732 erging an ihn ein Reskript des Konsistoriums, er möge berichten, ob es zutreffe, dass der Unterricht in der Stadt und auf dem Lande in Verfall geraten sei. Es nähmen angeblich nur wenige Kinder und noch weniger junge Leute daran teil. Am 30. Juli folgte die Aufforderung,

für die Katechese in Schule und Kirche den neuen Katechismus und das Neue Testament anzuschaffen. Beide Bücher seien für insgesamt zwei Gulden rh. zu haben. Arme Eltern, deren Kinder schon einen Katechismus besäßen, sollten nicht zur Anschaffung genötigt werden. Aber die Lehrer und Pfarrer wurden angewiesen, bei ihrem Unterrichten unbedingt nach dem neuen Katechismus vorzugehen. Am gleichen Tag wurde ein Reskript versandt, in dem auf die mangelnde Beteiligung der Kinder und Jugendlichen eingegangen wird. Der Superintendent solle die Pfarrer informieren, sie könnten in solchen Fällen die Hilfe des „weltlichen Armes" in Anspruch nehmen.

Nach all diesen Anschreiben teilte Dieterich mit, dass er zwar nicht wisse, wie es um die Katechese auf dem flachen Land bestellt sei, von der Stadt Kulmbach könne er aber melden, dass an den Sonntagen in der Peterskirche neun Katecheten – nämlich drei Pfarrer, vier Lehrer der Lateinschule und zwei Lehrer der deutschen Schule – eine große Anzahl von Kindern und Jugendlichen unterrichteten. Auch ältere Leute kämen dazu. Den neuen Katechismus wolle er nicht einführen, da er darin einige „dubia" (zweifelhafte oder bedenkliche Aussagen) festgestellt habe. Am 5. November wurde er deshalb vom Konsistorium aufgefordert, er solle die „dubia" innerhalb von drei Tagen dem Konsistorium benennen.

Da sich auch an anderen Orten Widerspruch meldete, wurden am 28. November alle Superintendenten des Landes aufgefordert, eine Stellungnahme abzugeben, ob der neue Katechismus nach ihrem Urteil mit der Bibel, dem Augsburger Bekenntnis und den übrigen Bekenntnisschriften übereinstimme.

Dieterichs Antwortschreiben beginnt mit der Feststellung, dass er in Kulmbach den Katechismus nicht übernehmen wolle, da er „nicht ohne Kränkung der reinen christ-evangelischen Lehre und nicht ohne Schaden der christlichen Gemeinde eingeführt werden" könne. Welche konkreten Einwände bringt er dagegen vor? Er moniert z. B. die Art der Einführung. Vor der Einführung des alten Bayreuther Katechismus von 1675 hatten die Superintendenten angeben sollen, welche Fragen zum Katechismus bei ihnen üblich seien. Aus den eingegangenen Vorschlägen und Teilen des früheren sei damals der Katechismus zusammengestellt worden. Dieterich vermisst im neuen Katechismus „die schöne Vorrede des seligen Vaters Luther" und die bekannte Einleitungsfrage: „Weß Glaubens bist du? Warum bist du Christ?" Weiter meint er: „Der alte ist kurz, klar und deutlich. Der neue weitläufig und an vielen Stellen obscur und undeutlich, und schwer zu verstehen. Die einfachen Leute sagen: Wenn einer 100 Jahre alt würde, könnte er den neuen Katechismus nicht lernen."

Dieterichs Kritik an der Art der Einführung und am Umfang war nicht ganz unbegründet. Was er allerdings an dogmatischen Irrtümern nannte, war wenig überzeugend. Und das heißt: Eine wirkliche Irrlehre konnte in Silchmüllers Katechismus nicht gefunden werden. Deshalb erteilte die Aufsichtsbehörde dem Kulmbacher Superintendenten einen Verweis, weil er „unbescheiden und voreilig" den Pfarrern die Einführung abgeraten hatte.

In einem neuen Schreiben vom 10. Januar 1733 erinnerten die Konsistorialräte daran, dass der frühere Katechismus nicht abgeschafft worden sei. Wer ihn besitze, habe die Freiheit, ihn

Der Kleine Katechismus Luthers enthielt die Glaubensartikel samt Auslegung, dazu eine Spruchsammlung und oft auch Bilder. Die Kinder konnten damit sicher besser umgehen als mit Silchmüllers Bearbeitung.

weiter zu gebrauchen. Nur die Lehrpersonen seien verpflichtet, ihren Unterricht nach dem neuen zu gestalten. Für sie solle die Kirchenstiftung je ein Exemplar anschaffen. Dass alle Schüler jetzt den neuen Katechismus anschafften, sei gar nicht möglich, weil die erste Auflage bereits vergriffen sei.

Da der Kulmbacher Superintendent „mit einigen Landgeistlichen seiner Gesinnungen so viele motus gemacht" habe, wie Silchmüller schreibt,[169] also Erregung oder Aufruhr bei einem Teil der Pfarrer, ließ der Markgraf durch den Geheimen

Rat Johann Wolfgang Kipping drei unverdächtige theologische Fakultäten um ein Gutachten bitten. Diese wurden dann veröffentlicht unter dem Titel „Drey theologische Gutachten, welche die hochansehnliche Theologische Facultäten zu Leipzig, Jena und Tübingen über den zum Gebrauch in Kirche und Schule deß Marggraffthums Brandenburg-Culmbach edirten erläuterten kleinen Catechismum Lutheri auf geschehenes Erfordern ausgestellet".

Die Tübinger schrieben in einer Stellungnahme vom 16. April 1733, dass sie „nichts hauptsächliches darinnen gefunden haben, welches wieder Gottes Wort und unsere Symbolischen Bücher wäre." Vielmehr gaben sie dem Katechismus das Zeugnis, dass darin die evangelische Glaubenslehre vollständig, der Wahrheit gemäß, auf eine deutliche und gut fassliche Art, mit nützlichen und nötigen Anwendungen, mit vieler Bemühung, das Reich Gottes zu fördern, abgefasst sei. Die Fakultät finde es nicht gut, wenn der Katechismus unterdrückt würde.[170]

Die Jenaer Professoren stellten in ihrem Gutachten vom 21. Juli 1733 fest, dass der Katechismus „sehr ordentlich und schriftreich eingerichtet ist". Sie fanden aber auch „einige fast bedenckliche Redensarten". Da sei etwa bei der Frage 88 zur Buße etliches genannt, was eigentlich zur Heiligung gehöre; denn die Hauptstücke der Buße seien Glaube und Reue. Bei der Frage 362 sei gesagt, dass noch ein wenn auch sehr schwacher Trieb zum Guten im Gewissen eines jeden Menschen sei. Da bestünde die Gefahr des Synergismus, also der falschen Lehre, dass ein Mensch zu seiner Erlösung etwas beitragen könne. Da solle deutlicher gesagt werden, dass sich dieser Trieb zum Guten allein auf die bürgerliche

Gutachten der theologischen Fakultäten von Leipzig, Jena und Tübingen über den Katechismus Silchmüllers, von diesem in Druck gegeben

Rechtschaffenheit beziehe. Die Jenaer äußerten den Wunsch, bei einer Neuauflage sollten einige unklare Aussagen verbessert werden.[171]

Die Leipziger Fakultät antwortete am 19. November 1733. Sie fand, die in Frage und Antwort abgefasste „Ordnung des Heils" wie auch die Erläuterung des Kleinen Katechismus seien „auf eine gar erbauliche, und zur Beförderung der Erkenntniß der Wahrheit zur Gottseligkeit dienliche

Weiße eingerichtet, mithin auch in denen Haupt-Puncten mit der Heiligen Schrift und denen Symbolischen Büchern unserer Evangelischen Kirche übereinstimmend befunden." Sie meinte allerdings, das Lehrbuch sei für den Gebrauch in der Schule zu ausführlich.[172]

Durch diese Gutachten konnte sich Silchmüller weitgehend bestätigt fühlen. Im Jahr 1735 kam eine zweite Auflage des Katechismus heraus. Das Konsistorium schrieb deshalb am 9. März 1735 nach Kulmbach, Dieterich solle den Pfarrern bekannt geben, dass sie die Bücher in Bayreuth bestellen könnten.[173] Das gab der Superintendent am 17. März weiter. Er schrieb dazu, dass er sich weder dafür noch dagegen äußern wolle, da er den Neudruck nicht gelesen habe. Er könne deshalb nicht sagen, ob die verdächtigen Aussagen verbessert worden seien. Er habe nur diesen Wunsch, „daß Gott uns und unsere Nachkommen bei der reinen evangelischen Wahrheit erhalten wolle."

Am 13. Juni 1736 versandte das Konsistorium Fragebögen, die die Pfarrämter auszufüllen hatten. Sie sollten berichten, auf welche Weise der Unterricht durchgeführt worden war, wann, wo und von wem die Katechese gehalten werde, welche Schwierigkeiten aufgetreten seien und was unternommen worden sei, um die Situation zu verbessern. Da berichtete dann etwa der Wirsberger Pfarrer Georg Wolfgang Kleemayer, dass der Unterricht am Sonntag nach dem Vespergottesdienst stattfinde. Es kämen acht bis fünfundzwanzig Kinder. Die Mädchen würden im Kirchenschiff vom Kantor und die Jungen auf der Empore vom Organisten unterrichtet.[174]

Dass Gemeindeglieder gegen den neuen Katechismus Widerstand leisteten, berichtete Superintendent Dieterich in einem Brief vom 20. Juni 1736.[175] Einige Leute seien aus Neudrossenfeld zu ihm gekommen und hätten sich über die dortigen Pfarrer beschwert, weil diese den Unterricht in der Kirche nicht mehr nach dem alten, sondern nach dem neuen Katechismus hielten. Er habe die Pfarrer ermahnt, sie sollten um des Friedens willen den alten gebrauchen. Aber sie hielten sich nicht daran. Dieterich äußerte die Sorge: „Wird dem Eigensinn und Ungehorsam dieser beiden Geistlichen nicht gewehrt, so ist zu besorgen, daß es in der Gemeinde zu Droßenfeld zu noch größerer Verwirrung und Verbitterung kommt."

Trotz der Widerstände setzte sich Silchmüllers Katechismus im Markgraftum durch. Im Jahr 1748, als die Obrigkeit längst nicht mehr dem Pietismus zugeneigt war, konnte die 5. Auflage erscheinen.[176]

Weil es sich aber doch als unpraktisch erwies, Schulanfängern den ganzen Katechismus mit über 500 Seiten in die Hand zu geben, entschloss sich Silchmüller, die „Ordnung des Heils" mit dazu passenden Bibelsprüchen extra drucken zu lassen. Im Circular an die Pfarrämter vom 1. Juni 1751 – er war inzwischen Superintendent in Kulmbach geworden – berichtete er davon.[177] Das Büchlein koste sechs Pfennig. „Es hat so vielen Beyfall gefunden und wird in den hiesigen Deutschen und anderen Schulen, sonderlich auch in den Kinderlehren, mit so großem Vortheil gebrauchet, daß binnen Jahres-Frist 1500 Exemplare abgegangen, und nun die Zweyte Auflage besorget worden ist." Er übersandte jedem Kollegen ein Exemplar gratis zur Ansicht.

Silchmüllers Katechismus war über dreißig Jahre im Markgraftum in Gebrauch. Im Jahr 1769 ließ der letzte Markgraf Christian Friedrich Carl Alexander den „Kleinen Katechismus" Luthers noch einmal in der Tradition der lutherischen Orthodoxie herausgeben. Im Jahr 1789 verfasste der Erlanger Professor Georg Friedrich Seiler einen Katechismus, der den Gedanken der Aufklärung Raum gab.[178]

2.6. Waisenhaus und Armenschule (bis 1741)

Mit der Geschichte des Katechismus sind wir den übrigen Geschehnissen voraus geeilt. Im Herbst 1728 begann Silchmüller mit der Arbeit an seinem Unterrichtswerk. Bereits im Frühjahr 1729 ergab sich eine neue Aufgabe, die ihn dann durch sein ganzes Leben begleitete und ihn wohl die meiste Zeit und Kraft kostete: das Bayreuther Waisenhaus und die angegliederte Armenschule.

Wie es dazu kam, erzählt Silchmüller in seiner Schrift „Neue Spuren der gütigen Vorsorge GOttes" aus dem Jahr 1736. Nach seiner Rückkehr aus Südfrankreich im Mai 1729 hielt sich der Markgraf in Himmelkron auf. Er befahl seinem Hofprediger, dorthin zu kommen. Bei einer Mittagstafel diskutierten die Anwesenden über die Belästigungen durch zudringliche Bettelkinder in Bayreuth. Was konnte man dagegen unternehmen? Einer machte den Vorschlag, die Bettelkinder oder wenigstens die schlimmsten von ihnen ins Zuchthaus zu sperren. Einige in der Runde stimmten dem zu. Da fragte der Fürst Silchmüller, was seine Meinung sei. Der Hofprediger gab zu bedenken, dass die Kinder bei ihrer Bettelei vorgäben, sie hätten nicht das Geld für die Schule. Um ihnen diesen Vorwand zu nehmen, müsse

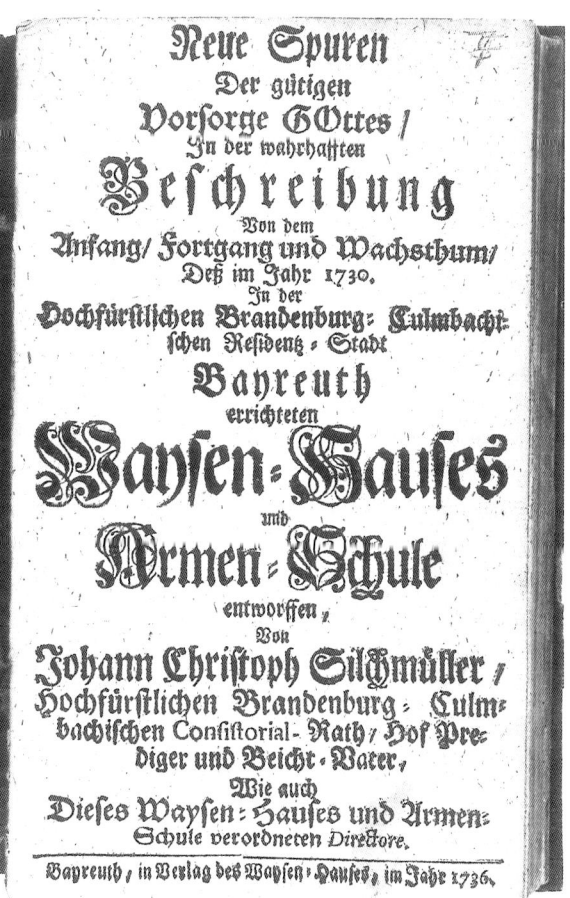

In seiner Schrift „Neue Spuren Der gütigen Vorsorge GOttes" berichtet Silchmüller über Entstehung und erste Jahre des Bayreuther Waisenhauses

entweder das Schulgeld aus der Almosenkasse bezahlt werden oder man müsse eine Schule gründen, in der die armen Kinder ohne Schulgeld unterrichtet würden. Der zweite Vorschlag fand Beifall, und Georg Friedrich Carl beauftragte Silchmüller, seine Überlegungen niederzuschreiben. Der Markgraf versprach, das Projekt durch einen jährlichen Zuschuss aus seinen eigenen Mitteln zu unterstützen.

Silchmüller sah später in diesem Anfang eine „Fügung der wunderbaren und weisen Vorsehung GOttes".[179] Für ihn als Pietisten war diese Gewissheit ganz wichtig, dass die Initiative nicht von ihm selbst ausgegangen war, dass also das Werk nicht auf seinem eigenen Ehrgeiz beruhte, sondern auf einer unvorhergesehenen Fügung, die er Gott zuschrieb.

Bei dem Gespräch hatte der Markgraf angeregt, mit dem Bayreuther Stadtschreiber Christ zu prüfen, ob die Stadtverwaltung für eine solche Schule ein Haus oder wenigstens einen Raum zur Verfügung stellen könne. „Es hatte aber die göttliche Providence schon vor mehreren Jahren her bereits dafür gesorget."[180] Der Stadtschreiber berichtete nämlich, dass die Verwaltung vor fünf oder sechs Jahren ein Haus für einen solchen Zweck erworben hatte. Das Gebäude stand beim „Seelhaus" in der Nähe des „Mühlthürleins", das zum Roten Main führt.[181] Aber es war zunächst niemand da gewesen, der die Sache in die Hand nahm. Nun willigten Bürgermeister und Rat sofort ein, das Haus zur Verfügung zu stellen. Ein Missverständnis zwischen Christ und Silchmüller war die Ursache dafür, dass sowohl ein Waisenhaus als auch eine Armenschule entstand. Silchmüller hatte zunächst an eine Armenschule gedacht. Christ plante ein Waisenhaus, weil das seit langem in der Stadt gewünscht wurde. Silchmüller ging darauf ein und informierte den Fürsten, der seine Einwilligung gab.

Obwohl Silchmüller in Halle Waisenhaus und Armenschule kennen gelernt hatte, bat er den Stadtschreiber, seine Überlegungen für das Projekt niederzuschreiben. Der sandte ihm am 10. August 1729 einen Brief mit einem Entwurf „Unverfängliche Gedancken, Die Armen-Schule und zugleiche Unterhaltung einiger Waysen-Kinder bey der Stadt Bayreuth betrf."[182] Zur Leitung des Hauses äußerte er, dem Markgrafen „unterthänigst" anzutragen, „Euer HochEhrwürden die Inspection derer Anstalt gnädigst zu committiren." Denn der Hofprediger habe ja auf diesem Gebiet schon Erfahrungen gesammelt. Was den Informator oder Lehrer und die Hausmutter betreffe, „wäre uff fromme gottesfürchtige Personen, welche einen guten christlichen Wandel führen, zu sehen." Das Haus, das zur Verfügung stehe, befinde sich neben dem „Seelhaus". Christ hatte es mit dem Stadtbaumeister Cuntz und einigen Ratsmitgliedern besichtigt und für geeignet befunden. Cuntz werde einen Plan erstellen, wie die einzelnen Räume genutzt werden könnten. Da das Haus mit Abgaben belastet war, könne man eine Freistellung bei den Landständen beantragen.

Als sehr hilfreich wird Silchmüller die Finanzierungsvorschläge des Stadtschreibers empfunden haben. Der Fürst solle entsprechend seiner Zusage um einen jährlichen Zuschuss gebeten werden: 100 Gulden fränkisch, 30 Klafter Holz, dazu Roggen, Weizen, Gerste, Erbsen, Linsen und Bier. In ähnlicher Weise solle die Bayreuther Hospitalstiftung das Waisenhaus unterstützen. Dann zählte Christ noch eine ganze Reihe weiterer Möglichkeiten auf, wie man zu Geld kommen könne: z. B. die Hälfte der Taxgelder (Verwaltungsgebühr), die im Rathaus und in der Stadtvogtei anfielen oder die Beckeneinlagen an den Kirchtüren anlässlich der beiden landeskirchlichen Bußtage. Bei Ernennungen der Ordensritter oder der Beamten könne ein Beitrag für das Waisenhaus erbeten werden, ferner bei Lehensvergaben, Erbschaften und Dispensen zur Heirat – Christ wusste eine ganze Reihe von Möglichkeiten. Eine einmalige Haussammlung könne in Stadt und Land durchgeführt werden, und Handwerker könne man bitten, Gegenstände für das Inventar umsonst anzufertigen.

Interessant sind Silchmüllers Randbemerkungen. Zu dem Vorschlag, von den Spielgewinnen bei Hof den sechsten Teil dem Waisenhaus zu geben, heißt es lapidar: „Bleibt weg." Bei dem Vorschlag, eine Haussammlung zu machen, fügte er den Gedanken hinzu, sie erst nach Eröffnung des Waisenhauses zu beginnen, wenn die Kinder in ihren einheitlichen Kleidern in der Kirche waren. „Ehe die Leute was sehen, glauben sie nicht, verringern den Beytrag unter der Einwendung, wer weiß, ob was draus werden wird." Während Christ von acht Waisen sprach, dachte Silchmüller an zwölf und hatte sogar eine Erweiterung im Blick.

Am 16. August 1729 ging der Entwurf[183] an den Markgrafen, der sich gerade in Karlsbad einer Badekur unterzog.[184] Der Verfasser weist noch einmal auf die Notwendigkeit hin, etwas für die Bettelkinder zu tun. Denn das Herumlungern auf der Straße ohne Erziehung und Unterricht berge die Gefahr der Verwahrlosung und des Einstiegs in alle möglichen Laster und Verbrechen in sich. Das Zuchthaus aber sei für solche Kinder keine Hilfe. Deshalb sei schon vor einigen Jahren bei den Verantwortlichen der Stadt der Gedanke aufgekommen, ein Waisenhaus zu gründen. Jetzt „durch Beytritt einer vor die Ehre Gottes und der Menschen Heyl wohlgesinnten Person" ergebe

sich die Möglichkeit, das Vorhaben zu verwirklichen. Der Schreiber bittet deshalb den Fürsten, das Projekt „gnädigst zu billigen und zu ratificiren", die erbetenen Zuschüsse zu gewähren und Silchmüller die Leitung zu übertragen.

Auch dieser verfasste eine Denkschrift für den Markgrafen.[185] Er schlug vor, die Oberaufsicht für Wirtschaft und Finanzen der Stadt Bayreuth zu übertragen. Für die Erziehung und den Unterricht solle ein Inspektor die Aufsicht übernehmen, der darin schon Erfahrungen gesammelt habe. Der Informator oder Lehrer müsse als „Waisenvater" fungieren und mit im Haus wohnen. Er solle verheiratet sein, und seine Frau solle als „Waisenmutter" dem Haushalt vorstehen und sich besonders um die Mädchen kümmern. Silchmüller entfaltete in dem Schreiben seine Gedanken über Erziehung, Unterrichtsfächer, Besuch des Gottesdienstes, Essen, Kleidung, Schulbücher, Unterbringung. So solle jedes Kind sein Bett für sich allein haben, was damals in vielen Familien nicht möglich war. Er wünschte sich, dass die „General-Kassa" bei der Stadt verwaltet werde. Jede Einnahme und Ausgabe, auch die Naturalgaben, sollten durch eine Quittung belegt werden. Die Kasse müsse jedes Jahr vom Stadtrat und dem Inspektor geprüft werden.

Wenn wir hier kurz innehalten und Silchmüllers Vorgehen mit dem von August Hermann Francke vergleichen, so ist der Unterschied nicht zu übersehen. Francke bekam eine Spende von vier Talern und sechzehn Groschen und begann damit spontan eine Armenschule für die Bettelkinder von Halle. Er wusste nicht, woher er das Geld für nächstfällige Ausgaben bekommen würde. Aber mit genialer Intuition und Improvisation – nach seiner Überzeugung durch immer neue

Hilfe von oben – baute er Stück um Stück weiter, bis eine Schulstadt für fast dreitausend Schüler und Schülerinnen entstanden war. Er hatte niemand um Genehmigung gefragt, sondern hinterher wurde das Sozialwerk von den preußischen Königen und der hohen Bürokratie anerkannt und unterstützt.

Silchmüller aber wartete auf die Entscheidung des Fürsten. Und bevor er den ersten Schritt machte, überlegte und plante er. Die Finanzen sollten möglichst gesichert sein. Deswegen trachtete er nach festen, verbrieften Einnahmen. Er erwähnte zwar in seinen Anmerkungen zum Finanzierungsplan Christs, dass „sich hie und da gutherzige Personen finden, welche zu Beförderung dieses christlichen Werckes eine milde Handtreichung zu thun nicht unterlaßen werden", aber vor allem wollte er auf zuverlässige Zuschüsse bauen.

Silchmüller hatte sich von der Entscheidung des Markgrafen abhängig gemacht. Nun erlebte er dessen Zögern. Im August 1729 waren die Pläne eingereicht worden. Im Dezember war noch keine Antwort erfolgt. Denn als das Vorhaben bekannt geworden war, meldeten sich die Bedenkenträger. Sie gaben dem Fürsten zu verstehen, dass die Absichten sicher als gut und löblich anzusehen seien, aber was bedeuteten schon zwölf versorgte Waisen im Blick auf die vielen Bettelkinder in Bayreuth und im Umland. Auch stehe die Finanzierung auf wackligen Füßen, deshalb sei es unverantwortlich, den Plan umzusetzen.

Silchmüller hatte von diesen Gegenreden erfahren und versuchte sie in einem ausführlichen Brief an den Fürsten zu widerlegen.[186] Er gab zu verstehen: Falls die Versorgung und Erziehung armer Kinder grundsätzlich als gut anerkannt

werde, dann sei es nicht wertlos, wenn man sich zunächst auf zwölf Kinder beschränken müsse. Außerdem würden durch die Armenschule vielleicht noch einmal so viele oder mehr Kinder einbezogen. Auch andere Stiftungen wie etwa die berühmte Heilsbronner Schulstiftung könnten nur eine beschränkte Anzahl aufnehmen, was ihren Wert nicht mindere. Was aber die Finanzierung betreffe, so sei der allergrößte Teil der Einnahmen nicht unsicher, weil sie aus der Schatulle des Markgrafen und aus der Hospitalstiftung kämen. Es bliebe zwar eine kleine Differenz zwischen Einnahmen und Ausgaben. Aber solle man Gott nicht etwas zutrauen? Er könne Menschen bewegen, dass sie dem Waisenhaus mehr zukommen ließen, als was die von den Kritikern errechnete Differenz betrug.

Endlich, am 17. April 1730, gab der Markgraf den Befehl, das Waisenhaus zu eröffnen. In der Woche nach Pfingsten zogen die ersten Kinder ein. Zunächst wollte Silchmüller doch nur sechs Kinder aufnehmen. Als sich aber die Nachricht von der Eröffnung verbreitete, flossen so viele Spenden und Zuwendungen, dass er es wagte, die Zahl auf sechs Jungen und sechs Mädchen zu erhöhen.[187]

Bei der Aufnahme wurde jedes Kind neu eingekleidet. Silchmüller legte fest, dass die Kinder reichlich zu essen bekamen. Dreimal in der Woche sollte es Fleisch geben, und zwar je ein Pfund für drei Kinder. Mittags und abends standen Suppe und Gemüse auf dem Tisch, dazu Brot so viel jeder wollte. Getrunken wurde zu den Mahlzeiten leichtes Bier. Das Frühstück bestand aus einem oder zwei Stück Brot.[188]

Als Haupteinnahmen bekam das Waisenhaus die Zuwendungen des Markgrafen, der 1000 Gulden rh. gestiftet hatte. Die Summe wurde ange-legt und brachte jährlich 5% an Zinsen. Dazu hat-te er Naturalspenden an Holz, Getreide und Bier ausgesetzt. Der Zuschuss der Hospitalstiftung be-wegte sich in einer ähnlichen Größenordnung. Zum 200. Jubelfest des Augsburger Bekenntnis-ses am 25. Juni 1730 ließ der Markgraf eine Kol-lekte für das Waisenhaus in allen Kirchen des Landes erheben. Später wurde an den beiden landeskirchlichen Bußtagen für das Waisenhaus gesammelt.[189]

Mit diesen Einnahmen konnte der Lehrer And-reas Schmidt aus Wunsiedel und seine Schwester Catharina Schmidt als Hausmutter angestellt wer-den.[190] Beim Unterricht halfen drei Studenten der Theologie mit. Leider sind nur ihre Nachnamen, nämlich Ellrod, Oertel und Francke, angegeben, so dass nur vermutet werden kann, wer sie waren. Die Studenten hielten Katechesen unter der Aufsicht des Lehrers Schmidt, der die gehaltene Stunde anschließend mit ihnen besprach. So lernten die Kinder etwas. Und die Studenten üb-ten die Praxis des Unterrichtens.[191] Bei ihrem Stu-dium war ihnen davon nichts beigebracht wor-den.

Im Jahr 1731 konnten weitere Kinder aufge-nommen werden, so dass am Jahresende 20 Wai-sen versorgt wurden und insgesamt 60 Schüler und Schülerinnen die Armenschule besuchten. Große und kleine Geldspenden hatten das er-möglicht: Der dänische König und Schwager des Markgrafen stiftete 1150 Reichstaler. Davon legte man tausend Taler auf Zinsen, vom Rest wurde ein Garten erworben und Gegenstände für den Gebrauch gekauft. Die Mutter des Markgrafen widmete dem Waisenhaus, so lange sie lebte, eine jährliche Gabe von hundert Taler.

Im Jahr 1732 wuchs die Zahl auf 24 Waisen, und hundert Kinder erhielten Unterricht. Ein zweiter Lehrer wurde nötig, und die Waisenmut-ter erhielt zur Unterstützung eine Magd.[192] Die Kinderzahl war nun so angewachsen, dass an ei-ne Erweiterung des alten Hauses gedacht wurde. Aber der städtische Bauinspektor riet ab. Er be-richtete, dass eine neue Straße in Planung war – die Friedrichstraße. Das sei ein guter Platz für ei-nen Neubau. Silchmüller zögerte; denn in der Kasse waren gerade noch 300 Gulden. Da schenkte Georg Friedrich Carl unerwartet hun-dert Dukaten. Das gab dem Inspektor den Mut, beim Fürsten wegen eines Neubaus vorzuspre-chen, und er fand Zustimmung. Ehe der Hofpre-diger wegen einer Holzspende fragen konnte, verfügte sein Gönner, dass ein Gebäude am Brandenburger See, das Markgraf Georg Wilhelm nicht fertig gebaut hatte, abgebrochen werden solle, um Baumaterial zu gewinnen. Es hatte die gleichen Maße wie der vom Bauinspektor ent-worfene Neubau. Man musste die behauenen Sandsteinquader, die Ziegel und Balken nur sorg-fältig abbauen und an den neuen Ort transportie-ren. „Alles gab mir ein lebendiges Zeugniß, daß die Vorsehung des Allmächtigen mit uns sey, und dieses stärckte mein Vertrauen auf dieselbe alle Tage aufs neue", schrieb Silchmüller später.[193]

Noch ein weiterer günstiger Umstand trat ein: Das „Seelhaus" in der Nachbarschaft des früheren Waisenhauses wurde von armen, altgewordenen Bürgern Bayreuths bewohnt, den „Seelhaus-pfründnern". Nun ergab eine Untersuchung die-ses Hauses, dass es baufällig, ja vom Einsturz be-droht war. Ein Neubau hätte 1000 bis 1800 Gulden gekostet. Das Almosen-Kastenamt besaß aber nicht so viel Geld. So kamen Silchmüller und der Bürgermeister Elias Kolbe am 22. Juli 1732 überein, dass das alte Waisenhaus vom Almosen-Kastenamt für 850 Gulden erworben wurde. Der Erlös sollte für den Neubau des Waisenhauses verwendet werden. Das ehemalige Waisenhaus hieß von nun an „Seelhaus".[194]

Am 20. Juni 1732 legte Markgraf Georg Friedrich Carl gemeinsam mit dem Erbprinzen Friedrich und in Anwesenheit des Hofstaates und vieler Honoratioren den Grundstein für das neue Waisenhaus. Silchmüller hielt die Andacht über einen Vers aus dem 7. Kapitel des 1. Samuelbuches: „Bis hierher hat uns der HErr geholfen." Nachdem der Grundstein befestigt worden war, umarmte der Markgraf sichtlich bewegt seinen Sohn und bat ihn, er möge sich der Armen, Witwen und Waisen als ein Vater annehmen und besonders für die Erhaltung des Waisenhauses Sorge tragen, wenn er selbst nicht mehr am Leben sein werde. Alle 26 Waisenkinder durften nach der Zeremonie vor den Fürsten zum Handkuss treten und erhielten eine silberne Gedenkmünze. Für jedes Kind hatte der Fürst ein Wort der Ermunterung.[195]

Am 26. September 1733 war der Neubau so weit fertig, dass die Kinder mit ihren Erziehern einziehen konnten. Das Haus am Jean-Paul-Platz ist vielen Bayreuthern noch als das alte Gymnasium bekannt, weil es nach der Beendigung des Waisenhausbetriebes dem Gymnasium „Christian-Ernestinum" als Domizil diente. Es ist heute noch ein imposantes Gebäude. Und es ehrt Markgraf Georg Friedrich Carl, dass an seine Regierungszeit, die von Geldmangel und Sparsamkeit bestimmt war, vor allem dieses Bauwerk erinnert, ein Haus, das den Ärmsten gewidmet war. Die Bildwerke von Johann Gabriel Räntz an der

Außenfassade sollen dafür ein Ausdruck sein: Über dem Nordportal findet sich ein Bild der „Nächstenliebe", eine Frau, an die sich zwei Kinder schmiegen. Im Risalitgiebel weisen zwei Frauengestalten auf „Mildtätigkeit" und „Barmherzigkeit" hin: Die eine hält ein Wickelkind im Arm, die andere wendet sich einem bittenden Mädchen zu. Zwischen beiden stehen in einer Kartusche die Worte (in deutscher Übersetzung): „Durch die Vorsehung des HERRN, durch die Freigebigkeit des Fürsten Georg Friedrich Carl, durch die Freundlichkeit von Gönnern wurde dieses Werk der Frömmigkeit errichtet 1733."[196]

Da das Material geschenkt worden war, betrugen die reinen Baukosten 5000 Gulden frk. Nach fünfzehn Monaten Bauzeit konnte fast alles abbezahlt werden. Reiche und weniger Bemittelte hatten dazu gegeben.[197]

Im Jahr 1735 konnten dreißig Waisenkinder versorgt werden. Für drei von ihnen hatte der Markgraf die Kosten übernommen. Im Jahr darauf kamen noch einmal zwei Kinder dazu. In der Armenschule wurden über 150 Schüler und Schülerinnen unterrichtet. Auch wohlhabende Eltern schickten ihre Kinder. Sie zahlten 36 Kreuzer Schulgeld für ein Vierteljahr.[198] Offensichtlich hatte die Schule einen guten Ruf.

Einen ungeschminkten Einblick in die Vorgänge im Waisenhaus und in der Armenschule erhalten wir durch das „Conferenz-Buch". Silchmüller hatte bestimmt, dass sich die Verantwortlichen wöchentlich oder wenigstens alle vierzehn Tage treffen sollten, um die Arbeit zu besprechen. Vor allem in den ersten Jahren wurden solche Konferenzen gehalten und protokolliert.

Darin fällt das Bemühen um das einzelne Kind auf. Jedes sollte mit seinen Gaben und Schwä-

*Das Bayreuther Waisenhaus in der Friedrichstraße, eingeweiht im Jahr 1733,
bereits 1738/39 erweitert (Bauteil links des Dachreiters)*

chen ernst genommen und zur „Gottseligkeit“,
d. h. zur persönlichen Glaubensgewissheit geführt werden. Wenn etwa eine biblische Geschichte erzählt wurde, sollte der Lehrer nicht
nur darauf achten, dass der Sachinhalt verstanden sei, sondern die Kinder wurden auch gefragt,
was sie Gutes für sich gelernt hätten und ob sie
daraus ein kurzes Gebet machen könnten.[199]

Entsprechend diesem Unterrichtsziel suchte
Silchmüller Lehrer, die selber ein gutes Vorbild
sein konnten. Er wünschte sich, dass der „Praeceptor“ durch den Glauben an Christus ein „väterliches Herz“ für die Kinder habe. Er solle
ihnen nicht „wie ein Zuchtmeister“ begegnen,
sondern sie väterlich lieben, ihre kindlichen
Schwachheiten mit Geduld tragen, ihnen freilich

*Im Giebel des Waisenhauses erinnert eine Inschrift an den Stifter, daneben Allegorien
der Mildtätigkeit und der Barmherzigkeit*

auch Grenzen setzen.[200] Dass diese Einstellung den Lehrern dann und wann ans Herz gelegt werden musste, zeigt dieser Eintrag: „Um den Geist der Sanfftmuth und Liebe soll man insonderheit bitten, wo man merckt, daß man von Natur der Hitze und dem Zorn ergeben sey."[201] Bis dahin war in den „teutschen Schulen" mehr mit Schlägen und Drill versucht worden, den Kindern etwas beizubringen, ohne zu fragen, ob es verstanden war. In der Waisenhausschule wollte man sich um Verstehen und Einsicht bemühen. Da hatte ein Schüler das ihm anvertraute Schulbuch für einen Groschen verhökert, um sich dafür Obst zu kaufen. Er wurde nicht bestraft. Die Konferenz beschloss: „Es soll mit ihm gesprochen werden, damit er zur Einsicht kommt und um Entschuldigung bittet."[202]

Die Kinder, die unbeaufsichtigt auf den Straßen herumgelungert hatten, versuchte man an eine strenge Zeiteinteilung zu gewöhnen. Im

Über der nördlichen Eingangstür des Waisenhauses: das Bild der Nächstenliebe

Sommer wurde um halb sechs geweckt, im Winter um halb sieben. Es stellte sich heraus, dass das Waschen und Kämmen beaufsichtigt werden musste, weil das die Kinder nur schludrig oder gar nicht machten. So stellte das Waisenhaus eine Frau aus dem benachbarten Seelhaus an, die das Waschen überwachte.[203] Nach dem Morgengebet und Frühstück im Speisesaal folgten um 7 bzw. um 8 Uhr drei Stunden Unterricht. Dann war eine Stunde „Rekreationszeit". Da konnten sich die

Kinder im Hof bewegen oder Arbeiten im Haus und Garten verrichten. Nach dem Mittagessen war wieder Rekreationszeit. Darauf folgten noch zwei Stunden Unterricht. Der Mittwoch- und Samstagnachmittag war unterrichtsfrei. Bis zum Abendessen hatten die Kinder wieder Rekreationszeit. Anschließend sollten die Lehrer mit ihnen spazieren gehen, bei schlechtem Wetter sie im Wohnzimmer beschäftigen. Gegen 21 Uhr nach dem Abendgebet war Bettruhe angesagt. Am Sonntagvormittag solle der Gottesdienst in der Schloss- oder Stadtkirche besucht werden. Am Nachmittag hielt Silchmüller mit den Kindern im großen Saal des Waisenhauses eine öffentliche Katechese, zu der viele Zuhörer aus der Stadt kamen. Die Kinder sollten „den Sonntag zu ihrer Erbauung nützlich hinbringen."[204] Hatten die Bettelkinder ihre Zeit untätig und sinnlos totgeschlagen, so wurde nun darauf gesehen, dass möglichst jede Stunde „nützlich" zugebracht wurde. Das galt selbst für die Rekreations- oder Erholungszeiten: Arbeit im Garten oder Brennholz machen oder Mithilfe im Haushalt und Handarbeiten wie Nähen, Stricken und Spinnen. Auch bei den Spaziergängen sollte der Präzeptor die Kinder belehren und sie auf interessante Beobachtungen aufmerksam machen.

Wie die Aufklärung verstand sich der Pietismus als Alternativbewegung zur verspielten Welt des Rokoko. Beide, die Aufklärer und die Pietisten, wollten die gegenwärtigen Zustände verbessern und den Fortschritt voran bringen. Müßiggang und alles Spielen wurden als Zeitvergeudung angesehen. Deshalb sollten die Kinder im Waisenhaus kein Spielzeug haben. Ein Konferenzbeschluss lautete: „Auf die Kinder ist fleißig achtzugeben, daß ihnen keine Spiel-Sachen gelassen, und wo sie dergleichen blicken lassen, gleich weggenommen werden."[205] Dass das Spielen für Kinder wichtig zur Selbstfindung und Reifung ist, war damals weder den Aufklärern noch den Pietisten bewusst. Sie sahen in den Kindern kleine Erwachsene und behandelten sie dementsprechend.

Wiederholt diskutierte Silchmüller mit den Lehrern, wie sie die Methode des Unterrichtens verbessern könnten, um die Aufmerksamkeit und das Verständnis bei den Kindern zu fördern. „Bei Katechesen soll der Lehrer nicht allein reden, sondern die Kinder mit Fragen einbeziehen, was die Aufmerksamkeit erhöht."[206] „Kinder, die sich fleißig melden, sollen dennoch nicht zuviel gefragt werden, um die übrigen nicht zu vernachlässigen."[207] Der Lehrer soll die Kinder beim Unterricht anblicken. Wenn sie unruhig werden, kann er plötzlich still schweigen.[208] „Es ist sorgfältig dahin zu sehen, daß die Kinder, was sie auswendig lernen, nicht ohne Verstand herplappern, sondern zum Wortverstand kommen."[209] Die Anschaulichkeit sollte durch das Erzählen einer Geschichte vermehrt werden.[210]

Bruckmeier fasst die Erziehungsarbeit im Waisenhaus so zusammen: Ziel der Pädagogik war ein Verstehen, das eine bestimmte Gesinnung erzeugte und zu einer bestimmten religiösen und sittlichen Praxis hinführte. Der pietistische Lehrer begnügte sich nicht mit einer theoretischen Wissensvermittlung; er wollte vielmehr erziehen und bekehren.[211]

Übergreifendes Thema des Unterrichts war der christliche Glaube. Das wird an den Schulbüchern deutlich, die im Gebrauch waren: Luthers Kleiner Katechismus, die „Ordnung des Heyls", das Neue Testament, eine ABC-Fibel.

Auch das Büchlein „Milch für die unmündigen Kinder" wurde im Waisenhaus gelesen.[212] Es ist nach der „Ordnung des Heils" aufgebaut und beginnt mit dem Satz: „Liebes Kind, wenn du den Himmel und die Erde, auch deinen Leib ansiehest, so dencke: Es sey ein Gott."[213] Es folgt eine kurze, prägnante Zusammenfassung der Heilsgeschichte. Sie mündet in eine Aufforderung an „das liebe Kind", sich zu bekehren. Das wird damit begründet, dass es sein Taufversprechen, nämlich ein gehorsames Leben zu führen, nicht gehalten hat.[214] „O, darum eile doch, falle auf deine Knie und sprich: Lieber HErr JEsu, ich habe ein böses Hertz, vergib mir alle meine Sünden, und schencke mir doch deinen Heiligen Geist, daß ich ein frommes Kind werde, und dir gehorchen möge." „Bitte den HErrn JEsum, und höre ja nicht auf mit Bethen, bis Er dich erhöre, und dir ein neues Hertz gebe."

An dieser Stelle wird sich bei dem heutigen Leser sicher Kritik melden. Ohne Zweifel hatten etliche Kinder mit dem Bösen schon handfeste Erfahrungen gemacht, bevor sie im Waisenhaus und in der Armenschule Aufnahme fanden. Und von daher konnten sie wahrscheinlich zwischen Gut und Böse unterscheiden. Aber darf man Kinder so allgemein und massiv zur Bekehrung auffordern? Sind sie schon fähig, sich bewusst und frei zu entscheiden? Oder besteht nicht die Gefahr, dass hier ein Kind manipuliert und seelisch bedrängt wird?

Es werden in dem Traktat freilich auch hilfreiche Hinweise gegeben, z. B. für das persönliche Gebet, für das Verhalten zu den Eltern und zu anderen Kindern, für die Dankbarkeit, für Hoffnung und Zuversicht in schwierigen Situationen.[215] Nachdenklich macht die Mahnung: „Alte Leute,

Francke hatte in den Schulen seiner Waisenhausstiftung den Unterricht in den „Realien" eingeführt (hier Blicke in die Kunst- und Naturalienkammer). In Bayreuth versuchte man dies ebenfalls.

Juden, Blinde, Lahme, lache nicht aus, sondern habe Mitleiden mit ihnen."[216] Es scheint also aus früheren Zeiten judenfeindliche Stimmungen gegeben zu haben. Der Pietismus aber entdeckte wieder die jüdischen Wurzeln des christlichen Glaubens und wollte deshalb antijüdisches Verhalten nicht dulden. Die Aufklärung brachte an dieser Stelle wirkliche Toleranz.

Für die älteren Schüler wurde eine ähnliche Schrift angeschafft. Sie hatte Silchmüllers Freund Johann Adam Flessa verfasst mit dem Titel: „Eini-

ge Bewegungs-Gründe Zu einer Frühzeitigen Bekehrung der Jugend".

Neben dem Religionsunterricht standen auf der Stundentafel Lesen, Schreiben und Rechnen. Während der Lehrer in der „teutschen Schule" alle Altersstufen in einer Klasse hatte, wurden die Kinder in der Armenschule entsprechend dem hallischen Vorbild in drei Klassen unterrichtet. Beim Schreibunterricht lernten die Kinder der ersten Klasse das Schreiben der Buchstaben, in der zweiten Klasse befasste man sich mit ganzen

Wörtern, in der dritten Klasse wurden zusammenhängende Texte abgeschrieben und schließlich eigene Briefe verfasst. Gegenstand des Rechenunterrichts waren die vier Rechnungsarten und das Drei-Satz-Rechnen. Gerechnet wurde mit „Taler", „Gulden", „Pfund" und „Zentner", damit die Kinder die „Nützlichkeit" des Rechnens merkten.

Jedes Kind wurde individuell in die nächste Stufe versetzt, wenn es den gebotenen Stoff bewältigt hatte. Es konnte also passieren, dass ein Schüler im Lesen in der Stufe eins war, während er beim Rechnen schon in Stufe zwei mitmachte.[217] Es war Franckes Grundsatz, dass zur gleichen Zeit nicht mehr als drei Themen behandelt wurden. Erst wenn der Unterricht über ein Stoffgebiet beendet war, ging man zu einem neuen über. Diese Konzentration auf wenige Themen übernahm die Bayreuther Armenschule.[218] Francke hatte in seinen Schulen die Fächer Geschichte, Geographie, Astronomie und Biologie neu eingeführt. Das stand in Bayreuth zwar nicht auf dem Stundenplan, aber die Beschäftigung damit wurde von den Lehrern in den Rekreationsstunden angeboten. Ebenso konnten Interessierte Unterricht in Singen, Klavier und Latein bekommen. Der Zulauf zum Musikunterricht war so, dass ein zweites Klavier angeschafft wurde.[219]

Seit 1734 wurde vor oder nach Ostern im Saal des Waisenhauses ein öffentliches Examen gehalten, im ersten Jahr waren 196 Schüler und Schülerinnen daran beteiligt, davon 28 Waisenkinder.[220] Dazu lud Silchmüller die Pfarrer der Stadt und Mitglieder des Rates ein. In einer Art Feierstunde, die mit Gebet und Choral umrahmt wurde, trugen Lehrer und Schüler vor, was gelernt worden war. Für die Kinder war das sicher aufregend. Aber sie bekamen dadurch das Gefühl vermittelt, dass sie selber und ihr Lernen wichtig genommen wurden – sie, die ehemaligen Bettelkinder, um die sich bis dahin niemand gekümmert hatte. Zur Feier des Tages bekam jedes Kind nach der Prüfung einen Wecken für einen Kreuzer.[221]

Freilich, die Begeisterung der Kinder war nicht immer gleich. Die Konferenz beriet wiederholt darüber, dass einige Schüler den Unterricht nur „unordentlich und unfleißig" besuchten. Um Abhilfe zu schaffen, sollten die Lehrer mit den Eltern bzw. Verwandten reden. Wenn das nicht zur Besserung half, sollte die Streichung des Stipendiums angedroht werden.[222] Zu dem Problem der Schulschwänzer muss man in Betracht ziehen, dass ein Teil der Schüler aus zerrütteten Verhältnissen stammte. Aber auch die städtischen Schulen hatten diese Schwierigkeiten. Hier ließen die Lehrer meist die Zügel schleifen. Im Markgraftum gab es noch keine Schulpflicht. „Wenn Silchmüller in seinem Konferenzbuch dauernd über mangelnden Schulbesuch klagt und Maßregeln dagegen angibt, so kann das nur für das Waisenhaus sprechen. Silchmüller will eben mit der Nachlässigkeit im Schulbesuch, die in den Stadtschulen noch eine Selbstverständlichkeit war, aufräumen."[223]

Auch um die Lehrer musste sich der Inspektor bemühen, vor allem weil die Hilfslehrer oft wechselten. Als Kandidaten oder Studenten der Theologie versuchten sie, möglichst bald eine Pfarrstelle zu bekommen oder ihr Studium fortzusetzen. Ihnen musste der Inspektor sagen, dass sie pünktlich zum Unterricht erscheinen, nicht vor dem Ende der Stunde gehen und im Verhinderungsfall sich abmelden sollten.[224] Wiederholt wurde angemahnt, ein Unterrichtstagebuch zu führen.[225]

Ab Herbst 1733 wurde als zweiter ordentlicher Lehrer neben Andreas Schmidt der Pfarrer Christian Matthäus Augustinus Ulmer angestellt. Er war auch Kantor an der Hofkirche. Dazu kamen vier Hilfslehrer.[226] Ab 1735 wurde zusätzlich der Bayreuther Erhard Friedrich Dörffler als Ökonom für das Waisenhaus gewonnen. Er verwaltete die Vorräte und das Geld, machte die Buchführung und leistete Hausmeisterdienste.[227]

Am 25. Dezember 1735 schrieb Silchmüller an Gotthilf August Francke: „Wir fangen nun gantz en miniature an, ein Klein Bücher commerce zum besten hiesigen Waysenhaußes zu treiben." Bibeln, Neue Testamente und Gebetbücher waren im Waisenhaus schon zuvor verkauft worden. Jetzt erweiterte man das Sortiment durch Kommissionsware aus dem Verlag des Hallischen Waisenhauses.[228]

Am 1. Oktober 1736 übernahm Erdmann August Tiechler die Buchhandlung des Waisenhauses. Das bedeutete, dass die Räumlichkeiten wieder sehr beengt wurden: Als Lagerraum diente zunächst die Wohnstube der Knaben. Später wurde der Buchladen in eine Schulstube im Paterre gelegt.[229] Tiechler besuchte einige Jahre lang die Oster- und Michaeli-Messe in Leipzig, das erste Mal im Jahr 1737. Das Büchersortiment wies schon in diesem Jahr 1272 Titel auf. Damit die Ware angeschafft werden konnte, lieh Silchmüller der Buchhandlung privates Geld, 260 Gulden von dem Sparguthaben seiner Kinder aus erster Ehe, 100 Gulden von seiner zweiten Frau. Die Buchhandlung verkaufte nicht nur Bibeln und Andachtsbücher wie Johann Arndts „Wahres Christentum" oder Thomas a Kempis „Nachfolge Christi", sondern auch Grammatiken, Rechenbücher, Lexika, philosophische Schriften und Belletristik.[230] Silchmüller ließ Bücher neu drucken, z. B. das Neue Testament.[231] Das wichtigste Verlagserzeugnis war der „Hochfürstlich-Brandenburgisch-Culmbacher [...] Address- und Schreibkalender", der jährlich herauskam und sämtliche Behörden im Fürstentum Brandenburg-Bayreuth mit den jeweiligen Amtsinhabern aufzählte. Seit 1737 hatte das Waisenhaus dieses Kalenderprivileg.[232] Eine eigene Waisenhausdruckerei, wie in einigen Darstellungen behauptet wurde, existierte nicht.[233]

Aber es gab eine Apotheke. Im oben erwähnten Brief vom 25. Dezember 1735 fragte Silchmüller an, ob die Armenapotheke des Hallischen Waisenhauses den Vertrieb hallischer Arzneien in Bayreuth erlaube. „Es sind auch die Artzeneyen aus Ihrem Waysenhauße sehr beliebt, und werden von den besten Medicis allhier starck verordnet."[234] Es kam zu einer intensiven Zusammenarbeit zwischen den beiden Apotheken. Außerdem hatten Gönner Silchmüller einige Rezepturen geschenkt, nach denen Arzneien hergestellt wurden: ein Mittel gegen Epilepsie, ein Magenelexier, ein Wundpflaster und ein Hustenmittel. Man brauchte die Mittel für die Waisenkinder, verkaufte aber auch an Außenstehende.[235]

Silchmüller berichtet in seiner Schrift „Neue Spuren" über Nöte und Schwierigkeiten, durch die das Werk gehen musste. Es gab Verleumdungen und spöttische Bemerkungen zu dem und jenem, was im Waisenhaus geschah. Aber alle falschen Behauptungen hätten widerlegt werden können.[236] Markgraf Friedrich und das Konsistorium waren einmal damit befasst. Eine ehemalige

Mitarbeiterin des Waisenhauses hatte ein böses Gerücht verbreitet, worauf einige Pfarrer sich weigerten, die Waisenhauskollekte einzusammeln. Der Markgraf ließ die Angelegenheit untersuchen und in einem Schreiben des Konsistoriums vom 16. Februar 1736 den Superintendenten mitteilen, dass die Frau gelogen habe.[237]

Ähnlich wie Francke in seinem berühmten Buch „Segensvolle Fußstapfen des noch lebenden und waltenden liebreichen und getreuen Gottes"[238] berichtet Silchmüller von Tagen, an denen die Verantwortlichen nicht wussten, woher sie das nötige Geld nehmen sollten. Vor Weihnachten 1733 ging das Heizmaterial zu Ende. Sollten die Kinder und Erzieher am Fest frieren? Silchmüller wusste zunächst keinen Rat. Da schickte ein Hofrat gerade noch rechtzeitig einen doppelten „Charles d'Or". Das reichte, um genügend Holz zu kaufen. Im März 1735 fehlte Geld, um Lebensmittel auf dem Markt zu kaufen. Musste das Mittagessen ausfallen? Unerwartet half der erkrankte Markgraf Georg Friedrich Carl mit 300 Goldgulden. Es war seine letzte Spende, bevor er starb.[239] Silchmüller erzählt eine Reihe solcher Beispiele. Für ihn wie für Francke waren das Hinweise auf das Wirken Gottes. Und beide schrieben es auf, um ihre skeptisch gewordenen Zeitgenossen zum Nachdenken zu bringen.

Der Hofprediger verfasste seine Geschichte des Waisenhauses sicher auch für das neue Regentenpaar Friedrich und Wilhelmine. Sie galt es zu gewinnen, damit sie es ähnlich wie der verstorbene Markgraf unterstützten. Deshalb erzählte Silchmüller wohl die zu Herzen gehende Szene, wie der alte Markgraf bei der Grundsteinlegung den Sohn umarmt und unter Tränen gebeten habe, für die Armen ein Vater zu sein und für das

Waisenhaus zu sorgen. In den ersten Regierungsjahren Friedrichs hatte Silchmüller gute Hoffnung, dass es so laufen würde. Er hatte dem Fürsten berichtet, dass das neue Waisenhaus zu klein geworden war. Das machte sich besonders bei auftretenden Krankheiten bemerkbar. Es fehlte ein Krankenzimmer. Als im Januar / Februar 1735 ein „grassierendes Fieber" die Stadt Bayreuth heimsuchte, steckten sich die Kinder des Waisenhauses an. Es bestand keine Möglichkeit, sie separat zu legen. So bekamen schließlich alle im Waisenhaus, Kinder und Erwachsene, das Fieber. Es starben zwar keine Kinder, aber die Tochter der Hausmutter, die als Magd angestellt war, und zwei Frauen, die als Krankenpflegerinnen geholt worden waren, wurden ein Opfer der Seuche.[240] Das enge Zusammenleben in den Wohn- und Schlafräumen erhöhte die Ansteckungsgefahr. Schon im November/Dezember des gleichen Jahres erkrankte ein großer Teil der Kinder erneut, diesmal an Blattern.[241] Und im März 1736 fingen sich die Kinder die Krätze ein.[242]

Silchmüller schilderte dem Markgrafen die beengten Verhältnisse. Als Schulraum für die dritte Klasse diente der Speisesaal. Im Schlafsaal der Jungen war es so eng, dass kein weiteres Bett aufgestellt werden konnte.[243] Friedrich versicherte dem Hofprediger, er und seine Gemahlin würden das Waisenhaus unterstützen. Für die geplante Erweiterung schenkte er 2080 Quadersteine, die vom Bau des herrschaftlichen Pferdestalls übrig waren. Den Anfang des markgräflichen Dekrets druckte Silchmüller in seinem Bericht „Neue Spuren" ab: „Gleichwie Sr. Hochfürstl. Durchlaucht das allhiesige Waysen-Hauß als eine, dem gemeinen Wesen höchst vorträgliche Veranstaltung ansehen, mithin keine Gelegenheit aus

Handen lassen werden, alles dasjenige beyzutragen, was zu dessen Erweiterung und Wachsthum beförderlich seyn kan". Im Frühjahr 1736 wollte Silchmüller mit dem Erweiterungsbau beginnen. Aber es fehlte das Geld. So ließ er die Quadersteine zunächst an einen sicheren Ort bringen, damit sich nicht andere dafür interessierten.[244] Die Raumnot blieb über Jahre bestehen. Im Herbst 1738 war der Rohbau abgeschlossen; die Konferenz beschloss, sowohl für den Bau wie für den Buchladen ein Darlehen aufzunehmen.[245]

Im Sommer 1739 konnte aber der Bau nicht, wie geplant, fertiggestellt werden. Weil im Vorjahr der Ernteertrag gering ausgefallen war, litt das Land unter einer Teuerung. Anfang Juli schrieb Silchmüller deshalb einen Bittbrief nach Halle.[246] Es seien über siebzig Personen – Kinder und Personal – im Waisenhaus zu ernähren. „Die große Theuerung, die unser armes Land drücket, drücket auch diese Anstalten ungemein hart. Noch auf 14 Tage haben wir Brot. Das Maß Korn steiget schon biß auf 1 Thl. da es sonst für 10 biß 12 ggl. zu haben gewesen." Der Preis hatte sich also verdoppelt. Die Sorge vergrößerte sich noch, als im Frühsommer Hagel und Unwetter einen Teil der neuen Ernte verdarb. So bat der Hofprediger das Waisenhaus in Halle um Hilfe.

In einem Brief vom 8. August erzählte er, was weiter geschah.[247] Da der Verwalter kein Getreide auftreiben konnte, ging Silchmüller selber über Land. Es gelang ihm, für über 50 Gulden Korn zu kaufen. Aber er konnte es nicht bezahlen; denn in der Kasse des Waisenhauses war nicht einmal ein Gulden. Er breitete seine Not im Gebet vor Gott aus und ging dann voller Sorge zu Bett; denn er wusste nicht, woher er das Geld nehmen solle. Am nächsten Morgen erhielt er einen Brief vom Baron von Kotzau mit der Anfrage, ob das Waisenhaus ein Kind aus Oberkotzau aufnehmen könne. Er werde dafür sofort 50 Gulden zur Verfügung stellen. Auch wenn das Geldgeschenk „mit dieser beschwehrlichen clausel verknüpft war", so sah Silchmüller darin doch eine große Hilfe. Nun hatten sie Brot bis Ende August. Als der Verwalter fragte: „Was machen wir dann?" meinte Silchmüller: „Laße er mich heute mit seinen Sorgen zufrieden. Biß dahin wird uns Gott wieder einige Hülffe geben." Tatsächlich kam am nächsten Tag ein Brief von Francke mit einer Gabe von 25 Talern. Nun hatten sie Brot bis Michaelis. Dann erhielten sie die Naturalgaben aus den Stiftungen. So waren sie für das restliche Jahr 1739 versorgt.

Die Hungersnot war aber nicht überstanden. Am 17. November 1739 berichtete Silchmüller nach Halle, der Winter sei sehr früh mit Schnee und Frost gekommen, so dass ein Teil der Feldfrüchte verdorben sei, vor allem Kraut, Rüben und „Erdäpfel" („die in hiesigen Gegenden ein großes Stück der Nahrung ausmachen und sowohl unter das Brot gebacken, als auch sonst auf gar vielerley Weiße zugerichtet werden"). Das Grummet konnte nicht eingebracht werden, in den höher gelegenen Gegenden ebenso wenig der Hafer. Jetzt sei das Maß Korn nicht einmal mehr für einen Taler zu haben.[248]

Am 29. März 1740 schickte Silchmüller einen neuen Hilferuf nach Halle. Er schrieb an einen namentlich nicht genannten „Herrn Rath" und an Francke.[249] Die Not sei so groß, dass er sich nicht zu helfen wisse. In Stadt und Land streunten Bettelkinder herum und suchten Hilfe im Waisenhaus. Aber dieses sei nicht in der Lage, alle anvertrauten Kinder zu ernähren. So werde man vorzeitig ältere Kinder zu den Handwerkern geben, um die Zahl der Esser zu vermindern. Diejenigen, die dem Waisenhaus helfen könnten, hätten es nicht getan. „Weitere explication darf ich der Feder nicht anvertrauen." Wieder fragte Silchmüller nach einem Zuschuss oder wenigstens nach einem zinslosen Darlehen.

Nachdem die neue Ernte eingebracht war, berichtete Silchmüller noch einmal über das Erlebte.[250] Er blickte nun dankbar zurück. Die über siebzig Personen im Waisenhaus hatten täglich etwas zu essen gehabt. Allerdings musste man sich einige hundert Gulden leihen, um das benötigte Brot zu kaufen. Aber jetzt sei auf eine ganz unerwartete Weise geholfen worden. Das Konsistorium hatte eine Anzahl Pfarrer überführt, dass diese ihr Amt durch Bestechung erlangt hatten. Der Markgraf legte ihnen als Strafe auf, den gleichen Betrag an das Waisenhaus zu geben, den sie für die Bestechung aufgewendet hatten. Es kam eine Summe von über 600 Gulden zusammen. „Die Sache ist zwar betrübt genug; doch brauchts Gott, unsern Waysen eine wunderbahre Hülffe zu leisten. So weiß Er auch das Böße noch zu was guten zu lencken."

Die finanzielle Situation des Waisenhauses wurde damals durch das Büchergeschäft und den Verlag verschlechtert. Der Buchhändler Tiechler hatte ein großes Sortiment an Büchern auf Kredit angeschafft, obwohl Francke davor gewarnt hatte. Jetzt lagen unverkaufte Posten da. Aber die Kreditzinsen mussten bedient werden. Silchmüller sah sich nun gezwungen, den Buchhändler zu entlassen.[251]

Im Frühjahr 1740, als die Teuerung ihren Höhepunkt erreichte, schrieb Silchmüller einen Hilferuf wegen eines Verlagsprojektes nach Halle. Der Verlag des Waisenhauses hatte den Druck eines französischen Sprachlehrbuches bei dem Buchdrucker Gebauer in Halle in Auftrag gegeben. Dieser verlangte wegen des höheren Arbeitsaufwandes eine Nachzahlung von 200 Talern. Die Bayreuther hatten das Geld nicht. Nun bat Silchmüller die Freunde in Halle, sich an dem Projekt zu beteiligen. Es sei der Druck von 2500 Büchern vorgesehen. Das werde eine Bruttoeinnahme von wenigstens 2500 Gulden bringen.[252]

Sorgen bereitete die Ausbildung der Lehrlinge. Wenn ein Waisenkind die drei Klassen durchlaufen und nach dem zwölften Lebensjahr den Unterricht für den ersten Abendmahlsgang absolviert hatte, sollte es entlassen werden.[253] Das Waisenhaus wollte aber auch noch die Berufsausbildung sicherstellen. Bei den Mädchen war das relativ einfach: Sie wurden als Dienstmädchen in einen Haushalt vermittelt. Dazu waren sie schon im Waisenhaus ausgebildet worden. Die Unterbringung der Jungen bei einem Handwerksmeister aber bereitete Schwierigkeiten. Der Meister verlangte nämlich vom Lehrling ein Lehrgeld, die Handwerksinnung ein Aufding- und ein Lossprechgeld. Das Waisenhaus sah sich nicht in der Lage, dieses Geld aufzubringen. Falls die Waisen überhaupt Verwandte hatten, weigerten diese sich oft, etwas beizutragen. Bei einigen Meistern erreichte Silchmüller, dass sie den Jungen ohne Lehrgeld nahmen, manchmal wurde das Lehrgeld gespendet.

Aber auch für die Jungen, die eine Lehre aufnehmen konnten, lief nicht alles gut. Im Waisenhaus waren sie keine Stunde ohne Aufsicht gewesen. Die Erzieher hatten versucht, schlechte Einflüsse von den Zöglingen fernzuhalten. Beim Lehrherrn aber waren sie meist sich selber überlassen. Teilweise gaben die Gesellen oder die Familie des Meisters ein schlechtes Beispiel. Jedenfalls fehlte oft der positive Einfluss, und die ehemaligen Bettelkinder verfielen wieder in frühere Unarten. In Bayreuth wurde dann kolportiert, dass die Lehrlinge aus dem Waisenhaus frech und faul seien.

Der Inspektor war also nach der Entlassung die Sorge um seine Zöglinge nicht los. Er redete den Jungen ins Gewissen. Er sprach mit den Meistern. Er nahm sich vor, sogar die Lehrstellen zu besuchen, wo noch keine Klagen laut geworden waren.[254]

Bei allen Schwierigkeiten, die im „Conferenz-Buch" erwähnt werden und die bei der Erziehung von Bettel- und Waisenkindern nicht als außergewöhnlich anzusehen sind, darf man zumindest für die Zeit, in der Silchmüller in Bayreuth wohnte, sagen, dass im Waisenhaus und in der Armenschule eine gute, hilfreiche Arbeit getan wurde. Thomas Meister kommt in seiner Untersuchung über das „Conferenz-Buch" zu folgendem Ergebnis:

„Die Stundenpläne und methodischen Bemerkungen lassen [...] den bedeutenden Fortschritt ersehen, den die Pädagogik dem Pietismus zu verdanken hat. Dieser Fortschritt tritt besonders deutlich hervor, wenn man mit den Auszügen aus dem Konferenzbuche den Stundenplan (‚Catalogus teutscher Schul') des Bayreuther Stadtschul- und Rechenmeisters Erdmann Joh. Creta, der 1692 bis 1732 in der fränkischen Residenz ‚die liebe Jugend' lehrte, vergleicht. Während in den Elementarschulen um 1700 der geistloseste, ödeste Drill herrschte, wurde im Waisenhaus das Auswendiglernen auf ein Minimum beschränkt, auf das Verständnis des Gelernten mit großem

Nachdruck hingearbeitet und auf die Bedürfnisse des praktischen Lebens Rücksicht genommen."[255]

2.7. Zweigleisige Gemeindearbeit

Veranlasst durch Speners programmatische Schrift „Pia desideria" entstand im Pietismus eine Zweigleisigkeit in der Gemeindearbeit: Die Volkskirche wurde weiterhin betreut, daneben aber wurde versucht, erweckte, aktive Christen in Bibelkreisen zu sammeln. So wirkte Silchmüller als Pfarrer an der Hofkirche mit Gottesdiensten, Seelsorge und Kasualien, und zu gleicher Zeit gestaltete er im Waisenhaus ein volles Programm für die Pietisten aus Bayreuth und Umgebung. Es war daher nicht verwunderlich, dass er häufig an die Grenze seiner Kraft stieß und über Zeitmangel klagte. Er entschuldigte sich fast in jedem Brief an Zinzendorf mit diesem Hinweis.[256]

Überdies waren damals in der Volkskirche mehr Gottesdienste zu halten als heute. An einem Sonntag mussten für den Vormittag und für den Nachmittag zwei verschiedene Predigten ausgearbeitet werden, weil erwartet wurde, dass ein Teil der Gemeindeglieder zweimal die Kirche besuchte. Für die Gemeinde der Stadt wurde außerdem in der Spitalkirche noch eine besondere Frühpredigt angeboten. Dazu kamen Wochenpredigten und Betstunden. Außerdem war damals die Zahl der Feiertage viel größer, weil die Marientage, die Gedenktage der Apostel und des Täufers Johannes, des Erzengels Michael und des Augsburger Bekenntnisses und der Reformationstag, dazu die Gedenktage des Fürstenhauses mit einem Gottesdienst begangen wurden. Großes Gewicht hatten ferner die beiden Bußtage im

Frühjahr und im Herbst. So schrieb Silchmüller am 3. Mai 1728 in Eile an Zinzendorf.[257] Er komme – es war der Tag der Apostel Philippus und Jakobus – gerade aus der Kirche und müsse morgen, am Sonntag, wieder predigen, habe aber noch nichts vorbereiten können. Wenn der Markgraf in Himmelkron weilte, hatte Silchmüller dort den Gottesdienst zu übernehmen. Er berichtete darüber dem Grafen in einem Brief vom 20. Mai 1728: „Serenissimus sind nun etliche Wochen auf dem Lande in Himmelcron, dahin ich ab- und zureisen muß, welches mich einigermasen hier hindert an der verkündigung deß Worts. Doch habe ich am dritten Pfingsttag Erlaubniß bekommen, hier in der Schloßkirche auch eine Predigt zu halten, nachdem den 1ten und 2ten Tag in Himmelcron vor Serenissimo predigen müßen."[258] Die Mitglieder der Hofgemeinde lagen ihm am Herzen. Die Kanzel der Hofkirche gab ihm zudem die Möglichkeit, in die Stadt hinein zu wirken; denn es stellten sich Bayreuther Bürger ein, um nach dem Besuch der Stadtkirche noch Silchmüller zu hören.

Wohlhabende Zuhörer ließen dann hin und wieder eine Predigt drucken, um einer breiteren Öffentlichkeit daran Anteil zu geben. So blieb uns Silchmüllers Predigt vom 3. Advent 1728 erhalten. Er hatte ihr die Überschrift gegeben: „Der Schwach-Gläubigen Aergerniß an Christo". Sie legt das Evangelium dieses Tages aus, in dem erzählt wird, dass die Jünger des Täufers Johannes Jesus fragten: „Bist du es, der da kommen soll, oder sollen wir auf einen anderen warten?" Jesus verwies auf die Werke, die er getan hatte, und ermahnte sie: „Selig ist, der sich nicht an mir ärgert."

Silchmüller hielt dazu eine Predigt, mit der er die Gemeinde provozieren und aufrütteln wollte,

denn er machte zu Beginn deutlich, dass zwischen einem „schwachen Glauben" und einem „toten Glauben" zu unterscheiden sei. „Schwacher Glaube" sei echter, aber angefochtener Glaube, so wie bei den Jüngern des Johannes. Der „Schwachgläubige" habe schon einmal eine Bekehrung erlebt, er trage Verlangen nach dem Heil und wolle Gottes Geboten gehorchen. „Aber wisset, Geliebte, finden sich diese Stücke nicht, und habt ihr davon noch nichts erfahren, so habt ihr auch noch nicht den geringsten Anfang deß Glaubens, stehet auch nicht unter der Zahl der Schwach- sondern der Ungläubigen. Aber findet sich etwas davon, dann ist euer Glaube wie ein schwachglimmender Docht, und ihr habt ihn sehr sorgfältig zu hüten, daß ihr euch nicht an Christo ärgern möget."[259]

Dann redet Silchmüller von den Schwierigkeiten, die auf einen Anfänger im Glauben (einen „Schwach-Gläubigen") zukommen können, z. B. dass ihm andere mit Spott und Verachtung begegnen, oder dass er Not und Unglück erlebt. Und dann meine der Betroffene vielleicht: „Sollte das mein Erlöser seyn, der mich so hefftig in meiner Angst zappeln und so mancherley Betrübniß von innen und außen über mir zusammen schlagen lässet?"[260] Als weiteren Stein des Anstoßes nennt der Prediger manche Worte der Bibel, die ärgerlich klängen oder schwierig zu verstehen seien. Sein seelsorgerlicher Rat lautet: Suche dir erst die verständlichen Stellen der Bibel und halte dich daran. Später wird sich manches klären, was zunächst unverständlich erscheint.[261]

In seiner „Applicatio" unterstreicht Silchmüller noch einmal zwei Anliegen. Einmal betont er, dass niemand vor Anfechtungen und Zweifeln gefeit sei: „Ach! meyne niemand, er sey schon

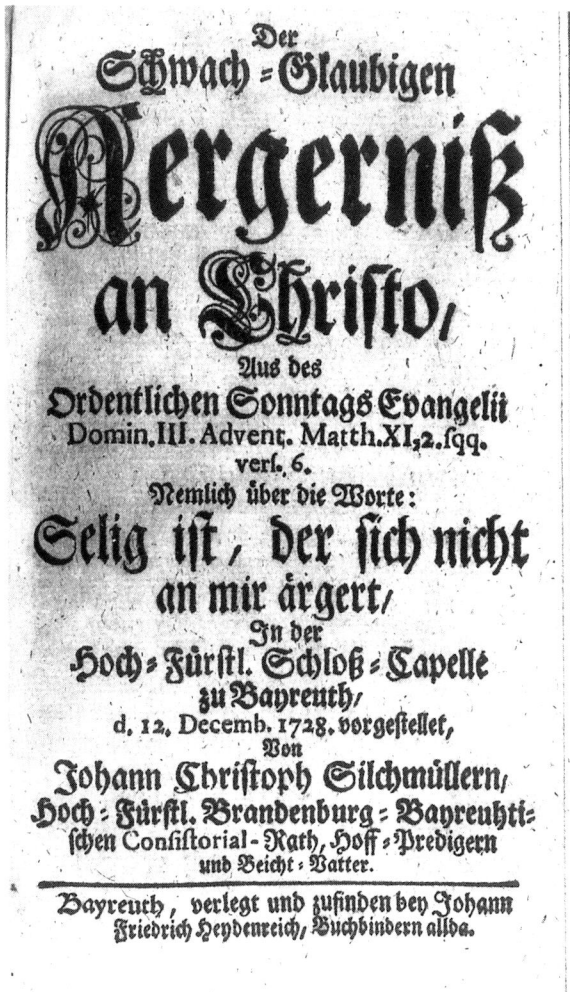

Silchmüller predigte am 3. Advent 1728 über das Thema „Der Schwach-Gläubigen Aergerniß an Christo"

über alle Steine deß Anstosses weg, und darüber hinaus. Sondern glaube ein jeder gewiß, daß

Stunden kommen können, da er sich nicht weniger als die Jünger Johannis, an Christi geringer Gestalt und Creutz; oder an seinem Wort; oder an seinen Führungen stoßen könnte."[262] Den Angefochtenen gibt Silchmüller den Rat, sich an Jesus zu wenden und die Zweifel vor ihm auszusprechen. „Er wird den glimmenden Docht nicht auslöschen."[263] Den Zuhörern, die eine Bekehrung noch vor sich haben, ruft er zu: „Wollt ihr dann gerne unselig seyn? [...] Wollt ihr denn nicht lieber hier Christo als treue Diener nachfolgen, damit ihr dort seyn möget, wo dieser Herr und Meister ist? [...] Ey! Wohlan! So machet doch heute den Entschluß [...] euch in hertzlicher Bekehrung zu Christo zu wenden."[264]

Durch sein Wirken an der Hofkirche wurde Silchmüller der Seelsorger von Mitgliedern des Adels. Zwei gedruckte Beerdigungsansprachen aus dem Jahr 1739 sind dafür ein Hinweis. Am 4. April hielt er den Gottesdienst anlässlich der Beisetzung des Freiherrn Eucharius Ferdinand Carl von Künßberg, Herrn zu Thurnau und Ermreuth, in der Stadtkirche zu Bayreuth, wo sich die Familiengruft befand. Die Predigt trägt den Titel: „Das grosse Erbe der geistlichen Überwinder". Silchmüller schilderte in seiner Ansprache den Freiherrn als hohen Gönner und Wohltäter und als aufmerksamen und fleißigen Zuhörer der Predigten in der Hofkirche.[265] Das lange Krankenlager sei der Kampfplatz gewesen, auf dem er mit Teufel, Welt und sich selber gerungen habe. Er habe viele Schmerzen erdulden müssen. Aber er habe die Waffen Gottes für diesen Kampf ergriffen: das Wort der Bibel, das Gebet, sowie Beichte und heiliges Abendmahl. Er habe dabei die Gewissheit erlangt, dass ihm vergeben worden sei, und so die Todesfurcht überwunden.

Ungewöhnlich war die Bitte des Sterbenden an den Hofprediger, er möge seinen fünf unmündigen Kindern im Namen ihres Vaters eine Ermahnung sagen, nämlich dass sie in der Furcht Gottes ihr Leben führen, ihrer Mutter Liebe und Gehorsam erweisen und als Geschwister miteinander in Frieden leben und nicht um das Erbe streiten sollten. Silchmüller sprach das Segenswort, der Sterbende zeichnete den Kindern ein Kreuz auf die Stirn, und diese versprachen der Mutter und der Großmutter, den Willen des Vaters zu erfüllen. Von diesem Abschied wurde Silchmüller selber stark ergriffen. Er erinnerte sich, wie ihn sein Vater zum letzten Mal gesegnet und von ihm Abschied genommen hatte. Und er erzählte das den Anwesenden.[266]

Künßberg starb im Alter von 43 Jahren. 15 Monate hatte er an Fieber und „Auszehrung" gelitten. Der erste Bayreuther Leibarzt Daniel de Superville und der zweite Leibarzt, Hofrat Seitz, hatten keinen Rat gewusst. Auch der Hildburghauser Hofarzt Rosner war vergeblich konsultiert worden.

Knapp drei Wochen später hielt Silchmüller die Leichenfeier für den Freiherrn Christian Martin von Gravenreuth, „würcklichen Geheimen Rath und Obristen" im Dienst des Markgrafen. Auch er war Silchmüllers „Beichtkind". Die Trauerrede in der Stadtkirche legte einen Vers aus dem 94. Psalm aus: „Ich hatte viel Bekümmernisse, aber deine Tröstungen ergötzten meine Seele". Dem entsprechend hieß das Thema der Ansprache: „Die Vortheile der Nachfolger Jesu aus ihren Leiden". Ausgehend von David, der von Jugend an Schweres erfahren musste, aber getröstet wurde, schilderte Silchmüller das Leben des Verstorbenen. Gravenreuth habe als Kind erleben

müssen, wie das Schloss der Eltern niederbrannte. Er sei in letzter Minute den Flammen entrissen worden. Seine Eltern stürzte dieses Unglück in bittere Armut. Markgraf Christian Ernst habe geholfen, indem er Christian Martin und dessen Bruder Johann Christoph Carl Ernst als Pagen nach Bayreuth holte. Christian Martin sei dann in den Militärdienst gegangen, habe in den Kriegen Schlimmes erlitten, sei Kommandant der Plassenburg und schließlich Geheimer Rat geworden. Vier Markgrafen habe er gedient. „Wem aber die Unbeständigkeit deß Hof-Glücks nur in etwas bekannt ist, und wer da weiß, daß die Höfe der Grossen dieser Welt fast mehrentheils der Schauplatz sind, auf welchem Neid und Mißgunst, Falschheit und Verläumdung, Haß und Verfolgung die vornehmsten Personen zu spielen pflegen", [267] merkte Silchmüller, wohl aus eigener Erfahrung, an. Familiäres Leid habe Gravenreuth reichlich erlebt. Seine erste Gemahlin starb schon früh, dann verlor er eine Tochter und die beiden Söhne. Nur eine Tochter war ihm geblieben, Wilhelmine Sophia Freifrau von Schirnding. Ihre beiden Kinder seien ihm ein Trost gewesen, ebenso seine zweite Ehefrau Maria Justina, eine geborene von Seeberg.[268] Der Verstorbene habe in seiner letzten Krankheit große Schmerzen gelitten, aber Geduld und Gelassenheit vorgelebt. Bei Fragen nach seinem Befinden habe er stets geantwortet: „Mir ist recht wohl."[269]

Wie schon erwähnt, versuchte Silchmüller neben seinem Dienst als Hofprediger pietistische Bibelkreise zu sammeln. In einem Brief an Zinzendorf vom 9. Juni 1728 berichtete er darüber: „Gott fängt an, einen großen Seegen aus lauter Barmhertzigkeit zu erwecken. Biß 12 Bürger halten nun in einem Geist, Sinn und hertzen zusammen und stehen in grosser Erweckung."[270] Der Kreis traf sich am Mittwochabend mit Silchmüller; ohne ihn kamen sie aber noch öfter zusammen. In einem weiteren Brief vom Herbst 1728 heisst es: „Unterdes ist doch das Werck des HErrn nicht ins stocken geraten, sonderlich das Häuflein der Frommen hat sich bis auf etliche 20 gemehrt, welche wöchentlich einmal zu mir kommen." Daneben hielt Silchmüller das Collegium Biblicum mit den Kandidaten. Diesen Kreis besuchten der Konsistorialrat und Archidiaconus von der Stadtkirche Johann Adam Roth und der Gymnasialprofessor und Diaconus an der Hofkirche Johann Adam Flessa.[271]

Nach dem Neubau des Waisenhauses wuchs die Arbeit stark an. Es wurden nun am Montag, Mittwoch, Donnerstag und Freitag Bibelkreise angeboten. Am Sonntagnachmittag war eine Erbauungsstunde, zu der über hundert Besucher aus der Stadt kamen.[272] Silchmüller hielt meistens eine Katechese mit den Waisenkindern. Es wurde ein Abschnitt aus der Bibel gelesen und in Erzählung, Frage und Antwort zusammen mit den Kindern entfaltet.

Den Erbauungsstunden in der Passions- und Osterzeit suchte Silchmüller einen besonderen Akzent zu geben. Er legte dabei mit Vorliebe alttestamentliche Texte aus, in denen er Andeutungen oder Vorschattungen für die Passion und Auferstehung Christi fand.[273]

Im Jahr 1737 predigte er bei den Andachten in der Passionszeit über die Geschichte von Isaaks Opferung (Genesis Kap. 22), im Jahr darauf über die Erzählung von der „ehernen Schlange" (Numeri Kap. 21).[274]

In diesem Jahr 1738 liess er für die Waisenhausgemeinde und weitere Interessenten Johan-

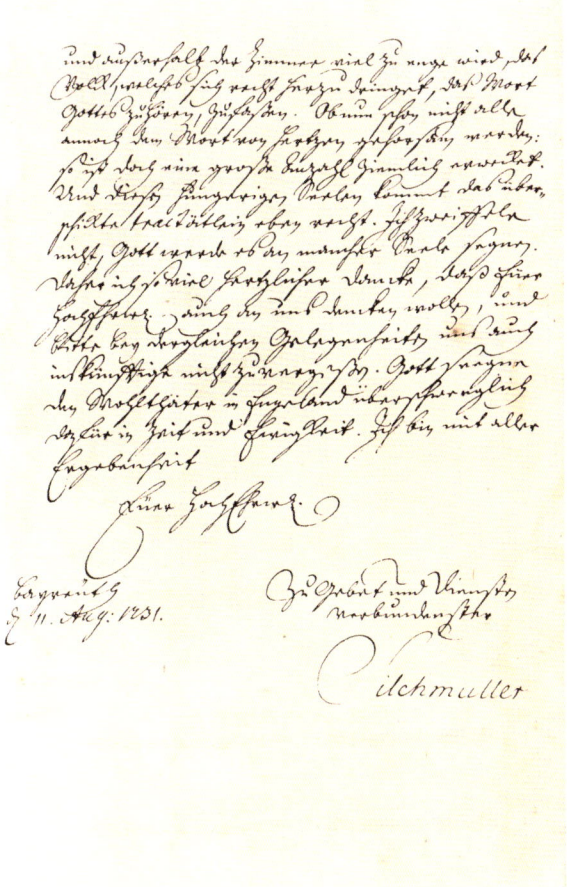

Silchmüller verteilte an die Besucher der Bibelkreise erweckliche Schriften, die ihm aus Halle geschickt worden waren. In diesem Brief vom 11. August 1731 an Gotthilf August Francke bedankt er sich für das Geschenk.

nes Taulers „Geistreiche Betrachtungen deß Leidens Christi" drucken. Er schrieb dazu eine Vorrede und Anmerkungen. Darin begründete er,

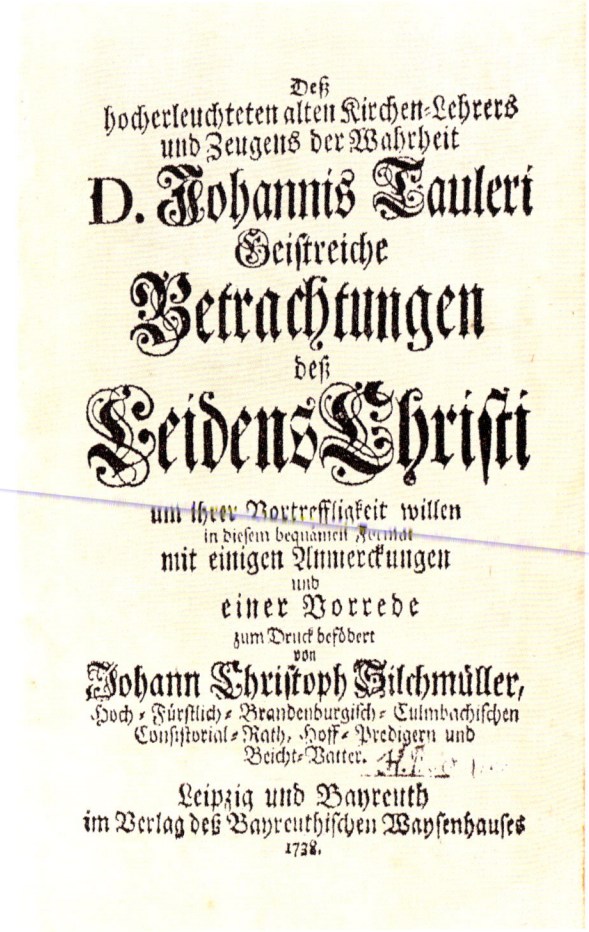

*Silchmüllers Ausgabe einer Schrift des spätmittel-
alterlichen Mystikers Johannes Tauler*

als zwantzig Jahren hörete ich bey einer gewissen Gelegenheit einige dieser Betrachtungen mit sehr grosser Bewegung und Erweckung meines Gemüthes von jemanden vorlesen. Ich wuste damahls nicht, wer sie geschrieben. Mich dünckete aber, niemahlen etwas geistreichers und erwecklichers über die Geschichte von dem Leiden unsers Heylandes gehöret oder gelesen zu haben. Als [ich] nun auf geschehene Nachfrage in Erfahrung brachte, daß es Tauleri Betrachtungen wären: so bekam ich die erste Hochachtung für die Schriften dieses Mannes.“[275] Der Artikel „von der Rechtfertigung durch den Glauben an Jesum den gecreutzigten“ werde von Tauler betont. „Denn er weiset immer auf diesen gecreutzigten hin, und reitzet dadurch eine heylbegierige Seele zum Glauben an ihn.“[276] Weil die Auslegung der Leidensgeschichte nach jedem Abschnitt mit einem Gebet endet, empfahl der Herausgeber den Lesern das Bändchen „als ein sehr schönes Paßions-Gebet-Buch“.[277]

Zu den „Bedencklichkeiten“ gegen die Schrift bei manchen Theologen erwiderte er, für ihn gehöre Tauler ebenso wie Wiclif, Hus, Thomas a Kempis, Savonarola und andere zu den Vorläufern der Reformation. Und er verwies dabei auf Luthers Äußerung, „daß er weder in lateinischer noch in teutscher Sprache die Theologie reiner und heylsamer und also mit dem Evangelio übereinstimmend gefunden als in Tauleri Schrifften.“[278]

Sehr ausführlich erörterte Silchmüller die drei Stufen „Reinigung von Sünden, Erleuchtung des Geistes, Vereinigung mit Gott“, mit denen die Mystiker das Rechtfertigungsgeschehen beschrieben. Er wollte diese drei Stufen nicht als ein Nacheinander, sondern als ein Ineinander ver-

warum die Schriften dieses mittelalterlichen Mystikers für evangelische Leser wertvoll seien. Zunächst erzählte er, wie er selber mit der genannten Schrift bekannt worden war. „Vor mehr

standen wissen; denn wer von seinen Sünden
lasse, der sei zuvor zu einer Erkenntnis oder Erleuchtung geführt worden, und dieses geschehe
wiederum so, das sich Gottes Geist mit unserem
Geist vereinige und dadurch eine Erleuchtung
bewirke.[279]

Als Pietist betonte Silchmüller die reformatori-
sche Rechtfertigungslehre. Er war aber auch offen für Gedanken der mittelalterlichen und zeit-
genössischen Mystik.

Im Jahr 1739 legte Silchmüller die Geschichte
von „Joseph und seinen Brüdern" bei den Passionsandachten aus. Der Hass der Brüder auf Joseph, sein Leidensweg in Ägypten und schließlich seine Ernennung zum Stellvertreter des
Pharao, wodurch er die Möglichkeit bekam, seine Brüder vor dem Hungertod zu retten, all das
wurde ein Hinweis auf die Jesusgeschichte. Diese biblische Besinnung wurde gedruckt.[280]

Seinen letzten derartigen Andachtszyklus im
Waisenhaus hielt der Hofprediger im Jahr 1740
über „Das große Versöhnungs-Fest alten Testamentes als ein Vorbild der durch Jesum Christum
geschehenen großen Versöhnung neuen Testamentes". Hier deutete er das Karfreitagsgesche-
hen als Erfüllung dessen, was am jüdischen Jom
Kippur (Leviticus Kap. 16) ablief.

In einem Brief an Zinzendorf vom 19. November 1740 klagte Silchmüller, dass in der Waisenhausgemeinde eine gewisse Stagnation eingetreten sei. Viele von den Besuchern zögerten, sich
enger mit der Gemeinschaft zu verbinden. Er vermutet, dass „die Strenge mancher Brüder"
Außenstehende abschrecken könne. Sie hätten
nicht den Mut, sich anzuschließen „in dem irrigen
Wahn, man achte sie zu gering und der näheren
Gemeinschaft für unwürdig".[281] Um die Kreise

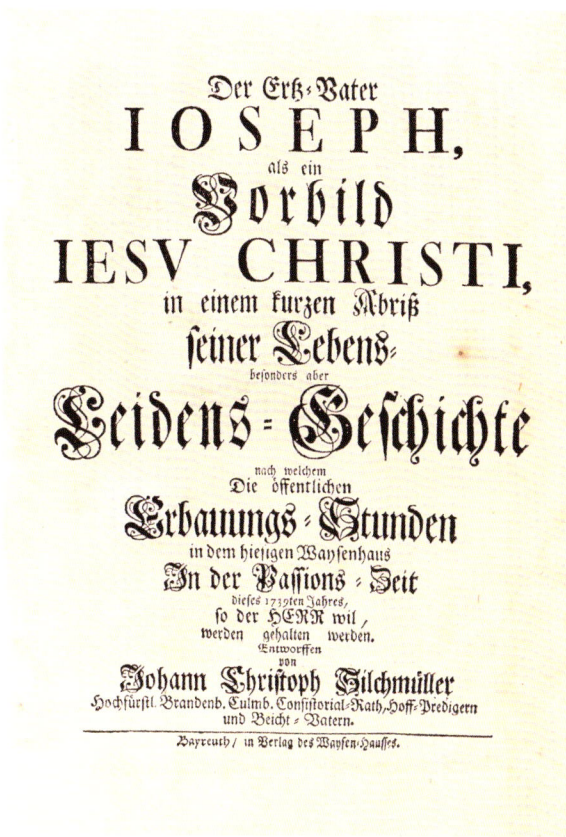

Bei den Passionsandachten 1739 predigte Silchmül-
ler über die Geschichte Josephs und seiner Brüder

neu zu motivieren und zu bestärken, kamen regelmäßig Herrnhuter Brüder. Vor allem Christian
David fand bei den Bayreuther Pietisten großen
Anklang. So heißt es in einem Brief vom 28. Oktober 1738 an den Grafen: „Der Christian David
ist uns ein großer Segen gewesen. Schicken Sie
ihn doch oft zu uns. Mit ihm könnte mein ganzes
Hertz zusammen fließen".[282]

2.8. Das Hofgesangbuch

Zu Silchmüllers Arbeit an der Hofkirche gehörte die Herausgabe eines eigenen Gesangbuches für diese Gemeinde. Bayreuth leistete sich in jenen Jahrzehnten den Luxus, dass in der Stadt zwei verschiedene Gesangbücher in Gebrauch waren. 1727 hatte der Superintendent Friedrich Caspar Hagen für die Stadtkirche und das Bayreuther Land ein Gesangbuch mit dem Titel „Gott geheiligte Frucht der Lippen, die seinen Namen bekennen d. i. Bayreuthisches Gesang- und Gebetbuch" zusammengestellt. Er knüpfte dabei an das im Jahr 1720 von dem Superintendenten Georg Albrecht Stübner herausgegebene an.[283] Im September 1730 erschien Silchmüllers Liedersammlung mit dem Titel: „Neue Sammlung Erbaulicher und geistreicher Alter und Neuer Lieder, oder Neues vollständigeres Gesang-Buch. Auf Hoch-Fürstl. gnädigsten Specialen Befehl Zum Gebrauch Der Hoch-Fürstlichen Hof Capelle allhier zu Bayreuth zusammengetragen [...] von Johann Christoph Silchmüller".

In einem Vorwort stellte der Herausgeber dankbar fest, dass seit Luthers Zeiten ein großer Reichtum an Liedern entstanden sei. Das gelte besonders für die Zeit, in der das Hofgesangbuch zusammengestellt wurde. Er, Silchmüller, habe sich bemüht, keine Lieder aufzunehmen, die der kirchlichen Lehre zuwider liefen. Er teile aber nicht die Meinung mancher Theologen, dass nur die alten, bekannten Lieder gesungen werden sollten. Weder Luther noch seine Schüler hätten das gefordert. Im Gegenteil: Luther habe sich nur als Anreger für Spätere gesehen, die vielleicht mehr und bessere Lieder dichten könnten. Silchmüller gab allerdings zu verstehen, dass ihm

die „alten Krafft- und Kern-Lieder" unschätzbar wertvoll seien, und dass er, wenn er wählen müsste, lieber auf die neuen als auf die alten verzichten würde.

Silchmüller suchte Lieder aus, die schon gedruckt vorlagen, so im Berliner, Hallischen, Bayreuthischen und Ansbachischen Gesangbuch. Nur zwei Lieder in dem Abschnitt „Vom Obrigkeitlichen Stande" seien noch nicht veröffentlicht worden. Sie seien hereingenommen worden, weil es sich um ein Andachtsbuch für den Markgrafen handle.

Silchmüller ordnete die Lieder seines Gesangbuches in zwei große Teile. Der erste Teil enthält die „Sonn- und Festtagslieder" mit 386 Nummern. Hier findet sich viel traditionelles Liedgut aus dem 16. und 17. Jahrhundert, beginnend mit Liedern zum Sonntag, dann zum Kirchenjahr, wie Advent, Weihnachten, Ostern, Pfingsten. Etwas Besonderes, zumindest für heutige evangelische Christen, sind die Lieder zu den Marienfeiertagen und anderen Gedenktagen. Abgeschlossen wird dieser Teil mit Morgen- und Abendliedern und Liedern zu Beruf und Arbeit.

Nach diesem Abschnitt folgt der „II. Theil Enthaltend Die Lieder, welche gewisse Glaubens-Lehren, oder Lebens-Pflichten, oder Glaubens-Trost in sich fassen, wie solche der Materie nach in richtiger Ordnung der Glaubens-Articuln, und nach der Ordnung des Heyls aufeinander folgen."[284] Die Lieder wurden also nach der „Ordnung des Heils" gegliedert, wie sie von Spener entworfen und von dem Hallenser Johann Anastasius Freylinghausen zu einem „Compendium theologicum" ausgestaltet worden war. Dieser zweite Teil des Gesangbuches enthält in 45 Abschnitten 457 Lieder. Sie gliedern sich wiederum in zwei Unterteile, nämlich „Gott, sein Wesen, seine Eigenschaften, seine Werke" und „Der Mensch, im Stande der Unschuld, nach dem Sündenfall, unter der Gnade, in der ewigen Herrlichkeit". Dieser Teil ist eine Entfaltung der ganzen Dogmatik in Liedern – bekannten und nicht mehr bekannten.

Das erste Lied Nr. 387 über den Topos „Gottes Weisheit" beginnt mit dem Vers:

> „Allweiser Schöpfer aller dinge,
> Der alles ganz genau versteht.
> Nichts ist so groß, nichts so geringe,
> Das nicht nach deiner ordnung geht.
> Dein kluger Sinn setzt ziel und schranken,
> Schreibt maß, gewicht und regeln vor.
> Sonst würde der geschöpfe chor
> Verworren hin und wieder wanken."

An diesem Vers wird sichtbar, wie Pietismus und Aufklärung in manchen Anschauungen übereinstimmten: Beide sahen in der wohlgeordneten Schöpfung einen Hinweis auf den Schöpfer.[285]

Dagegen unterschieden sie sich radikal in der Beurteilung des Menschen. Der Pietismus betonte wie die Reformation die Unfähigkeit des Menschen, sich selber zu erlösen. Im Abschnitt 6 „Von dem Sündenfall des Menschen, und dem daraus herrührenden menschlichen Elend und Verderben" findet sich der Vers:[286]

> „Ach, mein Jesu, welch verderben
> Wohnet nicht in meiner brust!
> Denn mit andern adamserben
> Steck ich voller sündenlust.
> Ach, ich muß vor Dir bekennen:
> Ich bin fleisch von fleisch zu nennen.

Das Gesangbuch für die Bayreuther Hofkirche gab Silchmüller zum ersten Mal 1730 heraus. Weitere Auflagen folgten.

> Wie verkehrt sind meine wege!
> Wie verderbt mein alter sinn!
> Der ich zu dem guten träge
> Und zum bösen hurtig bin.
> Ach, wer wird mich von den ketten
> Dieses sündentodes retten?"

Von Mystik geprägt ist Abschnitt 15 „Von der geistlichen Vereinigung mit Gott oder der Vermählung der Seele mit Christus". Da heißt es im Lied 493:

> „Auf, Seele, Jesus, Gottes Lamm,
> Hat dich zur Braut erwählet.
> Er hat mit dir als Bräutigam,
> O gnade! sich vermählet.
> Er brennt vor liebe gegen dich.
> Sein keusches herze sehnet sich
> Nach keuscher gegenliebe."

In den Abschnitt 41 „Vom obrigkeitlichen Stande" nahm Silchmüller ein Lied auf, das er selbst für Markgraf Georg Friedrich Carl gedichtet hatte. Als Vorlage diente ihm der „Regentenspiegel" im Psalm 101, über den schon Luther für seine Landesherren, die Kurfürsten von Sachsen, gepredigt hatte. Hier die drei ersten Verse vom Lied 775:

> „1. Ich will von gnade singen
> Und von gerechtigkeit.
> Ich will danck-opfer bringen
> Dir, Herr der herrlichkeit,
> daß Du hast gnad für recht
> Mir lassen wiederfahren
> In meinen lebens-jahren,
> Mir, dem unnützen knecht.
>
> 2. Wer bin ich, schnöde made,
> Und was ist doch mein haus?
> Daß du aus lauter gnade
> Vor tausenden voraus
> Mich hast zum haupt gekrönt,
> Das regiment zu führen
> Und dein volck zu regieren,
> Das dein Sohn hat versöhnt.

> 3. Herr, wer ist hiezu tüchtig,
> Als der, dem deine macht
> Zu handeln klug und richtig
> Die tüchtigkeit gebracht?
> Drum gieb vorsichtigkeit,
> Auf daß ich weislich handle,
> Auch treu und redlich wandle
> In meinem hauß allzeit."

Bemerkenswert ist, dass Silchmüller dieses Lied nicht wie andere Hofprediger zu einer Apotheose des absolut regierenden Fürsten gestaltete, sondern dass er ihn an seine Verantwortung gegenüber Gott und an seine völlige Abhängigkeit von Gott erinnerte. Allerdings hatte ihm das Georg Friedrich Carl nicht schwer gemacht, weil er sein Regentenamt selbst so sah.

An die Lieder wurde wie in anderen Gesangbüchern ein Gebetsteil angefügt. Hier wählte Silchmüller Gebete, die schon veröffentlicht waren, hauptsächlich aus dem Gesangbuch des Superintendenten Hagen und aus Arndts „Paradiesgärtlein".

Das Besondere an diesem Gebetsteil ist Silchmüllers „Vor-Erinnerung" an den Leser. Er weist darauf hin, dass Jesus lehre, man solle Gott „im Geist und in der Wahrheit anbeten". Silchmüller verstand darunter die „innerliche Begierde", das „Seufzen und Verlangen aus Hertzens-Grund", „das Aufheben des Hertzens und Gemüths zu Gott". Und er meinte, das Lesen von Gebetbüchern könne die Gefahr beinhalten, dass einer nur äußerlich, aus Gewohnheit, ein Gebet lese, „ohne Erhebung des Hertzens", und dass er vielleicht nie lerne, frei zu beten und das Herz mit seinen Sorgen, Ängsten und Nöten vor Gott auszuschütten. Trotzdem wollte Silchmüller Gebetbücher nicht abwerten. Denn ihm selber war die Erfahrung nicht fremd, dass in Zeiten der Schwäche und Anfechtung die Kraft fehlen könne, selber ein Gebet zu formulieren. Und die „einfältigen Milch-lämmer im Christenthum" bekämen durch geistreiche Gebetbücher eine Anleitung, wie sie beten können.

2.9. Der mittlere Weg

Es wurde schon deutlich, dass der Pietismus eine heterogene Bewegung war. Die Spiritualisten und Separatisten lehnten Kirche und Gottesdienst ganz ab. Zinzendorf und die Herrnhuter betonten die Bibel und mehr oder weniger das lutherische Bekenntnis. Sie bildeten aber eigene Gemeinden neben der Landeskirche. Enthusiastische Gefühle und Erfahrungen betrachteten sie – besonders in den Anfangszeiten – als Merkmale eines wiedergeborenen Christen. August Hermann Francke war ein nüchterner, norddeutscher Bibeltheologe, der auf die Bekehrung des einzelnen drängte und auf Werke der Nächstenliebe als Folge des Glaubens. Philipp Jakob Spener strebte eine Verlebendigung der Gemeinde durch Bibelkreise und durch ein tätiges Christentum an. Die Reformorthodoxie übernahm manche pietistische Anliegen wie Bibelverbreitung, Jugendunterricht und Hausbesuche.

Silchmüller ging einen mittleren Weg, so wie es Luther in den Auseinandersetzungen seiner Zeit versucht hatte.[287] Sein Vorbild war August Hermann Francke. Wie dieser strebte er einen Pietismus innerhalb der Landeskirche an. Deshalb wehrte er sich, wenn ihn die Gegner mit „Separatisten" und „Fanatikern" in einen Topf

Gotthilf August Francke (1696–1769). Mit ihm, dem Sohn des Waisenhausgründers, korrespondierte Silchmüller bis zu Franckes Tod.

werfen wollten. Zeit seines Lebens hielt er Kontakt zu „Halle", nach dem Tod des Waisenhausgründers mit dessen Sohn, Gotthilf August Francke, mit dem Konrektor der Anstalten Johannes Anastasius Freylinghausen, und mit den Theologieprofessoren der Fakultät, besonders

Mit dem Herrnhuter Christian David (1691–1751)
verstand sich Silchmüller besonders gut.
Die Darstellung aus dem 19. Jahrhundert zeigt, wie
David – von Beruf Zimmermann und Führer der
Glaubensflüchtlinge aus Mähren – den ersten
Baum zum Bau der Siedlung Herrnhut fällt.

mit Joachim Lange und Johann Heinrich Callenberg. Mit ihnen stand er beständig im Briefwechsel, ihre Veröffentlichungen las er mit Dank und Anerkennung.[288]

Mit den Herrnhutern arbeitete er während seiner Bayreuther Zeit zusammen. Er war Zinzendorf freundschaftlich verbunden, äußerte aber auch Kritik. Das wird in manchem Brief deutlich, den er in diesen Jahren an den Grafen schickte.

Einen Erfolg zeitigte der gute Kontakt, als es gelang, dem Pietisten Johann Adam Steinmetz die Superintendentur Neustadt a. d. Aisch zu übertragen. Steinmetz war aus dem schlesischen Teschen vertrieben worden, wo er eine blühende Gemeindearbeit aufgebaut hatte. Zinzendorf schrieb an Silchmüller, er möge sich für den Glaubensflüchtling verwenden. In einem Brief vom 14. Januar 1730 berichtete der Hofprediger, er habe vom Fürsten eine Zusage bekommen, ebenso vom Präsidenten des Konsistoriums, dem Juristen Laurentius Thomas, und schließlich auch von den übrigen Konsistorialräten.[289] Im Jahr zuvor war der Superintendent Wolfgang Christoph Räthel gestorben, der sich besonders bei der Bekämpfung der Neustadter Pietisten hervorgetan hatte. Nun sollte ein Pietist sein Nachfolger werden. Deshalb ergaben sich Schwierigkeiten, wie Silchmüller in einem weiteren Brief vom 14. Februar 1730 meldete. Er schrieb ihn von Lichtenberg aus, wo er als Konsistorialrat das Fehlverhalten des dortigen Pfarrers untersuchen sollte. Um die Einwände gegen Steinmetz zu entkräften, holte Silchmüller von der theologischen Fakultät in Halle und von Professor Johann Georg Walch in Jena ein Gutachten ein. Daraufhin wurde die endgültige Berufung ausgesprochen.[290]

Steinmetz war kein Herrnhuter. Das wird daran deutlich, dass ihn auch Gotthilf August Francke gerne als Mitarbeiter gehabt hätte. Als er seine Verstimmung Silchmüller gegenüber äußerte, schrieb dieser, dass die Berufung letztlich vom Fürsten ausgegangen sei. Er selber habe nur so weit mit gewirkt, wie es seinem „Consistorial-Eyde" entspreche. „Wenigstens wollen Eüer HochEhrw. mir glauben, daß ich für das liebe Halle ie und allewege wohlgesinnet blieben bin."[291]

Steinmetz berief den mit ihm vertriebenen Georg Sarganeck als Rektor an das Neustädter Gymnasium. Ein Jahr später stieß der Pietist Paul Eugen Layritz als Konrektor dazu. Durch die Arbeit der beiden Rektoren und der übrigen Lehrer bekam die Schule einen ausgezeichneten Ruf in Süddeutschland.[292] Neustadt wurde zu einem Zentrum des Pietismus im Markgraftum. Allerdings blieb Steinmetz nicht lange. Der preußische König berief ihn als Generalsuperintendenten nach Magdeburg, worüber der Markgraf ziemlich verärgert war. Doch auch der Nachfolger von Steinmetz, Christian Lerche, war Pietist und hielt seine schützende Hand über die Hauskreise und das Gymnasium.[293]

Für das Bayreuther Waisenhaus und für die Bibelkreise holte Silchmüller dann und wann Hilfe aus Herrnhut. In einem Brief aus dem Jahr 1735 fragte er wegen einer Hausmutter an.[294] Am 14. Mai 1736 bedankte er sich bei Zinzendorf. Die Hausmutter Arndt tue einen guten Dienst an den Kindern und an den Frauen, die sie in einem Bibelkreis sammle. Es wurden zwei neue Mägde angestellt, die bisherigen entlassen.[295] Silchmüller fügte noch die Anfrage hinzu, ob Herrnhut eine weitere Frau als Köchin schicken könne. Die Hausmutter Arndt schaffe wegen ihres Alters nicht mehr die vielfältige Arbeit.[296] Am 5. November 1736 erfolgte ein Dankesgruß für die Zusage, die Witwe von Paul Nitschmann, einem führenden Herrnhuter Mitarbeiter, als zusätzliche Hilfe zu schicken. Sie wirkte von 1736 bis 1740 im Waisenhaus.[297]

Am 28. Oktober 1738 berichtete Silchmüller von Schwierigkeiten mit der Hausmutter. Sie habe separatistische Gedanken geäußert und die Frauen, die bei ihr zusammenkamen, damit ver-

wirrt, dass sie sagte, sie habe das heilige Abendmahl nicht nötig. Christian David, der als Reiseprediger aus Herrnhut ins Waisenhaus gekommen war, redete mit ihr. Silchmüller äußerte in dem Brief die Hoffnung, dass sie aus ihrem Irrweg zurückfinden werde.

Sodann wandte er sich persönlich an Zinzendorf. Der Bericht Davids habe in ihm – Silchmüller – den Wunsch nach einem langen Gespräch geweckt. „Sie sind und bleiben mir unverändert aufs neue lieb, so lange Sie den HErrn JEsum unverrückt lieb haben, in der Lauterkeit des Sinnes wandeln, und bei der heilsamen Lehre JEsu CHristi bleiben in Einfalt und Demut."[298] Was Silchmüller so sehr beunruhigte, ist nicht mehr genau zu sagen. Im Jahr 1736 war Zinzendorf endgültig der Aufenthalt in Herrnhut und Sachsen von der Dresdner Regierung verboten worden. Er war in die Wetterau gegangen und hatte in Marienborn und in Herrnhag reformierte Brüdergemeinden gegründet. Und er hatte sich in Berlin von dem reformierten Hofprediger und letzten Brüderbischof Jablonski zum Bischof der Herrnhuter Brüder weihen lassen. Nahm Silchmüller Anstoß daran, dass der Graf sowohl das lutherische wie das kalvinistische Bekenntnis vertreten konnte?

Es gibt noch einen Brief Silchmüllers an den Grafen (19. November 1740). Darin erwähnt er, dass die Hausmutter Arndt aus ihrem separatistischen Irrweg herausgefunden habe, „und wandelt nun mehr in der Stille dem Lamme nach."[299] Die Kritik an Zinzendorf wird in diesem Brief am deutlichsten. Da heißt es: „Die Wincklerschen Schriften betrüben mich und andere nicht wenig." Der Hofprediger von Ebersdorf Johann Peter Siegmund Winckler hatte einige kritische

Traktate über Zinzendorfs Lehrsätze herausgebracht.[300] Auch die „Ebersdorfer Bibel", die Zinzendorf 1739 drucken ließ, gefiel Silchmüller nicht: „Unseres teuren Lutheri Übersetzung ist in manchen Stellen viel deutlicher. Warum wollen wir nicht seine Deutlichkeit behalten?" Bei dieser wichtigen Sache sei manches „gar zu cavalierement" (d.h. sprunghaft) hingeschrieben worden. Ebenso wenig fand die „Probe eines Lehrbüchleins für die Brüdergemeinde 1740" den Beifall des Hofpredigers. Es sei darin vieles dunkel und unverständlich. „Hier haben Sie meine Gedanken freimütig, aber in Liebe und brüderlich. Ich weiß, Sie nehmen es also auf und behalten dennoch den lieb, welcher beständig sein will Dero etc.".

Es ist dies der letzte erhaltene Brief an Zinzendorf. Silchmüller schrieb einige Zeit später an Francke: „Der H. Graf Zinzendorf hat mir schon von etlich[en] Jahren her die correspondenz selbst aufgesagt, da [ich] ihm über einige Dinge meine Gedancken cordate eröffnete. Seit derselben Zeit bin ich mit ihm außer connexion."[301]

„Der mittlere Weg" wird auch in der Haltung des Bayreuther Konsistoriums zu den Separatisten und Dissidenten deutlich. So lange Silchmüller im Konsistorium wirkte, wurde kein Abweichler ins Gefängnis geworfen oder von Haus und Hof vertrieben, wie das in anderen evangelischen Territorien immer wieder geschah.

In Bayreuth versuchte Silchmüller mit viel Geduld und immer neuen Gesprächen eine Separation zu verhindern.[302] Im Jahr 1731 hatte der ehemalige lutherische Pfarrer Victor Christoph Tuchtfeld von Nürnberg aus Bayreuther Pietisten besucht. Er machte ihnen solchen Eindruck, dass ein Buchdrucker aus der Umgebung zwei Schriften von Tuchtfeld herausbrachte, worauf der

Markgraf das Konsistorium beauftragte, ein Gutachten zu erstellen. Silchmüller beschränkte sich dann aber nicht auf diese dogmatische Untersuchung, die etliche Aussagen Tuchtfelds als Irrlehren brandmarkte, er versuchte den Verunsicherten seelsorgerlich nachzugehen. In einem Brief an Professor Lange heißt es: „Unterdeßen habe [ich] gewiß mit einigen guten Seelen, die von dem Manne, als er hier gewesen, eingenommen seyn, nicht wenig zu thun. Hoffe aber doch, der Herr werde uns für Trennung gnädiglich bewahren."[303]

Auch ein halbes Jahr später bemühte sich Silchmüller um einige, die auf dem Absprung waren. Am 6. Mai 1732 schrieb er an Francke: „Drey von meinen besten Seelen, die mir Gott gnädiglich geschencket, stehen so zu reden auf dem Sprung, und kaum haben sie noch bey dem balanciren erhalten weiden können, daß sie sich nicht schon öffentl. getrennet."[304]

Vor allem im Bayreuther Unterland in den Dörfern rings um Neustadt a.d. Aisch befand sich eine ziemliche Anzahl von separatistischen Kreisen. Im Jahr 1728 hatte der Diaconus Christoph Carl Huß von Dietenhofen eine Auseinandersetzung mit ehemaligen Gemeindegliedern, die sich nach ihrer Geistestaufe und besonderen Erlebnissen wie Jesusvisionen von der Landeskirche distanzierten.[305] Huß schickte einen Bericht nach Bayreuth und forderte das Eingreifen der staatlichen Gewalt. Das Konsistorium beauftragte den Superintendenten Steinmetz, sich des Streites anzunehmen. Am 5. Januar 1732 kam es zu einem Gespräch zwischen dem Superintendenten und den Separatisten. Beide Seiten blieben zwar bei ihrer gegensätzlichen Position. Aber die Bibelkreisleute hatten zumindest den Eindruck, dass sie jemand ernst nahm und ihnen zuhörte. In seinem Bericht nach Bayreuth machte Steinmetz den Vorschlag, geduldige Seelsorge und ein christliches Leben der Geistlichen seien am ehesten geeignet, die Separatisten von ihrer ablehnenden Haltung abzubringen.

Das Konsistorium mit dem juristischen Präsidenten Laurentius Thomas, dem Superintendenten Friedrich Caspar Hagen, dem Hofprediger Johann Christoph Silchmüller, dem Juristen Georg Wilhelm Lockel und dem Hofdiaconus und Gymnasialprofessor Johann Adam Flessa gab daraufhin dem Diaconus Huß die Anweisung, er solle den Leuten mit Geduld, Liebe und Behutsamkeit begegnen und versuchen, sie mit geistlicher „prudence" (Klugheit) zu überzeugen. Staatliche Gewaltanwendung werde die Dissidenten nicht zum Einlenken bewegen.[306]

Huß war empört, dass der Gegenseite so viel Verständnis entgegengebracht wurde. Die Gemeindeglieder von Dietenhofen und Umgebung standen auf der Seite ihres Pfarrers und ließen sich zu Schmähungen und Repressalien gegen die Andersdenkenden hinreißen. Diese wandten sich an Georg Friedrich Carl und baten um Schutz vor der Verfolgung durch ihre Nachbarn. Darauf schrieb das Konsistorium am 26. März 1732 eine Rüge an den Diaconus wegen seines lieblosen Verhaltens.

Auch die weltliche Obrigkeit schaltete sich ein. Der dortige Amtmann Wilhelm von Korff verhörte beide Seiten. Das bewirkte zwar keine Annäherung der Standpunkte, aber beide Seiten hielten sich jetzt etwas mehr zurück. Dass geduldige Seelsorge nicht ganz erfolglos sein musste, erwies sich einige Jahre später. Das Konsistorium schickte als Hilfsgeistlichen den Pietisten Johann

Dietrich Esper. Seinem Bemühen war es wahrscheinlich zu verdanken, dass einer der Anführer der Separatisten, der Maurer Johann Reinert, mit seiner Familie wieder den Gottesdienst in der Kirche besuchte. Als er starb, wollte ihm Huß trotzdem die kirchliche Beerdigung verweigern. Aber der Superintendent gab ihm den Befehl, die Beerdigung zu halten.

Auch mit den Separatisten um den Bortenwirker Johann Heinrich Erhardt, der in Markt Erlbach, Stübach und Nesselwang Gesinnungsgenossen sammelte, befasste sich das Konsistorium.[307] Der Neustädter Superintendent Johann Christian Lerche hatte am 5. März 1735 und am 9. März 1736 eine Unterredung mit Erhardt, der behauptete: Wer von Gott unmittelbar erleuchtet sei und den Heiligen Geist empfangen habe, der brauche keine Predigt, keine Beichte, kein Abendmahl; er habe keine Sünde. Dabei war Erhardts Haushalt ziemlich zerrüttet. Seine Kinder hungerten, weil er seine Arbeit vernachlässigte. Ein anderer aus seinem Kreis lebte offen im Ehebruch. Da einige Pfarrer die Ausweisung der Separatisten forderten, befasste sich Amtmann von Korff mit diesem Streit. Im August 1736 berichtete sowohl der Superintendent als auch der Amtmann nach Bayreuth. Lerche wollte keine Gewalt. Da schickte das Konsistorium Silchmüller nach Neustadt. Dieser hatte etliche Gespräche mit den Separatisten. Danach fragte er sich, ob es sich bei ihnen „um willentliche Bosheit" oder um einen „schwachen Verstand" handelte. Auf Grund seines Berichts urteilte das Konsistorium, dass man es mit „kranken" Gemeindegliedern zu tun habe. Deshalb solle man sie mit Geduld tragen und ihnen mit Güte begegnen, aber nicht mit Zwangsmaßnahmen.

Diese tolerante Haltung des Konsistoriums wurde später vom Markgrafen Friedrich aufgegeben. Wegen erneuter Klagen von Pfarrern schickte er im Jahr 1739 eine Regierungskommission nach Neustadt. Diese fällte das Urteil, dass drei der Separatisten mit Ausweisung zu bestrafen seien.[308]

Aus dem Berichteten ist schon etwas deutlich geworden, was mit dem „mittleren Weg" gemeint war. Silchmüller hielt sich bei seiner Predigt an die heilige Schrift und an das lutherische Bekenntnis. Der enthusiastische Subjektivismus der Separatisten, die ihre Gefühle und Eingebungen über die Bibel und die kirchliche Tradition stellten, war ihm fremd. Schon bei Zinzendorfs Freiheit gegenüber dem Bekenntnis hatte er seine Anfragen. Silchmüller wollte aber nicht nur die „reine Lehre" bewahren wie die Vertreter der Orthodoxie. Sein Anliegen war die Erneuerung der evangelischen Kirche durch Erweckung des Einzelnen und durch Werke der Nächstenliebe.

Von den Theologen der Aufklärung, deren Zahl und Gewicht in den Jahrzehnten des 18. Jahrhunderts immer mehr zunahm, unterschied sich Silchmüller durch seine Bindung an die Offenbarung. Die Aufklärer stellten die menschliche Vernunft über die Offenbarung, sie verneinten schließlich überhaupt die Möglichkeit einer Offenbarung. Silchmüller argumentierte durchaus vernunftmäßig und rational, aber auf der Grundlage dessen, was er für Gottes Wort hielt.

In der Auseinandersetzung der hallischen Theologen mit dem Philosophen der Aufklärung Christian Wolff stand Silchmüller auf der Seite der Pietisten. So schrieb er an Professor Lange: Gott wolle ihm weiterhin beistehen, „damit die Kirche Christi durch den schädlichen Gebrauch der Wolffischen Philosophie nicht noch mehr verderbet werde, als leider schon geschehen ist." Freilich ahnte Silchmüller schon damals, dass die Pietisten nicht das Rüstzeug hatten, um den Siegeszug der Aufklärung aufzuhalten. Er beklagte die Wunden am Leib der Kirche und die schmerzliche Tatsache, „wie kein Kraut noch Pflaster biß dato solche heilen wil."[309]

Auch in seiner Haltung zum absolutistischen Fürstenstaat unterschied sich der Hofprediger und noch mehr der spätere Superintendent von den Vertretern der Aufklärung. Für diese war die Kirche ein Teil des Staates, so wie die staatliche Forstverwaltung oder das Militär. Die Pfarrer fühlten sich als Staatsbeamte. Nachgehende Seelsorge, Hausbesuche, überhaupt das missionarische Bemühen, um distanzierte Gemeindeglieder zu überzeugen und zu gewinnen, hielten sie für unangemessen. Wenn Menschen Fehler machten oder mit der Landeskirche nicht übereinstimmten, rief diese nach staatlichen Zwangsmaßnahmen. Silchmüller war in seiner Anfangszeit nicht ganz frei von dieser staatskonformen Haltung. Aber bei der Begegnung mit den Neustadter Separatisten wurde ihm klar, dass in Glaubensfragen andere Mittel als staatlicher Zwang angemessen seien.[310]

2.10. Verleumderische Angriffe und ein überraschender Ausgang

In seinen Briefen an Zinzendorf und die Freunde in Halle erwähnte Silchmüller wiederholt, dass versucht wurde, ihn durch Verleumdungen beim Markgrafen und in der Öffentlichkeit unmöglich zu machen. So heißt es im Brief vom 20. Mai

1728: „Ich muß durch gute und böse Gerüchte passiren. Schmähung, Lästerung, Verleumdung und Lüge sind schon unzehlig über mich ergangen, und theils so grobe Lügen, e.g. ich hätte gepredigt, wenn der Mensch 16 Jahre alt wäre, müste er wieder getaufft werden; Serenissimus hätten solche Ungnade auf mich geworffen, daß ehe 4 Wochen um wären, ich zum lande würde hinaus geiaget werden; it[em] ich hätte mich ohnlängst so betrunken gehabt, daß man mich hätte nach hauß führen müßen; it[em] ich verwürffe Tauffe und Abendmahl, Beicht und Kirchgehn; item wenn der Mensch nur noch eine Sünde an sich hätte, könnte er nicht selig werden".[311]

Im November 1730 berichtete Silchmüller an Professor Callenberg, fast jeden Tag würden neue Verleumdungen ausgestreut.[312] Als er eine Reise unternehmen musste, habe es die Redensart gegeben, der Hofprediger sei abgesetzt und müsse sich jetzt so heimlich wieder wegschleichen, wie er sich in das Land eingeschlichen habe. Bei einigen Ministern hieß es, man müsse dem „Pietisten Geschmeiß" ein Ende machen. Der Hofdiaconus Johann Adam Flessa, der als Lehrer am Gymnasium arbeitete, konnte dort einen pietistischen Schülerkreis bilden. Es erregte bei einigen Ministern Unwillen, dass er, „der so ein vernünftiger u. gelehrter artiger Mann gewesen, jetzt auch ein solcher Narr werde."

Damals aber hielt der Markgraf noch seine schützende Hand über Silchmüller, und dieser durfte den Triumph erleben, dass trotz erbitterten Widerstandes der Gegner entsprechend seinem Vorschlag Johann Michael Ansorg von Pegnitz als Subdiaconus an die Stadtkirche berufen wurde. Ansorg hatte in Halle studiert, und Silchmüller charakterisierte ihn mit den Worten: „Ein kleines Männlein vor Statur, aber groß von Gaben, Kraft und Treue." Ansorg wurde neben Flessa der treueste Kampfgefährte Silchmüllers.

Im Jahr 1731 veröffentlichte der Bayreuther Kandidat Johann Simon Buchka ein Spottgedicht auf die Pietisten: „Muffel, der neue Heilige, nach dem Leben geschildert". „Muffel" war durch eine Umstellung der Buchstaben aus „M(ousier), le fou" („Herr Narr") gebildet. Buchka warf den Pietisten Heuchelei vor; sie gäben sich als bekehrt und heilig aus, um bei der Vergabe der Pfarrstellen mehr Erfolg zu haben.[313] Das Schmähgedicht wurde etliche Male gedruckt, zuletzt gegen den Willen des Autors; denn der hatte sich inzwischen bekehrt und war selber Pietist geworden.

Das schilderte er in einem zweiten Gedicht mit dem Titel: „Evangelische Buß-Thränen über die Sünden seiner Jugend und besonders über die Schrifft, Die man Muffel der neue Heilige betitult". Er veröffentlichte es im Jahr 1737 im Verlag des Bayreuther Waisenhauses. Verfasst hatte er es schon fünf Jahre zuvor, es aber zurückgehalten, um nicht in den Verdacht zu geraten, er mime nun den bekehrten Frommen, um eine Pfarrstelle zu bekommen.[314] Er bekennt in diesem zweiten Gedicht, dass er ein sehr leichtfertiges Leben geführt und nichts geglaubt habe, obwohl sein Berufsziel „Pfarrer" war.

> „Bacchus Lob und Venus Ruhm,
> Günthers nasse Purschen-Lieder
> Schallten stets von meinem Mund
> wie der Ton von Bergen wieder.
> Aber bey dem Lob des Hochsten
> Blieb so Hertz als Lippen stumm,
> Und der Sinn sah sich indessen
> Nach verbotnen Dingen um."[315]

Jede Art von Frömmigkeit war damals in seinen Augen Heuchelei:

> „Sich bekehren nenn ich Träumen,
> Reue hieß Melancholie.
> Glaube, Schrifft und Offenbahrung,
> Alles schien mir Phantasie“.[316]

Nun tue es ihm leid, dass er gläubige Menschen beschimpft und suchende abgehalten habe, den Weg des Glaubens zu gehen.

> „Denn mein Vorsatz war wohl nie,
> Tolle Laster auszurotten,
> Sondern unter diesem Schein
> GOttes Kinder zu verspotten,
> Und den Glauben anzutasten,
> Der auf CHristi Tod und Blut
> Als ein unbewegter Pfeiler
> Auf dem stärksten Felsen ruht.“[317]

Bei diesem Vers steht eine Anmerkung, die einen Hinweis gibt, warum er seine beiden Schriften verfasst hatte. Er war empört, als sich sein
vertrautester Freund bekehrte. Er besuchte ihn,
um ihm zu sagen: Wer den christlichen Glauben
ernst nimmt, ist entweder melancholisch oder
verwirrt, oder er ist ein vorsätzlicher Heuchler.
Aber sein Freund hatte einen aufgeklärten Verstand und ein gründliches Wissen. So konnte sich
Buchka die Veränderung nicht erklären. Aber er
blieb dabei: „Die ganze Religion sei eine Fabel,
nur zu dem Zweck erfunden, um den unbändi-
gen Pöbel im Zaum zu halten.“ Doch er konnte
schließlich den inneren Zwiespalt nicht mehr ertragen, als er die christliche Botschaft verkünden
sollte, ohne selbst daran zu glauben.

> „O das heist ja recht gesündigt,
> Lehren aber blos zum Schein,
> Von dem Willen GOttes schwatzen,
> Und ein GOtts-Verächter seyn.“[318]

Als die „Buß-Thränen“ erschienen, war Buchka Konrektor am Gymnasium Albertinum in Hof.
Im Jahr 1740 ließ sie Silchmüller noch einmal
drucken.[319]

Warum wurden Silchmüller und seine Gesinnungsgenossen derartig angegriffen? Sicher war
ein Grund die andere Art der Frömmigkeit, mo-
derner, radikaler und manche lieb gewordene
Tradition beiseite stoßend. Es war aber auch die
Angst vor dem Einfluss der Pietisten, die den Versuch machten, zusammen mit dem Markgrafen
Neuerungen und Reformen durchzusetzen. Die
freien Pfarrstellen waren knapp. Würden jetzt nur
noch Pietisten zum Zuge kommen? Vielleicht war
diese Angst eine Zeit lang nicht unbegründet. Einige Bemerkungen in Silchmüllers Briefen an
Zinzendorf legen das nahe. So heißt es in einem
Brief vom 24. November 1729: „Gott hat bißher
Serenissimi hertz noch immer gar gnädig zu meiner elenden Person gelencket, und da dieses andere merken, so fällt fast alles auf mich zu, und
gehet mich schrifftlich und mündlich an, was etwas in Ecclesiasticis anzubringen hat oder
sucht.“[320] Und im Hinblick auf die Berufung von
Steinmetz nach Neustadt a. d. Aisch bemerkte er
am 14. Januar 1730: „Gott hat mir bißhero Gnade
gegeben, daß wo der Praeses und ich hingewolt
die andern nicht leicht wiederstanden haben.“[321]

Um diesen Einfluss zu verhindern, versuchten
die Gegner, einen Keil zwischen den Markgrafen
und die Pietisten zu treiben. Davon berichtet ein
Brief aus dem Herrnhuter Archiv, den ein weiter

nicht bekannter Mann namens Machall am 29. September 1731 nach einem Bericht des Superintendenten Steinmetz geschrieben hatte. Danach hätten Mitglieder des Ministeriums eine Anklageschrift vor allem gegen die Pietisten in Neustadt dem Markgrafen überreicht. Sie hätten es heimlich getan, damit die Beschuldigten nichts erfahren sollten. Der Markgraf sei nach der Lektüre ziemlich in Zweifel gestürzt worden, aber dann habe der Hofprediger die Beschuldigungen in die Hand bekommen und eine gründliche Widerlegung verfasst. Das hatte die Auswirkung, dass der Markgraf den Verleumdern heftig zürnte, aber zu Silchmüller neues Vertrauen fasste. Der Markgraf sei dann in Neustadt gewesen und habe die Predigten von Steinmetz gehört, den Aussprachen danach und den Abendbetstunden beigewohnt. Er habe geäußert, er müsse diese Privatversammlungen besuchen, um festzustellen, ob es dabei so anstößig zugehe, wie man ihm beibringen wollte. Georg Friedrich Carl erhielt einen guten Eindruck. Er erklärte dem Superintendenten, er sei selber durch das Gehörte im Glauben gestärkt worden und ermahnte Steinmetz, er möge seine Arbeit fortsetzen.[322]

Doch am Anfang des Jahres 1733 erlitten die Pietisten eine wirkliche Niederlage.[323] Es wurden in Erlangen private Erbauungsstunden gehalten. Und zwar versammelten sich Männer und Frauen getrennt an je einem Abend im Haus des Pfarrers Martin Leonhard Haller. Unter dem Eindruck seiner Bibelauslegung ereigneten sich spektakuläre Bekehrungen. Das bewirkte unter den Einwohnern der Stadt Diskussionen und Unruhe. Der zuständige Superintendent Johann Achatius Severinus Memminger meinte, er müsse dazu Stellung beziehen. Er tat es, indem er in zwei Predigten

Pfarrer Haller heftig angriff. Das hatte die Folge, dass die Menschen ziemlich aufgebracht waren und den Pietisten in der Stadt mit Schimpfworten und Drohungen begegneten. Der Amtshauptmann Johann Georg von Fischern sah die öffentliche Ruhe und Ordnung in Gefahr und verbot Pfarrer Haller, weiter private Versammlungen abzuhalten.

Dieser versuchte, eine Aufhebung des Verbots zu erreichen. Er appellierte an das Konsistorium, weil dieses und nicht der Amtshauptmann in dieser Frage zuständig sei.[324] Als er trotz des Verbots die Betstunden weiter hielt, meldete von Fischern das an die Bayreuther Regierung. Die Mitglieder des Geheimen Rats, die den Pietismus ablehnten, sahen jetzt eine Handhabe, um gegen die Hauskreise vorzugehen. Sie berichteten dem Markgrafen, durch diese Versammlungen würden Unfriede und Unbotmäßigkeit in die Bevölkerung getragen. Georg Friedrich Carl war von Hallers Widersetzlichkeit so empört, dass er in einem Edikt vom 11. Februar 1733 alle privaten Versammlungen verbot. Das Konsistorium, in dem Silchmüller, Flessa und Hagen saßen, versuchte eine Abmilderung zu erreichen. Sie erinnerten den Fürsten an das Reskript vom 7. April 1727, in dem er die grobe Unwissenheit der Gemeindeglieder in religiösen Fragen beklagt hatte.

Aber der Markgraf blieb bei seinem Verbot. Die Geistlichen könnten das Gute auch durch Predigten und durch Gespräche im Beichtstuhl erreichen. Am 11. März 1733 gab das Konsistorium das Edikt an die Superintendenten weiter. Es hatten der Präsident Thomas, Superintendent Hagen und der Jurist Lockel unterschrieben. Silchmüller und Flessa verweigerten die Unterschrift.

Es waren dies schwere Tage für Silchmüller. Seine junge Ehefrau war im Kindbett gestorben. Und der Markgraf hatte ihn, als er die Unterschrift verweigerte, heftig angegriffen und Konsequenzen angedroht, so dass er, wie Flessa, stündlich die Entlassung erwartete. In einem Brief an Gotthilf August Francke klagte er: „Es schlagen zugleich so viele wiedrige Dinge zusammen, dass meine Seele freylich müde wird von seüffzen".[325]

Es kam aber nicht zur Entlassung. Silchmüller bekam den Fürsten allerdings zwei Monate nicht zu Gesicht. Erst die „Malabarischen Relationen" gaben einen Anlass für eine kurze Audienz. Serenissimus seien „wie à l'ordinaire in Gegenwart sehr graticuos" gewesen. Über die Erbauungsstunden aber sei nicht gesprochen worden. Der Markgraf habe einige Gutachten darüber in Auftrag gegeben.[326]

Das Verbot wurde nicht streng gehandhabt. Die Hauskreise versammelten sich weiter. Im Bayreuther Waisenhaus gab es unverändert die Bibel- und Gebetsstunden. Der Markgraf sah ein, dass er zu weit gegangen war und seine eigenen Überzeugungen verraten hatte. Silchmüller schob es später auf „böse Ohrenbläser und verleumderische Zungen", dass der Fürst meinte, recht zu handeln, in Wirklichkeit aber dem Glauben schadete.[327]

Ein weiterer Angriff auf die Pietisten erfolgte kurz vor dem Tod des Markgrafen. Silchmüller berichtete später dem Grafen Zinzendorf davon.[328] Ein „Bösewicht" habe dem Fürsten „abscheuliche Unwahrheiten" sowohl über die Bayreuther Pietisten als auch über die Herrnhuter erzählt. Hinter dem Verleumder hätten sich „große Leute, geistlichen und weltlichen Standes"

versteckt. Georg Friedrich Carl habe den Anschuldigungen geglaubt, weil sie mit allerlei „Beweisen" bekräftigt worden seien, und selbst die alte Markgräfin, seine Mutter, habe ihm die „absurden Dinge" nicht ausreden können. Zuletzt kam dann doch Klarheit in die Sache. Der Markgraf entfernte den Verleumder aus seinem Dienst und wollte ihn zur Rechenschaft ziehen. Aber Krankheit und Tod des Fürsten verhinderten es.

Ein Hinweis auf diese Affäre findet sich in der zunächst anonym in Umlauf gebrachten Schrift „Der Pietisten Geist in sichtbarer Gestalt" aus dem Jahr 1735.[329] Vorausgegangen war der Befehl des Markgrafen an das Geheime Ratskollegium, eine Untersuchung über die Pietisten anzustellen. Am 16. Dezember 1734 kamen die Geheimen Räte von Stein, Voit von Salzburg und Thomas zusammen. Sie hatten den Superintendenten Hagen geladen, der berichten sollte, „was ihm von diesem pietismo bekannt seyn möchte". Dieser hielt sich aber sehr zurück. Er wisse nur, dass zweimal in der Woche eine Versammlung im Waisenhaus gehalten werde. Um besser informiert zu sein, solle jemand diese Veranstaltungen besuchen. Hagen schlug den Studenten Johann Christian Schmidt[330] vor, ferner die Gymnasialprofessoren Samuel Kripner und Johann David Ellrod, „immaßen sie nicht von der anderen Seite wären". Sodann schlug der Geheime Rat dem Markgrafen vor, „alle dergleichen conventicula zu verbiethen".[331]

Kripner und Ellrod scheinen sich nicht geäußert zu haben. Aber der Student Schmidt verfasste eine scharfe Anklageschrift mit dem schon zitierten Titel: „Der Pietisten Geist in sichtbarer Gestalt". Aus der Fülle der Vorwürfe seien hier nur einige wiedergegeben:

1. Der Hofprediger habe auf der Kanzel mehrmals über Vertreter der Orthodoxie gespottet.

2. Der Götze der Pietisten sei das Waisenhaus; denn sie sähen keinen als wiedergeboren an, der nicht die Erbauungsstunden dort besuche.

3. Sie bildeten sich ein, sie könnten feststellen, ob ein Mensch wiedergeboren sei oder nicht. Dazu brachte Schmidt folgendes Gegenbeispiel: Die frühere Magd des Hofpredigers hätten wohl alle für eine Heilige gehalten, ohne Zweifel auch Silchmüller selbst. Zu den Versammlungen habe sie stets drei Bücher mitgebracht, um die Zitate während der Predigt aufzuschlagen. „Sie schickte dabei die inbrünstigsten Seufzer gen Himmel und drehte die Augen ganz entzückt über sich [...]. Sie konnte öffentlich Tränen vergießen und sich rühmen, wie sie nun in ihrem Jesus so vergnügt wäre." Wer sollte da nicht glauben, dass sie zu den Wiedergeborenen gehörte? Gleichwohl hätten die „Früchte ihrer neuen Geburt" bewiesen, wes Geistes Kind sie sei: Sie bekam ein uneheliches Kind.

4. Die Pietisten begegneten dem mit Hass, der nicht ihres Sinnes sei. Wenn z.B. ein Kandidat der Theologie am Sonntagnachmittag in der Schlosskirche die Predigt halte und er sei kein Pietist, dann rede der Hofprediger kein Wort mit ihm. „Ist er aber ein Pietist, so wünscht er ihm Gnade und Segen zum hl. Werk und führt ihn danach in einer Prozession zum Tempel hinaus."

5. Der Hofprediger und sein Anhang versuchten bei denen, die ihnen nicht gefielen, eine Anstellung als Pfarrer zu verhindern. So warteten manche schon vier, sechs, acht und vierzehn Jahre, während die von der „Hallischen Sekte" sofort nach Verlassen der Universität eine Anstellung bekämen.

6. Bei der „Gnadenstunde" in der „Gnadenstube" kämen nachts Männer und Frauen zusammen. Bei verschlossenen Türen und Fensterläden seien weder Silchmüller noch Flessa oder Ansorg anwesend. Es sei unverantwortlich, „den unverständigen Pöbel von beiderlei Geschlecht untereinander allein zu laßen" und sich nicht darum zu kümmern, was da geschehe. Einige Studenten hätten einmal überraschend die Tür geöffnet. Sie hätten Menschen schweigend auf den Knien liegen sehen, den einen da, den anderen dort.

Das Resümee Schmidts lautete: Die Pietisten verbreiteten Irrtümer gegen Schrift und Bekenntnis. Sie seien der Anfang eines neuen Papsttums. Sie machten wieder Wallfahrten zu einem Kloster, nämlich zum Waisenhaus. Sie seien gefährlich für den Staat; denn sie sagten: „Man muss Gott mehr gehorchen als den Menschen", und predigten Aufruhr und Widerstand gegen die Obrigkeit.[332]

Der Markgraf befahl dem Geheimen Ratskollegium, sowohl Silchmüller als auch Flessa und Ansorg wegen dieser Anschuldigungen zu verhören. Der Hofprediger wurde am 25. Januar 1735 einbestellt. Er dankte zu Beginn, dass ihm die Gelegenheit geboten werde, sich zu den Anschuldigungen zu äußern.[333] Sodann verlangte er, dass ein Protokollant bestellt werde, damit man die Verteidigung genauso nachlesen könne wie die Anschuldigungen. Er wollte den beiden Anklägern gegenübergestellt werden, sowohl dem Verfasser besagter Schrift als auch dem Verleumder, der dem Markgrafen im Dezember 1734 nach Zinzendorfs Besuch über diesen und Silchmüller „die unverschämtesten Unwahrheiten" erzählt habe.

Dem Vorwurf, er verspotte die Vertreter der Orthodoxie auf der Kanzel, widersprach der

Beschuldigte: Wer ihn kenne, der wisse, dass Spotten überhaupt nicht seine Art sei. Aber dies habe er gesagt: Wer sich der reinen Lehre rühme, diese aber durch ein übles Leben beflecke, der solle sich nicht einbilden, ein guter Christ zu sein. Er, Silchmüller, setze Wiedergeborensein und das Besuchen des Waisenhauses nicht gleich; denn es kämen sicher Leute zu den Bibelstunden, die nicht wiedergeboren seien, z. B. Spione. Dass er die Kandidaten bei der Nachmittagspredigt verschieden behandle, sei ihm nicht bewusst. Da könne man aber die Betreffenden fragen. Zu dem Vorwurf, es würden nur Studenten aus Halle angestellt, wolle er klarstellen, dass in den sieben Jahren seines Hierseins nur eine ganz geringe Zahl an Kandidaten von dort berufen worden sei. Die letzte Entscheidung treffe jeweils der Fürst selber. Das Konsistorium schlage ihm solche Kandidaten vor, von denen es den Eindruck gewonnen habe, sie würden das Evangelium der Gemeinde treu und verständlich verkünden und in ihrem Lebenswandel kein Ärgernis geben. Er, Silchmüller, wisse inzwischen, dass Schmidt der Verfasser der Anklageschrift sei. Er habe mit diesem nach einer Predigt gesprochen. Er habe vieles an ihr loben können und Schmidt gewünscht, er solle seine Naturbegabung durch ein geheiligtes Leben in den Dienst Gottes stellen. Silchmüller gab ihm den Rat, von Heinersreuth nach Bayreuth zu ziehen, damit er ihn besser kennen lernen und dann entsprechend empfehlen könne. Allerdings habe er die von Schmidt und seinen Verwandten angebotenen Geschenke nicht angenommen.

Was aber die „Gnadenstunde" in der „Gnadenstube" beträfe, so höre er diese Ausdrücke jetzt zum ersten Mal. Wahrscheinlich seien sie von Spöttern erfunden worden. Das aber wolle er deutlich sagen, dass die Erbauungsstunden im Waisenhaus nicht in der Nacht und nicht gemeinsam für Männer und Frauen gehalten würden. Nur die öffentliche Katechese am Sonntagnachmittag werde sowohl von Männern wie von Frauen besucht. Aber sie säßen in zwei verschiedenen Schulsälen und benutzten zwei verschiedene Ausgänge. Dass die Männer am Schluss einer privaten Erbauungsstunde zum Gebet niederknieten, entspreche der Wahrheit, werde aber hoffentlich nicht als Verbrechen angesehen.

Silchmüller und seine beiden Freunde Flessa und Ansorg hofften nach ihrem Verhör auf einen Spruch des Markgrafen, der sie rechtfertigen und die beiden Verleumder zurechtweisen werde. Aber die Sache zog sich hin, und inzwischen verschlechterte sich der Gesundheitszustand Georg Friedrich Carls so sehr, dass er nicht mehr in der Lage war, etwas zu unternehmen. Freilich erlebten Silchmüller und Flessa die Auszeichnung, dass der sterbende Markgraf allein sie als Seelsorger in den letzten Wochen wünschte. „Gott hat bey dieses Herrn Krankheit und Tod unsere Spötter so zuschanden gemacht, daß wir seinen Namen nicht genug preisen können. Niemand meines Standes als ich und mein treuer Bruder Flessa durften dem Kranken mit Zuspruch, Erweckung und Gebet bis zu seinem Tod beistehen. Und sein redliches Vertrauen zu uns machte am Ende alle Lügen und Lästerungen zuschanden", schrieb der Hofprediger danach an Zinzendorf.[334] Der Markgraf habe ihn in seinem Testament „mit einem ansehnlichen Legat begnadigt".

Einen Bericht über die letzten Wochen und das Sterben des Markgrafen gab Silchmüller in seiner Schrift: „Erbauliches Denckmahl der letzten Stunden des Weyland Durchlauchtigsten Fürsten und Herrn, Herrn Georg Friedrich Carl". Es ist ein Lehrbuch für ein seliges Sterben, zugleich eine Rechtfertigungsschrift, welche die Kritiker des Pietismus in Bayreuth zunächst zum Schweigen brachte, und auch der Versuch, die neuen Regenten Friedrich und seine Gemahlin Wilhelmine anzusprechen und zu gewinnen. Was der alte Markgraf geglaubt und gelebt hatte, das konnten sie doch jetzt nicht so leicht abtun.

Silchmüller berichtet in dieser Schrift zunächst, wie Georg Friedrich Carl auf Tod und Ewigkeit eingestimmt worden sei.[335] Das unvermutete Sterben seines zweiten Sohnes, des Prinzen Wilhelm Ernst, im November 1733 durch ein Duell in Mantua[336] und der Kriegstod seines Bruders Albrecht Wolfgang bei Parma einige Monate später hätten in ihm die Ahnung geweckt, dass er der nächste sei, den Gott abrufen werde. Silchmüller predigte vor dem Markgrafen am Herbstbußtag 1734 im Schloss Thiergarten. Sein Thema war: „Man kann die Gnadenzeit auch versäumen." Der Fürst bat seinen Beichtvater nach dem Gottesdienst zu einem Gespräch, bei dem er die Vermutung aussprach, dass er nicht mehr lange zu leben habe und die verbleibende Zeit nützen wolle. Es sei ihm bewusst, dass er einige Male den christlichen Glauben im Lande gehindert habe, weil er auf Verleumder hereingefallen sei. Das tue ihm leid, und er habe dafür wiederholt Gott um Verzeihung gebeten.

Einige Wochen danach, als die Ärzte Lungentuberkulose festgestellt hatten, bat der Markgraf, dass Silchmüller mit ihm Beichte und Abendmahl hielt. Er beging es in der Weise, dass er dieses „Heil. Werck unter vielen heißen Thränen" verrichtete, „aber auch zugleich in eine solche innige

Silchmüllers Bericht über die letzten Wochen des Markgrafen Georg Friedrich Carl – ein Lehrbuch für ein seliges Sterben und eine Verteidigungsschrift gegenüber den Kritikern des Pietismus

Freude" geriet, „daß man die Empfindung deß Himmlischen Trostes recht Augenscheinlich wahrnehmen und mercken konnte, welche süsse Gemüths- Bewegungen in Deroselben vorgiengen." Später sagte der Fürst, dass diese Abendmahlsfeier der dritte „Gnadenblick" in seinem Leben gewesen sei, weil ihm gewiss geworden war, dass Gott ihm alle Sünden vergeben habe.

Im März 1735 sagten die Ärzte dem Kranken, dass er nicht mehr lange zu leben habe. Er befahl daraufhin, ihm in der Stiftskirche in Himmelkron eine Gruft zu bauen. Mit dem Hofprediger besprach er den Ablauf der Beerdigungsfeier. Und er schrieb an seine Mutter, die sich in Dänemark aufhielt, und an seine Töchter Abschiedsbriefe und verfasste sein Testament. Am Sonntag Judika ließ er Silchmüller einen Gottesdienst mit der Predigt halten, die bei seiner Beerdigungsfeier gesprochen werden sollte. Den Predigttext aus dem Philipperbrief hatte er selbst ausgesucht: „Christus ist mein Leben, Sterben ist mein Gewinn." Anwesend bei diesem Gottesdienst waren der Erbprinz, seine Gemahlin und der Hofstaat.

Ausführlich schildert Silchmüller die letzten Tage. Der Markgraf hatte ihn gebeten, nun Tag und Nacht im Schloss zu bleiben. Am 3. Mai erlitt Georg Friedrich Carl einen Erstickungsanfall. Das junge Fürstenpaar, Friedrich und Wilhelmine, und Leute vom Hofstaat eilten von der Mittagstafel zu seinem Bett. Sie wunderten sich über seine innere Gelassenheit und Ruhe. Er versicherte ihnen, dass er zum Sterben bereit sei, „sein Gewissen beiße ihn nicht wegen seines Lebens, und er wünschte, daß alle Regenten das sagen könnten." Silchmüller antwortete, sie alle freuten sich über seinen Seelenzustand, aber er erinnerte an Davids Gebet: „HErr, wer kann mercken, wie oft er

sich verfehlt, und verzeihe mir auch die verborgenen Verfehlungen." Und er sprach ein Gebet in diesem Sinne, „welches mit unzehligen Thränen der Umstehenden begleitet wurde".

Als sich Georg Friedrich Carl von seinem fast tödlichen Schwächeanfall etwas erholt hatte, sprach ihn Silchmüller noch einmal auf den Satz an: „Sein Gewissen beiße ihn nicht." Der antwortete, er verstehe den Satz so, dass er in seinem Regentenamt mit Wissen und Willen keine Ungerechtigkeit begangen habe. Er meine aber nicht, vor Gott sündlos zu sein. Vielmehr wisse er, dass er vor Gott als Sünder stehe. Aber er sei gewiss, dass Gott ihm vergeben habe.[337]

Jahre später erinnerte sich Markgräfin Wilhelmine beim Schreiben ihrer Memoiren noch daran, dass der Geistliche gewagt habe, den Fürsten auf dem Sterbebett zu korrigieren.[338] Wilhelmine äußerte sich beeindruckt von der Art und Weise, wie der Sterbende von den Menschen Abschied nahm, zunächst von seiner Enkelin Elisabeth Sophia Friederike, der zweijährigen Tochter des Kronprinzenpaares. Einen Tag später, am 6. Mai, ließ er den Erbprinzen und seine Gemahlin kommen. Sie empfingen kniend unter Handauflegung seinen Segen. Der Sterbende sprach sowohl für seinen Sohn und Nachfolger Friedrich als auch für die Schwiegertochter Wilhelmine ein persönliches Segensgebet. In der Folgezeit nahm er Abschied von den Ministern und Räten, von den Kavalieren und Hofbediensteten und von seinen alten Dienern, die schon in Rothenburg bei ihm gewesen waren. Für jeden hatte er ein Wort des Dankes, der Ermahnung oder Ermunterung. Silchmüller urteilte: „Man sahe hier in einem lebendigen Bilde den Ausspruch Salomos erfüllet: Der Gerechte ist auch in seinem Tode getrost."[339]

In den letzten Tagen ließ der Markgraf am Vormittag und Nachmittag eine Betstunde in seinem Zimmer halten, an der Mitglieder des Hofes teilnahmen. Auch sonst war die Zeit mit Gebeten und Gesprächen über den Glauben ausgefüllt, sofern der Sterbende nicht vor Erschöpfung schlief oder von Erstickungsanfällen geplagt war. Wiederholt bat er Silchmüller und Flessa, ihm bekannte Lieder aus dem Gesangbuch vorzulesen.

Am 15. Mai nahmen die Kräfte dermaßen ab, dass er nichts mehr aß, außer ein weich gekochtes Ei. Und man erinnerte sich, dass das seine erste Speise war, als er in Bayreuth als neuer Regent eingezogen war. Silchmüller sagte ihm, es scheine so, als ob ihn „der HErr bald ausspannen" werde. Er solle deshalb „seine Seele dem lieben GOtt befehlen" und alle seine Sünden „in die Wunden Ihres gecreutzigten JEsu werffen". Der Fürst gab zur Antwort: „Ja! Sie liegen schon darinnen. Ich habe nicht biß hieher damit gewartet. Ich habe einen gnädigen GOtt und zweiffele gar nicht an meiner Seligkeit."[340]

Den nächsten Tag und die nächste Nacht hatte der Sterbende schwer zu kämpfen. Hohes Fieber und Erstickungsanfälle setzten ihm zu. Silchmüller und Flessa wachten bei ihm und versuchten, ihn mit Liedern, Gebeten und Bibelworten zu stärken. Der Erbprinz und Wilhelmine warteten im Nebenzimmer. Am Morgen des 17. Mai 1735 um halb sieben war der Kampf zu Ende.[341]

Der Markgraf war wohl in seiner Regierungszeit manchmal unsicher und schwankend in seiner Haltung zum Pietismus. Aber er starb als frommer Pietist. Das wollte Silchmüller mit seinem „Denckmahl" festhalten.

Zunächst wurde der Verstorbene in der Schlosskapelle aufgebahrt. Am 26. Mai abends wurde der Sarg nach Himmelkron überführt, begleitet von Schülern, Lehrern, Pfarrern, Jägern, Soldaten und Hofbeamten. Am 27. Mai morgens um 4 Uhr wurde der Leichenzug von Silchmüller, Flessa und der Kulmbacher Geistlichkeit mit einem Schülerchor in der Himmelkroner Lindenallee empfangen. Am Abend begann der Gottesdienst vor der Beisetzung in der Stiftskirche. Silchmüller predigte 1 1/2 Stunden über das Thema „Der Trost eines Gerechten in seinem Tode". Flessa verlas eine dreiviertel Stunde lang den Lebenslauf. Der Himmelkroner Stiftsprediger Johann Georg Winckelmann sprach das Gebet und den Segen am Schluss. Am 28. Mai um zwei Uhr früh trug man den Sarg in die Gruft, die sogenannte Ritterkapelle.[342]

Das Bild, das Silchmüller in seiner Schrift „Erbauliches Denckmahl der letzten Stunden" vom verstorbenen Markgrafen gezeichnet hatte, stieß beim Grafen Zinzendorf auf heftigen Widerspruch.[343] Aber Silchmüller rechtfertigte sich in einem Brief vom 7. Februar 1736 an den Grafen.[344] Er denke nicht, zuviel geschrieben zu haben; denn der Verstorbene habe nie mit Vorsatz den Glauben gehindert. Freilich seien ihm Fehler in der Beurteilung mancher Sachverhalte unterlaufen. Er habe manchmal die Raffinesse der Verleumder nicht durchschaut. „Aber", urteilt der Hofprediger abschließend, „mein teurer Br. Flessa hat auch alles mit angesehen, und zweifelt mit mir nicht, diese Seele werde nun in den Armen Jesu erquicket".

2.11. Ein neuer Regent,
ein anderer Geist

Markgraf Friedrich folgte einer anderen Lebens-
auffassung als sein verstorbener Vater. Dieser
hatte seine Regentschaft als Dienst für Gott und
die Menschen gesehen. In seinen persönlichen
Ansprüchen war er äußerst sparsam und bescheiden gewesen. Friedrich erlebte zunächst kärg-
liche Jahre, als sein Vater um das Bayreuther
Fürstentum kämpfte und die Subventionen des
preußischen Königs ausblieben. Das bewahrte
ihn wohl vor Standesdünkel und brachte ihm
später den Beinamen „der Leutselige" ein.

Aber anders als sein Vater war er tempera-
mentvoll und immer zu haben für Prunk und
Feste, Wesenszüge, die er vielleicht von seiner
lebenslustigen Mutter, Herzogin Sophie Dorothea
von Holstein-Beck, geerbt hatte. Seine pietistische Großmutter, Markgräfin Sophia Christiana,
hatte ihm die erste religiöse Unterweisung gegeben.[345] Das hinderte ihn später, als er sich von
den Gedanken der Aufklärung leiten ließ, die
Religion zu verspotten, wie das sein Schwager
Friedrich von Preußen tat.

Friedrichs Schwäche für das Geldausgeben –
die etwa einjährige Kavalierstour 1730/31 hatte
15 000 Gulden gekostet [346] – war dem Vater wohl
bewusst, als er für seinen Sohn ins Testament
schrieb, „daß er von des Höchsten Güte nicht
darum in den Fürstenstand gesetzet seye, damit
er des Landes Einkünffte verzehre, großen Staat
führe und vor anderen wohllüstig lebe, sondern
daß er wohl regieren und das Volk, so viel an
ihm ist, ein geruhiges, stilles, ehrbares und christliches Leben führen mache." Er mahnte den jungen Regenten, „die meiste Sorge dahin zu wen-

Markgraf Friedrich von Brandenburg-Bayreuth

den, wie das Land von denen Schulden erlediget"
werden könne, „derer Militarien sich nach Möglichkeit zu entschlagen", „durch tüchtige Bestel-
lung der gemeinen Land-Schulen und Gymnasien
sich gute Unterthanen und der Kirche gute Christen zu ziehen" und „selber ein löbliches Exempel und Muster der Tugend seinem gantzen
Land" zu sein. Der Fürst solle seinen Untertanen
in keiner Weise zur Last fallen. „Was zur Lust,
Pracht, allzugroßen und splendiden Hoffhalten,

Markgräfin Friedrike Sophie Wilhelmine, eine geborene Prinzessin von Preußen, um 1745

plaisirs, Lustreißen und dergleichen an Schulden gemachet wird, soll das allodium tragen"[347], das markgräfliche Eigengut.

Friedrich hatte am 20. November 1731 Friederike Sophie Wilhelmine, die Tochter des preußischen Königs Friedrich Wilhelm, geheiratet. Die Ehe war aus politischen Gründen geschlossen

worden. Wilhelmines Mutter, eine Prinzessin von Hannover und Schwester des englischen Königs, hatte eine Verbindung mit England gewünscht. Die Ratgeber des Königs aber hielten es für vorteilhafter, die Fürstentümer der fränkischen Hohenzollern enger an Brandenburg-Preußen zu binden. So musste eine Prinzessin nach Ansbach und eine nach Bayreuth heiraten. Wilhelmine war dem Erbprinzen von Bayreuth noch nie begegnet. Sie gab ihr Jawort, weil ihr der Vater im Weigerungsfalle Festungshaft angedroht hatte. Bei einer Truppenparade sah sie ihren Bräutigam zum ersten Mal. Er war ihr sympathisch, und die beiden empfanden echte Zuneigung zueinander. Gemeinsam war dem Fürstenpaar die Liebe zur Kunst, zur Musik, besonders zur Oper, und die Leidenschaft für Hofbälle und Maskeraden.[348]

In Berlin hatte Wilhelmine das entbehren müssen. Denn die Hofhaltung des Soldatenkönigs war sittenstreng, einfach und sparsam. In der Erziehung folgte er den Grundsätzen August Hermann Franckes: Kein Müßiggang, keine Spielereien – alles sollte auf einen vernünftigen Zweck ausgerichtet sein. Die Kinder solle man nicht ihren Willen ausleben lassen; denn sonst gewinne nicht das Vernünftige, sondern das Triebhafte die Oberhand.[349] Friedrich Wilhelm wurde von der Sorge umgetrieben, die Kinder könnten sich bösen Einflüssen öffnen. Das suchte er mit barbarischer Strenge zu verhindern. Noch im Erwachsenenalter bekamen der Kronprinz Friedrich und seine Schwester Wilhelmine Schläge mit dem Krückstock. Damit konnte der König seine Kinder allerdings nicht gewinnen.

In ihren Memoiren beschrieb Wilhelmine, wie sie und ihr Bruder schon im Jugendalter auf Distanz zur Frömmigkeit des Vaters gingen.[350] Über

Blumenornamente an Kirchenbänken in Trebgast – ländliches Gegenstück zum barocken Glanz der Residenz

Franckes Besuche bei ihrem Vater berichtete sie: „Dieser Geistliche machte ihm die unschuldigsten Dinge zur Gewissenssache; er verwarf als verdammlich alle Vergnügungen." Um die Kinder zu beeinflussen, las der König bei der gemeinsamen Stunde am Nachmittag oft eine Predigt vor und ließ den Kammerdiener danach einen Choral anstimmen. Wilhelmine und ihr Bruder Friedrich konnten sich dann oft das Lachen nicht verbeißen. „Dann ereilte uns aber ein Bannfluch, den wir mit einem reuigen, büßenden Gesicht annehmen mußten, das wir nur mit Mühe zusammensetzen konnten." Die jungen Leute sahen im Pietismus „Bigotterie" – Frömmelei ohne Verstand.

Wilhelmine war seit ihrem achten Lebensjahr durch ihren Lehrer Maturin Veyssière de La Croce mit den Gedanken der Aufklärung in Berührung

gekommen.[351] Er vertrat eine Frömmigkeit nach dem Vorbild des Sokrates, und mithin die Meinung, dass der Mensch durch Vernunft zur Tugend erzogen werden könne. Durch La Croce bekam sie ihre Sicht der Geschichte. Diese begann wohl mit der Schöpfung, aber die bewegende Kraft im Guten wie im Bösen war der Mensch. La Croce sah vor allem in der Schönheit und Zweckmäßigkeit der Natur einen Hinweis auf ein höchstes Wesen. Wilhelmine ließ später diese Anschauung in der Gestaltung des Bayreuther Rokoko lebendig werden: Blumen und Vögel statt abstrakter Ornamente.

Seit 1721 (ihrem zwölften Lebensjahr) war Dorothea Henriette Louise von Wittenhorst-Sonsfeld ihre Hofmeisterin. Von ihr, die vom Pietismus geprägt war, lernte Wilhelmine Wahrhaftigkeit, Treue im Großen und Kleinen, Toleranz, Sinn und Gefühl, die Spuren Gottes im Alltag zu entdecken. Sie bekam eine hohe Auffassung von der Ehe und blickte mit Abscheu auf die Mätressenwirtschaft an vielen Fürstenhöfen. Im Jahr 1724 wurde sie als Fünfzehnjährige konfirmiert. Die Prüfung dauerte drei Stunden; sie hatte alles gut gelernt. Aber die Konfirmation hinterließ keinen nachhaltigen Eindruck in ihrem Leben.

Das neuvermählte markgräfliche Paar zog am 22. Januar 1732 in Bayreuth ein. In ihren Memoiren schildert Wilhelmine ihre Enttäuschung, als sie Land und Leute kennen lernte, deren Landesmutter sie nun werden sollte.[352] Schon in Hof a. d. Saale, als ihr der voigtländische Adel einen festlichen Empfang bereitete, kam ihr alles ungemein armselig und komisch vor. Diese Freiherren in ihren abgetragenen Festkleidern, deren Dialekt sie kaum verstand und mit denen man anscheinend nur über Viehzucht und Wetter reden konnte, empfand sie als grobschlächtig und ungebildet. Von den Hofer Geistlichen meint sie, „sie sagten das lächerlichste Zeug von der Welt, und ich hatte wieder alle Mühe, mein Gelächter zu unterdrücken." Über das Bayreuther Schloss urteilt sie, es sei heruntergekommen, schmutzig und kalt. Sie mokiert sich über verschlissene Vorhänge, Spinnweben und verblichene Tapeten. Vernichtend ist ihr Urteil über den alten Markgrafen Georg Friedrich Carl: Seine Augen hätten etwas Falsches, sein Verstand sei beschränkt, seine Unterhaltung ungeheuer langweilig, für Regierungsgeschäfte besitze er keinerlei Begabung. Ähnlich spricht sie über die Minister: „Alle ohne Ausnahme, wenn ich Herrn von Voit abrechne, waren unerträgliche Leute."

Dabei begegneten ihr die Menschen im Fürstentum mit echter Begeisterung. Sie waren dankbar und stolz, dass der Erbprinz eine Frau aus einem so berühmten Haus ins Land brachte. Die Bayreuther etwa gestalteten am 21. Februar 1732 von sich aus in der ganzen Stadt eine festliche Illumination.[353] Johann Stephan Sauerwein, ein Schreiber am Hof, hielt das Ereignis in einem ausführlichen Bericht fest: Die Häuser waren beleuchtet und mit Ehrensäulen, Emblemen und Sprüchen geschmückt. Dazu ertönte festliche Musik. Der Hofstaat mit dem jungen Fürstenpaar wanderte durch das nächtliche Bayreuth und besah die einzelnen Häuser. Am Haus des Hofrichters und Amtshauptmanns Johann Heinrich von Dobeneck waren z.B. zwei Ehrensäulen mit dem brandenburgisch-bayreuthischen und dem preußischen Wappen zu sehen. Die siebzehn Fenster der unteren Etage waren mit je einem beleuchteten Emblem geschmückt. Da sah man auf einem Bilde zwei Hände, die aus einer Wolke

herausragen und Blumen streuen, dazu den Spruch: „Streut Hyazinthen aus, sprecht Goldne Freudenworte. Ein höchst vollkommnes Paar dringt durch Baruthis Pforte." Auf einem anderen Emblem waren der preußische und der brandenburgische Adler durch ein Band zusammengebunden und dazu der Spruch zu lesen: „Der Adler, der vereint mit Preußens Adler steht, werd biß zur Sternen-Bahn im Sonnenflug erhöht." Ein drittes Bild zeigte drei hell aufgehende Sonnen mit den Worten: „Wozu der Lichter Glanz? ermuntertes Bayreuth. Schau deine Herrschaft an, drey Sonnen leuchten heut." Der Superintendent Hagen ließ an seinem Haus u.a. ein Bild mit der Silhouette der Stadt Bayreuth und darüber der königlichen Krone Preußens anbringen. Darunter stand der Spruch: „So hoch ist nie mein Glantz gekommen, Daß Königstöchter selbst bey mir den Sitz genommen." Da Sauerwein alle Häuser aufführen wollte, fällt auf, dass Silchmüllers Haus nicht erwähnt wird. Wollte der Hofprediger diese Art von Huldigung, die an der Grenze der Lobhudelei und Schmeichelei lag, nicht mitmachen? Oder fühlte er sich als Mitglied des Hofes nicht verpflichtet, bei einer Aktion mitzumachen, die von der Stadt ausging?

Wilhelmine erwähnte diesen festlichen Willkommensgruß der Bayreuther in ihren Memoiren mit keinem Wort. Sie erzählte hauptsächlich das, was ihr negativ auffiel. Hing es damit zusammen, dass sie zu ihrer Ehe vom Vater gezwungen worden war und dass sie den Umzug nach Bayreuth als Opfergang empfand? Sie, die Prinzessin aus königlichem Haus, wurde in ein kleines, verschuldetes Fürstentum verbannt. Sie fand jedenfalls in den über 26 Jahren ihres Lebens in Bayreuth kaum Kontakt zu den Menschen im Land.

Ihr Wohl und Wehe interessierte sie kaum. Statt-dessen baute sie sich ihre eigene Welt auf, in ihren Schlössern und Parks, in Opernaufführun-gen und Hoffesten, und im Austausch mit Künst-lern und Gelehrten, die meist Ausländer waren.

Zunächst allerdings musste sich das junge Paar in die Sitten und Regeln des Bayreuther Hofs fü-gen. Wilhelmine konnte noch nicht ausleben, was sie bewegte. Zu ihrem Geburtstag am 3. Juli 1732 schenkte ihr der alte Markgraf das Schlösschen Monplaisir am Rand der Eremitage. Hier began-nen für sie die ersten Ansätze eines selbstbe-stimmten Lebens. „Wir führen hier ein stilles Land-leben, das für uns sehr reizvoll ist", schreibt sie.[354]

In diesen Anfangsjahren hatte Silchmüller durchaus den Eindruck, dass ihm die Prinzessin und der Erbprinz wohlwollend begegneten. Er überreichte ihnen regelmäßig die Missionsberich-te aus Halle und empfing dafür huldvollen Dank. Am 24. Juni 1732 – die Prinzessin erwartete ihr erstes Kind – schrieb der Hofprediger an Francke: „Ihro Königl. Hoheit erzeigen sich ge-gen mich besonders gnädig, nur betaure [ich], daß [ich] bey Dero fast continuirlichen Übelseyn so wenig die Gnade haben kan, Deroselben auf-zuwarten. Gestern liesen Sie meine Frau zum er-sten mahl vor sich kommen, gegen welche Sie Dero Gnädigstes Wohlmeynen für mich mit be-sonders verbindlichen Ausdrücken haben mercken laßen."[355]

Am 30. August 1732 wurde dem Erbprinzen-paar die einzige Tochter geboren: Elisabeth Frie-derike Sophie. Der ersehnte Thronerbe war es nicht. Aus Interesse für ihr Kind las Wilhelmine das Buch des englischen Aufklärers John Locke: „Von der Erziehung der Kinder".[356] Locke lehnte Zwang und körperliche Strafen ab. Man solle

vielmehr die natürlichen Anlagen eines Kindes sich entwickeln lassen. Ihm andere aufpropfen zu wollen, sei vergebliche Mühe. Das bestärkte Wilhelmine in der Ablehnung der Erziehung, die sie selber erfahren hatte, und in dem Willen, in Bayreuth ihre eigene Individualität zu entfalten, auch gegen die Zwänge am Hof ihres Schwieger-vaters.

Der erste Versuch, das Bayreuther Hofleben zu verändern, wurde in der Fastnachtszeit 1734 un-ternommen.[357] Die Hofdamen Wilhelmines und der junge Markgraf schlugen ein Kostümfest vor. Wilhelmine sollte um Erlaubnis fragen. „Das war ziemlich schwer, der alte Markgraf liebte Lustbar-keiten nicht, er machte sich eine Gewissenssache daraus, worin ihn sein Beichtvater, ein höchst strenger Pietist, noch bestärkte." Flora von Sons-feld, eine Schwester von Wilhelmines Hofmeiste-rin, die Georg Friedrich Carl verehrte und sogar noch heiraten wollte, wurde vorgeschickt. Sie er-hielt die Erlaubnis unter der Bedingung, dass nie-mand eine Maske aufsetze. Im großen Saal des Schlosses wurde ein Wald und ein Wirtshaus auf-gebaut. Wirt und Wirtin verköstigten ungefähr hundert Gäste, die als Handwerker verkleidet waren. Nach der Mahlzeit wurde getanzt, „alle Welt fand das Fest allerliebst und vertrieb sich die Zeit auf die angenehmste Weise." Nur Wilhelmi-ne langweilte sich, weil der Schwiegervater die ganze Zeit bei ihr saß und ihr moralische Ge-schichten aus Fenelons Erziehungsroman „Tele-mach" erzählte. Am Sonntag darauf predigte Silchmüller gegen „diese Maskerade". Der Mark-graf versprach daraufhin, keinen solchen Zeitver-treib mehr zu dulden.

Wie bei ihrem Vater in Berlin erlebte Wilhel-mine in Bayreuth den Pietismus primär als Verbot dessen, was sie gern hatte. Es ist verständlich, dass sie Silchmüller und seine Freunde deshalb ablehnte und überhaupt nichts Gutes an ihnen fand. Man hat den Eindruck: Die seelischen Verletzungen, die sie in ihrer Jugend erfahren musste, brachen bei der Begegnung mit ihrem Schwiegervater und seinem Hofprediger wieder auf. Am 29. Februar 1734, wenige Wochen nach dem Kostümfest, erlebte sie einen körperlichen Zusammenbruch, wahrscheinlich eine Fehlgeburt. Von da an hatte sie keine Hoffnung mehr, dem Land den ersehnten Thronerben zu schenken.[358]

Im Januar 1735 erkrankten der König von Preußen und der alte Markgraf. In den Briefen zwischen Wilhelmine und ihrem Bruder Friedrich äußerten beide den Wunsch, der Vater bzw. der Schwiegervater sollten möglichst bald sterben. Wilhelmine meldete dem Bruder, sie feierten in Bayreuth vergnügte Feste, „denn wir stehen am Vorabend einer großen Trauer". Friedrich, der später „der Große" hieß, antwortete: „Ich bin entzückt, wie beharrlich der Tod dem Markgrafen zusetzt."[359]

Auch wenn das Bayreuther Kronprinzenpaar von der tapferen Haltung beeindruckt war, in der Georg Friedrich Carl dem Tod entgegen ging, so ließen sie diesen Eindruck doch sehr schnell hinter sich. Trotz der offiziellen Hoftrauer hielten sie im Thiergarten Bälle und Feste am laufenden Band.[360] Am 3. Juli 1735, als Wilhelmine ihren 26. Geburtstag feierte, schenkte ihr Friedrich die Eremitage mit dem so genannten Alten Schloss des Markgrafen Georg Wilhelm. Sie baute die Anlage in den folgenden Jahren in eine Sommerresidenz um, wo sie die Freunde um sich versammelte, die sich wie sie selbst für Kunst und Philosophie interessierten.[361] Die Eremitage wurde ein Spiegelbild der geistigen Welt, in der sie lebte.

Silchmüller hegte zunächst die Hoffnung, den jungen Markgrafen zu gewinnen. Im Sommer 1735 schrieb er an Zinzendorf: „Bis dato nun haben wir unter der neuen Regierung guten Frieden solange der Herr will. Jetziger Regent läßet in allen Stücken ein sehr gütiges Gemüt blicken, einen löblichen Eifer für das Wohlsein des Landes, und einen muntern aufgeklärten Verstand." In seinem ersten Reskript sei es um die Verbesserung der Neustadter Schule gegangen. Er habe angedeutet, dass er das gesamte Schulwesen im Lande voran bringen wollte. „Gott gebe, daß nicht böse Ratgeber die guten intentiones künftig verkehren."[362] Ähnlich heißt es in einem Brief an Gotthilf August Francke vom 11. Juni 1735 über den neuen Regenten: „Deßen bißheriges Regiment uns noch viel gutes hoffen läßet."[363]

Markgraf Friedrich begegnete dem Hofprediger freundlich. Aber er ließ sich von ihm nicht bestimmen. Ohne viel Aufhebens wurde der pietistische Einfluss Schritt für Schritt zurückgedrängt. Zum Weihnachtsfest 1735 erschien das Fürstenpaar nicht in der Hofkirche, wo Silchmüller amtierte, sondern sie ließen sich die Weihnachtspredigt von Johann Christian Schmidt in einem Kabinett des Schlosses vortragen.[364] Zur Erinnerung: Er war der Verfasser der Anklageschrift „Der Pietisten Geist in sichtbarer Gestalt" im Jahr zuvor. Jetzt zeigte sich, dass er höchstes Wohlwollen genoss. Er predigte wiederholt vor dem Fürstenpaar, das ihm eine Anstellung verschaffen wollte, nämlich die Pfarrstelle am Zuchthaus in St. Georgen. Aber das Konsistorium zog nicht mit, weil der Streit zwischen Silchmüller und Schmidt noch nicht abgeschlossen war.

Johann Christian Schmidt, Silchmüllers Nachfolger als Hofprediger. Von 1760 bis 1763 versah er auch das Amt des Superintendenten in Bayreuth.

Silchmüller und seine Freunde Flessa und Ansorg strebten eine Klärung der Vorwürfe an, die durch das Pamphlet des Kandidaten Schmidt in die Welt gesetzt worden waren. Sie verlangten, dass dieser in einer Verhandlung vor dem Geheimen Rat entweder Beweise für seine Behauptungen vorlege oder einen schriftlichen Widerruf samt einer Ehrenerklärung für die Beschuldigten leisten solle.[365] Das war aber weder im Sinne des

Kandidaten Schmidt noch im Sinne seiner mächtigen Beschützer. In einem Gespräch schlug der Geheime Rat Hans Heinrich von Dobeneck dem Hofprediger vor, dass „dieser unserm Amt und guten Nahmen so nachtheilige Handel lieber per modum amicabilis compositionis in der Kürtze beygeleget" wird (d. h. durch eine Art freundschaftlichen Vergleich). Silchmüller stimmte zu, den Streit zu beenden, allerdings unter der Bedingung, dass sich der Kandidat Schmidt zu einem schriftlichen Widerruf und zu einer Ehrenerklärung bereit finde; denn er, Silchmüller, und seine Freunde könnten die Vorwürfe, die ihren guten Namen und ihr Amt beschädigt hätten, nicht auf sich sitzen lassen („auf dieses Recht braucht auch der elendeste Unterthan in Deutschland nicht zu verzichten"). Wenn aber das nicht zu erreichen sei, seien sie mit einer Beendigung des Streites einverstanden, sofern alle diesbezüglichen Akten vor ihren Augen vernichtet würden oder wenn der Geheime Rat an die vorhandenen Akten die schriftliche Verteidigung der Beschuldigten samt ihren Beweisen (die inzwischen verschwunden waren) und eine Erklärung des Inhalts anfüge, dass die Beschuldigungen auf unbegründeten Gerüchten beruht hätten und die Betroffenen unschuldig seien. Eine Kopie dieser Erklärung müsse Silchmüller und seinen Freunden ausgehändigt werden. Der Geheime Rat von Dobeneck gab Silchmüller zu verstehen, dass der letzte Vorschlag sowohl beim Fürsten als auch im Geheimen Ratskollegium Zustimmung finden werde. Eine Aushändigung einer Kopie der Ehrenerklärung sei jedoch überflüssig. Auf diese Kopie aber wollten die drei Beschuldigten nicht verzichten, und weil sie bei von Dobeneck nicht weiterkamen, schrieben sie am 30. Januar 1736 dem Markgrafen Friedrich einen Brief. Darin baten sie zu veranlassen, dass die Ehrenerklärung den Akten angefügt und eine Kopie derselben ihnen ausgehändigt werde. Sie erinnerten in dem Brief daran, dass der Fürst in einem Gespräch mit Silchmüller zu verstehen gegeben habe, beides sei nicht mehr als recht und billig. Falls das aber nicht geschehe, müssten sie den Streit vor ein unparteiisches Gericht bringen. Dann könne untersucht werden, wer die Hintermänner des Verleumders seien.

Es kam zu keiner öffentlichen Rechtfertigung, so sehr sich Silchmüller und seine Freunde darum bemühten. Man redete freundlich mit ihnen, gab ihnen im Gespräch unter vier Augen recht, aber in Wirklichkeit versuchten die Drahtzieher den Streit zu verschleppen und einschlafen zu lassen.

Um den Kandidaten Schmidt aus der Schusslinie zu nehmen und um endgültig Gras über die Angelegenheit wachsen zu lassen, bezahlte ihm der Markgraf eine Studienreise nach Holland, England und Frankreich. Er reiste am 19. März 1737 ab.[366] Schmidt besuchte zunächst in Marburg den Philosophen der Aufklärung Christian Wolff. Der Professor, der wegen Franckes Einspruch die Universität Halle hatte verlassen müssen, bestärkte den jungen Mann in seiner Ablehnung des Pietismus. In Holland und England erlebte Schmidt den Sieg der Aufklärung in Staat und Gesellschaft, war freilich auch betroffen vom Niedergang des geistlichen Lebens in der anglikanischen Kirche. Er fragte sich, warum die Behörden nicht solche Bücher, die den christlichen Glauben offen verspotteten, verböten. In London traf er den Hofprediger Ziegenhagen, einen Pietisten hallischer Prägung. Überrascht war

Schmidt, als ihn dieser nach Silchmüller fragte, „ob er ihn gleich nicht von Person kennete, so rühmte er doch viel Gutes von ihm."

Johann Christian Schmidt brachte aus England zahlreiche Bücher des Deismus mit, die er teilweise übersetzte. Er machte auf diese Weise die Theologen seiner fränkischen Heimat mit der Religionsphilosophie der Aufklärung vertraut.[367] Ende Oktober 1738 kam er wieder in Bayreuth an. Schon im März hatte ihn der Markgraf zum Professor am Gymnasium ernannt. Er predigte nun regelmäßig vor dem Fürstenpaar im Schloss. Im März 1739 wurde dies durch einen Titel zum Ausdruck gebracht. Schmidt hieß nun „Hochfürstlicher Kabinettsprediger". Am 17. Juni 1741 ernannte ihn der Markgraf zum Hofprediger und Konsistorialrat. Zuvor, im Januar 1741, hatte der Fürst die Bayreuther Freimaurerloge gegründet (nachdem er im November 1740 in Berlin von König Friedrich II. in die Loge aufgenommen worden war). Eines der Gründungsmitglieder war Johann Christian Schmidt.[368]

Aus dem Berichteten wird deutlich: Silchmüller trug zwar noch den Titel „Hofprediger". Aber die Entwicklung ging über ihn hinweg; er war kalt gestellt. Das Fürstenpaar wollte ihn nicht mehr hören, weil er es wagte, ihren Lebensstil zu kritisieren. So erzählt die Markgräfin in ihren Memoiren von der Geburtstagsfeier für den Markgrafen am 10. Mai 1736: Sie veranstalteten im großen Saal des Schlosses ein Fest mit hundertfünfzig Gedecken. Ein Sänger trat als Gott Apoll auf, neun Damen des Balletts tanzten als Musen. „Wir stellten alle Gottheiten des Heidentums dar. Ich habe nichts Schöneres wie dieses Fest gesehen."[369] Silchmüller und Flessa äußerten Kritik, sicher nicht nur bei diesem Fest; denn es gab, seit Friedrich die Regierung übernommen hatte, fast an jedem Tag ein festliches Ereignis: eine Oper, ein Schauspiel, eine Maskerade, einen Ballabend oder eine Jagd. Aber es scheint nach dieser Geburtstagsfeier einen Zusammenstoß gegeben zu haben; denn kurz danach, am 14. Mai 1736, schrieb Silchmüller an den Grafen Zinzendorf: „Mein treuer Gehülfe und ich müssen dermalen so zu reden alleine tragen, was der Haß der Welt in der Nachfolge unsers lieben Herrn Jesu mit sich bringet. Die alten sündlichen Eitelkeiten werden von den Fetten der Erde alle wieder hervorgesuchet. Und weil wir denen, welche solche veranlassen, mit dem Zeugnis der Wahrheit entgegenstehen, so fällt aller Haß auf uns. Und es ist gewiß, daß man daran arbeitet, uns mit einem honetten consilio abeundi vom Hof zu entfernen, und Leute, welche den lüsternen alten Adam in mehrerer Ruhe lassen möchten, an unsere Stelle zu bringen.“[370] Mit dem „honetten consilio abeundi“ ist „ein ehrenvoller Verweis wegzugehen“ gemeint. Schon 1736 ahnte Silchmüller, wie es kommen würde: Da er in Bayreuth nicht mehr erwünscht sei, werde man ihn „wegloben“.

Ähnliche Gedanken schrieb er am 5. Mai des gleichen Jahres an Professor Lange: „Unser eiteler Hoff, bey dem man die alten Spuhren der sündlichsten Welt-Eitelkeiten und Wollüste dieses Lebens wieder aufsuchet, und allen Üppigkeiten Thor und Thüre öffnet, machet uns unser Amt unerträglich schwehr. So große Hoffnung man im Anfang gehabt, daß dem Reiche Gottes mehr Luft gemachet würde, desto kleiner ist ietzo die Erfüllung. Man lässet nicht allein keiner Warnung, Ermahnung und Vorstellung keinen Platz, sondern man stehet auch in einem solchen Grimm und Haß wieder die Wahrheit, daß man weder mei-

nen theüren Collegen noch mich mehr hören mag. Wir haben auch gewiße Nachricht, daß einige Leüthe bey Hoff aus aller Macht dahin arbeiten, daß man uns vom Hoff eloiguire, es koste, was es wolle.“[371] Dabei hatte Silchmüller vom Markgrafen selbst immer noch eine gute Meinung. So heißt es im gleichen Brief: „Unser theüerster Landesherr kan nicht durchdringen, wie Er wil, u. muß manches thun und geschehen laßen wieder seine Neigung. Ich bin von Ihm gewiß, daß Er uns nicht ungnädig, noch der Wahrheit gehäßig ist. Aber die am meisten um ihn seyn, laßen Ihn nicht dazu, daß Er oder die, die es redlich meynen, durchdringen können.“[372]

Silchmüller suchte dennoch, so oft er konnte, den Kontakt zum Markgrafen Friedrich. Die Missionsnachrichten aus Halle boten die Möglichkeit, eine Audienz zu erhalten und über Themen des christlichen Glaubens wie Bekehrung und Vergebung zu sprechen. Dann und wann meinte er beim Fürsten eine innere Bewegung feststellen zu können. Aber Friedrich berief sich auf die Vorherbestimmung Gottes, um seine Lebensweise zu verteidigen. Darüber berichtete der Hofprediger in einem Brief an Francke vom 6. November 1736: „Ach wie blutet mein Herz gleichsam, wenn ich das Elend unter uns sehe! O leidiges Absolutum Decretum! welche jämmerliche Suiten ziehest du nach dir! Niemahlen habe ich dieß mehr als ietzo erkennen lernen.“[373]

Silchmüller war nicht der Mensch, der sich durch Stillschweigen einen leidlichen Frieden erkaufte. Er redete, obwohl er dadurch den Haß und die Feindschaft der maßgeblichen Leute noch stärker auf sich zog. Manchmal freilich überkam ihn das Gefühl, es nicht mehr tragen zu können, und er wünschte sich, von der Last dieses Dienstes erlöst zu sein. So bekannte er in einem Brief an Francke im April 1737: „O wie oft wünsche ich, daß ich Flügel hätte und davon fliegen dörfte." Regelmäßig bat er um fürbittendes Gedenken: „Ora pro nobis, inprimisque pro me peccatore."[374]

Es standen sich hier zwei Geisteshaltungen gegenüber, zwischen denen es kaum einen Berührungspunkt gab: Auf der einen Seite Friedrich und Wilhelmine, die sich so weit vom christlichen Glauben gelöst hatten, dass sie darin für sich keine Lebenserfüllung erwarteten, die sich vielmehr selber so etwas wie ein Paradies schaffen wollten mit ihren Schlössern und Gärten, mit den Opernaufführungen und Maskeraden, in denen sie die Mythen der antiken Götter und Helden wieder auferstehen ließen als Ausdruck einer heilen und glücklichen Welt – ein Leben in Sinnenlust, des heiteren, schönen Spiels, des egoistischen Genießens, des Schwebens von einem festlichen Höhepunkt zum andern.

Die Welt des markgräflichen Hofes war völlig abgehoben von den Lebensverhältnissen der meisten Menschen im Lande, der Welt der Taglöhner und Handwerksgesellen, die oft trotz aller Mühen nicht das Stück Brot hatten, um den schlimmsten Hunger zu stillen, bei denen fast jedes Jahr der Tod anklopfte, weil sie gegen Pest, Blattern und andere Infektionskrankheiten keinen Rat wussten, und wo Männer zum Kriegsdienst gepresst wurden, um für dynastische Interessen zu kämpfen, und die dann elendiglich auf dem Schlachtfeld zugrunde gingen, weil die Feldherrn an eine Versorgung der Verwundeten nicht dachten. Die heitere Welt des Rokoko beruhte auf der Ausplünderung, dem Mangel und der Not der vielen kleinen Leute.

Silchmüller, auf der anderen Seite, hatte in seiner Jugend selber die Armut kennen gelernt. Er hatte im Waisenhaus in Halle und in Bayreuth Arme versorgt. Er kritisierte den Luxus und die Verschwendung des Hofes auf Kosten des Volkes. Deshalb musste er schließlich gehen.

Johann Christian Schmidt war ein guter Prediger, der vernünftig und aufgeschlossen die christliche Lehre entfaltete. Er konnte mit seinen philosophischen Exkursen die Gebildeten ansprechen. Freilich verschwieg er manches Anstößige. Er redete nicht von Buße und Bekehrung, nicht von der Verantwortung vor dem Jüngsten Gericht. Er schwieg zu dem, was am Hof geschah. Deshalb machte er Karriere.[375]

Freilich wurde dieser Reigen der Feste und Feiern am Bayreuther Hof immer wieder durch harte Realitäten unterbrochen. Geldsorgen plagten das fürstliche Paar von Anfang an. Obwohl der alte Markgraf sparsam gewirtschaftet hatte, waren doch noch Schulden von dessen Vorgängern da, und Friedrich und Wilhelmine lebten von Beginn an über ihre Verhältnisse. König Friedrich II. von Preußen hatte sicher nicht zuletzt den Hof seines Schwagers und seiner Schwester vor Augen, als er in seinem „Antimacchiavell" über die kleinen Fürsten Deutschlands schrieb: Diese würden sich durch ihren Aufwand, zu dem sie „ihr trunkener Größenwahn treibt", zugrunde richten. Jeder bilde sich ein, ein Ludwig XIV. zu sein, „er baut sich sein Versailles, küßt seine Maintenon und hält sich seine Armee". Seiner Schwester riet er, den ganzen Hofstaat zu entlassen und einen Haushalt wie ein kleiner Adeliger zu führen.[376]

Das war ganz und gar nicht im Sinne des Markgrafen und seiner Gemahlin, die in jenen Jahren

Bayreuth zu einem Zentrum des gesellschaft-
lichen und kulturellen Lebens in Deutschland
machten. Zunächst schien sich eine Verbesserung
der finanziellen Verhältnisse abzuzeichnen. Als
Gegengewicht zu dem übermächtigen Geheimen
Rat holte Markgraf Friedrich den Juristen Philipp
Andreas Ellrod und machte ihn zu seinem Ratgeber. Dieser beschuldigte die Mitglieder der Finanzkammer, sie hätten bestimmte Einkünfte ge-
heimgehalten, worauf der Markgraf alle absetzte
(1736).[377] Ellrod konnte dem Markgrafenpaar
jetzt mehr Geld zur Verfügung stellen. Friedrich
schenkte deshalb seiner Gemahlin zum Geburtstag nicht nur die Eremitage, sondern erhöhte
auch ihre Bezüge von 2000 auf 6000 Taler.[378]
Aber nach drei Jahren stellte sich heraus, dass
Ellrod das finanzielle Desaster nur noch ver-
schlimmert hatte. Die „Mehreinnahmen" waren
durch Schuldenmachen hereingekommen. Die
Finanzkammer war jetzt noch höher verschuldet
als zuvor. Zudem war den Bediensteten schon
für zwei oder drei Quartale keine Entlohnung gezahlt worden.[379]

Auch Krankheitsnöte gaben wiederholt Anlass
zur Sorge. Anfang des Jahres 1738 erlitt der noch
nicht dreißig Jahre alte Markgraf einen Schlaganfall. Nur langsam bildeten sich die Lähmungen
zurück. Die Markgräfin war in den Jahren
1738/39 wiederholt dem Tode nahe. Ihr Vater,
König Friedrich Wilhelm, schickte ihr seinen Arzt
Daniel de Superville aus Berlin. Der konnte ihr
helfen und blieb ab Mai 1739 endgültig in Bayreuth.[380] Er war ein konsequenter und geistvoller
Vertreter der Aufklärung und spielte von nun an
eine bedeutende Rolle in der Residenzstadt. Er
wurde Vertrauter und Ratgeber des Markgrafen-
paars und bildete eine Art Nebenregierung zum

*German August Ellrod wurde 1743 als Pofessor für
Theologie an die neue Universität Erlangen beru-
fen. Von 1747 bis 1760 war er Superintendent und
Hofprediger in Bayreuth.*

Geheimen Rat. Markgraf Friedrich übertrug ihm
die Leitung der Bergwerke, des Gymnasiums
Christian-Ernestinum und die Verwaltung der Stipendien. Als sich das Konsistorium dagegen

wehrte, weil Gymnasium und Stipendien bis dahin in seiner Kompetenz gelegen hatten, schoss Superville scharf zurück: Er wolle keinen Katechismus lehren, er habe sich fest vorgenommen, das anzustreben, „daß der Jugend ein wahres und wesentliches Christentum beigebracht und eine Abscheu inspiriert wird vor einer solchen Religion, welche nur in pharisäischen Gebehrden, Kopfhängen und Schein bestehet". Das war sein Eindruck von den Pietisten im Konsistorium. Auch der Markgraf rügte seine Räte. Ein Mitglied des Gremiums, nämlich German August Ellrod, trat offen auf die Seite Supervilles, indem er diesem schrieb, dass er es „für eine besondere Glückseligkeit achte, unter eines so gnädigen Patroni Protektion zu stehen".[381] Bei der Gründung der Universität Erlangen im Jahr 1743 berief ihn Superville auf eine der Professuren für Theologie. Die Gründungssatzung enthielt eine scharfe Abgrenzung gegen den Pietismus.[382]

Nicht nur Geldsorgen und Krankheiten durchkreuzten den Wunsch Wilhelmines, aus ihrem Leben ein Fest zu machen, am schmerzlichsten war sie getroffen, als sie erfuhr, dass ihr Ehegemahl ein Verhältnis mit ihrer vertrautesten Freundin und Hofdame Albertine Wilhelmine von Marwitz begonnen hatte. Sie unterzog sich gerade einer Kur in Bad Ems, um vielleicht doch noch einmal schwanger zu werden. Aber sie vertrug die Anwendungen nicht und fand sich damit ab, dass ihre Gesundheit wohl immer labil bleiben werde. Von dem Vertrauensbruch der beiden, die alles ableugneten, war sie tief verletzt.[383] Auch wenn weiterhin Feste gefeiert wurden, zog sich Wilhelmine nun häufig in die Einsamkeit der Eremitage zurück, um hier ihren geistigen Interessen zu leben. Sie las Bücher über Philosophie, Geschichte

und Naturwissenschaften, entwarf Baupläne für Schlösser, malte, musizierte, komponierte und versuchte in ihren „Memoiren" über ihr Leben nachzudenken. An ihren Bruder Friedrich II. in Berlin schrieb sie gefühlvolle und innige Briefe. Mit ihm fühlte sie sich durch gleiche Interessen und Anschauungen am meisten verbunden. Einmal schrieb sie ihm: „Nichts bringt den Menschen der Gottheit näher als die geistige Betätigung."[384]

Innerhalb der fünf Jahre zwischen 1735 und 1740 vollzog sich in Bayreuth eine ziemliche Veränderung: Aus der eher provinziellen Kleinstadt, in der vor allem pietistische Geistliche das geistige Leben bestimmten, wurde ein weltoffener Ort, an dem sich Künstler und Gelehrte aus verschiedenen Ländern trafen, alle von dem optimistischen Geist der Aufklärung beflügelt, dass die menschliche Vernunft die Probleme und Fragen dieses Lebens lösen könne. Silchmüller sah diese Entwicklung kritisch. Er passte sich der nun herrschenden Denkweise nicht an. Er zog sich aber nicht ängstlich in einen Winkel zurück, obwohl das, was er vertrat, nicht mehr gefragt war.

Ein Beispiel für den Versuch, sich mit dem Zeitgeist auseinanderzusetzen, ist seine Predigt vom 2. Advent 1738 über das Thema: „Die Thorheit derjenigen, welche kein zukünfftiges Gericht glauben wollen." Da es nach der Rückkehr des Kandidaten Schmidt üblich geworden war, dass das hochfürstliche Paar am Sonntag in einem Zimmer des Schlosses die Predigt hörte, erreichte es Silchmüller beim Markgrafen, dass er eine „Zimmerpredigt" halten konnte. Er wählte einen Sonntag mit einem Thema, das von den Gebildeten damals oft abgelehnt oder angezweifelt wurde: die Wiederkunft Christi und das letzte Gericht. „Gott" war für die Aufklärer eine Art

„Initialzündung" bei der Schöpfung oder der In-
begriff der Naturgesetze, aber nicht das persönliche Gegenüber für die Menschen, dem sie verantwortlich sind. Das Jüngste Gericht hielten sie
für eine nützliche Erfindung, um dem einfachen
Volk, dem „Pöbel", zu drohen, damit er keine
Verbrechen begehe und ein anständiges Leben
führe. Der Gebildete oder Aufgeklärte brauche
diese Vorstellung nicht, weil er sich von seiner
Vernunft bestimmen lasse, die ihn zu einem tugendhaften Leben anleite.

Silchmüller schickte seiner Predigt eine Art
Entschuldigung voraus: Mancher, der seine „sonst
einfältige Art zu predigen" kenne, könne vielleicht Anstoß daran nehmen, dass er hier nicht
nur den Bibeltext auslege, sondern sich auch
philosophischer Argumente bediene.[385] Er begründete sein Vorgehen damit, dass die Leugner
eines Jüngsten Gerichts die Aussagen der Bibel in
Zweifel zögen. Sie könnten also nicht mit Bibel-
zitaten überzeugt werden. Darum wollte er mit
Gründen der Vernunft aufzeigen, „daß diese Lehre weder irraisonnable, noch lächerlich sey."
Zunächst verwies der Prediger auf die Tatsache,
dass alle Völker eine Religion hätten. Sie hätten
aus der Schöpfung erkannt, dass ein Gott sei, den
man ehren solle und von dem man je nach dem
eigenen Verhalten eine Belohnung erhoffe oder
eine Strafe fürchte. Und das besage doch, dass
sich der Gedanke einer Vergeltung für mensch-
liches Verhalten nicht nur in der Bibel finde, sondern allgemein verbreitet sei.

Silchmüller beschäftigte sich mit dem Argument der Aufklärer, das Jüngste Gericht sei eine
Erfindung der Jünger Jesu, um bestimmten Mo-
ralvorstellungen Geltung zu verschaffen. „Wären
sie große Staats-Ministres, erfahrene Politici,

scharfsinnige Welt-Weise gewesen, so möchte
man einigen Verdacht auf sie werffen, daß sie aus
Politique und Staats-Maximen eine Religion zu-
sammengeschmiedet hätten, die durch eine leb-
hafte Vorstellung von Himmel und Hölle, vom
Ende der Welt und dem zukünfftigen Gericht den
Pöbel im Zaum zu halten vermögend wäre."
Aber die Jünger seien einfache, ungelehrte Menschen gewesen; sie hätten keine politischen Absichten gehabt und wollten niemand beherr-
schen. Vielmehr bezahlten sie ihren Glauben mit
dem Leben.[386]

Auch im menschlichen Gewissen sah Silchmüller einen Hinweis, dass die Erwartung des
Jüngsten Gerichtes keine Illusion ist.[387] „Das
Gewissen ist eine geheime Krafft in unsrer Seele,
welches ein unpartheyisches Urteil über unser
Thun und Lassen fällt. Es ist ein Richter, welcher
seinen Richter-Stuhl gleichsam mitten in der
Seele aufgeschlagen hat. Es ist ein schneller Zeuge, der uns entweder vertritt und entschuldigt
oder verklagt und verdammt." Das Gewissen sei
unabhängig von Erziehung und Stellung vorhanden. Es rege sich nicht nur beim Untertan, der
von der Obrigkeit Strafe fürchten müsse, sondern
auch beim Fürsten, der von keinem menschlichen
Richter bestraft werden könne, und es bezeuge
ihm, dass er unter einem Richter stehe.

Auch wenn einem jungen Menschen durch die
Erziehung „fürchterliche Begriffe" eingepflanzt
werden könnten, so sei das Gewissen doch selbst
kein Produkt der Erziehung. „Denn auch die wil-
desten Heiden, denen nie etwas von Himmel
und Hölle gesagt worden ist, fühlen ihr Gewissen." Silchmüller erzählte an dieser Stelle der Predigt von einem Gespräch, das er vor einigen Monaten mit einem Mann geführt habe, der längere

Zeit in Grönland gewesen sei. Der habe ihm erzählt, dass die Eskimos „ein höchstes Wesen" verehrten, obwohl ihnen keine christliche Überlieferung bekannt gewesen sei. Und es finde sich bei ihnen eine große Gewissenhaftigkeit: Lüge, Diebstahl, Ehebruch und Vielweiberei gebe es bei ihnen nicht.[388]

In seiner „Nutzanwendung"[389] gab Silchmüller zu verstehen, dass die Höfe der großen Herren dieser Welt häufig der Ort seien, „wo man dergleichen Thoren am meisten antrifft. Die Eitelkeiten dieser Welt, die Wollüste deß Fleisches, die Übermasse im Essen und Trinken, und die elenden Ergötzlichkeiten, in welchen, wo nicht die Meisten, doch ein grosser Theil derer, die an Höfen leben, ihr höchstes Guth und gleichsam ihr Element zu finden vermeynen, sind die gefährlichen Ruhe-Betten, in welchen der Satan ihre Gewissen einzuschläfern bemüht ist." An den Fürstenhöfen treffe man daher „eine grössere Menge solcher Frey-Geister an, welche die beste Kraft ihres Verstandes anwenden, die Grund-Vesten der Religion zu erschüttern. Sie sind bemühet, sich und andere, wo nicht öffentlich, doch heimlich zu bereden, daß die Lehre vom Jüngsten Gericht eine blose Staats-Maxime sey, wodurch man den Pöbel im Zaum halten und ihn, wie die Kinder mit dem Popantz, schrecken müsse."

Silchmüller wolle das freilich nicht von allen am Bayreuther Hof behaupten. „Am Hof Pharaos war ein Joseph und am Hof Belsazars ein Daniel. Der HErr hat seinen heiligen Samen überall ausgestreut." Er, Silchmüller, wolle niemanden richten und verdammen. „Dieß aber bitte ich euch alle, die ihr den gegenwärtigen Vortrag gehöret habt: Ein jeder prüfe sich vor dem Angesichte GOttes." Wer mit dem zukünftigen Gericht nicht gerechnet habe, der solle seine Torheit erkennen und umkehren. „Bedencket doch, ihr elenden Thoren, wie unbillig, wie unvernünftig ihr handelt, eine Meynung von einer so wichtigen Sache zu hegen, welche wieder den Zweck aller Religionen, wieder das Zeugniß deß grossen und wahrhaftigen Zeugen JEsu CHristi und seiner Mund-Bothen, wieder das Zeugniß deß Gewissens und wieder eine vernünftige Klugheit streitet." Und er fordert die Hörer auf: „Lasset nicht ab, so lange vor dem Thron der Gnaden als arme Bettler zu liegen, bis ihr die Versicherung in eurem Hertzen fühlet, Euch sey eure Thorheit vergeben; euch sey die Gerechtigkeit deß erwürgten Lammes mitgetheilet worden. Dann werdet ihr getrost dem künftigen Gericht entgegengehen können."

Es gehörte Mut dazu, vor dem Fürsten, seinen Ministern und dem Hofstaat so zu sprechen. Die Predigt wurde im nächsten Jahr gedruckt – „auf Verlangen hoher Gönner", wie auf dem Titelblatt vermerkt ist.

Markgräfin Wilhelmine empfand Silchmüllers Art zu predigen allerdings als Kampfansage und Feindschaft. Sie urteilte in ihren Memoiren so: „Die Geistlichkeit hatte während der Regierung des verstorbenen Markgrafen viel Einfluß gewonnen, es war sogar eine ganze Sekte unter dem Namen Pietisten bekannt, von denen der Beichtvater des Markgrafen das Oberhaupt war. Dieser Mensch besaß unter der Maske der Religion einen unermeßlichen Ehrgeiz, mit dem ränkesüchtigsten Geist verbunden, und brachte die Gemeinde gegen uns auf. Er stand bei dem dänischen Hofe in großem Ansehen und daher mußte man ihn aus Politik schonen."[390]

Daniel de Superville (1696–1773)

Schon diese Sätze machen deutlich: Die Pietisten und ihre Gegner fochten nicht nur einen Streit aus, wie die christliche Offenbarung besser zu verstehen sei, sondern es wurde die andere Seite gänzlich abgelehnt; es herrschte Feindschaft, ja Hass zwischen den Kontrahenten. Neben der Markgräfin waren die Geheimen Räte von Dobeneck und Voit von Salzburg entschiedene Gegner des Hofpredigers. Der junge Johann Christian Schmidt profilierte sich auf Silchmüllers Kosten und drängte den Älteren aus dem Amt.

Für Daniel de Superville, der mit rücksichtsloser Energie, geistvoll und kenntnisreich seine Pläne vorantrieb, waren die Pietisten Leute von gestern, über die die Entwicklung schon hinweggeschritten war.[391] An der Stadtkirche war es der Senior und Archidiaconus Johann Wolfgang Schoberth, der in seinen Predigten gegen die Pietisten Front machte, ebenso sein Nachfolger in diesem Amt, Christoph Ernst Gebhard. An der Kirche in St. Georgen amtierte Johann Wilhelm Speckner, ein Schwiegersohn des Superintendenten Dieterich in Kulmbach. Auch er bekämpfte die Pietisten auf der Kanzel.

Diese drei letztgenannten Bayreuther Geistlichen starben unerwartet in der Zeit von 1736 bis 1738. In seinem Brief vom 19. November 1740 an Zinzendorf berichtete Silchmüller mit einer gewissen Genugtuung davon. Man spürt seinen Worten an, dass der Hass, der ihm begegnete, wohl auch Hass in ihm erzeugt hatte: „Es sind binnen etwa zwei Jahren drei Prediger nacheinander weggerafft worden, die hier der Gemeinde Gottes viel Verfolgung zugezogen. Einer war ein plumper Lästerer, der starb plötzlich. Der andere war ein schleichender gefährlicher Verfolger, der durch seine schönen Naturgaben beinahe auch von unseren Brüdern und Schwestern etliche irre gemacht, der mußte mit einem geschwollenem Backen in die Ewigkeit wandern, da weder er, noch sonst jemand sich solches vermutete. Der dritte war ein hämischer Spötter, der wegen seiner Naturgaben auch viel Anhang hatte."

An ihre Stelle seien Prediger getreten, die Frieden hielten.[392] Einer von ihnen, Johann Ludwig Wetzel, habe sich als Student im Collegium Biblicum bekehrt und arbeite jetzt mit. Er wirkte seit 1738 als Syndiaconus an der Stadtkirche. Die

Stelle des Archidiaconus und Seniors hatte seit dem gleichen Jahr Johann Michael Ansorg. Dieser hatte das Gymnasium in Neustadt a. d. Aisch besucht und in Halle studiert. Er war mit Silchmüller freundschaftlich verbunden, aber nicht der Kämpfertyp wie der Hofprediger, sondern vorsichtig und zurückhaltend. Vielleicht wurde er deshalb im Jahr 1747 in das Konsistorium berufen. Ein weiterer pietistischer Theologe war Christian Matthäus Augustin Ulmer, Kaplan an der Schlosskirche und Mitarbeiter im Waisenhaus. Nimmt man noch Silchmüllers Freund Flessa hinzu, so war die Zahl der pietistischen Pfarrer in Bayreuth gar nicht so klein, und sie hatten starken Rückhalt zumindest bei einem Teil der Bevölkerung.

Trotzdem konnten sich die beiden führenden Köpfe nicht länger in Bayreuth halten. Im Jahr 1741 ging Silchmüller nach Kulmbach. Hier war am 4. Oktober 1740 sein langjähriger Gegner, Superintendent Dieterich, gestorben. Flessa folgte im gleichen Jahr einer Berufung in dänische Dienste. Und es starb im selben Jahr der ausgleichende, dem Pietismus gegenüber tolerante Bayreuther Superintendent Hagen.[393] Das bedeutete einen tiefen Einschnitt für die kirchliche Situation in der Residenzstadt. Der Pietismus verschwand aus der Öffentlichkeit; im Verborgenen existierte er jedoch in den nächsten Jahrzehnten weiter.

Über seine Abberufung berichtete Silchmüller am 28. Januar 1741 in einem Brief an Professor Lange: „Sonst muß Deroselben annoch melden, daß mir Serenissimus noster die vocation zur vacanten Superintendur zu Culmbach (jedoch mit Vorbehaltung meines Sitzes und Stimme im Consistorio) idque me invito ausfertigen laßen. Die Sache machet mir viel Bedencklichkeit und Sor-

ge. Ich sehe voraus, daß es der Sache meines Heylandes und seines Reiches allhier manchen Nachtheil zuziehen möchte, wenn ich nach menschl[ichen] Urtheil solches überlege. Allein, es halfen keine Vorstellungen. Man läßt deütlich mercken, daß die Predigt des Evangelii je länger je unerträglicher wird. Amos VII. 10 biß 13 enthält die Ursachen meiner vocation in sich. Nun es geschehe des HErrn Wille."[394]

2.12. Familie und Freundeskreis (bis 1741)

Als jungverheiratetes Paar kamen Johann Christoph Silchmüller und seine Frau Sophie Charlotte, geborene Strobel, am Anfang des November 1727 in Bayreuth an. Am 11. Januar 1728 wurde ihnen das erste Kind geboren: Sophia Christiana. Taufpatin war die Mutter des Markgrafen Sophia Christiana, die auch die Patin von Silchmüllers Frau war.[395]

Von Sophie Charlotte Silchmüller haben wir einen Brief, der etwas von ihrer Einstellung deutlich werden lässt. Im Sommer 1728 hatte Graf Zinzendorf den Hofprediger zu einem Treffen in Ebersdorf eingeladen. Aber dieser war nicht in Bayreuth. So antwortete seine Frau, sie werde die Einladung ihrem Mann nachsenden. Dann fügte sie noch ein Postskriptum an: „Ew. hochgräfflich Gnaden nehmen nicht ungnädig, daß ich nur in meiner einfalt noch waß hinzufüge". Ihr sei der Gedanke gekommen, dass es eine Freude ist, wenn die „kinder Gottes so beysammen sind und es ist alles ein geist ein hertz eine liebe." Sie habe dann unter Gebet ihre Bibel aufgeschlagen und stieß auf einen Spruch im 2. Thessalonicher-

Brief, wo Paulus dafür dankt, dass der Glaube der Christen wachse und die gegenseitige Liebe zunehme. Von dieser Losung inspiriert, wünschte sie dem Grafen und allen, die er durch den „liebes zug ihres heilandes" zum Glauben geführt habe, dass sie „in der liebe ihres Jesu und im Glauben" immer vollkommener würden, „ja der treue heiland zihe noch mehr herzu durch seynen liebes zug, auch mich armes würmlein, und gleich wie er in meiner schwehren krangheit die ich erst ausgestanden an meiner Seelen gearbeitet und mich durch seynen liebes zug zu sich gezogen, so will ich ihm auch getreu bleiben".[396]

Der kurze Ausschnitt aus dem Brief der Sophie Charlotte Silchmüller zeigt, dass sie als Pfarrfrau hinter dem stand, was ihr Mann vertrat. Durch ihre Krankheitserfahrung war sie ehrlich und tief bewegt. Sie empfand ganz stark das Gefühl der Hilflosigkeit und Abhängigkeit vom Tun Gottes, eine Erfahrung, die für den Pietismus und die Mystik in gleicher Weise charakteristisch ist. Auch das Auslosen von Bibelworten wurde häufig praktiziert. Der Pietist stand Gott als Einzelner gegenüber und suchte Gottes Willen für den persönlichen Lebensweg zu ergründen. Ein Bibelwort, eine Eingebung, eine Begegnung, ein Ereignis konnten zum Zeichen werden, durch das Gott dem einzelnen mitteilte, was er tun sollte. Die Herrnhuter Brüdergemeinde machte im Jahr 1731 aus dieser pietistischen Sitte des Auslosens von Bibelworten ein Losungsbuch für ein ganzes Jahr, das seitdem jährlich neu erstellt und gedruckt wird.

Sophie Charlotte schenkte vier Kindern das Leben. An der Geburt des vierten starb sie. Auch für die zweite Tochter, Louise Wilhelmine, geboren am 25. September 1729, fand Silchmüller

hochadelige Patinnen, einmal Sophia Christiane Louise, die älteste Tochter des Markgrafen (sie heiratete 1731 den Fürsten Alexander Ferdinand von Thurn und Taxis), und Sophie Wilhelmine, seine jüngste Tochter (sie heiratete 1734 den Fürsten Carl Edzard von Ostfriesland). Vertreten wurden die beiden Prinzessinnen von der Oberhofmeisterin Elisabetha Charlotte von Bobenhausen und von der Hofmeisterin Amalie Ernestine von Bobenhausen. Als weitere Patinnen werden die Schwester des Markgrafen, Sophie Caroline, Fürstin von Ostfriesland, und Erdmuthe Dorothea, Gräfin von Zinzendorf, genannt. Die Taufe hielt der Superintendent Hagen. Das Kind wurde den Eltern wieder genommen. Es starb am 31. Juli 1730, noch nicht ein Jahr alt.

Auch das dritte Kind war ein Mädchen. Christiane Charlotte wurde am 12. Dezember 1730 geboren. Silchmüllers Freund Flessa hielt eine Haustaufe. Taufpatinnen waren Christiane Sophie Steltzer, die Witwe des Geheimen Rates Steltzer, und Juliane Sabine Silchmüller, die Ehefrau von Silchmüllers Bruder Johann Georg, der als Superintendent in Wasungen amtierte.[397]

Am 2. März 1733 wurde der Sohn Johann Christian geboren. Schon Monate vor der Niederkunft äußerte die Mutter ihre Vorahnung, dass sie diesmal nicht überleben werde. Nach der Geburt wurde sie von Tag zu Tag schwächer. Als ihr Ehemann sie fragte, „wie denn ihre Seele mit ihrem Heyland stünde, wofern GOtt über ihr theures Leben gebieten sollte", antwortete sie: „Ich habe meine Sache mit dem lieben GOtt schon längst vor meiner Krankheit ausgemacht, und bin gewiß, daß mich mein Heyland mit seinem Blut von allen meinen Sünden gewaschen hat. […] Mein lieber JEsus, der mich liebet, und den ich von gantzem Hertzen liebe, giebt mir die Versicherung meiner Seeligkeit. [...] Sorge du ja nicht, mein lieber Mann, ich fürchte mich nicht für dem Tode."[398]

Es kamen dann freilich Anfechtungen über sie. Das Gefühl überwältigte sie, ihr Glaube werde sich in Nichts auflösen. Darum betete sie wiederholt: „Du bist doch mein JEsus. Ich lasse dich nicht." In der Nacht vor ihrem Tod wachten ihr Mann und andere an ihrem Bett. Sie schlief die meiste Zeit. Aber bei jedem Glockenschlag und dem Ruf des Nachtwächters wachte sie auf. Sie bat die Umstehenden, mit ihr zu beten. Nach dem Zwei-Uhr-Glockenschlag zog sie ihren Ehering ab und steckte ihn ihrem Mann an: „Hier hast du meinen Trauring, mein lieber Hertzens-Mann, hebe ihn auf. Mein Heyland wird mich nun bald zu sich holen. Derselbe vergelte dir alle Liebe und Treue, die du mir in unserer vergnügten Ehe erwiesen hast". Sie bat ihn, ihr die Augen nach ihrem Abscheiden zuzudrücken als letzten Liebesdienst. Sie starb am 13. März. Am 15. März hielt Flessa die Beerdigung.

Er hatte am Tag nach der Geburt die Haustaufe übernommen. Als Paten gewann Silchmüller Baron Schülin, den königlich-dänischen Generalpostdirektor, der von dem Bayreuther Hofrat Christian Ernst Schülin vertreten wurde, ferner Johann Adam Steinmetz, den Generalsuperintendenten von Magdeburg und Abt des Klosters Bergen, seinen Bruder Johann Daniel Silchmüller, Superintendenten in Meiningen, und schließlich Helena Barbara Petermann, die Frau eines Bayreuther Kammerrats. Silchmüller schrieb unter dem Taufeintrag: „Gott laße diesen meinen Benoni einen Benjamin werden, und sein Gnadenkind seyn und bleiben in Ewigkeit. Amen."[399]

Zu Silchmüllers zweiter Eheschließung verfasste Friedrich Albrecht Strobel, der Bruder seiner ersten Frau, ein Hochzeitsgedicht.

Silchmüllers Haushalt war durch den Tod der Ehefrau und Mutter schwierig geworden. Der

Hausdiener und zwei Mägde hielten zwar den äußeren Betrieb aufrecht. Aber für die kleinen Kinder fehlte jemand. So fragte er die Schwester seiner Frau, Friederika Maria Strobel, die noch in Weferlingen wohnte, ob sie vorläufig den Haushalt führen könne. Sie sagte zu, und er holte sie im Mai 1733 in Halle ab.[400] Trotzdem blieb der kleine Johann Christian nicht am Leben. Er starb ein Vierteljahr nach seiner Mutter am 15. Juni 1733.

Seine Schwägerin heiratete noch vor Silchmüllers zweiter Eheschließung den Neudrossenfelder Pfarrer Johann Gottfried Esper. Darauf schrieb Silchmüller am 23. Februar 1734 an Professor Lange, dass es in 14 Tagen ein Jahr her sei, „daß Gott einen so empfindlichen, und noch nicht verschmertzten Riß an meinem Hauße gethan, und meine so theüre Ehe-Consortin mir entzogen hat. Wohin ich mich unter den mancherley Vorschlägen wenden solle, weiß ich dermahlen noch nicht. Der Herr zeige mir seine Wege.“[401]

Silchmüller selbst ging es in jenen Wochen nicht gut. Er kränkelte häufig, hatte Schmerzen, die er nicht erklären konnte, und machte sich deswegen Sorgen. Er fühlte sich erschöpft und überfordert. An Zinzendorf schrieb er in jenen Tagen: „Ein armer von der hypochondrie abgemergelter Cörper, der wöchentlich etliche mahl predigen, Consistorialia besorgen, über 400 Briefe Jährlich beantworten, deß Tages über durch fast unaufhörlichen Anlauff seine Zeit versplittern und sich durch mehrmahlige extraordinaire Arbeit abhalten laßen muß“.[402] Dazu kamen Ärger und Kummer durch Anfeindungen und Verleumdungen.

So war er dankbar, dass ihn Freunde auf eine junge Frau hinwiesen, die als treue und praktisch denkende Lebenskameradin die Lasten mit ihm tragen konnte. Mit Eleonora Maria, der ältesten Tochter des markgräflichen Kammerrates Albrecht Eberhard Killinger, fand er eine tüchtige Hausfrau – zupackend, mütterlich sorgend für die Kinder, fromm, aber nicht so stark pietistisch geprägt wie seine erste Frau. Sie war bei der Hochzeit am 30. Juni 1734 gerade neunzehn Jahre alt, aber als Älteste schon geübt, die Familie zu versorgen. Ein Hochzeitsgedicht, das der Bruder von Silchmüllers erster Frau verfasste, erinnert noch an dieses Ereignis.[403] Friedrich Albrecht Strobel wünschte dem Paar Glück und Segen und erinnerte an seine verstorbene Schwester:

> „Siehst du nun nach unsrer Erden,
> Ey so siehe nur auch heut
> Das Bild kluger Frömmigkeit
> Deiner Waisen Mutter werden.
> Sag uns nun wie wohl dir ist
> Da du zwiefach selig bist.“

Die Trauung hielt Flessa. Eleonora Maria Silchmüller war zehneinhalb Jahre verheiratet. Sie wurde in dieser Zeit achtmal Mutter. Nach der achten Geburt starb sie wie Silchmüllers erste Frau im Kindbett. Über Geburt und Taufe der beiden ersten Kinder hinterließ sie selbst eine Nachricht.[404] Ihr erster Sohn Christoph Albrecht Gottfried wurde am 23. November 1735 geboren. Die Eltern wählten drei Taufzeugen, einmal Eleonoras Großmutter Ursula Catharina Müller, die Witwe eines Kammerrates, sodann ihren Vater Albrecht Eberhard Killinger, schließlich den Neudrossenfelder Pfarrer Johann Gottfried Esper. Dieser war mit Friederika Maria Strobel verheiratet, der Schwester von Silchmüllers erster Frau.

Seinen Bruder Friedrich Lorenz Esper empfahl Silchmüller später als seinen Nachfolger in die Superintendentur Kulmbach (1764).

Die glückliche Mutter fügt das Gebet hinzu, Gott wolle „diesen meinen Lieben Sohn wie an Jahren und Alter also auch in der Furcht des Herrn an Weißheit, Gnade, Sanfftmuth, Demuth und allen Ihme gefälligen Tugenden wachsen und zunehmen laßen und endlich aus lauter Gnade ein Kind der ewigen Freude und Seeligkeit aus ihm machen".

Sie berichtet weiter: „Mein zweytes Geschenck vom Herrn war eine Tochter welche Anno 1737 den 30. April morgens um $^1/_4$ auf ein Uhr daß Licht dieser Welt erblickte und in der heiligen Tauffe die Nahmen Christiana Friderica Johanna bekame." Taufzeugen waren diesmal Christiane Sophie Schülin, die Gemahlin des Hofrates Christian Ernst Schülin, der Ansbachische Amtskastner Georg Friedrich Killinger und Johanna Maria Blaufuß, die Frau des Rektors Johann Balthasar Blaufuß in Salzungen.[405] Auch hier steht am Schluss ein Gebet: „Der Herr Jesus wolle diese meine liebe Tochter in seiner ewigen Liebe auf- und annehmen, in allem Guten wachsen und zunehmen laßen und endlich als eine Pflanze des Herrn in sein ewig herrliches Reich aus Gnaden versezen."

Das dritte Kind aus dieser zweiten Ehe war Johann Adam Gottlob. Er wurde am 20. Juli 1738 geboren und von Superintendent Hagen im Hause getauft. Paten waren Johann Adam Steinmetz, der bei Johann Christian, dem ersten, schon verstorbenen Sohn das Patenamt übernommen hatte, und Johann Adam Flessa („mein lieber treuer redlicher Herr Collega", fügte Silchmüller bei dem Taufeintrag hinzu).[406]

Als viertes Kind aus dieser Ehe wurde Dorothea Catharina am 12. Dezember 1739 geboren. Die Taufe wurde diesmal in der Schlosskirche vom Hofdiaconus Flessa gehalten. Patinnen waren die Frau des Bayreuther Archidiaconus und Seniors, Dorothea Regina Ansorg, und die Frau des Kulmbacher Archidiaconus und Seniors, Anna Catharina Keck (Silchmüller heiratete in dritter Ehe ihre Schwester), ferner Elisabeth Catharina Feiler, die Frau des Rechnungskommissars in Bayreuth.[407]

Noch ein fünftes Kind wurde den Eheleuten Silchmüller in Bayreuth geboren: Louyse Justine Eleonore. Sie kam am 6. Februar 1741 zur Welt. Wieder taufte Flessa. Das Patenamt übernahmen Albertine Dorothea Louyse von Künßberg und Maria Justina von Gravenreuth. Beide waren verwitwet, und Silchmüller hatte die Beerdigungsfeier für die verstorbenen Ehegatten gehalten. Als dritte Patin wurde Barbara Eleonore Silchmüller aus Meiningen eingetragen, die Ehefrau seines Bruders Johann Daniel.[408]

Silchmüller selbst entstammte einer großen Familie. Durch seine beiden Ehen kam eine vielköpfige Verwandtschaft hinzu. Die Paten und Patinnen, die er aus dem Adel, aus der Beamtenschaft und der Theologenzunft gewinnen konnte, zeigen, dass es dem Zugereisten gelang, in Bayreuth einen großen Freundeskreis aufzubauen. Auch als er bei Hofe an Einfluss verlor, gab es angesehene Leute, die sich mit ihm verbunden fühlten und seine Frömmigkeit achteten, selbst wenn sie gar nicht so stark vom Pietismus geprägt waren. Deshalb wurden hier die Paten und Patinnen aufgezählt, um etwas von dem Beziehungsgeflecht deutlich werden zu lassen, in dem er lebte.

3. Superintendent in Kulmbach

(1741–1763)

3.1. „Inspector in der Dioecese Culmbach"

Der Markgraf hatte bestimmt, dass Silchmüller als Superintendent nach Kulmbach gehen solle.

Am 2. November 1740 sandte das Konsistorium – Mitglieder waren zu der Zeit Laurentius Thomas, Friedrich Caspar Hagen, Johann Christoph Silchmüller, Johann Georg Lockel, Johann Adam Flessa und August German Ellrod – eine Entschließung an den Kulmbacher Archidiaconus Johann Georg Keck, dass der Barbara Ludovica Dieterich, der Witwe des verstorbenen Superintendenten, ein ganzes Gnadenjahr bewilligt werde. Wohnung und Einkünfte stünden ihr während dieser Zeit noch zu.

Am 7. August 1741 folgte ein weiterer Brief mit dem Hinweis, dass der Aufzug des neuen Superintendenten für Michaelis (29. September) festgesetzt sei.[409] Die Witwe müsse die Wohnung vorher räumen, damit noch einige Reparaturen durchgeführt werden könnten. Viel war nicht zu richten, denn das Gebäude war einige Jahre zuvor unter der Regierung des Markgrafen Georg Friedrich Carl renoviert und größtenteils neu gebaut worden, wie eine Inschrift über dem Eingang des Kulmbacher Dekanats meldet. Silchmüller hielt seine Antrittspredigt am ersten Sonntag im Oktober in der Petrikirche.

In einem lateinischen Pastoralbrief vom 8. Dezember 1741 stellte sich der neue Superintendent den Pfarrern seines Kapitels vor. Er sei in dieses Amt berufen worden „durch göttlichen Willen und durch den Befehl von Serenissimus, unserem Fürsten und Herrn".[410] Er sei sich der Größe dieser Aufgabe bewusst. „Es ist nicht unbekannt, Fratres Spectatissimi, dass die Ausübung eines jeden heiligen Amtes von solchem Gewicht ist, dass nach einer Sentenz der Väter so gar Engelsschultern dieses nur mit Zittern übernehmen können. Es ist leicht zu urteilen, dass ich mit noch größerem Zittern diese Dioecese, die mit der Aufsicht so vieler Kirchen und Schulen verbunden ist, übernehmen werde." Es sei eine Aufgabe, die Mühe, Eifer, Wachsamkeit und die Sorge für viele Gemeinden fordere. Und er gehe sie mit dem Wissen an, dass er nicht nur sterblichen Menschen, „sondern dem unsterblichen, allmächtigen und gerechtesten Gott, dem höchsten Richter aller unserer Taten" Rechenschaft ablegen müsse. So bitte er die Brüder vor allem um ihre Fürbitte, damit er seinen Dienst im Segen ausrichten könne.

Der Umfang der „Dioecese Culmbach" war viel größer als der heutige Dekanatsbezirk. Mit der Kulmbacher Pfarrei St. Peter gehörten 28 Pfarrämter dazu, nämlich Berneck, Bischofsgrün, Fisch-

Das Kulmbacher Dekanatsgebäude neben der Petrikirche, in dem Silchmüller 23 Jahre als Superintendent wohnte

bach, Gefrees, Goldkronach, Guttenberg, Harsdorf, Himmelkron, Hutschdorf, Kirchleus, Kasendorf, Lanzendorf, Lehenthal, Mangersreuth, Melkendorf, Muggendorf, Nemmersdorf, Neudrossenfeld mit Langenstadt, Niederfellendorf (Kirche und Pfarramt wurden etwas später nach Streitberg verlegt), Rugendorf, Seibelsdorf, Streitau, Trebgast, Trumsdorf mit Alladorf, Untersteinach, Wirsberg und Wonsees.[411]

In manchen Pfarrämtern wie Berneck, Kasendorf, Melkendorf, Neudrossenfeld und Wonsees amtierten zwei Geistliche. Kulmbach hatte vier Pfarrstellen. Neben dem Superintendenten waren dies der Archidiaconus und Senior Johann Georg Keck, der Syndiaconus Karl Wilhelm Kretschmann und der Subdiaconus und Schlossprediger Christoph Adam Völkel.[412]

Zu den Aufgaben des Superintendenten gehörte viel Verwaltungsarbeit, die von dem Amtsinhaber ohne Hilfskräfte erledigt werden musste. (Erst in den letzten Kulmbacher Jahren hatte Silchmüller einen „Famulus".) Das Besondere an Silchmüllers Tätigkeit war (nach meinem Empfinden), dass er bei aller Überlastung und zeitweiligen Erschöpfung sein eigentliches Ziel nie aus den Augen verlor, nämlich Menschen für den Glauben an Christus zu gewinnen und die Pfarrer für diese Sichtweise zu motivieren. Er sah sich nicht nur als Verwaltungsbeamter des Markgrafen wie viele seiner Kollegen, sondern als Missionar.

Ein besonderes Anliegen war ihm der Unterricht der Kinder und die Förderung der Schulen. Noch bevor er sich den Pfarrern in dem schon erwähnten Pastoralbrief vorstellte, schickte er eine

Umfrage hinaus, ob und wann die „Kinderlehre" in der Kirche gehalten werde. Die meisten Pfarrer antworteten, dass sie wöchentlich oder vierzehntägig die Kinder am Sonntagnachmittag unterrichteten.[413]

Einige Pfarrer meldeten sich nicht. Der Superintendent stellte fest, dass sie keine „Kinderlehre" hielten. Er bat sie, diese wichtige Aufgabe nicht zu versäumen.[414] In einigen Pfarrorten fiel die Katechese in den Wintermonaten aus. Die Pfarrer begründeten dies damit, dass es nach der Nachmittagsbetstunde und dem Lesen einer Predigt schon dämmere. Da sei es höchste Zeit, die Kinder der Außenorte nach Hause zu schicken.

Silchmüller gab sich damit nicht zufrieden: Die Pfarrer sollten die Lesepredigt wegfallen lassen, weil das sowieso wenig bringe, und sich stattdessen auf den Unterricht für die Jugend konzentrieren.[415]

Auch um die Dorfschulen bemühte sich der neue Superintendent. Das Konsistorium hatte ein Reskript ausgehen lassen, in dem der Verfall des Schulwesens beklagt wurde. Die Jugend wachse „in bejammernswürdiger Unwissenheit" heran. Die Pfarrer sollten diejenigen Eltern anzeigen, die ihre Kinder nicht zur Schule schickten. Keine unfähigen Schulmeister sollten angestellt werden, und es war von nun an verboten, dass ein Schulmeister bei Hochzeiten oder Kindstaufen als „Spaßmacher" auftrat. Silchmüller ergänzte das Reskript durch einige Ratschläge. Der Pfarrer solle den Schulmeister anweisen, Fehllisten zu führen. Dann könne der Geistliche anhand der festgestellten Fehltage mit den Eltern reden. Ferner solle er überlegen, ob für arme Kinder das Schulgeld von der Kirchenstiftung übernommen werden könne.

Das häufige Fehlen der Kinder in der Schule hatte im Wesentlichen zwei Ursachen: Den Kleinbauern- und Taglöhnerfamilien fiel es schwer, das Schulgeld aufzubringen, und sie brauchten die Kinder zur Arbeit. Auf Silchmüllers Anregung wurde deshalb für die Landschulen die Schulordnung in der Weise verändert, dass die Schule nach der Sommerpause an Martini (11. November) statt an Michaelis (29. September) beginnen solle, weil im Herbst die Bauern die meiste Arbeit hatten.[416] Die Kinder halfen beim Austreiben des Viehs auf die abgeernteten Felder, beim Gänsehüten, beim Dungfahren und Ackern und beim Streurechen im Wald.

An einem Punkt blieb das Konsistorium allerdings unnachgiebig, und Silchmüller unterstützte es darin: Die Anmeldung zum ersten Abendmahlsgang durfte erst erfolgen, wenn ein Kind an Ostern das zwölfte Lebensjahr vollendet hatte. Von Ostern bis Pfingsten war dann ein besonderer Unterricht über Beichte und Abendmahl. Am dritten Pfingstfeiertag und später am Sonntag nach Pfingsten erfolgte der erste Abendmahlsgang und die Schulentlassung. Die Pfarrer ließen sich aber öfter von den Eltern bedrängen, ein Kind früher einzuschreiben, damit es dann voll zur Bauernarbeit eingesetzt werden konnte. Das wurde im Interesse der Kinder wiederholt verboten.[417]

Die unmittelbare Aufsicht hatte Silchmüller über die Kulmbacher Schulen, einmal über zwei „teutsche Schulen", dann über das „Lyceum", eine vierklassige Lateinschule.[418] Diese nahm die Schüler auf, wenn sie zehn bis zwölf Jahre alt waren und führte sie zur Hochschulreife. Da es nur vier Klassen gab, verweilte ein Schüler etwa zwei Jahre in einer Klasse. Als Silchmüller nach

Kulmbach kam, hatte nur die Prima, die Abschlussklasse, einen eigenen Unterrichtsraum, nämlich das Wohnzimmer des Rektors. Die drei übrigen Klassen waren in einem einzigen Schulzimmer zusammengepfercht. In drei Ecken stand ein Katheder für den Lehrer, davor drängten sich niedrige Schemel für die Schüler, die ihre Bücher und Hefte auf den Knien liegen hatten. Silchmüller sorgte dafür, dass die vorletzte Klasse, die Sekunda, einen eigenen Lehrsaal bekam. Er versuchte überhaupt, den Niedergang der Schule, der in den letzten Jahren eingetreten war, aufzuhalten, indem er neue Lehrbücher einführte und das Lehrverfahren modernisierte. Es gelang ihm, mit Magister Christoph Wilhelm Heerwagen einen tüchtigen Lehrer zu gewinnen. Dieser wirkte von 1755 bis 1763 als Konrektor, von 1763 bis 1795 als Rektor. Heerwagen führte neue Fächer wie Naturlehre und Französisch ein und ließ im Deutschunterricht zeitgenössische Dichter lesen. Trotz aller Bemühungen verlor aber die Kulmbacher Lateinschule im Jahr 1776 die Berechtigung, die Hochschulreife zu verleihen. Das war künftig nur noch in Bayreuth und Hof möglich.

Die „Alumnen" waren mittellose Schüler des Lyceums.[419] Sie bezahlten kein Schulgeld und bekamen Unterkunft, Kleidung, Heizung, Licht und Bücher unentgeltlich, ebenso die Kost, teils als Mittagstisch bei Kulmbacher Bürgern, teils als Lebensmittelspenden. Dafür mussten sie bei den Gottesdiensten anwesend sein, um den Gesang der Gemeinde zu unterstützen: beim Frühgottesdienst in der Spitalkirche (im Sommer um 6 Uhr, im Winter um 7 Uhr), dann im Hauptgottesdienst in der Petri-Kirche. Die Jüngeren nahmen mittags um 12 Uhr an der Kinderlehre teil. Dann wirkten sie beim Nachmittags- oder Vespergottesdienst

mit. Sie sangen auch werktags bei den Gottesdiensten, ferner bei Hochzeiten und Beerdigungen. An zwei Nachmittagen in der Woche zogen sie, Choräle singend, durch die Stadt und sammelten dabei für die Lehrer und für sich Gaben ein. Besonders anstrengend war das „Landsingen" in den Dörfern der Dioecese Kulmbach. Da wanderten die Schüler bis ins Fichtelgebirge und in die Fränkische Schweiz. Sie waren sechs Wochen unterwegs, um singend Gaben zu sammeln. Was in der Lateinschule in dieser Zeit durchgenommen worden war, hatten sie nachzuholen. Ab Herbst 1751 gab ihnen Silchmüller eine Bescheinigung mit, weil es vorgekommen war, dass Bayreuther Alumnen schon vorher im Kulmbacher Gebiet gewesen waren. Das Umsingen an Neujahr verlegte der Superintendent auf den 1. Advent, weil viele Alumnen wegen der Kälte krank geworden waren.[420]

Nicht von allen Bürgern wurden die Alumnen unterstützt. So kam im September 1746 eine Abordnung der Schüler zum Superintendenten mit der Bitte, von der Begleitung einer bestimmten Beerdigung verschont zu werden, weil die betreffende Familie in den letzten zehn Jahren den Sängern nicht einmal einen Bissen Brot gegeben habe. Silchmüller schrieb an Bürgermeister und Rat, dass er die Haltung der Alumnen schon verstehen könne. Bevor es aber nun so weit komme, solle ein Mitglied des Rates mit dem Witwer Gabriel Büttner reden, ob er sich damit abfinde, dass der Chor bei der Beerdigung seiner Frau weg bleibe, oder ob er künftig die Alumnen unterstützen möchte. Im Nachgang zu diesem Schülerprotest verfasste der damalige Rektor Johann Sebastian Arzberger eine Liste der Kulmbacher, die in der letzten Zeit die Unterstützung verweigert hatten, manche trotz vorheriger Zusagen.[421]

Gleich nach seiner Ankunft konnte Silchmüller einen Streit schlichten, der schon zwanzig Jahre dauerte. Im Jahre 1721 hatte der Magister Christian Erdmann Goldner mit der tatkräftigen Unterstützung der Einwohner in Mangersreuth die Kirche wieder aufgebaut, die 168 Jahre lang eine Ruine gewesen war. Die Kulmbacher Pfarrer waren darüber verärgert, denn sie verloren durch den Kirchenbau die Abgaben dieser Gemeindeglieder. Da fiel manches böse Wort sowohl auf der Kulmbacher wie auf der Mangersreuther Kanzel. Die Kulmbacher erreichten es, dass Goldner abgesetzt und kurze Zeit sogar ins Gefängnis geworfen wurde. Die Mangersreuther aber beharrten auf einem Gottesdienst in ihrer Kirche. Das Konsistorium, dem Silchmüller angehörte, riet dem Markgrafen, Mangersreuth zu einer selbständigen Pfarrei zu erheben. Das geschah im Jahr 1740.

Als die Kulmbacher Pfarrer sahen, dass die Mangersreuther Einnahmen endgültig verloren waren, gewannen sie den Kulmbacher Amtshauptmann für ihr Anliegen, sich anderweitig Ersatz zu holen. Dieser lud die Bauern von Kauernburg, Aichig und der Oberen Purbach zu einer Zusammenkunft und überredete sie, sich aus der Pfarrei Untersteinach auspfarren und in die Kulmbacher Gemeinde einpfarren zu lassen. An dem Treffen im September 1740 nahm der alte Superintendent Dieterich nicht teil, wohl aber die übrigen Kulmbacher Pfarrer.[422] Die Bauern unterschrieben zwar den Vertrag, aber sie fühlten sich überfahren und verweigerten in der Folgezeit die Abgaben. So ging der Streit Jahre lang weiter. Im Dezember 1744 setzte der Amtshaupt-

mann einen neuen Termin fest. Silchmüller war anwesend. Gemeinsam konnten sie die Bauern gewinnen, dass sie den Vertrag nun einhielten. Die Untersteinacher Pfarrei bekam einen kleinen Ersatz; sie konnte in Fölschnitz ihren Sprengel um ein Haus erweitern.

Die angeordneten Sammlungen kosteten dem Superintendenten viel Zeit und Kraft. Zunächst kündigte er in einem Circulare an, wann welche Kollekte erhoben werden solle. Dann musste er wiederholt mahnen, das Geld doch bitte nach Kulmbach zu überbringen. Als letztes Druckmittel gegenüber den Säumigen wirkte die Androhung, auf Kosten des Pfarrers einen Eilboten zu schicken, der die Kollekte abholte.[423] Der Superintendent zählte die Kollekten nach, quittierte sie und leitete die Gesamtsumme an den Bestimmungsort weiter.

Wofür wurde gesammelt?[424] Die meisten Kollekten kamen der neugegründeten Universität Erlangen zugute. Man sammelte dafür an Neujahr, an den sieben Sonntagen in der Fastenzeit, an den drei großen Feiertagen Weihnachten, Ostern und Pfingsten, am Sonntag nach Trinitatis und am Herbstbußtag. Für das Bayreuther Waisenhaus wurden zwei Kollekten erhoben, nämlich am Sonntag Judika und am Trinitatissonntag (in der ersten Zeit am 2. Weihnachtstag). Die Taxgelder für Taufen und Trauungen bekam das Zuchthaus in St. Georgen. Darüber hinaus wurden häufig einmalige Kollekten angeordnet, wenn ein Pfarrhaus, eine Schule oder eine Kirche neu gebaut werden sollte, wenn Menschen durch Brandkatastrophen in Not geraten waren – es brannten immer wieder ganze Städte ab. Bei diesen Kollekten ging die Solidarität über die Grenzen des Markgraftums hinaus. Man sammelte für

Kirchenbauten und abgebrannte Städte in Thüringen, Sachsen, Hessen, Württemberg. Und Silchmüllers Horizont reichte noch weiter. In der Dioecese Kulmbach ließ er eine Kollekte für die deutschen Auswanderer in New York einsammeln.[425] Diese wurden von Sendboten aus Halle und Herrnhut betreut. Silchmüller unterstützte die Arbeit der Hallenser in Nordamerika und in Südindien.[426]

Ende des Jahres 1745 ordnete das Konsistorium eine Lotterie zugunsten der Friedhofskirche in Alt-Erlangen an. Es wurden zunächst nur wenige Lose verkauft, so dass die geplante Ziehung der Gewinne verschoben werden musste. Im April 1746 ging eine zweite Aufforderung an die Pfarrämter, es sollten weitere Lose à drei Gulden rhein. gekauft werden. Silchmüller übernahm diese Aufgabe höchst ungern, da sie ihm viel Schreibarbeiten bescherte. Eine Lotterie war ihm auch gewissensmäßig zuwider. „Ich bin überhaupt von Lotterien niemahlen ein Freund gewesen, und können meine Herrn Capitulares desto sicherer zutrauen, daß mir recht schwer ankommt, mich mit dieser Sache weiter zu meliren." Aber er wolle dem Befehl des Fürsten gehorchen. Es gehe ja darum, die hochverschuldete Erlanger Kirchenstiftung zu unterstützen.[427]

Ein langes Schreiben widmete Silchmüller der „Capitul-Chaise".[428] Die Kutsche seines Vorgängers sei schon vor seinem Umzug nach Kulmbach unbrauchbar gewesen. Man habe sie zusammengeschlagen und die Eisenteile verkauft. Bis ins Jahr 1745 hinein habe er, Silchmüller, seine private Kutsche verwendet, wenn er über Land fahren musste, um Baumaßnahmen zu begutachten, die Rechnungen zu prüfen und Pfarrer einzusetzen. Bei einer Fahrt nach Himmelkron

Petrikirche und Haus des Superintendenten, daneben das „Kutschenhaus" und eine Scheune

aber hätten die Pferde gescheut, die Kutsche umgeworfen und eine Strecke auf der Seite liegend mitgeschleift, bis sie auseinander gebrochen war. Die Chaise sei nun zwar wieder repariert, befinde sich aber in einem so schlechten Zustand, dass er sie nur noch für Fahrten nach Bayreuth verwenden wolle, wenn er wegen des Waisenhauses und des Konsistoriums dort sein müsse.

Es sei also unumgänglich, wieder eine „Capitul-Chaise" anzuschaffen. Nun habe sich eine günstige Kaufgelegenheit ergeben. Die Gemahlin des Kommandanten auf der Plassenburg, des Obristen von Lüh, habe eine neue Reisechaise bestellt und sei plötzlich verstorben. Der Oberst wolle sie für hundert Gulden abgeben, weil es für einen guten Zweck sei. Der wirkliche Wert betrage sicher hundertfünfzig Gulden. Silchmüller berichtet den Kapitularen, er habe zugegriffen und den Betrag zunächst ausgelegt. Da sich in der Kapitelskasse nicht einmal dreißig Gulden befänden, bitte er die Kirchenstiftungen, die Kaufsumme anteilmäßig in zwei Raten zu übernehmen. Die wohlhabenden Kirchen sollten etwas mehr geben als die armen. Er rechne damit, dass sich die Patronatspfarreien nicht ausschließen würden; denn sie stünden ja unter dem „ius episcopale Serenissimi nostri Clementissimi"[429] und nähmen die Dienste des Superintendenten in Anspruch.

Jährlich besuchte Silchmüller die Pfarreien, um die Rechnung der Kirchenstiftungen zu prüfen. Dabei anwesend war ein weltlicher Beamter, bei Adelspfarreien ein Vertreter des Patrons. Die Pfarrer standen unter strenger Aufsicht. Für Baumaßnahmen durften sie ohne Genehmigung keinen Gulden ausgeben. Ausgaben bis 5 Gulden musste der Superintendent genehmigen, bei allen höheren Ausgaben redete das Konsistorium mit. Unberechtigte Ausgaben wurden von dem Pfarrer zurückgefordert.[430] Silchmüller prüfte die Stiftungswälder und stellte fest, dass öfter zu viel Holz eingeschlagen worden war. Manche Bäume hätte man besser in späteren Jahren gefällt, was einen höheren Gewinn gebracht hätte.[431]

Gleich zu Beginn von Silchmüllers Kulmbacher Zeit forderte das Konsistorium Angaben darüber, wie viel in den letzten drei Jahren für Speise und Trank anlässlich einer Prüfung ausgegeben worden sei und wer an den Mahlzeiten teilgenommen habe. Offensichtlich hatten manche Pfarrer versucht, durch opulente Mahlzeiten bei den Prüfern „gut Wetter" zu machen.

Wenn eine Pfarrstelle unbesetzt war, hatte der Superintendent für die Vertretung zu sorgen. Als am 7. März 1744 der Himmelkroner Pfarrer Johann Georg Winckelmann im 55. Lebensjahr an einem „hitzigen Fluß-Fieber" gestorben war, schickte Silchmüller eine Liste für die Gottesdienste des nächsten halben Jahres herum. Jeder Pfarrer solle wenigstens einen Gottesdienst in der verwaisten Gemeinde übernehmen. Nur alte und kranke Pfarrer blieben verschont, ebenso die weit entfernt wohnenden in Muggendorf, Streitberg, Wonsees und Trumsdorf. Pfarrer Matthäus Markus Roth von der Nachbarpfarrei Lanzendorf sollte die Verwaltung, die Kasualien und den Unterricht für die Katechumenen übernehmen.[432]

Noch einmal neu musste Silchmüller die Vertretung in Goldkronach organisieren. Er hatte alle zwei Wochen einen ordinierten Pfarrer eingeteilt, der Beichte und hl. Abendmahl anbieten sollte. Die Gottesdienste dazwischen wurden vom Kantor und von Kandidaten der Theologie übernommen, die wegen fehlender Ordination die Sakramente nicht verwalten durften. Darauf schrieben Bürgermeister und Rat im Namen der Pfarrgemeinde, es seien bei ihnen viele Kranke und Schwangere und es bestehe „Gefahr für die Seelen", wenn während des ganzen Gnadenjahres für die Pfarrwitwe nur alle zwei Wochen das Altarsakrament ausgeteilt werde. Sie bäten darum, an jedem Sonntag einen ordinierten Pfarrer zu schicken.[433]

Welche Form der Beichte war damals üblich? Im Jahr 1735 gab das Konsistorium, dem Silchmüller angehörte, eine Gebetssammlung unter dem Titel „Allgemeine Kirchen-, Buß- und Festgebete" heraus. Hier findet sich ein Formular für eine „Allgemeine Beichte".[434] Die Einzelbeichte vor einem Seelsorger war in der evangelischen Kirche immer mehr in Verfall geraten. Aus dem persönlichen Bekenntnis von Schuld und dem seelsorgerlichen Gespräch war in der Zeit der Orthodoxie ein Glaubensverhör geworden. Im Laufe der Zeit erfolgte bloß noch ein Austausch von Formeln. Das wurde von pietistischen Pfarrern abgelehnt. Trotzdem wurde eine „Einzelbeichte" – was immer das gewesen sein mag – vor dem Abendmahlsgang allgemein geübt, wie ein Konsistorialschreiben zeigt.[435] Darin wird erinnert, dass kein Pfarrer ohne Genehmigung des Konsistoriums ein Gemeindeglied vom Beichtstuhl und von der Kommunion zurückweisen dürfe. Es seien Klagen eingegangen, dass Landgeistliche aus „Privat-Affecten" ein Gemeindeglied weggeschickt hätten. Das sei ein Missbrauch des Seelsorgeramtes.

Ein besonders festlicher Akt war jedes Mal die Einführung des neuen Pfarrers in einer Gemeinde. In einem Kirchleuser Kirchenbuch[436] berichtet Pfarrer Johann Georg Kapp über seine „Installation". Obwohl Kapp im Dezember 1761 nach Kirchleus versetzt worden war, erfolgte sie erst am 29. April 1764. Silchmüller hatte sie so lange verschoben, weil während des Siebenjährigen Krieges die Straßen infolge der Truppendurchzüge unsicher geworden waren. Auch trieben sich wiederholt Räuber- und Verbrecherbanden herum. Durch ein Schreiben, das der Circular-Bote brachte, teilte Silchmüller nun den Termin mit

und beauftragte den Pfarrer, mit dem Kirchenpatron Otto Georg Philipp von Guttenberg das Nötige zu besprechen. Zur Abholung „Seiner Excellence" bestellte der Baron bei der Post in Kulmbach den Postillion und vier Pferde. Sie brachten die Kapitels-Chaise am Samstagnachmittag nach Kirchleus. Der Pfarrer reichte Silchmüller, dessen Gemahlin und dem Senior Friedrich Ernst Otto zum Empfang „einen Coffee und etwas Gebackenes". Auch das Abendessen wurde im Pfarrhaus eingenommen. Dazu erschienen der Baron von Guttenberg, der Hofmarschall Auer von Auersberg und Leutnant von Linstädt, die sich gerade im Schloss aufhielten, ferner der Konsulent Schneider als Guttenbergischer Beamter und der Kirchleuser Schulmeister Johann Georg Leeser. Bedient wurde die Tafel von den beiden Gotteshauspflegern und von Silchmüllers Famulus. Nach dem Essen besprach Silchmüller mit dem Pfarrer und dem Schulmeister, der die Orgel spielte, den Ablauf des Gottesdienstes. Das Ehepaar Silchmüller und der Senior übernachteten im Pfarrhaus, die übrigen auswärtigen Gäste, zu denen sich noch der Amtsvogt von Kürbitz gesellt hatte, kamen im Gasthaus unter.

Der Morgenkaffee wurde im Pfarrhaus eingenommen. Um 9 Uhr zogen die Geistlichen, die beiden weltlichen Beamten, die Gotteshauspfleger und die Schultheißen der Kirchengemeinde in das Gotteshaus, wo sie ein Bläserchor aus Küps mit einer Intrade begrüßte. Der Lehrer hatte einen Chor eingeübt, so dass der Gottesdienst reichlich mit festlicher Musik ausgeschmückt war. Der Senior Otto sang die Liturgie und Silchmüller hielt die Predigt über das Evangelium des Weißen Sonntags unter dem Thema „Der evangelische Prediger als Bote des Friedens". Er sprach am

Schluss ein freies Gebet, „welches sich auf die Umstände schickte". Die eigentliche Einsetzung erfolgte in der Weise, dass der Senior die „Berufung zum Hirtenamt der Gemeinde Kirchleus" und der Amtsvogt das Präsentationsschreiben der Hochfürstl. Regierung lasen. Dann fragte der Superintendent den Schulmeister, die beiden Gotteshauspfleger und die acht Schultheißen nacheinander, ob sie den Pfarrer annehmen, mit ihm zusammenarbeiten und die Abgaben leisten wollten. Sie versprachen es durch Handschlag dem Superintendenten, dem Amtsvogt und dem Pfarrer. Zum Mittagsmahl lud der Baron ins Schloss ein. Dazu kamen noch einige adelige Herrschaften aus der Umgebung. Für die Gotteshauspfleger, Schultheißen, Sänger und Musiker wurde im Gasthaus ein Essen gereicht: eine Suppe, dann ein halbes Pfund Rindfleisch mit Meerrettich, Sauerkraut, Weizenklößen, dazu bekam jeder einen Laib Schwarzbrot, ein „Kreuzer-Laiblein" und „eine Maaß Bier". Die Bewirtungskosten teilten sich der Pfarrer und die Stiftungen Kirchleus und Gössersdorf. Das Abendessen war für das Ehepaar Silchmüller und Senior Otto wieder im Pfarrhaus, wo sie noch einmal übernachteten, weil sie am Montag nach Seibelsdorf weiterfahren wollten. Dort sollte am Walburgis-Tag (1. Mai) der Pfarrer Johann Samuel Klingsohr eingesetzt werden.

Während Silchmüllers Kulmbacher Zeit wurde eine ganze Reihe von Stiftungen errichtet. Am 1. September 1741 bestimmte die Witwe des Kastenamtmanns, Anna Katharina Saher, dass nach ihrem Tod ihr Besitz einem Pfarrwitwenstift zugute kommen solle.[437] Die Witwen der Pfarrer lebten oft in bitterer Armut; denn mit dem Wegzug aus dem Pfarrhaus verloren sie alle Einkünf-

te. Das Kulmbacher Stift sollte sechs arme Predigerwitwen aufnehmen. Zur Stiftung, die die Witwe Saher im Jahr 1745 aufstockte, gehörten das Wohnhaus in der Oberen Stadt mit Garten und Fischkasten, ferner ein Kapital von 7250 Gulden, aus dessen Zinsen die Witwen eine kleine Rente bekommen sollten. Sie stiftete außerdem 1000 Gulden, damit für vier arme Kinder das Schulgeld bezahlt werde, ferner 600 Gulden zu einem Stipendium für einen Studenten. Kleinere Stiftungen erhielt Silchmüller von der Witwe Saher für die Alumnen und für Arme in der Stadt.

Mit Silchmüller verbunden waren auch Johann Konrad Ott und seine Frau Katharina Elisabetha. Diese kauften sich im Jahr 1757 ins Bürgerspital ein, nachdem sie ihre drei Kinder hatten begraben müssen. Hier lebten sie sehr sparsam und suchten sich Arbeit, um noch Geld zu verdienen. Das verwendeten sie nicht für sich selbst, sondern sparten es, um einige Stiftungen zu machen. So ließen sie in der Spitalkirche an den Emporen 47 Bilder über biblische Geschichten malen und die Orgel restaurieren. Sie machten Stiftungen für die Kulmbacher Lateinschule und das Bayreuther Waisenhaus. Ihr Bildnis befindet sich in der Spitalkirche als Erinnerung und Dank.

Die „Kulmbacher Prinzessin" Christiane Sophie Wilhelmine kannte Silchmüller schon aus seiner Bayreuther Zeit. Zu Neujahr 1738 hatte sie ihm einen Gruß mit der Bitte geschrieben, ihr Franckes Postille über die Episteln zu schicken. Für den schon erhaltenen Band mit Predigten über die Sonntagsevangelien legte sie 18 Groschen in den Brief. Unterschrieben war der Neujahrswunsch mit den Worten „Meines Gelehrten Herrn Hofpredigers Ergebene Freundtin Wilhelmine".[438]

Die Eheleute Johann Konrad und Katharina Elisabetha Ott trugen mit ihren Stiftungen zur Ausschmückung der Kulmbacher Spitalkirche bei.

Die Prinzessin war die einzige Tochter des verstorbenen Markgrafen Georg Wilhelm und seiner Gemahlin Sophie von Sachsen-Weißenfels.[439] Bis zu ihrem zwölften Lebensjahr lebte sie bei ihrer frommen Tante Christiane Eberhardine, der Ge-

mahlin Augusts, des Starken, in Dresden. Georg Friedrich Carl, der spätere Bayreuther Landesherr, interessierte sich für die junge Prinzessin. Aber ihre Mutter hintertrieb es. Sie brachte die Tochter mit dem Kammerjunker und Hauptmann Ernst Bogislav von Vobser zusammen. Die Prinzessin wurde schwanger und gebar Zwillinge. Ihr Vater ließ sie deshalb auf der Plassenburg gefangen setzen. Die Zwillinge starben, und Vobser musste das Land verlassen. Ab 1727 durfte die junge Fürstin im so genannten „Prinzessen-Haus" in Kulmbach wohnen. Wohl weil sie hoffte, durch hohe Protektion doch noch mit Vobser zusammenleben zu können, trat sie im Jahr 1728 in Stadtsteinach zur katholischen Kirche über. Aber nach vier Jahren wollte sie diesen Schritt rückgängig machen. Der Markgraf Georg Friedrich Carl schickte ihr den Oberhofprediger Hagen zum Unterricht. Am Osterfest 1733 wurde sie wieder in die evangelische Kirche aufgenommen. Der damalige Superintendent Dieterich nahm ihr die Beichte ab und reichte ihr die Kommunion.

Sie lebte jetzt zurückgezogen im Prinzessen-Haus, las viel in der Bibel und in Erbauungsbüchern. Sie starb mit 48 Jahren am 15. Juli 1749. Die Lieder zu ihrer Beerdigung hatte sie selbst gedichtet; auch hatte sie die Bibeltexte ausgesucht, die gelesen werden sollten. Ihr Kleid im Sarg war weiß und grün – weiß, um die Unschuld des Herrn Jesus anzudeuten, mit der er sie überkleidet habe, und grün als Farbe der Hoffnung, dass sie das Antlitz des Erlösers sehen werde. Die Beerdigungsansprache hielt der Superintendent Silchmüller nach ihrem Wunsch ohne Lebenslauf, sondern als Lobpreis des barmherzigen Gottes. Sie stiftete 200 Gulden für das Bayreuther Waisenhaus und 100 Gulden für die Kulmbacher

Armen. Dieses Geld teilte Silchmüller in „Wilhelminenruh", dem Garten der Prinzessin, an die einzelnen aus.

Ein wenig rühmliches Nachspiel gab es noch wegen der Gebühren für die Beerdigung, die der Markgraf Friedrich zu zahlen hatte. Silchmüller schrieb einige Bittbriefe wegen der Auszahlung nach Bayreuth, da etliche, die bei der Beerdigung beteiligt waren, das Geld dringend bräuchten. Der Hofrat Richter antwortete, er werde laufend vertröstet, auch habe der Markgraf noch nicht zu erkennen gegeben, was er beabsichtigte. Endlich, fast zwei Monate nach der Beerdigung, erhielten Kantor, Organist, Totengräber, Kreuzträger, Sänger und Pfarrer die ihnen zustehenden Gebühren.[440]

Silchmüller bemühte sich um ein gutes Verhältnis zur Kulmbacher Stadtverwaltung. Er konnte aber auch streiten, wenn es um seelsorgerliche Fragen oder um Rechte der Kirchengemeinde ging.

So meldete die Stadt an die Regierung, Silchmüller habe die Witwe Schleicher vor Ablauf des Trauerjahres mit Johann Steger proklamiert und copuliert. Die Regierung äußerte in einem Schreiben vom 7. Februar 1748 ihr Missfallen und forderte von Silchmüller einen Bericht. Dieser antwortete, dass die Witwe Schleicher in einer schwierigen Situation gewesen sei. Sie betreibe das Fuhrgeschäft ihres verstorbenen Mannes, könne sich aber gegen die Fuhrleute nicht durch-

Die beiden Emporen der Spitalkirche sind mit Bildern aus dem Alten und Neuen Testament ausgeschmückt. Hier sind folgende Szenen abgebildet: Jesus feiert mit den Jüngern das Abendmahl, er wird vor Pilatus verklagt, er stirbt am Kreuz.

setzen. Nun sei sie froh gewesen, in Johann Steger jemand gefunden zu haben, der dazu in der Lage sei. Sie seien sich kurz vor der Fastenzeit einig geworden. Da aber in dieser Zeit bis zwei Wochen nach Ostern Trauungen nicht erlaubt seien, hätten sie in der Woche vor dem Aschermittwoch um die Eheschließung gebeten. Das sei vierzehn Tage vor Ablauf des Trauerjahres gewesen. Die Regierung gab sich mit diesem Bericht zufrieden.[441]

Einen langen Streit führte Silchmüller um das Lehnsrecht am „Beckenhaus im Kirchwehr". Dort war am 3. November 1748 der „Weißbeckenmeister" Johann Georg Herpich ohne Erben gestorben. Obwohl das Haus ein kirchliches Lehen war, hatten Vertreter der Stadt das Inventar des Verstorbenen noch am Todestag in Besitz genommen und das Haus versiegelt. Nun schrieb der Superintendent an den Stadtsyndikus Johann Adam Will, dieser möge in der Ratsregistratur nachschauen, ob für das Beckenhaus „Actus obsignaturae et inventurae" vorhanden seien.[442] Wenn in städtischen Unterlagen etwas zu finden sei, wolle er, Silchmüller, nicht streiten, wenn aber nicht, dann dürfe er von den kirchlichen Rechten nichts verschenken. Den Vorschlag Wills, Stadt und Kirche könnten gemeinsam die Verwaltung des Lehens übernehmen, lehnte Silchmüller ab. Er beharrte darauf, dass es sich beim Beckenhaus eindeutig um ein kirchliches Lehen handle. Deshalb hätte die Stadt nicht „obsigniren" und „inventiren" dürfen. Bürgermeister und Rat aber betrachteten dies als „ihr Recht", weil das Lehen im Stadtbereich liege. So zog sich der Streit drei Jahre hin. Das Regierungskollegium in Bayreuth drückte sich vor einer Entscheidung. Silchmüller freilich ließ sich nicht mürbe machen. Er fand die

Stiftungsbriefe des Grafen Otto von Orlamünde aus dem Jahr 1321. Als auch diese Beweismittel bei den Geheimen Räten nichts bewegten, wandte sich Silchmüller direkt an den Markgrafen Friedrich. Dieser gab am 5. Oktober 1751 der Stadt den Bescheid, dass es nicht darum gegangen sei, der Kirche ein Recht zu nehmen, als er die Kulmbacher Privilegien bestätigt habe. Die Kirche besitze in diesem Fall nach wie vor das Recht der Obsignatur und Inventur.[443]

Am 26. November 1753 jährte es sich zum zweihundertsten Mal, dass die Stadt Kulmbach im Bundesständischen Krieg zerstört worden war. Der „Conradi-Tag" war Jahrhunderte lang als Bußtag begangen worden. Als Silchmüller in die Stadt kam, war diese Tradition allerdings eingeschlafen. Nun baten ihn Bürger, den Jahrestag wieder als Buß- und Danktag zu begehen. Silchmüller schrieb an das Konsistorium, dessen Sekretär Johann Georg Dieterich, ein Sohn des früheren Kulmbacher Superintendenten, war und bat um die Erlaubnis. Sowohl das Konsistorium als auch der Stadtrat äußerten Zustimmung.

So wurde der Conradi-Tag wieder gefeiert. Schon am 25. November, einem Sonntag, lud der Superintendent statt zur Nachmittagspredigt zu einem Buß- und Beichtgottesdienst ein. Am 26. November arbeitete in der Stadt kein Handwerker. Die Frühpredigt in der Spitalkirche hielt der Subdiaconus und Schlossprediger Georg Andreas Meyer. Er feierte anschließend einen Gottesdienst in der Kapelle der Plassenburg. Zum Hauptgottesdienst um 8 Uhr zogen die Lateinschüler und die Schüler der beiden „Teutschen Schulen" mit Pfarrern und Lehrern in die St. Peters-Kirche ein. Silchmüller predigte über die Worte aus den Klageliedern: „Die Güte des HErrn ist's, daß wir nicht gar aus sind, und Seine Barmherzigkeit hat noch kein Ende." Und die Gemeinde sang den „Ambrosianischen Lobgesang". Bei der Nachmittagspredigt um 13:30 Uhr las der Senior Johann Matthäus Möckel die „Historie von der Zerstörung Culmbachs". Während der Betstunden an den Werktagen wurden Worte aus den Klageliedern Jeremias ausgelegt. Beim Predigtgottesdienst am Freitag sprach der Syndiaconus Friedrich Ernst Otto. Danach knieten die vier Geistlichen vor dem Altar nieder und beteten mit der Gemeinde die Litanei.

Silchmüller lobte in seinem Bericht die große Beteiligung der Gemeinde. Um den Kindern das Ereignis noch auf andere Weise einzuprägen, erhielten die 217 Schüler der „Teutschen Schule" einen „Dreyer-Wecken" und die fünfzig Lateinschüler einen „Fünfer-Wecken" von der Kirchenstiftung.

Von den Predigten zu diesem Gedenktag sind keine Unterlagen erhalten geblieben. Aber das „Große Bußgebet", das Silchmüller am 26. November sprach, ist überliefert. Da heißt es u.a.: „Gieb besonders unserm gnädigsten theuersten Landes-Fürsten und Herrn erleuchtete Augen zu sehen, was zu seinem Frieden und zu des Landes Besten dient. Gieb ihm ein huldreiches und väterliches Hertz gegen seine Unterthanen, damit Er sich ihrer Noth erbarmen möge. Pflantze in seine theure Fürsten-Seele eine heilige Ehrerbietung gegen Deine Göttliche Majestät und zärtliches Mitleiden mit den Nothleidenden, auf daß der Sünden und Seufzer des Landes weniger und Dein Seegen unter uns erhalten werde." Es war gerade die Zeit, als der Fürst Kirchen und Untertanen ausplünderte, um seine Prunkbauten zu errichten.[444]

3.2. Das Konventikelverbot in Kulmbach

Am 17. Juli 1743 ging ein erneuter Befehl an die Superintendenten, dass Erbauungsstunden in Privathäusern nicht gestattet würden.[445] Es entstünden dadurch nur Missverständnisse, Trennungen und andere negative Folgen, und die Verbesserung des Christentums werde mehr gehindert. Wo immer noch solche Erbauungsstunden gehalten würden, solle mit Zwangsmaßnahmen dagegen vorgegangen werden.

Interessant ist Silchmüllers Kommentar im gleichen Circular: Es sei nicht bekannt, dass Privatversammlungen in der Dioecese Kulmbach gehalten würden. Deshalb sei es nicht nötig, das Reskript öffentlich zu verlesen. Anstatt das Verbot bekannt zu machen, empfiehlt er den Pfarrern, etwas „für das unwissende Volck" zu tun. Sie sollten nicht nur durch die Predigt am Sonntagvormittag, sondern auch durch Katechesen am Nachmittag die Menschen zur „Gottseligkeit" anleiten. Die Nachmittage sollten nicht „mit dem schläfrigen Lesen einer Predigt" ausgefüllt werden, sondern durch lebendigen Unterricht mit der Jugend, durch Frage und Antwort, durch Erzählen und Erklären. Da würden auch die Erwachsenen gerne zuhören. Die Sonntage sollten mit Liebe und Ernst gestaltet werden, denn das „arme Landvolck, welches unter der Arbeits-Last seufzet", sei an Wochentagen kaum zu besonderen Veranstaltungen zu bringen.

In Kulmbach hatte das Konventikelverbot schon einige Wochen später eine geradezu groteske Auswirkung. Silchmüller musste darüber einen Bericht an das Konsistorium schicken.[446] Folgendes war geschehen: Der Kammerschreiber des Grafen Reuß zu Ebersdorf, Johann Leonhard

Weinel, besuchte seine Mutter und seine Geschwister im Haus des Buchbinders Paul Ernst
Lumscher. Die Mutter wollte nämlich ihren Kindern den Besitz aufteilen. Am Abend schlug Weinel vor, eine Andacht zu halten. Sie sangen einen
Choral, lasen einen Abschnitt aus der Bibel – einige Anwesende sagten dazu einige Bemerkungen – und beteten am Schluss. Anwesend waren
dreizehn Personen, außer Weinel und sein Reise-
gefährte aus Ebersdorf – ein Buchdrucker – vor
allem Verwandte des Kammerschreibers. Dazu
kamen noch der Koch der Prinzessin und seine
Frau, sowie der Buchdrucker Johann Albrecht
Spindler (sie kannten Weinel, weil sie früher in
Ebersdorf gearbeitet hatten). Der Koch brachte
noch die Kammerjungfer Grüner und die Schnei-
derin Meseth aus dem Prinzessenhaus mit.

Am nächsten Tag besuchte Weinel den Senior
und Archidiaconus Keck, den er von früher
kannte. Er erzählte nebenbei von der Zusammenkunft am Abend zuvor. Darauf erklärte Keck,
das sei verboten. Weinel möge das unterlassen,
weil es der Gemeinde Ärgernis geben könne.
Weinel erwiderte, er sehe darin nichts Schlechtes,
wenn sich Freunde und Verwandte im Glauben
stärkten. Keck hielt dagegen, da der Superintendent auswärts sei (er prüfte in Harsdorf, Nemmersdorf, Bischofsgrün und Gefrees die Rechnungen), trage er, Keck, die Verantwortung und
er untersage hiermit solche Versammlungen. Weinel meinte, das könne ihm niemand verbieten.

Darauf informierte Keck den Bürgermeister
Peter Gottfried Leßner, der den Stadtvogt Krahmer benachrichtigte. Der schickte am Abend Büttel und Stadtknechte in das Haus in der Oberen
Stadt und ließ die Anwesenden verhaften. Auf
dem Vogteiamt verhörte er keinen Verhafteten,

*Johann Christoph Silchmüller als Superintendent
von Kulmbach. Die Bilder der Kulmbacher Superintendenten befinden sich im jeweiligen
Kirchenbuch, in das die Taufen, Trauungen und
Beerdigungen eingetragen wurden.*

fragte auch nicht, was eigentlich passiert sei, sondern beschimpfte sie und drohte den Kulmbacher Teilnehmern mit Landesverweis. Die Betroffenen versprachen, dass sie zukünftig Derartiges unterlassen würden. Weinel reiste am nächsten Tag mit seinem Gefährten ab.

Die Angelegenheit sei aber damit noch nicht beendet gewesen, berichtete Silchmüller. Bewohner der Stadt seien durch Gerüchte und Verleumdungen so aufgeputscht worden, dass sie sich zu Beschimpfungen und Gewalttätigkeiten gegen Familienglieder Weinels hinreißen ließen. Leider habe der Syndiaconus Kretschmann durch seine Predigt am Sonntag „Oel ins Feuer gegossen". Er habe „mit beyseitesetzung aller theologischen Klugheit und moderation" solche ehrenrührigen Schmähungen gegen die Teilnehmer der Andacht geäußert, dass er einen Beleidigungsprozess an den Hals bekäme, wenn er das über einen anderen gesagt hätte.

Am Abend des Sonntags sei der Stadtvogt noch einmal tätig geworden. Die Braut des Buchbinders Lumscher sei nämlich mit ihrem Vater von Hof gekommen. Abends gingen die Kammerjungfer und der Koch der Prinzessin ins Haus, um Lumscher und seine Schwester zu besuchen. Der Stadtvogt erfuhr es und schickte den Schreiber und zwei bewaffnete Knechte in Lumschers Haus mit dem Befehl, diejenigen festzunehmen, die man über der Bibel oder einem Andachtsbuch versammelt finde. Als sie aber ins Zimmer stürmten, saßen der Koch und der Buchbinder Lumscher bei einem Krug Bier und einer Pfeife Tabak. Alle hätten gelacht, und die Bediensteten der Stadt seien wieder gegangen.

Als Silchmüller von seiner Reise zurückkehrte, hatte der Stadtvogt Krahmer schon nach Bayreuth berichtet, dass es in Kulmbach Pietisten gebe, die verbotener Weise Konventikel abhielten. Nun forderte das Konsistorium eine Stellungnahme vom Superintendenten. Dieser berichtete, dass er mit Keck und Kretschmann geredet habe. Beiden tue es leid, dass durch ihre Hitzigkeit die Sache einen solchen Verlauf genommen habe. Sodann stellte Silchmüller fest, dass in Kulmbach keine privaten Konventikel bestünden. Er betonte aber auch, dass eine christliche Obrigkeit darin kein Verbrechen sehen solle, wenn Verwandte und Freunde, die sich lange nicht gesehen hätten, einander im Glauben stärkten und erbauten. Er berichtete auch, was die Schwestern Lumschers dem Amtsvogt vorgehalten hätten. Im vorigen Jahr hätten sie an einigen Abenden Bier ausgeschenkt. Es sei Lärm, Grölen und Singen im Hause gewesen, „als ob der Teufel selbst losgelassen sey". Da hätte die Obrigkeit nichts unternommen. Aber jetzt, wo sie und ihre Geschwister anfingen, diesen Unfug zu lassen und ein christliches Leben zu führen, würden sie hart hergenommen. Silchmüller erwähnte auch, dass der Bürgermeister Leßner und die Stadträte das Vorgehen des Stadtvogts im Nachhinein nicht gebilligt hätten.

Interessant in Silchmüller Bericht ist seine Bemerkung zu der Behauptung Krahmers, „es seien Pietisten in der Stadt, die Konventikel abhielten". Der Herr Stadtvogt hätte definieren sollen, was er unter „Pietisten" versteht: „Sind es Irrgeister oder Christen, die nach Gottseligkeit streben?" Auch ihn, Silchmüller, hätte man „als einen Pietisten ausgeschrieen", aber es habe niemand beweisen können, dass er Irrlehren verbreite. „Pietist" sei ein „konfuser Begriff". Man verstehe darunter Fanatiker, Separatisten und Enthusiasten, die mehr auf persönliche Inspirationen als auf die heilige Schrift achteten, die die Kindertaufe verwürfen und den öffentlichen Gottesdienst mieden. Man solle sie nicht Pietisten, sondern Separatisten nennen. Denn ein Pietist sei nach seiner, Silchmüllers, Auffassung ein solcher Christ, der sich nicht damit begnüge, den Namen eines Christen zu haben, getauft zu sein und dann und wann die Kirche zu besuchen. Ein Pietist wolle den Taufbund durch die Bekehrung annehmen, er wolle zu einem lebendigen Glauben an den Herrn Jesus finden und darin wachsen, er strebe danach, die Gebote ernst zu nehmen und zu halten. Er wolle die äußeren Ordnungen halten und darin leben, d. h. den Gottesdienst besuchen, im weltlichen Beruf gewissenhaft und fleißig arbeiten und den Mitmenschen kein Ärgernis geben.

Silchmüller betont, dass es Kulmbach keinen einzigen Separatisten gebe, außer man nenne diejenigen so, die den öffentlichen Gottesdienst versäumten. Dazu müsse man dann allerdings den Justizrat Krahmer zählen, da man ihn „gar selten in dem öffentlichen Gottesdienst erblicket". „Verstehet er aber unter Pietisten Leuthe von der anderen Gattung, so muß ich beklagen, daß wir deren leyder! nur allzuwenig in unserm Culmbach haben, und zu wünschen wäre, daß wir mehrere haben möchten."

Die Spitze gegen den Justizrat findet sich im Entwurf des Schreibens. Silchmüller strich sie aber durch; die Klugheit siegte über die Verärgerung. Im Übrigen war dieses Schreiben einer der ersten Versuche, aus dem Schimpf- und Schmähwort „Pietist" einen positiven Begriff zu machen.

In der bisherigen Erzählung wurde der Ort Ebersdorf in Thüringen schon einige Male genannt. Er war damals ein Zentrum der Herrnhu-ter Brüdergemeinde mit einer Reihe von sozialen Einrichtungen und Schulen. Gegründet wurde die Gemeinde von dem Grafen Heinrich XXIX. von Reuß-Ebersdorf, einem Schwager des Grafen Zinzendorf.

In seinem Bericht hatte Stadtvogt Krahmer Silchmüller und den Schlossprediger Völkel mit Ebersdorf in Verbindung gebracht. Eine Tochter des Superintendenten und zwei Schwestern Völkels würden sich dort aufhalten. Das Konsistorium hielt diese Mitteilung für so wichtig, dass es Silchmüller zu einer Stellungnahme aufforderte. Dieser berichtete daraufhin, dass seine vierzehnjährige Tochter in Ebersdorf die Mädchenschule besuche, um Unterricht in Haushaltsführung, Handarbeiten, Musik und Sprachen zu erhalten. Er habe keine Sorge, dass sie dadurch in Glaubensirrtümer verführt würde, weil bisher der Ebersdorfer Gemeinde so etwas nicht nachgewiesen worden sei. Silchmüller erinnerte daran, dass er wiederholt angeregt hatte, eine Mädchenschule in Neustadt a. d. Aisch zu gründen, damit Mädchen eine entsprechende Ausbildung und Erziehung ermöglicht werde. Aber dafür habe die Obrigkeit kein Geld gehabt. Der Wunsch nach einer derartigen Einrichtung im Markgraftum bestehe fort. Dann bräuchten diejenigen, die für ihre Töchter eine bessere Ausbildung wünschten, sie nicht außer Landes zu schicken.

Zur Frage nach den Schwestern des Subdiaconus Völkel aber könne er mitteilen, dass sie im Dienst des Grafen Reuß stünden, die Schwester Sophie als Kammerjungfer der Gräfin Theodora, die Schwester Maria als Vorsteherin der Herrnhuter Schwesternschaft.[447]

Das Konsistorium war wohl deshalb so misstrauisch, weil in der Hofer, Münchberger und

Wunsiedeler Gegend Kontakte zur Herrnhuter Gemeinde in Ebersdorf bestanden.[448] Der Hofer Spitalprediger Johann Christoph Völkel, ein Bruder des Kulmbacher Schlosspredigers, besuchte wiederholt seine beiden Schwestern in Ebersdorf. Er fühlte sich von dem Gemeinschaftsleben dort angezogen. Als er im Oktober 1741 mit seiner Frau erlebte, mit welcher Freude und Inbrunst die Ebersdorfer das heilige Abendmahl feierten, nahm er spontan daran teil, auch in den folgenden Jahren. In Hof hielt er in seinem Haus Erbauungsstunden. Da er eine stille, in sich gekehrte Natur war, hatte der Hofer Superintendent nichts dagegen einzuwenden. Nur solle er nicht mehr am Ebersdorfer Abendmahl teilnehmen, weil das die Hofer Gemeinde verwirren könne.

Seit 1733 wirkte Archidiaconus Friedrich Lorenz Esper in Wunsiedel und Umgebung und gründete etwa zehn Hauskreise. Er besuchte Ebersdorf, und die Ebersdorfer schickten Sendboten in die Hauskreise, deren Mitglieder wiederum nach Ebersdorf pilgerten. Esper musste allerdings seine Pfarrstelle verlassen, als ein neuer Superintendent aufzog, der ihn scharf bekämpfte.

In der Superintendentur Münchberg nahm der Ahornberger Pfarrer Andreas Nicolaus Funk Kontakt zu den Ebersdorfern auf und hielt im Pfarrhaus täglich eine Erbauungsstunde, zu der Besucher bis aus Münchberg, Helmbrechts und Konradsreuth kamen. Schließlich wurde das Schloss der Grafen Reuß in Hirschberg, direkt an der Grenze zum Markgraftum gelegen, zu einem „Wallfahrtsort" für die Pietisten im Hofer Land. Hier wurde Gottesdienst nach Herrnhuter Art gehalten.

Trotz seiner Kontakte zu Ebersdorf war Silchmüller kein „Herrnhuter". Das bestätigte er aus-

drücklich in einem Briefwechsel mit Gotthilf August Francke im Jahr 1743. Das Herrnhutertum entwickelte damals eine große Dynamik. Viele Fromme schlossen sich der Brüdergemeinde an, weil sie meinten, der Pietismus hallischer Prägung stagniere, und weil sie von den evangelischen Landeskirchen überhaupt nichts mehr erwarteten. Gotthilf August Francke, der treu und fleißig das Erbe seines berühmten Vaters verwaltete, musste manchen Mitarbeiter und auch manches Arbeitsgebiet an die Herrnhuter abgeben. So ist es verständlich, dass er bei Silchmüller anfragte, ob das Bayreuther Waisenhaus zu den Herrnhutern übergegangen sei. Dieser konnte ihn beruhigen. Er antwortete: „Die alte Liebe, welche durch den Dienst unser Sel. Väter vermittelst des seligen Evangelii in unsere Hertzen ausgegoßen worden ist, ist viel zu starck, als daß ich mein Ziel von dem einfältigen Weg des Glaubens, den sie uns mit Wort und Exempel gezeiget haben, solte verrücken laßen. Die Parthey der Herrnhuter mag sich rühmen, weßen sie wil: so bleibe ich in meinem Circul stehen."[449]

Auch für den Waisenhausprediger Ulmer konnte Silchmüller den Verdacht, ein Herrnhuter zu sein, ausschließen. Jener habe ihm bei seinem Besuch in Bayreuth versichert, „daß, wenn auch alles nach Herrnhuth, Herrnhag, Marienborn etc. wallfahrete, so würde er doch bey seiner Lämmer Heerde im Waysenhauß bleiben."[450]

Allerdings verteidigte Silchmüller die reisenden Brüder, die wiederholt die Gemeinschaft im Waisenhaus besucht hatten: „Die alten redlichen Herrnhuter, die ich habe kennen lernen, sind mir theüer und werth. Ich habe unter denselben sonderlich den Christian David und den Nietschmann [...] sehr hertzlich und gründlich befunden."[451] Doch das Abwerben von Mitarbeitern berührte ihn schmerzlich und er lehnte es scharf ab: „Was wil es denn mit unser Mutter, der Evangelischen Kirche werden, wenn sie von allen Kindern verlaßen, und gleichsam als eine unfruchtbare Mutter verächtlich tractiret wird. Ich sorge, der Herrnhutianismus werde endlich unsere Kirche aussaugen, daß sie treüer und tüchtiger Knechte beraubet wird."[452]

3.3. Fortbildung der Pfarrer

Im Jahr 1737, als im Konsistorium noch die Pietisten das Sagen hatten, wurden die „Circularpredigten" im Fürstentum Bayreuth eingeführt.[453] Die einzelnen Pfarrer sollten zwischen Pfingsten und Martini eine Predigt über ein bestimmtes Bibelwort ausarbeiten und in Gegenwart des Superintendenten halten. Dieser besprach den Gottesdienst mit dem Pfarrer, übte Kritik und machte Verbesserungsvorschläge. In Kulmbach wurde die Predigt beim Gottesdienst am Freitagmorgen um 7 Uhr in der St. Peterskirche gehalten. Die weiter entfernt wohnenden Pfarrer mussten deshalb schon am Vortag anreisen und für eine Übernachtung sorgen.[454] Silchmüller ließ die Predigten über ein zusammenhängendes Thema ausarbeiten, z. B. bekamen die Prediger nach einander einen Abschnitt aus dem 1. Johannesbrief. Vierzehn Jahre lang ließ er über die Psalmen predigen. Im Sommer 1759 sollten in den Predigten die „Glaubenslehren der Evangelischen Religion" entfaltet werden. Neu war, dass der Superintendent die Pfarrer ermunterte, bei der Entfaltung einer Glaubenslehre die Aussagen der Bibel und Vernunftgründe an-

zuführen. „Ich halte dieses so viel nöthiger, je mehr zu unsern betrübten Zeiten der Atheismus, Naturalismus uns Scepticismus unter Gelehrten und Ungelehrten überhand nimmt."[455]

Auch sonst war es Silchmüller ein Anliegen, dass sich die Pfarrer mit der Predigt Mühe gaben. Sie sollte nicht über Gebühr in die Länge gezogen werden, und der Prediger sollte nicht ablesen, sondern frei vortragen.[456] Silchmüller verschickte eigene gedruckte Predigten als Vorlage, z. B. die Neudrossenfelder Kirchweihpredigt oder die Predigt über das Gebet, die er vor dem Markgrafen Friedrich Christian gehalten hatte.

Besonders legte er den Pfarrern die Predigten zum Bußtag ans Herz. Die Texte wurden jedes Mal neu vom Konsistorium ausgewählt, jeweils einen für den Früh-, Haupt- und Nachmittagsgottesdienst. Silchmüller teilte sie in den Rundschreiben mit und fügte jedes Mal hinzu, er wünsche den Kollegen Kraft, Weisheit und Segen, damit sie das Wort von der Buße in Vollmacht verkünden könnten. Für ihn als Pietisten gehörten Buße und Umkehr wesentlich zum Glauben. Durch den Einfluss der Aufklärung ging aber das Verständnis dafür immer mehr verloren. Zum Frühjahrsbußtag 1758 schickte er eine eigene Meditation und eine Hinführung zur Predigt mit.[457] Das Besondere seiner Bearbeitung des Jeremiatextes ist, dass er dabei nicht nur theologische Aussagen machte, sondern auch die historische Situation untersuchte, aus der heraus Jeremias Verkündigung entstanden war. Dazu zitierte Silchmüller aus den „Jüdischen Altertümern" des antiken Schriftstellers Flavius Josephus. Er nahm damit ein Anliegen der Aufklärungstheologen auf, die damals begannen, das geschichtliche Umfeld der biblischen Bücher zu erforschen. Er blieb aber nicht beim „Damals" stehen, sondern versuchte die aktuelle Bedeutung des Bibelwortes aufzuzeigen – wie zur Zeit Jeremias tobte im Jahr 1758 ein Krieg, der Siebenjährige Krieg.

Regelmäßig verschickte das Konsistorium Literaturanzeigen für theologische und historische Neuerscheinungen. Sie durften von der Kirchenstiftung für die Pfarrbibliothek angeschafft werden, die an manchen Orten einen beachtlichen Umfang hatte. Interessant sind Silchmüllers Kommentare zu den Empfehlungen. Die Subskription der gesammelten Werke des Reformators Johannes Brenz unterstützt er wärmstens. Dessen Schriftauslegung gebe den „genuinen Sensum Scripturae sacrae[458] ohne Wortgepränge" wieder. Sie sei allerdings nicht nach dem lüsternen Geschmack der jetzigen Zeit.[459] Auch die Bibelausgabe von Gustav Georg Zeltner wurde empfohlen. Zeltner wirkte als Professor für Orientalistik in Altdorf. Er war mit Francke befreundet gewesen und arbeitete mit dem Institutum Judaicum in Halle zusammen, das die jüdischen Wurzeln und das religiöse Umfeld der Bibel erforschte. Zeltners Werk enthielt den Bibeltext mit exegetischen und religionsgeschichtlichen Hinweisen.[460]

Das Konsistorium empfahl die „Anmerkungen zum Neuen Testament" des Frühaufklärers Hugo Grotius und die „Brandenburgische Historie" von Ötter. Auch „Serenissimus"[461] sehe gerne die Anschaffung. Aber Silchmüller riet davon ab. Die Kirchenstiftungen seien durch Zwangsanleihe des Markgrafen verarmt und deshalb sei es nicht ratsam, zwei so umfängliche Werke zu kaufen. Zudem seien die Aussagen von Grotius zur Bibel schwankend und widersprüchlich.[462]

Wie die Circularpredigten dienten die Pfarrersynoden der Fortbildung.[463] Silchmüller konnte

in den 23 Jahren seiner Kulmbacher Zeit allerdings nur zweimal eine Synode halten. Grund dafür waren seine häufigen Erkrankungen und die unruhigen Zeiten des Siebenjährigen Krieges. Im Jahr 1755 wurde die Synode wieder abgesagt, weil infolge von Todesfällen viele Pfarrstellen unbesetzt waren, was für die Kollegen eine große Belastung bedeutete.[464] Überhaupt ließ die Beteiligung der Pfarrer wegen der z. T. langen Anmarschwege zu wünschen übrig. So war der Bischofsgrüner Pfarrer einen ganzen Tag unterwegs, um nach Kulmbach zu kommen. Bei der Synode am 8. Juli 1744 fehlten von 38 Pfarrern immerhin sechzehn. Das Konsistorium rügte danach alle, die unentschuldigt gefehlt hatten.[465] Die zweite Synode fand am 21. Juli 1751 statt. Wieder fehlte eine ganze Reihe, weil die Erntearbeiten auf den Pfarräckern schon begonnen hatten. Andere waren verhindert durch Krankheit und Altersschwäche.

Als Thema wählte Silchmüller bei beiden Synoden einen Artikel aus dem Augsburger Bekenntnis: 1744 den Artikel über die Taufe, 1751 den über das Herrenmahl. Der Verlauf der Synode war so, dass sich die Pfarrer schon um sechs Uhr morgens zum ersten Gottesdienst in der Spitalkirche versammelten. Hier wurde vom ersten Synodalprediger die „These" entfaltet, d.h. die Lehraussagen des Bekenntnisses über die „Taufe" bzw. über das „Abendmahl"[466]. Lesungen aus den Schriften der Reformatoren und der Kirchenväter ergänzten die Predigt.

Nach diesem Gottesdienst begrüßte der Superintendent die Kollegen im „Kreuzgang der Hospitalkirche". und berichtete über die „Fata" d. h. „die Geschicke" seit der letzten Synode. Im Jahr 1751 bekannte er, er sei tiefbewegt und von

Dank erfüllt, dass er jetzt diese Synode halten könne. Im Vorjahr hatte er sie wegen einer schweren Erkrankung absagen müssen, wobei er die Hoffnung auf Genesung schon fast aufgegeben habe. Er berichtete weiter, dass das Pfarrkapitel in den sieben Jahren seit der letzten Synode zwanzig Pfarrer verloren habe. Vierzehn starben, fünf wurden versetzt und einer wurde wegen seines ärgerlichen Lebenswandels kassiert. Von den Pfarrern an St. Petri seien der Archidiaconus und Senior Keck und der Syndiaconus Kretschmann gestorben. Der Subdiaconus Völkel sei versetzt worden. Bei jedem der zwanzig Genannten fügte der Superintendent eine persönliche Bemerkung oder ein Lob hinzu – er kannte seine Leute. Über den verstorbenen Rugendorfer Pfarrer Süssdorff äußerte er, er habe ihn sehr geschätzt „wegen seines Eifers für die Bewahrung der evangelischen Lehre". Zudem sei er ein Sprachengenie gewesen. Er habe sich mit etlichen orientalischen Sprachen beschäftigt und wenigstens zehn europäische Sprachen gesprochen – „eine hervorragende Zierde unserer Gemeinschaft".

Nach diesem ersten Teil zogen die Pfarrer in feierlicher Prozession durch die Obere Stadt zum Haus des Superintendenten, wo sie sich mit „Weinsuppe und Bratwürsten" stärken konnten. Dann folgte der zweite Synodalgottesdienst in der Petrikirche. Wieder wurde das Thema der Synode durch eine Synodalpredigt und durch Väterlesungen entfaltet, diesmal allerdings die „Antithese", d. h. die Widerlegung der Irrlehren.

Nach diesem Gottesdienst folgte in lateinischer Sprache ein „Colloquium et Examen Synodale" über den betreffenden Artikel des Augsburger Bekenntnisses. Hier konnte sich jeder Pfarrer einbringen und diskutieren. Den Hauptbeitrag lieferte allerdings Silchmüller selbst, der bei der Synode von 1751 gleich einen ganzen Aufriss über die „Confessio Augustana" gab und dann speziell für den Artikel über das Abendmahl aufzeigte, wie sich in diesem Punkt „Variata" und „Invariata" unterschieden. (Melanchthon hatte nach 1530 von sich aus den Bekenntnistext geändert, um den Kalvinisten in der Abendmahlslehre entgegen zu kommen, was von Silchmüller scharf abgelehnt wurde.)

Damit war die Synode noch nicht am Ende angelangt. Der Superintendent hatte noch eine „Synodalrede" vorbereitet, in der er die geistigen Strömungen der Zeit darstellte und sich mit ihnen aus einander setzte. Dabei zeigte er sich als überaus belesen und informiert. Überraschend ist, dass sein Thema bei beiden Synoden „Libertinismus Symbolicus" hieß. Damit meinte er die wachsende Neigung der Theologen seiner Zeit, das lutherische Bekenntnis als unverbindlich, ja als schädlich anzusehen. Nach ihrer Meinung solle jedem selbst überlassen sein, was er glauben wolle oder nicht.

Silchmüller setzte sich mit drei Gruppen auseinander: Zunächst beschäftigte er sich mit den Vertretern der Aufklärung, die er als „Atheisten", „Naturalisten", „Deisten", „Skeptiker" und „Synkretisten" bezeichnete. Er meinte damit Philosophen wie Friedrich II. von Preußen oder Voltaire, die den christlichen Glauben gänzlich verwarfen, aber auch Christian Thomasius und seine Schüler, die z. T. Theologen waren, aber verbindliche Glaubenssätze ablehnten. Sie bezeichneten die „Confessio Augustana" oft als „Götzenbild", das in der lutherischen Kirche angebetet werde.

Die zweite Gruppe, bei der Silchmüller „Libertinismus" feststellte, waren die extremen

Pietisten, die er als „fanatici" oder Separatisten bezeichnete. Als Vertreter dieser Gruppe nannte er Gottfried Arnold, Johann Conrad Dippel und Victor Christoph Tuchtfeld. Sehr zurückhaltend wird dabei Arnold kritisiert. Er sei ein großer Kirchenhistoriker gewesen und habe manches Lesenswerte geschrieben. Freilich habe er Unrecht mit seiner Behauptung, das Bekenntnis schränke die christliche Freiheit ein; man solle die angehenden Pfarrer nicht mehr darauf verpflichten. Arnold habe im Alter zur Landeskirche zurückgefunden, während die beiden anderen in Ablehnung und Beschimpfung verharrten.

Überrascht ist der Leser der „Synodalrede" bei Nennung der dritten Gruppe der Indifferenten gegenüber dem Bekenntnis. Die „Zinzendorffianer" seien dessen „nicht nur verdächtig, sondern überführt worden". Freilich wollte Silchmüller nicht alle Herrnhuter Brüder und Schwestern „mit diesem einzigen Schuh beschuhen". Die einfachen Gemeindeglieder lebten den christlichen Glauben vorbildlich. Das habe selbst der schärfste orthodoxe Kritiker, Valentin Ernst Löscher, in seinem Gutachten bezeugt. In der Gemeinschaft würden die fundamentalen Artikel des Glaubens wie der „von der Rechtfertigung des Sünders vor Gott" treu bewahrt. Anlass zur Kritik gäben aber einige Führer der Herrnhuter wie Zinzendorf. Dieser habe betont, dass er den Lutheranern, Kalvinisten und Anglikanern und ihren Bekenntnissen in gleicher Weise nahe stünde – „man wolle mit niemandem in allen christlichen Gemeinden getrennet seyn, der wahrhafftig an Jesum Christum glaube". Damit brachte der Graf in der Tat etwas Neues, geradezu Revolutionäres in die kirchliche Landschaft. Die reformatorischen Kirchen verstanden sich als Bekenntnisgemeinschaf-

Herrnhuter versammeln sich um das Kreuz (Aquarell um 1750)

ten. Infolgedessen durchzog der Streit und das Ringen um die rechte Lehre die Geschichte dieser Kirchen von Beginn bis in die Zeit Silchmüllers. Zinzendorf setzte an die Stelle der eng begrenzten Konfession, deren Fundament sich unter den Angriffen der Aufklärung immer mehr verflüchtigte, die Gemeinschaft der an Christus Glaubenden und war überzeugt, dass es solche Glaubenden in allen Kirchen gebe.

Silchmüller vertrat bei seiner Synodalrede den Standpunkt der lutherischen Orthodoxie. Und er zitierte bei seiner Argumentation aus den Werken der orthodoxen Theologen wie Valentin Ernst Löscher, Johann Georg Walch, Gottlieb Wernsdorf und Fechtius.

Natürlich stellt sich da die Frage, ob er nicht seine pietistischen Wurzeln verleugnete. Sah er sich vielleicht gezwungen, in dem Kulmbacher Kapitel, das lutherisch-orthodox geprägt war, so zu argumentieren? Man darf ihm wohl nicht einen Verrat an seinen bisherigen Überzeugungen unterstellen, auch wenn die Kulmbacher kirchliche Tradition abgefärbt haben mag. Denn schon in seinem „Bayreuther Tagebuch" und in seinen Briefen an den Grafen hatte Silchmüller Bedenken und Vorbehalte geäußert. Er war kein „Zinzendorffianer", sondern von „Halle" und sicher auch von seinem frommen lutherischen Elternhaus in Thüringen geprägt.

Dennoch stand – unausgesprochen – der Verdacht der Kulmbacher Pfarrer im Raum: „Gehörst du als Pietist nicht auch in den Kreis derer, die dem lutherischen Bekenntnis indifferent gegenüber stehen?" Silchmüller ging am Schluss seiner Synodalrede darauf ein. Zunächst bekannte er sich dazu, dass er in Halle seine entscheidende Prägung bekommen hatte: „Es ist euch allen, in Christo verehrte Brüder, sehr gut bekannt, und ich schäme mich nicht und habe auch nicht irgend einen Grund, mich zu schämen, dass ich mich öffentlich und allgemein bekenne als ein Zögling zu Füßen der Hallischen Professoren, die bis zum Tod und darüber hinaus niemals genug verehrt werden können." Sodann ging er auf die Religionsstreitigkeiten zwischen Orthodoxen und Pietisten ein – die Literatur darüber sei inzwischen so angeschwollen, dass einige Leiterwagen gebraucht würden, um sie zu transportieren. Er habe wichtige Bücher sowohl von orthodoxer als auch von pietistischer Seite gelesen. Als Ergebnis könne er feststellen, dass weder Spener noch die Hallischen Theologen letztlich die Verbindlichkeit der Bekenntnisschriften in Frage gestellt hätten, selbst wenn sie die Akzente etwas anders setzten. Der Verdacht sei vor allem deshalb entstanden, weil die Gegner Spener und Francke mit Separatisten, Fanatikern, Chiliasten und anderen Sektierern in einen Topf geworfen hätten unter der Bezeichnung „Pietisten". Man gebrauche den Ausdruck „Pietist" oft wie einen „Mörser", mit dem man alles zusammengestampfe, was den Ton angebenden Theologen nicht ins Schema passe. „Diese mögen sich hüten, dass sie nicht einen anderen Knecht Christi in ihrem Urteil unbillig und ungerecht verdammen."

Silchmüller kündigte 1751 an, dass sich auch die nächste Synode mit dem Augsburger Bekenntnis befassen werde. Dazu kam es nicht mehr.

Zwanzig Jahre später erschien in Erlangen der Katechismus von Georg Friedrich Seiler, der sich nicht mehr an die Bekenntnisse gebunden fühlte. Fünfzig Jahre später wurde das lutherische Bekenntnis überhaupt nicht mehr erwähnt. Siebzig Jahre später wurde es von den Vertretern der Erweckungsbewegung wieder entdeckt als Ausdruck einer echten Glaubenserfahrung.

3.4. Kirchen im Markgrafenstil

Silchmüllers Name ist mit den schönsten „Markgrafenkirchen" im Kulmbacher und Bayreuther Land verbunden.

Charakteristisch für diese Kirchen ist der Kanzelaltar. Die Kanzel bildet mit dem Altar eine Einheit. Sie wurde in den Altaraufsatz an der Stelle, wo sich sonst das zentrale Andachtsbild befindet, eingesetzt. Das hat die praktische Folge, dass der Prediger sowohl vom Kirchenschiff wie von den Emporen aus gut zu sehen und zu hören ist. Es wird damit aber auch eine theologische Aussage gemacht. Durch die Reformation bekam die Predigt ein größeres Gewicht. Der Kanzelaltar sollte zum Ausdruck bringen, dass im evangelischen Gottesdienst die biblische Verkündigung und das heilige Abendmahl in gleicher Weise Heilsmittel seien, durch die Christus der versammelten Gemeinde begegne. Der Pietismus hat den Kanzelaltar nicht „erfunden". Aber er sah in ihm einen angemessenen Ausdruck für das eigene Verständnis vom Gottesdienst.

Was nun den Ort des Kanzelaltars im Kirchenraum betrifft, so wurde durch das pietistische Verständnis von Gemeinde sicher eine bestimmte Entwicklung verstärkt. Seit Jahrhunderten stand der Altar im Chorraum, abgehoben vom Raum der Gemeinde, dem Kirchenschiff. So wurden die meisten frühen Kanzelaltäre in den Chor gesetzt. Aber im Laufe der Jahrzehnte rückte der Altar näher an die Gemeinde heran. Schließlich verzichtete man ganz auf den Chorraum. Denn der Pietismus betonte das Priestertum aller Gläubigen. Pfarrer und Gemeindeglieder waren „Brüder" und „Schwestern", die sich um den „Meister" in ihrer Mitte versammelten.

In der ersten Hälfte des 18. Jahrhunderts erfasste eine „Kirchbauwelle" das Land. Die alten, mittelalterlichen Kirchen wurden als dunkel, eng und nicht mehr angemessen empfunden. Viele Kirchen galten überdies als baufällig. Was im Dreißigjährigen Krieg zerstört oder beschädigt worden war, hatte man wegen der drückenden Armut oft nur notdürftig repariert. Wer es sich leisten konnte, trachtete nach einer „modernen" Kirche: hell, festlich, größer, geschmückt mit den Stilmitteln des Barock und Rokoko.

Silchmüller forcierte den Kirchenbau in der „Dioecese" Kulmbach. In einem Rundschreiben wegen einer Sammlung zum Kirchenbau in Streitberg im August 1755 erwähnte er, dass dies die siebte Kirche sei, die er während der vierzehn Jahre in Kulmbach erbaut habe. Es sind dies die Kirchen in Trebgast, Alladorf, Wirsberg, Lanzendorf, Nemmersdorf, Neudrossenfeld und schließlich in Streitberg.[467] Dazu kämen noch Kirchtürme, Pfarr- und Schulhäuser.[468] Während des Siebenjährigen Krieges wurde kein Neubau in Angriff genommen. Danach und während seiner Zeit als Generalsuperintendent in Bayreuth war Silchmüller noch mit vier weiteren Kirchenbauten befasst, nämlich in Harsdorf, Bindlach, Weidenberg und in Goldkronach, wo die Friedhofskirche neu errichtet wurde. Da es den Pfarrern nicht erlaubt war, auch nur fünf Gulden ohne Genehmigung auszugeben, gingen alle Werkverträge und Baurechnungen durch Silchmüllers Hand. Und er redete nicht nur beim Geld mit, sondern auch bei der künstlerischen Gestaltung.

Häufig arbeitete er mit dem Kulmbacher Stadtbaumeister Johann Georg Hoffmann zusammen. Dieser war im Jahr 1705 in Kulmbach in der Wolfskehle als Sohn eines Taglöhners geboren worden. Er starb im Jahr 1778 als Rats- und Schlossbaumeister und Mitglied des Inneren Rates der Stadt, was eine beachtliche Karriere darstellt.[469] Hoffmann plante und baute die Kirche St. Andreas in Seibelsdorf in den Jahren 1735 bis 1738[470] und die Kulmbacher Spitalkirche in den Jahren 1738/39. Das war vor Silchmüllers Übersiedlung nach Kulmbach. Beide Kirchen zeigen den traditionellen Grundriss einer Chorturmkirche: Im Untergeschoss des Turmes befindet sich der Chor mit dem Altar. Heinrich Thiel urteilt über den Bauplan der Spitalkirche, die von Hoffmann gezeichneten Pläne vermittelten nur eine schwache Vorstellung dessen, was er dann mit

Kanzel, Altar und Taufstein bildeten in Markgrafenkirchen eine Einheit. Hier der Kanzelaltar und der Taufengel in der Kirche von Trebgast.

dem Material gestaltete. Hoffmann sei dabei gewesen, wenn die Steinmetze die Blöcke zurichteten, und habe ihnen die Anweisung gegeben. Vor seinem Auge stand das Kunstwerk fertig, aber er konnte es nicht so vollkommen auf das Papier bringen. Dafür war er nicht ausreichend geschult, so das Urteil Thiels.[471]

Zur ersten intensiven Zusammenarbeit zwischen Hoffmann und Silchmüller kam es beim Neubau der Kirche St. Laurentius zu T r e b g a s t.[472] Den Gedanken, eine neue Kirche zu bauen, hatte der Pfarrer Johann Adam Groß zwar schon vorher bewegt, und Hoffmann hatte im Jahr 1739 einen Plan vorgelegt, aber es war dann

nichts weitergegangen. Erst bei einer Zusammenkunft am 19. Juli 1742 im Trebgaster Pfarrhaus,
bei der sich Silchmüller mit dem Kammerrat
Christian Rothkeppel und dem Ortspfarrer beriet,
kam es zum endgültigen Beschluss – bei einer
„köstlichen Suppe", wie ausdrücklich erwähnt
wird. Hoffmann und sein Mitarbeiter Johann Matthäus Gräf hatten, wohl auf Silchmüllers Wunsch,
einen zweiten Vorschlag eingereicht. Sie verlangten für den Rohbau von Langhaus und Turm
1986 Gulden und 41 Kreuzer. Das erste Mal lag
die Summe bei 2320 Gulden und 20 Kreuzern.

Am 6. September 1742 wurde der Grundstein
gelegt. Um Geld zu sparen, kam der Gedanke
auf, den alten Kirchturm vielleicht doch stehen
zu lassen, obwohl er von zwei Bränden Sprünge
aufwies. Bei seinem Besuch am 13. Mai 1743 bestärkte Silchmüller den Pfarrer, auch den Turm zu
erneuern. In diesem Jahr beklagte sich der Stein-
bruchbesitzer Seiffert beim Kulmbacher Superintendenten, dass die Entschädigung für die gelie-
ferten Quadersteine nicht angemessen sei und
führte Gründe dafür an. Silchmüller ließ sich
überzeugen und empfahl eine bessere Bezahlung. Am 21. April 1744 wurden die Stuckarbeiten an den Bayreuther Hofstukkateur Jeronimo
Francesco Andreoli vergeben. Silchmüller leitete
die Verhandlungen. 1748 lieferten die Hofer Orgelbauer Johann Jakob Graichen und Johann Nikolaus Ritter die Trebgaster Orgel. Wegen des Or-
gelprospektes verhandelte Silchmüller mit dem
Bildhauer Johann Gabriel Räntz. Der Vertrag vom
15. Januar 1749 trägt seine Unterschrift. Inzwischen war der Pfarrer Groß gestorben. Mit dem
neuen Pfarrer Johann Laurentius Schmidt hielt
Silchmüller am Bartholomäustag (24. August)
1751 die Weihe der neuen Kirche. Der Altar wur-

*Johann Adam Groß war Pfarrer von Trebgast, als
die dortige Kirche neu gebaut wurde. Neben dem
Kreuz steht sein Wahlspruch: „Mein Trost soll seyn
das Leiden dein."*

de erst danach gefertigt. Am 25. August 1755 kam
es zu einem Vertragsabschluss zwischen Silch-

Die Kirche in Trebgast ist die erste, die Silchmüller gemeinsam mit dem Kulmbacher Baumeister Johann Georg Hoffmann gestaltete.

müller und dem Bayreuther Bildhauer Johann Friedrich Fischer. Dabei setzte Silchmüller seine Vorstellung durch, wie der Altar gestaltet werden solle. 1760/61 malte Heinrich Samuel Lohe Orgelprospekt, Altar, Gestühl und Emporen.

Die Trebgaster Kirche hat den gleichen Grundriss wie die Spitalkirche und die Seibelsdorfer Kirche: Der Altar steht im Chor unter dem Turm. Was die Gestaltung des Gotteshauses betrifft, kann man von einem ersten Höhepunkt sprechen: Ein heller, harmonischer Raum, der den Besucher in eine festliche Freude einstimmt.

Parallel zu Trebgast wurde der Neubau der Kirche St. Nikolaus zu Alladorf in Angriff

Den Prospekt der Trebgaster Orgel schuf Johann Gabriel Räntz. Von Heinrich Samuel Lohe stammt die Bemalung von Orgel, Emporen und Bänken.

genommen. Der Pfarrer Wolfgang Metsch ließ sie in der kurzen Zeit zwischen 1742 und 1743 bauen. Wie weit Silchmüller an der Gestaltung beteiligt war, konnte bis jetzt nicht festgestellt werden. Aber dass er seiner Aufsichtspflicht nachkam, ist

anzunehmen. Die Bauleitung hatte der Hofzimmermeister Heinrich Fischer aus Bayreuth. Kanzel und Altar wurden von der Kirche Bayreuth St. Johannis abgekauft. Sie waren in den Jahren 1679 bis 1681 von dem Kulmbacher Bildhauer Johann Georg Brenck gefertigt worden. In Alladorf wurde der Altar nicht mehr im Chorraum aufgestellt, sondern an der Ostwand des Kirchenschiffs.[473] Mit dieser Raumgestaltung scheint die Alladorfer Kirche von St. Johannis beeinflusst worden zu sein. Hier stellte Johann Gabriel Räntz den Kanzelaltar vor dem alten Turmchor auf. Helmuth Meißner schreibt dazu, man habe bis zu dieser Zeit Kirchenschiff und Chor von einander abgesetzt, entsprechend der Trennung von Heiligtum und Allerheiligsten im israelitischen Tempel. An diesen Aufbau hätte man sich Jahrhunderte lang im lutherischen Kirchenbau gehalten. St. Johannis sei eine der ersten dörflichen Gemeindekirchen im Bayreuther Umland, wo ein einziger Raum für den Gottesdienst geschaffen wurde: Altar und Kanzel sind nun einbezogen in den Raum der Gemeinde.[474]

Meißner erinnert daran, dass die Pfarrer von St. Johannis, Johann Petrus Opel und sein Nachfolger Johann Georg Löw, vom Pietismus beeinflusst waren. Auch Pfarrer Metsch scheint Pietist gewesen zu sein, worauf sein Grabstein am Pfarrhaus in Trumsdorf hinweist. Für den Pietismus war die Kirche vor allem Raum der Gemeinde, die die Gemeinschaft des in Predigt und heiligen Abendmahl gegenwärtigen „Heilandes" suchte, entsprechend dem Bibelwort: „Wo zwei oder drei in meinem Namen versammelt sind, da bin ich mitten unter ihnen.". Die von Silchmüller mitgestalteten Kirchen wurden immer mehr zu einem einheitlichen Raum der Gemeinde ohne abgesonderten Chorbereich. Aber sie wurden nicht zum Gemeindesaal. Der Kanzelaltar blieb das Zeichen für den transzendenten, aber doch gegenwärtigen Gott.

Die Kirche St. Johannes der Täufer in W i r s - b e r g entstand in den Jahren 1743 bis 1746. Die Mauern der früheren Kirche wurden teilweise mit verwendet. An den Beginn der Bauarbeiten erinnert die Inschrift am Westportal: „F. M. Z. B. C. 1743". Die Kirche wurde also gebaut, als „Friedrich Markgraf zu Brandenburg-Culmbach" war. An den Markgrafen erinnert ferner das „F" an der rechten Seite der Kirchendecke und der rote Brandenburger Adler gegenüber. Meißner meint allerdings, ein „S" statt eines „F" wäre in den Kirchen aus dieser Zeit angemessener gewesen; denn der Markgraf habe die Kirchenbauten kaum unterstützt. Es war aber ein Gewinn, dass die bei Hofe angestellten Kunsthandwerker gerne Aufträge bei den Kirchenbauten übernahmen.[475] Schelter vermutet, dass der Wirsberger Kirchenbau „sicher von dem im Umkreis wirkenden Kulmbacher Stadtbaumeister Hoffmann beeinflußt" wurde.[476] Ausführende Handwerker waren der Maurermeister W. Wolfram und der Zimmermeister A. Lindner.

In der Wirsberger Kirche bilden Langhaus und Chor schon einen einheitlichen Raum. Allerdings enden die doppelstöckigen Emporen vor dem Altar und deuten ebenso wie die drei Stufen einen besonderen Altarbereich an. Der Hofer Bildhauer Wolfgang Adam Knoll fertigte im Jahr 1744 den Kanzelaltar, der vom Bild des Auferstandenen gekrönt und zu beiden Seiten von den Symbolgestalten „Glaube" und „Liebe" flankiert wird. Die Kosten des Neubaus mit etwa 6000 Gulden wurden von der Kirchenstiftung allein getragen. Weil

An der Stuckdecke der Wirsberger Kirche erinnern der Brandenburger Adler und das „F" daran, dass das Gotteshaus unter Markgraf Friedrich erbaut wurde.

das Kirchenvermögen danach erschöpft war, mussten Bemalung und Vergoldung des Altars zunächst unterbleiben.[477] Die Stuckdecke wurde erst 1777 fertig gestellt.

Am 26. Juni 1746 war die Weihe der neuen Kirche. Darüber gibt es eine Notiz vom damaligen Pfarrer Johann David Seyler im Trauregister: „Sonntag 26. Juni Dom. IX. p. Trin. da die neue Kirche eingeweihet worden, ist Johann Opel, Bauer zu Sessenreuth, mit seiner Frau Barbara geborenen Schoberthin von Hegnabrunn, da er 77 Jahre alt, die Frau aber in das 82. Jahr gehet, in der Ehe beide 53 Jahre gelebet, von Herrn Superintendenten Silchmüller nach einer kurz gehaltenen Rede eingesegnet worden."[478]

Silchmüller hatte also die neue Kirche geweiht. Bei solchen Festgottesdiensten liebte er es, Kasualien wie eine Taufe oder Trauung einzufügen.

Der Kanzelaltar in der Wirsberger Kirche, ein Werk des Hofer Bildhauers Wolfgang Adam Knoll

nicht bei den Menschen auf dem Land. Es wird hier etwas von Silchmüllers Einstellung sichtbar, nämlich auf den einzelnen zuzugehen und ihn persönlich anzusprechen.

Am Beispiel Wirsbergs lässt sich zeigen, dass in jener Zeit im Bereich der Superintendentur Kulmbach viel gebaut wurde. Der Pfarrer Johann Wolfgang Wanderer ließ in den Jahren 1750/51 die Filialkirche St. Peter und Paul in Cottenau barockisieren und mit einer Empore und einem Kanzelaltar versehen.[479] 1760 wurde das Pfarrhaus renoviert und um ein Stockwerk erhöht. Der Gedenkstein über der Haustür erinnert daran: „Anno MDCCLX ist die Pfarrwohnung reparirt worden und Pfarrer ist damals gewesen der Hochwohlehrwürdige Herr Johann Gottfried Müller aus Gera". Die Renovierung kostete 721 Gulden.

Über die Bauarbeiten an der St. Gallus-Kirche in Lanzendorf gibt es von Helmuth Meißner Auszüge aus den Pfarramtsakten. Danach schrieb schon im Jahr 1734 Pfarrer Matthäus Markus Roth an den Superintendenten Dieterich einen Bericht, dass die Kirche dunkel und verbaut sei. Er fragte an, ob er die Fenster vergrößern dürfe. Es geschah aber nichts weiter. Markgraf Friedrich strebte im Jahr 1744 an, die Pfarreien Lanzendorf und Himmelkron zusammenzulegen. Dagegen erhob Silchmüller Einspruch. Die beiden Pfarreien blieben daraufhin selbständig. Im Februar 1748 berichtete der Superintendent an das Konsistorium, dass das Dach der Kirche schadhaft und das Gewölbe vom Einsturz bedroht sei. Darauf wurde die Genehmigung zur Renovierung des Daches erteilt. Im Jahr 1750 begannen die Arbeiten. Pfarrer Georg Heinrich Kleemeyer ließ aber nicht nur das Dach erneuern, sondern auch

Etwas Besonderes war sicher die Segnung dieser beiden alten Leute, da Ehejubiläen oder Geburtstage damals nicht gefeiert wurden, zumindest

größere Fenster und barocke Portale in das Mauerwerk der gotischen Kirche brechen. Die Decke wurde stuckiert und der Fußboden neu befestigt, der alte Altar abgebrochen und neu aufgemauert. Auch wurden Doppelemporen eingebaut. Im Dezember 1750 forderte das Konsistorium einen Bericht über die baulichen Veränderungen. Pfarrer Kleemeyer solle zur Verantwortung gezogen werden, „weil er mehr gebaut hat als ihm erlaubt war". Im Januar 1751 schrieb Silchmüller, dass die durchgeführten Arbeiten notwendig gewesen seien. Es sei schon ein Teil des Gewölbes eingestürzt gewesen; den Rest habe man abbrechen müssen. Im Februar wurde der Superintendent aufgefordert, nach einem Ortstermin einen genauen Bericht über die geschehenen Arbeiten zu liefern. Wieder verteidigte Silchmüller die Baumaßnahmen. Trotzdem erhielt Pfarrer Kleemeyer eine Rüge.

Die Kirche besitzt einen sehr schönen Kanzelaltar, gefertigt von dem Hofbildhauer Johann Gabriel Räntz. Er soll schon im Jahr 1735 entstanden sein.[480] Er wurde aber in den Jahren 1751 und 1754 noch ergänzt und umgestaltet. Er steht nicht mehr in einem abgesonderten Chorraum. Die untere Empore läuft hinter dem Altar weiter und bezieht ihn in den Kirchenraum ein. Bekrönt wird der Altar vom Bild des gekreuzigten und des auferstandenen Christus, umgeben von Engeln. Auf seitlichen Postamenten in Höhe der Altarplatte stehen Mose und Aaron.

Der Kirchenbau kostete 1198 Gulden 4 Kreuzer. Die markgräfliche Kammer hatte Bauholz im Wert von 223 Gulden abgegeben, allerdings unter der Bedingung, dass die Zwangsanleihen des Markgrafen, die nicht zurückgezahlt worden waren, aus der Kirchenrechnung gestrichen würden.

Der Altar in Lanzendorf, ein Werk des Bayreuther Bildhauers Johann Gabriel Räntz, verbindet Altes und Neues Testament: Unten stehen seitlich Mose und Aaron, über dem Schalldeckel der gekreuzigte und der auferstandene Christus, umgeben von Engeln.

Die zweitürmige Kirche von Nemmersdorf, links davon das Schloss

(Dabei handelte es sich wahrscheinlich um mehr als tausend Gulden.) Eine Kollekte in den Kirchen des Markgraftums erbrachte 312 Gulden 49 Kreuzer.[481]

Die Kirche „Unserer lieben Frau" zu N e m - m e r s d o r f fällt durch ihre beiden Türme auf. Der zweite Turm im Westen wurde im 15. Jahrhundert deshalb gebaut, weil man die Glocken im älteren Ostturm unten im Dorf nicht gut hören konnte. 1751 wurde das niedrig gewölbte Kirchenschiff zwischen den beiden Türmen ganz abgetragen und in den Jahren 1752 bis 1754 im damals „modernen" Stil neu aufgebaut. Hand- und Spanndienste wurden von der Gemeinde nicht geleistet, sondern alle Kosten aus dem Kirchenvermögen bestritten.[482] Das ist erstaunlich, weil Markgraf Friedrich an Walburgis (1. Mai) 1752 von der Kirchengemeinde eine Zwangsanleihe von 6000 Gulden für das hochfürstliche Bauamt verlangte. Der Pfarrer der Gemeinde, Johann Georg Kirschner, und der Gotteshausvorsteher wanderten wiederholt nach Bayreuth, um das abzuwenden. Es war vergeblich.[483] Trotz dieser Belastung begann man 1752 mit dem Neubau. Der Bauplan stammte von Johann Georg Hoffmann. Zu diesem Zweck war er zweimal in Nemmersdorf, 1751 und im Januar 1753.[484] Ausgeführt wurden die Arbeiten von dem Maurermeister Popp aus Goldkronach und dem Zimmermeister Lindner aus Himmelkron. Das Richtfest, dessen Durchführung der Superintendent genehmigt hatte, wurde am 11. Oktober 1752 gehalten. Dabei erhielten Meister Hoffmann aus Kulmbach und Meister Lindner, der den Richtspruch verfasste und aufsagte, je 1 Gulden 12 Kreuzer, die übrigen Handwerker 36 Kreuzer und die Handlanger 18 Kreuzer.[485] In der Baurechnung von 1753 erscheinen die Namen der Kunsthandwerker Johann Conrad Reis aus Bayreuth und Friedrich Marian Herold aus Kulmbach. Sie erhielten im Jahr 1753 für Malerarbeiten 114 Gulden, ferner bekam Rudolf Albini für Stukkaturarbeiten an der Decke 300 Gulden und Johann Friedrich Fischer für Steinbildhauerarbeiten 134 Gulden.[486]

Silchmüller prüfte zusammen mit dem Goldkronacher Stadtvogt Michaelis am 10. Sept. 1754 die Baurechnungen von 1751 bis 1753 nach und nahm dabei die Manuale des Vorstehers Johann Lauterbach und die Akkorde zu Hilfe. Da hatte z.B. der Maurermeister Popp 163 Gulden 7 1/2 Kreuzer für Nacharbeiten berechnet. Die Prüfer stellten fest, dass er nur 161 Gulden 50 1/2 Kreuzer zu bekommen hätte.[487]

Das Nemmersdorfer Deckengemälde von Friedrich Marian Herold: Die Auferstehung

Die Weihe der Kirche war am 11. Juli 1754. Die Kirchenrechnung von 1754 vermerkt dazu, dass

der Goldkronacher Fuhrmann, der den Superintendenten von Kulmbach holte und dann nach
Bayreuth weiter beförderte, 3 Gulden und 12
Kreuzer erhielt. Für Essen gab der Pfarrer 3 Gulden und 47 Kreuzer aus, als „Seine Hochwürden
und Excellenz Herr Consistorial-Rath und Superintendent von Culmbach den 11. Julii hier war".

Nun noch einige Bemerkungen zur Kirche
selbst, die zusammen mit der Trebgaster und
Neudrossenfelder zu den schönsten aus Silchmüllers Kulmbacher Zeit zählt. Obwohl ein Ost-
chor vorhanden war, verzichtete Johann Georg
Hoffmann darauf. Er ließ den Chorbogen zumau-
ern und stellte den Kanzelaltar an die glatte Ostwand.[488] Die zweigeschossige Empore endet an
der Südseite vor dem letzten Fenster, an der
Nordseite, wo die Herrschaftsloge eingebaut
wurde, stößt sie an die Ostwand. Der Kanzelaltar
rückt damit sehr nahe an die Gemeinde heran.

Über das reiche Bildwerk in der Kirche
schreibt Pfarrer Gerhard Fellner: „Für 300 Goldgulden hat Rudolf Albini die gesamte Langhausdecke und deren Hohlkehle mit Rocaillekartu-
schen, mit Engelsgesichtern, sowie zartem Blatt-
und Blumenwerk in filigraner Feinheit ausgestat-
tet (1753)".[489] Über den Eckkartuschen gestaltete
Albini Symbole des Alten und des Neuen Testamentes z.B. die sechs Schaubrote im jüdischen
Tempel, das Lamm Gottes und das Buch mit den
sieben Siegeln, Gebotstafeln und Kreuz und Lan-
ze, schließlich die Bundeslade. Friedrich Marian
Herold schuf in den Jahren 1753/54 die Decken-
bilder. Acht Gemälde in der Hohlkehle zeigen
den Kreuzweg Christi: Fußwaschung, letztes
Abendmahl, Gebet in Gethsemane, Gefangennahme, Verspottung durch Herodes, Geißelung,
Kreuzigung und Kreuzabnahme. Das Bild in der

*Kirche Nemmersidorf: Eines der acht Bilder
in der Hohlkehle zeigt die Gefangennahme Jesu*

Mitte der Langhausdecke zeigt die Auferweckung
und Verherrlichung des Gekreuzigten. Die ent-
setzten Grabwächter stürzen zu Boden; ein Engel, der die Grabplatte hebt, trägt die Gesichtszü-
ge des Markgrafen Friedrich – eine Verbeugung
des Malers vor dem Fürsten.

Die Bemalung des Gestühls und der Emporen-
kassetten stammt von dem Bayreuther Maler Johann Conrad Reis. Thiel weist darauf hin, dass
das „Bayreuther Rokoko", das von Markgräfin
Wilhelmine initiiert war, in die Kirchen hinein
wirkte: Blumenranken statt abstrakter Rocaille-

In der Nemmersdorfer Kirche steht der Altar nicht mehr in einem abgesetzten Chorraum.

ornamente als Hinweis darauf, dass sich Gott in der Schönheit der Geschöpfe offenbare. Thiel nennt als Beispiel dafür die Kirchen in Trebgast, Benk, Nemmersdorf und Neudrossenfeld.[490]

Der Altar wurde erst nach der Einweihung im Jahr 1763 von Johann Gabriel Räntz gefertigt.[491] Er ist in Gold, Grau und Weiß gehalten. Zwei weibliche Gestalten an den Seiten stellen die Kirche des alten Bundes und die Kirche des neuen Bundes dar. Über der Kanzel ist kein Bild des Auferstandenen in der Gloriole wie sonst häufig, sondern zwei Engel halten ein Schriftband mit den Worten: „GLORIA IN EXCELSIS DEO". Auf den Kanzelkorb malte Wilhelm Ernst Wunder im Jahr 1777 drei kleinere Bilder: Mose, Weihnachten, Johannes der Täufer. Wer in stiller Andacht die Kirche auf sich wirken lässt, ist von ihrer Schönheit beeindruckt, und Karl Sitzmann urteilte: „Eine Dorfkirche als Kleinod des höfischen Rokoko."[492]

Die jetzige Kirche Jakobus d. Älteren in N e u - d r o s s e n f e l d entstand in den Jahren 1753 bis 1761. Daran, dass die Kirche gebaut wurde und wie sie gestaltet wurde, hatte Silchmüller einen wesentlichen Anteil.[493] Im Jahr 1750 machte der Ortspfarrer Johann Konrad Weinel eine Eingabe wegen der Reparatur der alten Kirche. Es ging ihm hauptsächlich um größere Fenster und mehr Licht in der Kirche. Nun sollte der Superintendent eine Stellungnahme abgeben. Dieser vereinbarte einen Lokaltermin, zu dem er außer den beiden Pfarrern Vertreter der Kirchengemeinde, den Baumeister Johann Georg Hoffmann und weitere Handwerker einlud.

In seinem Bericht vom 17. November 1750 machte Silchmüller deutlich, dass die vorgeschlagene Reparatur nicht ausreichen würde. Denn das Dachgebälk sei morsch und angefault. Teile des Mauerwerks hätten sich gesenkt, so dass dort Einsturzgefahr bestehe. Da die Kirche sehr dunkel sei, ergebe sich die Notwendigkeit für größere Fenster. Um diese aber einbauen zu können, müsse das gesamte Mauerwerk um acht bis zehn Schuh erhöht werden.[494] Da der schadhafte Giebel abzutragen sei, solle man das Langhaus um zwölf Schuh verlängern. Die tausend Quadersteine, die zusätzlich gebraucht würden, könne man beim Abbruch der Westfassade und der Säulen und Pfeiler gewinnen. Die nicht angefaulten Balken und die Dachziegel, „welche die neueren übertreffen", könne man wieder verwenden. Silchmüller schätzte, dass die Reparatur von den Zinsen, welche die Kirchenstiftung zu erwarten habe, bezahlt werden könne. Weil die Vertreter der eingepfarrten Dörfer im Gegensatz zum Ortspfarrer Johann Konrad Weinel und seinem Adjunkten Wilhelm Friedrich Erdmann Hechtel eine umfassende Reparatur wünschten, konnte sie Silchmüller für Hand- und Spanndienste gewinnen. Wer Wagen und Zugtiere besaß, wollte vier Fuhren unentgeltlich übernehmen, die übrigen verpflichteten sich für vier Tage als Handlanger. Der Kantor Linke übernahm die Aufsicht über die freiwilligen Arbeiten. „Dieser Brief, der theoretisch den Grundstein legt für einen totalen Neubau des Gotteshauses, zeigt auf, mit welchem Weitblick der Superintendent bereits einzelne Bauabschnitte durchdenkt, das Für und Wider

Blick auf die Nemmersdorfer Orgel. Emporen und Gestühl wurden von Johann Conrad Reis mit Blumenornamenten geschmückt, ein Beispiel für das „Bayreuther Rokoko".

*Die Kirche zu
Neudrossenfeld
mit dem Turm
an der Ostseite*

vorzunehmender Arbeiten abwägt, wie er – mit Erfolg – versucht, das Konsistorium für seine Pläne zu gewinnen und eventuell zu erwartende Einwände vorher zu entkräften. Überdies tritt seine tiefe Sachkenntnis zutage, die auch später immer wieder überraschen wird."495

Schon am 25. November erteilte das Konsistorium die Genehmigung, allerdings unter dem Vorbehalt, dass nur die Zinsen vom Kirchenvermögen dazu verwendet werden dürften. Allein die beiden Pfarrer wagten nicht, den Neubau in die Wege zu leiten, aus der Angst heraus, das

Geld werde nicht reichen. So schrieb Silchmüller am 9. Januar 1751 an Weinel, es sei besser, alles beim Alten zu lassen. Er berichtete allerdings vom Besuch einer Gemeindeabordnung, die ihm den dringenden Wunsch vorgetragen habe, eine umfassende Reparatur durchzuführen. Bei weiterem Aufschub bestehe die Gefahr, dass von anderer Seite das Vermögen der Kirche angegriffen werde.

Während des ganzen Jahres aber ging es keinen Schritt weiter. Im März 1752 trat ein, was Silchmüller angedeutet hatte. Pfarrer Weinel und der Gotteshausvorsteher erhielten einen Brief: „Alß befehlen Höchstgedachte Ihro Hochfürstl. Durchl. dem Pfarrer und Gottes-Hauß-Vorsteher zu Droßenfeld hierdurch gnädigst, sofort ohne Contradiction und mit Beyseitsetzung aller unlautern und eigennützigen Absichten Sechs Tausend Gulden fränk. an das Ober-Bau-Directorium gegen Extradition der in Händen habenden immediaten Gnädigsten Versicherung baar oder durch Aushändigung annehmlicher Consense und Obligationen zu vergnügen, und es auf mißliebigere Verordnungen nicht ankommen zu laßen. Wonach sich gehorsamst zu achten. Bayreuth, den 29. Mart. 1752, Friedrich MZBC."[496]

Die 6000 Gulden verwendete der Markgraf wahrscheinlich zum Bau des Neuen Schlosses in der Eremitage. In Neudrossenfeld aber verstrich ein weiteres Jahr, ohne dass etwas geschah. Inzwischen stellte sich heraus, dass der Turm und der Chor der Kirche schadhaft und reif für den Abbruch waren. Am 11. April 1753 genehmigte das Konsistorium den Neubau von Turm und Chor.[497] Am 14. Mai berichtete Adjunkt Wilhelm Friedrich Erdmann Hechtel nach Kulmbach, man habe mit dem Abbruch der alten Kirche begon-

nen. Er äußerte die Absicht, den Kirchturm stehen zu lassen. Der Bau werde dann statt 10 700 Taler nur noch 6500 kosten. Am 21. Mai folgte ein weiterer Brief, der Superintendent möge sich die Sache doch noch einmal anschauen. Aber dieser ging nicht darauf ein.

Am 29. Mai erfolgte die Grundsteinlegung. Silchmüller hatte bestimmt, dass der Gotteshausmeister Nikolaus Neupert die Bauarbeiten kontrollieren solle. Am 26. März war ein entsprechender Vertrag unterzeichnet worden. Neupert sollte früh, mittags und abends alle Arbeitsleute aufschreiben, um festzustellen, wie viele Maurer, Zimmerleute und Tagelöhner gearbeitet hatten. Er bekam dafür am Tag zehn Kreuzer und das Abfallholz. Auch die Verträge mit den Handwerkern tragen Silchmüllers Unterschrift. So schloss er am 16. Juli 1753 mit dem Bayreuther Bildhauer Johann Friedrich Fischer einen Vertrag über die Herstellung der Portale an der Kirche. Schon bei den Kirchen in Trebgast und Nemmersdorf hatte er diesen Handwerker beauftragt. Bei den Werkverträgen äußerte der Superintendent eine genaue Vorstellung, wie ein Handwerker ein bestimmtes Stück zu fertigen habe und welcher Preis dafür angemessen sei. Die Erfahrungen von früheren Baumaßnahmen halfen ihm.

Am 24. November war Richtfest. Die Dächer von Kirchenschiff und Turm wurden mit Brettern verschalt, so dass im Winter der Gottesdienst in der Kirche gehalten werden konnte.[498] Weinel berichtete Silchmüller, die Kirchenkasse sei erschöpft. Es werde an die 1400 Taler gebraucht. Im neuen Jahr 1754 schrieben sowohl Weinel als auch Silchmüller an den Markgrafen Bittbriefe, er möge doch wenigstens 2000 Gulden von dem Darlehen zurückgeben. Der Kirchenbau sei ins

*Die Neudrossenfelder
Kirche von Südwesten*

Stocken geraten. Die Handwerker bräuchten dringend ihr Geld, um das tägliche Brot zu kaufen. Endlich, nach Monaten des Bittens und Wartens, flossen 1000 Gulden aus Bayreuth zurück. Die Bauschulden betrugen inzwischen 2500 Gulden. Silchmüller konnte den Fürsten wenigstens noch dazu bewegen, das Bauholz aus dem staatlichen Forst zu geben.[499]

Mit dem Hofstukkator Jean Baptiste Pedrozzi schloss er am 25. Juni 1754 einen Vertrag zur Gestaltung der Kirchendecke, wobei der Künstler einiges gegenüber seinen ursprünglichen Plänen

Das Deckengemälde der Neudrossenfelder Kirche: Die Himmelfahrt Christi

ändern musste. Das Entgelt betrug 300 Taler.[500] Der viel beschäftigte Superintendent hatte nach der Abreise des Künstlers noch eine Sache in Ordnung zu bringen. Pedrozzi hatte bei seiner Zimmerwirtin Schulden hinterlassen. So schrieb Silchmüller an den Gotteshausvorsteher Neupert:

„Weil der Stuccator Petrozzi nicht nur seine ver-accordirte Stuccatur Arbeit in der Neuen Droßen-felder Kirche auf das beste, sondern auch über den Accord unterschiedenes, besonders auch die Sacristey gefertiget: so können ihm über den Ac-cord Sechs Gulden frk. gezahlet, und damit die

Frau Haufftin wegen Zehrungskosten des gedachten Petrozzi vergnüget werden. Culmbach,
d. 1. Febr. 1759 Johann Christoph Silchmüller.
M.“[501] Die Deckengemälde wurden von dem
Hofmaler Wilhelm Ernst Wunder im Jahr 1756 geschaffen.

Aus Geldnot konnte sich die Gemeinde keinen
neuen Kanzelaltar leisten. So entstand in Neudrossenfeld ein Kunstwerk mit Stücken aus verschiedenen Epochen. Aus der gotischen Zeit
stammen die geschnitzten Figuren von Jakobus
dem Älteren, Bartholomäus, Georg, Sebastian,
Christophorus und Laurentius zu beiden Seiten
der Kanzel, und zu beiden Seiten des Kanzel-
deckels Maria mit dem Kind und Kaiser Heinrich.
Aus dem Mittelalter stammt das Abendmahlsbild
in der Predella. Auf den vier Tafeln des Altars ist
die Legende des Kirchenpatrons zu sehen, gemalt von Hans Süß von Kulmbach im Jahr 1519.
In diesen Altar wurde in der ersten Hälfte des 18.
Jahrhunderts eine um 1680 von Hans Georg
Brenck geschaffene Kanzel eingefügt. Aus der
Zeit des Kirchenbaus stammt der Altaraufsatz in
Dreiecksform. Über dem Kanzeldeckel ist
zunächst eine Darstellung der Verklärung Christi,
darüber das Bild des segnenden und an der
höchsten Stelle das des auferstandenen Christus
mit der Siegesfahne, umgeben von Engelsfiguren
und Engelsköpfen. Der Altar wurde im Jahr 1755
fertiggestellt.[502]

Thiel nennt die Neudrossenfelder Kirche einen
„Höhepunkt des lutherischen Kirchenbaus“ und
„des schönsten Bayreuther Rokoko“, dessen Stil-
elemente hier dazu dienten, dem christlichen
Glauben Ausdruck zu verleihen.[503] Johann Georg
Hoffmann schuf gemeinsam mit Silchmüller eine
Kirche, die zugleich Gemeinderaum und Ort der

*Eines der sechs Seitenfelder des Deckengemäldes
in Neudrossenfeld, in Grisailletechnik geschaffen
von Wilhelm Ernst Wunder, den Heilsweg Christi
darstellend, hier die Verkündigung an Maria.
Den Stuck schuf Jean Baptiste Pedrozzi.*

göttlichen Offenbarung ist. Der Kanzelaltar steht
nicht mehr in einem abgesetzten Chor, sondern
an der Ostwand des Kirchenschiffs, das von einer
zweigeschossigen Empore eingefasst wird. Die
untere Empore läuft hinter dem Altar weiter und
bezieht ihn in die Gemeinde ein, die obere aber
endet vor dem Altar. Die Bänke füllen nicht ganz
das vordere Kirchenschiff aus, sondern halten
von Altar und Taufstein einen gewissen Abstand
ein. So sind die Zeichen der göttlichen Offenbarung in die Gemeinde hinein genommen, aber

Der Kanzelaltar in Neudrossen-feld. Wegen Geldmangels fügte man Stücke aus verschiedenen Kunstepochen zusammen.

sie gehen nicht in ihr auf – sicher auch Ausdruck von Silchmüllers Frömmigkeit. Dem Kanzelaltar gegenüber, gleichsam als Gegenpol, wurden auf der unteren Westempore die Herrschaftslogen der Familien von Ellrod, von Stein und des Verwalters des Jöslaer Forstes eingebaut. Darüber in der oberen Empore steht die Orgel – eine vollkommene Raumgestaltung!

Von festlicher Freude wird der Betrachter erfüllt, wenn er zur Langhausdecke emporblickt. Wilhelm Ernst Wunder malte auf sechs kleineren Bildern den Heilsweg Christi: Verkündigung an Maria, Weihnachten, Anbetung der Weisen aus dem Morgenland, Taufe im Jordan, Kreuzigung und Auferstehung und als zentrales Bild die Himmelfahrt Christi als Ziel und Erfüllung dieses Weges. Den übrigen Raum füllte der Stukkateur Pedrozzi mit einem bunten, bewegten Spiel von Blumenranken, Früchten, Engeln und Wolken, Rocaille- und Gitterwerk und Symbolen aus der Heilsgeschichte. Auf den Wangen des Gestühls und an den Emporenbrüstungen blüht es in heiterer Farbigkeit.

„Die hier angestrebte schwebende Leichtigkeit hat der Pietist Silchmüller seinem Baumeister Hoffmann zugebracht, er hat ihm die Seele gelöst und gelockert. Immer freudiger, immer leichter und lichter werden die Kirchen, die sie nun zusammen bauen, und immer lutherischer. Und es geschieht das Einmalige, daß sich der norddeutsche Pietismus, der sonst nur im Literarischen seinen Niederschlag fand, ganz in das Süddeutsche wandelt und sich in faßbarer, schaubarer, sinnennaher Form in der Architektur darstellt."[504]

Am 9. Oktober 1757 feierte man in Neudrossenfeld ein großes Fest. Der Superintendent weihte die neugebaute Kirche und führte den bisherigen Diaconus Johann Matthäus Kreil und den bisherigen Schnabelwaider Pfarrer Stephan Friedrich Jost in ihr Amt ein. Pfarrer Johann Konrad Weinel war nämlich drei Jahre zuvor gestorben, und der Adjunkt Wilhelm Friedrich Erdmann Hechtel hatte sich versetzen lassen. Die Festpredigt mit dem Titel: „Ein dreyfaches Wort des HErrn an die beyden Seelen-Sorger, dann die ganze Christliche Pfarrgemeinde zu Drossenfeld und Langenstadt" wurde „auf vieler Verlangen" gedruckt. Sie legt die berühmte Tempelrede Jeremias (Jer. 7, 1–7) aus und entfaltet sie als „Ein Wort der Ermahnung", „der Warnung" und „der Verheißung". Jeremia habe seine Zeitgenossen aufgefordert, sie sollten ihr Leben bessern und den Tempel nicht als Schutz und Garantie für Wohlergehen ansehen. Silchmüller betonte ebenfalls, dass zum Gottesdienstbesuch der Gehorsam im alltäglichen Leben treten müsse. „Ich frage euch: Würdet ihr wohl mit euren Knechten und Mägden zufrieden seyn, wenn sie sich alle Sonntäge oder auch alle Tage eine Stunde vor euch stelleten, und ließen sich die Länge und die Breite von euch sagen, was euer Wille sey, und was ein jeder in eurer Haushaltung thun solte? Sie giengen aber hernach hin, und thäten entweder gar nichts, oder gerade das Gegentheil? Ich frage euch: Würdet ihr wohl mit einem solchen Gesinde zufrieden seyn?"[505] In der „Applicatio" betonte der Prediger noch einmal die Gnadenzusage: „Der HErr giebt euch das Wort der Verheißung: Er will bey euch wohnen an diesem Ort, in diesem neuen Tempel, welchen wir Ihm

Die drei Adelslogen
in der Neudrossenfelder Kirche

Bei den Bauplänen für die Kirche in Neudrossenfeld findet sich diese Zeichnung Pedrozzis (links), offenbar für die Stuckverzierung mit dem Dreieck als Symbol Gottes über dem Altar.
Der Entwurf wurde nicht ausgeführt. Stattdessen prangen dort das Wappen und das „F" des Markgrafen.

weihen, widmen und heiligen. Ihr seid es und eure Kinder und Nachkommen, welche GOtt seiner besonderen Gnaden-Gegenwart an diesem Orte würdigen will. Euch ist dieses Geistliche Heyl verheißen, und euch will es GOtt auch an zeitlicher Glückseligkeit nicht mangeln lassen."[506]

Silchmüller dankte den Gemeindegliedern auch, weil sie durch ihre Spenden und durch Hand- und Spanndienste mithalfen, dass trotz aller entstandenen Schwierigkeiten die Kirche fertig gebaut werden konnte. „Ihr könnt euch billig dieses eures schönen, räumlichen und bequemen Tempels freuen, wenn ihr an die vorigen zurückdencket. Ihr genießt wegen seiner Größe und Schönheit von innen und außen einen Vorzug, wo nicht vor allen, so doch vor den meißten Landgemeinden dieses Fürstenthums."[507]

Nach der Mahnung an die Gemeinde, die neuen Seelsorger anzunehmen und in Ehren zu halten, richtete der Superintendent ein Wort der Ermahnung an die neuen Pfarrer: „Diese Schaafe werden nun Ihrer treuen Seelen-Pflege und Sorge übergeben, sie mit der reinen und unverfälschten Lehre des Evangelii zu weiden. Ihre Seelen werden auf Ihrer beyder Seelen gebunden. Ihr Blut will der HErr von Ihrer Hand fordern, wo Sie durch Untreue und Sorglosigkeit solches Hirten-Amt verwahrlosen." Sie sollten aber nicht mutlos werden. „Der HErr will bey Ihnen wohnen an diesem Ort." „Gehen Sie fleissig mit GOtt um im Gebet und täglicher Übung in seinem Wort, das wird Ihres Herzens Trost und in allen Anliegen Ihr Stab und Stütze seyn. Mit GOtt gehen Sie an Ihre meditationes, wenn Sie das

Wort des HErrn vortragen sollen. Mit GOtt kommen Sie zu diesem seinem Tempel; mit GOtt betreten Sie die Canzel; mit GOtt diesen Altar und Tauf-Stein; mit GOtt den Beicht-Stuhl; mit GOtt der Kranken Siech- und Sterbebett; mit GOtt alle Ihre Amts-Verrichtungen: So wird der HErr auch mit und bey Ihnen seyn."[508]

Die Neudrossenfelder Gemeinde baute in den Jahren 1764/65 das imposante Pfarrhaus mit der großen Freitreppe. Der Plan dazu stammte von dem Bayreuther Architekten Carl Philipp Christian von Gontard.[509]

Die Kirche in Streitberg wurde schon am Anfang dieses Kapitels erwähnt. Auf Wunsch des Markgrafen Friedrich wurde der Neubau nicht mehr am bisherigen Kirchort Niederfellendorf errichtet, sondern an der frequentierten Landstraße nach Nürnberg.

Zunächst hatten Pfarrer und Gemeindevertreter versucht, die alte Kirche in Niederfellendorf zu erhalten, obwohl sie sehr baufällig war. Im Juni 1750 gab der Markgraf seinem Bauinspektor Joseph St. Pierre den Auftrag, die Kirche zu begutachten.[510] Doch der viel beschäftigte Mann kam nicht dazu. Silchmüller schrieb dem Pfarrer, ein Maurermeister solle beauftragt werden, das Mauerwerk mit „Steupern" zu versehen, um den Einsturz zu verhindern. Der Pfarrer habe dafür einen Kostenvoranschlag einzureichen. Am 1. März 1752 rügte der Superintendent den Pfarrer, weil dieser noch nichts unternommen hatte.

In der Folge entstand der Plan, eine neue Kirche zu bauen. Am 6. Juli 1753 wurde ein Vertrag mit dem Baiersdorfer Baumeister Heegner geschlossen. Er verpflichtete sich, für 850 Gulden, das neue Gotteshaus in Streitberg zu bauen und danach die baufällige Kirche in Niederfellendorf

abzureißen. Da die Gemeinde arm war, vermittelte ihr Silchmüller zwei Darlehen über je 600 Gulden zu 6 Prozent von dem Schatulier Eichel und dem Regierungsadvokaten Schülin, beide in Bayreuth. Auch eine landeskirchliche Kollekte wurde erhoben. Silchmüller schrieb im Circular, die Gemeinde in Streitberg sei arm und klein; deshalb solle sie unterstützt werden. Es hätten sogar Gemeinden außerhalb des Fürstentums einen Beitrag geschickt. „So wollen wir der Gemeinde, die in unserer Dioecese liegt, umso nachdrücklicher helfen." Es wurde eine Haussammlung angeordnet, und auch die Kirchenstiftungen sollten etwas leisten. Die Patronatspfarrer in Hutschdorf, Kirchleus, Langenstadt, Melkendorf und Rugendorf müssten ihre Herrschaft um Genehmigung bitten.[511] Die landeskirchliche Kollekte erbrachte 540 Gulden, davon 152 Gulden aus der Superintendentur Kulmbach.

Trotz dieser Unterstützung ging es in Streitberg nicht recht voran. Im gleichen Jahr 1755 mahnte Silchmüller zum zügigen Weiterbauen, auch wenn man mit dem Turm noch warten müsse. Da die Gemeinde immer noch in der altem Kirche in Niederfellendorf Gottesdienst hielt, fürchtete er, dass jemand durch herabstürzendes Mauerwerk zu Schaden komme.

Eine neue Verzögerung trat ein, als der Gemeindepfarrer Gottlieb Berner am 16. Februar 1756 starb. Sein Nachfolger war Georg Heinrich Oertel, der noch im gleichen Jahr aufzog. Es folgten Querelen mit dem Baumeister Heegner, der sich weigerte, weiter zu arbeiten, nachdem 447 Gulden verbaut worden waren. Am 22. März 1757 schloss Silchmüller einen Vertrag mit Johann Georg Hoffmann. Mit ihm hoffte er, den Bau zu einem guten Abschluss zu bringen. Er gab ihm den Auftrag, den Turm ein Stockwerk höher zu bauen, weil auch das Kirchendach um einige Schuh höher liegen sollte. Das Portal an der Straßenseite, das Heegner zu niedrig geplant hatte, sollte vergrößert werden. Der Fußboden im Kirchenschiff, wo die Frauen saßen, und die Sakristei müssten einen Bretterboden bekommen. Geplant war ein Kanzelaltar, darüber die Orgel.

Auch Hoffmann vollendete die Arbeit nicht. Aus einem Brief Silchmüllers vom 1. August 1757 geht hervor, dass der Kulmbacher Baumeister mit seinen Gesellen wieder abgezogen war, weil er mit den Streitberger Maurern nicht zu Rande kam. Silchmüller schaffte es trotzdem, dass der Bau weiter ging. Er setzte den Termin für die Weihe der Kirche und die Einsetzung des Pfarrers Oertel auf den 1. Advent 1757 fest. Inzwischen war der Siebenjährige Krieg ausgebrochen. Silchmüller fuhr zusammen mit dem Senior Friedrich Ernst Otto am 27. November, einem Samstag, los, wenn auch mit Bedenken. Denn die Reste des besiegten Reichsheers flohen zusammen mit französischen Truppen durch Franken, und preußische Einheiten versuchten im Hochstift Bamberg Beute zu machen. Es stieß den beiden Geistlichen jedoch nichts zu. Sie bekamen unterwegs wegen der Kriegsereignisse nur eine „Einbrennsuppe" und einige Eier als Mittagessen.[512] Am 1. Advent wurde in einem Festgottesdienst die Kirche zur Heiligen Dreifaltigkeit geweiht, der Pfarrer eingesetzt und – wie es Silchmüller gerne hatte – das erste Kind in der neuen Kirche getauft.

Der Grundriss der Streitberger Kirche entspricht noch einem älteren Schema: ein Saalbau mit dem Chor im Ostturm und einer Empore auf drei Seiten. Sicher stammte der Plan dazu nicht von Hoffmann, wie öfter geschrieben wurde, weil der Kulmbacher die Arbeiten erst übernahm, als schon über die Hälfte der Maurerkosten ausgegeben war.[513] Sicher wäre Hoffmann nach den Kirchen in Nemmersdorf und Neudrossenfeld nicht zu seiner früheren Raumaufteilung zurückgekehrt.

Die Streitberger Kirche hatte einen Kanzelaltar, der im Jahr 1875 aus der Kirche geschafft wurde, als man mit dem Barock nichts anzufangen wusste und Kirchen im neugotischen Stil baute oder umgestaltete.[514]

Die Kirchenstiftung war nach der Baumaßnahme hoch verschuldet. Zudem waren die beiden Gotteshausvorsteher, welche die Rechnung führen sollten, unversöhnlich mit einander zerstritten. Einmal hatte der eine die Buchführung, dann der andere, dann keiner von beiden. Der Streit zog sich über vier Jahre hin. Deshalb schrieb Silchmüller am 20. April 1758 an den Pfarrer Oertel: „Der Disharmonie zwischen den Streitberger Gotteshauspflegern muß mit Ernst gesteuert werden; und weil sich der Leipold ohnehin hat vernehmen lassen, daß er sich abfordern wolle, so erteile ich ihm hiermit seine Demissio, und Euer Wohlehrwürden wolle an seine Stelle einen andern treuen und friedlichen Mann aus der Gemeinde als 2. Gotteshauspfleger bestellen. Der Pracker wird sodann desto lieber noch eine Zeit lang bleiben, kann auch so lang nicht entlassen werden, bis er die Bau- und Gotteshausrechnung abgeleget hat."[515] So hatte der Kulmbacher Superintendent mit dem siebten Kirchenbau, den er in seiner Amtszeit zu betreuen hatte, anscheinend viel Mühe und Ärger.

Am 1. Mai 1765 wurden die Pfarreien Muggendorf und Streitberg der Superintendentur Baiers-

*Turm der Spitalkirche Kulmbach, errichtet in
der Amtszeit des Superintendenten Silchmüller*

der Turm der Kulmbacher Spitalkirche, der im Jahr 1749 fertiggestellt wurde. Der Stadtbaumeister Hoffmann machte den Plan. Man nimmt aber an, dass der markgräfliche Baudirektor Friedrich Jakob Graël Veränderungen vornahm; denn der Turm der Spitalkirche hat große Ähnlichkeit mit dem der Heilig-Geist-Kirche in Potsdam, der von Graël entworfen worden war. Zu Silchmüllers Zeit wurden der Stuck und das Bild von der Himmelfahrt Christi an der Kirchendecke geschaffen. Die Silbermannschüler Johann Jacob Graichen und Johann Nicolaus Ritter aus Hof lieferten die Orgel.[517]

Nach der Fertigstellung der St. Andreas-Kirche in S e i b e l s d o r f wurde am 7. September 1751 der Grundstein für den mächtigen Kirchturm gelegt. Silchmüller hielt die Predigt über Jesaja 28, 16. Eine Zinntafel mit den Namen des Markgrafen Friedrich, des Superintendenten, des Pfarrers Johann Wolfgang Mösch und des Amtsvogts Johann Wolfgang Goller wurde dem Grundstein beigegeben. Die Gotteshausrechnung dieses Jahres erwähnt 6 Gulden 24 Kreuzer, die Silchmüller für sein Kommen erhielt, ferner 2 Gulden für den Kutscher Hans Müller aus Kulmbach.[518]

In der Kirche wurde weiter gebaut.[519] Johann Nicolaus Feeg beendete im Jahr 1755 die Stuckarbeiten im Chorraum, und Johann Gabriel Räntz schuf im Jahr 1762 den Kanzelaltar, der an den Seiten zwei allegorische Figuren zeigt: einen Jüngling mit einem flammenden Herzen (Amor Dei) und eine Frau, die ein Herz und eine Schlange in den Händen hält (Sapientia Dei).[520] Bekrönt wird der Altar vom „Auge Gottes" im Strahlenkranz und dem Kruzifix.

Silchmüller entschied nicht nur, wie und von wem ein Gotteshaus gestaltet wurde, im Zuge

dorf zugeordnet. Die Entfernung nach Kulmbach war offensichtlich allzu groß.[516]

Silchmüller erwähnte in seinem Kollektenschreiben für Streitberg, dass zu seiner Zeit Kirchtürme erbaut worden seien. Dazu gehört

Kirchturm in Seibelsdorf, dessen Grundstein Silchmüller 1751 legte

zung des Grases und der Obstbäume im Kirchhof. Während der zwanzigjährigen Bauzeit von Kirche und Turm war diese Nutzung ziemlich beeinträchtigt gewesen. Pfarrer Mösch wollte das weiter nicht berücksichtigen. Der Superintendent

Der Kanzelaltar in Seibelsdorf von 1762, ein Werk von Johann Gabriel Räntz. Er weist große Ähnlichkeit mit dem Nemmersdorfer Kanzelaltar aus dem folgenden Jahr auf (S. 153).

eines Kirchenbaus galt es immer wieder Streitigkeiten zu schlichten. So kam im Jahr 1755 der Seibelsdorfer Kantor Weiß nach Kulmbach, weil er sich mit dem Ortspfarrer nicht einigen konnte. Zu den Einnahmen des Kantors gehörte die Nut-

entschied aber, dass der Kantor 8 Gulden Entschädigung erhalten solle. Darüber hinaus hatte die Kirchenstiftung einen Gulden 12 Kreuzer zu zahlen, weil der Kantor bei der Renovierung der Orgel geholfen hatte.[521]

Bei der Renovierung der St. Egidius-Kirche in G ö s s e r s d o r f im Jahr 1752 gab es ein anderes Problem zu lösen. Das Dorf war teils bambergisch, teils markgräflich. Nun verlangte das Hochstift, bambergische Handwerker zu nehmen, die markgräfliche Regierung aber bestand auf bayreuthischen. Beide drohten mit Repressalien. Pfarrer Johann Christoph Fröhlich „gab davon Ihro Ex. H. Super. Silchmüller Nachricht". Dieser entschied, weder bambergische, noch bayreuthische Handwerker zu nehmen, sondern ritterschaftliche, nämlich den Zimmermann Johann Hoffmann aus Weißenbrunn und den Maurermeister Andreas Müller aus Fischbach.

Nach dem Bericht des Pfarrers glich die Kirche vor der Renovierung eher einem Stall. Sie war im 30-jährigen Krieg abgebrannt und notdürftig repariert worden. Eine Kirchenmauer war eingefallen und wurde jetzt wieder aufgemauert. Eine Empore und größere Fenster wurden eingebaut. Weil die Kirchleuser Kirchenstiftung eine neue Orgel von dem Orgelbauer Georg Ernst Wiegleb aus Schney hatte machen lassen, wurde die alte hergerichtet und den Gössersdorfern überlassen. Sie hatten bis dahin überhaupt noch keine Orgel besessen.[522]

Die Aufzählung von Baumaßnahmen unter Silchmüllers Leitung ist durchaus nicht vollständig. Während er als Bayreuther Hofprediger neben dem Waisenhaus vor allem literarische Werke hinterließ, waren es in der Kulmbacher Zeit Bauwerke.

3.5. Sorgen um das Bayreuther Waisenhaus

Silchmüllers Umzug nach Kulmbach war Ende September 1741. Das war fast ein Jahr nach seiner Ernennung zum dortigen Superintendenten. In dieser Zwischenzeit versuchte er, die Verteilung der Aufgaben im Waisenhaus zu ordnen. Die Oberaufsicht als Direktor behielt er sich selber vor. Der Vertreter der Stadt im Direktorium war der Syndikus Christ, der schon bei der Gründung des Waisenhauses mitgeholfen hatte. Als Inspektor setzte Silchmüller den pietistisch gesonnenen Hofkantor Christian Matthäus Augustin Ulmer beim Markgrafen durch. Ulmer hatte schon bisher mitgearbeitet und erhielt nun den Titel „Waisenhausprediger". In einem Reskript vom 23. Februar 1741 teilte der Fürst dem Stadtrat die Ernennung mit. Ulmer solle zugleich als Vikar und Katechet an der Stadtkirche mitarbeiten. Als Entgelt bekam er Wohnung, Kost, Heizung und Licht vom Waisenhaus, ferner 100 Taler aus der Heilsbronner Stiftung und je 25 Taler aus der Kirchen- und Hospitalstiftung.[523]

Im „Conferenz-Buch" des Waisenhauses finden sich nach dem Weggang Silchmüllers bis zum 1. Juli 1744 keine Einträge. Es heißt, dass die Lehrer wohl dann und wann zu Besprechungen zusammen kamen. Diese wurden aber nicht protokolliert. Nun drang Silchmüller darauf, wieder regelmäßig Konferenzen zu halten. Der Hauptgrund sich zu besprechen, waren Streitigkeiten unter den Lehrern. Die eine Seite warf der anderen vor, den Kindern besondere Vergünstigungen zu gewähren, um sich bei ihnen einzuschmeicheln. Als Folge davon ließen die Kinder den einen ihre Anhänglichkeit und den anderen ihre Geringschätzung spüren. Die Konferenz einigte sich, dass die eine Seite ihre Vorwürfe und Verdächtigungen vergessen wollte, die andere Seite aber versprach, mit den Kindern so umzugehen, dass keine besonderen Anhänglichkeiten entstünden.[524]

Ulmer wies die Lehrer wiederholt auf die innere Motivation für die Arbeit im Waisenhaus hin. So lautete ein Konferenzbeschluss: Weil Jesus unter den Kindern verherrlicht werden solle, sei es wichtig, dass sich die Mitarbeiter darum bemühten, damit ihnen selber die Erkenntnis des Herrn Jesus recht lebendig werde.[525] Es wurden aber auch die täglichen Sorgen besprochen. Da hatte sich die Hausmutter Arndt beklagt, die Mädchen ließen den gehörigen Respekt vermissen. Waisenkinder waren an Husten und Bronchitis erkrankt. Für die ebenfalls erkrankte Hausmutter musste eine Vertretung gesucht werden.[526]

Häufig wurde so eine Konferenz zu einer pietistischen Erweckungsstunde: „Wir ermunterten uns unter einander unseres Beruffes wahrzunehmen, obs in der Krafft und zur Ehre Gottes geschehe. Wir erkannten gar wohl die Unart unsres Hertzens und der Herr forderte uns durch seinen Geist zu neuem Ernst auf."[527]

Ein Erfolgserlebnis hatte Ulmer, als er versuchte, ältere Schüler als Katecheten anzulernen. Die Konferenz beschloss, sie sollten unter Anleitung Ulmers Schulstunden halten.[528] Ein Lehrerseminar gab es im Bayreuthischen damals noch nicht. So bildete das Waisenhaus etliche Schulmeister mit Erfolg aus.

Auch nach dem Edikt des Markgrafen Friedrich vom 17. Juli 1743, das alle privaten Erbauungsstunden streng verbot, wurden im Waisenhaus weiterhin Bibel- und Gebetsstunden gehalten. Allerdings änderte Ulmer die Katechese mit den Kindern am Sonntagnachmittag in einen Predigtgottesdienst.[529] Erweckungs- und Gebetsstunden werden im Konferenzbuch öfter erwähnt.[530]

Um den Kreis der Bayreuther Pietisten kümmerten sich auch Sendboten der Herrnhuter Brüdergemeinde. Davon berichtet ein Brief von Friedrich Adam Scholler nach Herrnhut vom 17. Juni 1743.[531] Er hatte bis Januar 1743 in Bayreuth gewirkt und erwähnte nun, dass sich zwanzig bis dreißig Männer zum Kreis der Erweckten hielten; dazu kämen deren Familien, so dass die Bayreuther Gemeinschaft etwa hundertfünfzig Personen zähle. Entsprechend dem Wunsch der Bayreuther schickte Herrnhut für Scholler immer wieder einmal einen reisenden Bruder, der die Gläubigen stärkte.

Zu Beginn des Jahres 1745 geriet die Gemeinschaft im Waisenhaus in eine bedrohliche Krise. Den Anlass dazu lieferten Gerüchte, die über den Waisenhausprediger Ulmer kolportiert wurden. Weil die Hausmutter Arndt wegen ihres Alters und häufiger Erkrankungen die Arbeit nicht mehr bewältigt hatte, war für sie eine unverheiratete Frau eingestellt worden. Da Ulmer ledig war, „zerriß man sich darüber in der Stadt das Maul". Aber auch in der Gemeinschaft selbst gab es Streit und Zerrüttung. Eine Gruppe lehnte Ulmer wegen der Gerüchte ab, und Sendboten aus Ebersdorf unterstützten sie in dieser Haltung. Man kam nicht mehr gemeinsam zu den Gebets- und Bibelstunden zusammen. Die Sammlung für die hallische Mission in Südindien unterblieb. (Zuvor waren jährlich zehn Taler für diesen Zweck nach Halle gesandt worden.)[532]

Silchmüller berichtete dies dem Markgrafen in einem Brief vom 6. Juni 1746.[533] Er habe eine Un-

Das Waisenhaus in Bayreuth

Frau gewählt (Er heiratete sie dann auch.) Nach Silchmüllers Urteil war sie fähig und willens, die Ökonomie im Waisenhaus zu übernehmen. Aber leider würden nun über sie ebenfalls böse Gerüchte in Bayreuth verbreitet. Deshalb bat Silchmüller den Fürsten jetzt, Ulmer eine freigewordene Pfarrstelle zu übertragen. „Ihre Durchlaucht" möge diese Petition „gnädigst" und „baldigst" gewähren, „damit ich nicht bey fortwährenden verdrießlichen Umständen Muth und Hände von dem Werck müße sincken laßen." Der Markgraf versetzte Ulmer im Herbst 1746 auf die Pfarrstelle Döhlau bei Hof.

Nach Ulmers Weggang schickte Silchmüller eine Abrechnung über empfangene Arzneien nach Halle. Danach waren in den sechs Jahren, in denen Ulmer das Bayreuther Waisenhaus leitete, Medikamente im Wert von 2470 Talern aus Halle bezogen worden, ein Hinweis dafür, dass die „Hallischen Artzeneyen" sehr beliebt waren. Allerdings hatte die Waisenhausapotheke noch offene Rechnungen über 630 Taler. Silchmüller erklärte das damit, dass das Waisenhaus nach seinem erzwungenen Umzug finanziellen Schaden erlitten hatte. Das Spendenaufkommen sei schlagartig zurückgegangen. Seien früher in einem Jahr etwa 1000 Taler an Spenden eingegangen, so wurden nach seinem Weggang gerade noch hundert bis zweihundert Taler gegeben. So habe Ulmer einige Male Geld aus der Apothekenkasse nehmen müssen, um das tägliche Brot zu kaufen. Auch habe er einen Teil der Medikamente auf Kredit abgegeben. Nun behaupteten etliche (darunter sehr wohlhabende Leute), die Schulden seien durch ihre Domestiken beglichen worden. Silchmüller gab den Freunden in Halle zu verstehen, sie bräuchten wegen der offenen

tersuchung angestellt und sich mit dem Stadtsyndikus Christ beraten; sie hätten keinen Hinweis finden können, dass die Anschuldigungen stimmten. Beide, Silchmüller und Christ, hätten dem Waisenhausprediger geraten, die Frau zu heiraten. Dann gäbe es keinen Anlass mehr für Gerüchte. Doch Ulmer hätte schon eine andere

Rechnungen keine Sorge zu haben. Allerdings sei er sehr dankbar, wenn „Halle" dem Waisenhaus einen Rabatt einräumen könnte.[534] Die Hallische Armenapotheke gewährte auf diese Bitte hin einen Nachlass von 50 Talern.[535]

Silchmüller berief für Ulmer im Januar oder Februar 1747 den Pfarrer Johann Christoph Hechtlin als Waisenhausinspektor und dessen Frau als Hausmutter.[536] Beide hatten schon reichlich Erfahrungen für ihre Aufgabe in Bayreuth sammeln können. Pfarrer Hechtlin hatte zur gleichen Zeit wie Silchmüller in Halle studiert und war wie dieser Informator im dortigen Waisenhaus gewesen. Er arbeitete danach als Inspektor in einem Haus für arme Kinder in Augsburg,[537] als Lehrer in Dinkelsbühl, und als Kantor in Neustadt a.d. Aisch. Man übertrug ihm dann die Pfarrstelle Eschenau, wo er mit seiner Familie in großer Armut leben musste. Nicht viel besser erging es ihm in Rehweiler in der Grafschaft Castell.

Silchmüller hatte den besten Eindruck von ihm. Er sei „ein Mann voll Redlichkeit, Liebe, Demuth, Sanftmuth, und ausnehmender Geschicklichkeit, auch mit Kindern umzugehen." Seine Frau sei eine „unvergleichliche Haußhälterin". Silchmüller hatte die Hoffnung, dass es Hechtlin gelingen werde, die zerstrittene Gemeinschaft wieder zusammenzuführen.[538]

Aus den vorhandenen Quellen lässt sich nicht eruieren, dass unter seiner Leitung das Waisenhaus „dem Ruin nahegebracht" und „völlig verwahrlost" gewesen sei, wie in einigen Darstellungen behauptet wird.[539] Ein Brief Silchmüllers an den Markgrafen vom 22. März 1751 stellt dem Pfarrer Hechtlin und seiner Frau vielmehr ein vorzügliches Zeugnis aus.[540] Beide hätten, was die Information der Kinder und was die Ökono-

mie beträfe, so gut gearbeitet, dass er, Silchmüller, wünschte, das Waisenhaus wäre immer so geführt worden und werde weiter so geführt. Es tue ihm deshalb leid, dass Hechtlin gebeten habe, ihn aus der Arbeit im Waisenhaus zu entlassen und ihm einen anderen Dienst zu übertragen. Grund sei das hohe Alter der Eheleute. Die Last der Ökonomie und die Mühe mit den ungezogenen Kindern seien für sie immer schwerer zu tragen. Dazu komme die äußerst geringe Bezahlung im Waisenhaus. Sie seien nicht in der Lage, etwas für die Zeit zu sparen, in der sie vielleicht nicht mehr arbeiten könnten. Und noch etwas spreche für die Beendigung des Dienstes, nämlich dass „die Inspectorin Hechtlin bey ihrer treuen Bemühung überall für alles selbst zu sorgen", im letzten Jahr schwer verunglückte. Beim Zusammenräumen des Stadels, wo das Getreide aufgeschüttet war, brach sie durch ein Brett und fiel auf die Tenne. Man musste sie bewusstlos aufheben. Sie habe sich immer noch nicht richtig erholt und sei bei der Verrichtung der Hausarbeit behindert.

Silchmüller ging in seinem Brief auf das Problem ein, das der Berufung Hechtlins auf eine Pfarrstelle im Wege stand. Der Markgraf hatte dem Inspektor zwei Jahre zuvor durch das Konsistorium Predigtverbot erteilen lassen. Hechtlin hatte damals bei einer Passionsandacht in der Stadtkirche die Geschichte von der Verspottung Christi durch den König Herodes ausgelegt. Und er hatte dabei darauf hingewiesen, dass so etwas noch manchmal an Fürstenhöfen geschehe. Silchmüller erwähnte in seinem Brief, dass unter den Zuhörern Hechtlins Minister und Räte gewesen seien. Sie hätten an der Predigt nichts Anstößiges gefunden. Sie fühlten sich viel mehr angesprochen durch die eindringliche und erbauliche Art der Predigt. Nur eine einzige Person hätte in der Predigt etwas Böses gesehen und dem Markgrafen in schlimmer Weise davon berichtet. Dabei war der Hinweis auf Fürstenhöfe allgemein gehalten und werde auch von angesehenen Predigern wie Prof. Rambach in Gießen verwendet.

Silchmüller erwähnte, welche Folge das Predigtverbot gehabt hatte. In der Stadt würden Hechtlin und seine Mitarbeiter als verworfene und unehrliche Leute verachtet. Das Waisenhaus sei dadurch wieder einmal in Verruf gekommen. Viele meinten auch, dass die Arbeit im Waisenhaus nicht viel wert sei, wenn sie so schlecht belohnt werde und wenn die Aussicht auf eine Pfarrstelle abgeschnitten sei. Dabei habe Hechtlin gute Fähigkeiten. „Von seiner Treue, mit redlichem Ernst an anvertrauten Seelen zu arbeiten, bin ich versichert." Der Brief zeitigte Wirkung; denn der Markgraf übertrug Johann Christoph Hechtlin am 3. November 1751 die Pfarrei Oberhöchstadt bei Neustadt a. d. Aisch.[541]

Nachfolger Hechtlins wurde im Jahr 1751 der Pietist Johann Distler. Er nannte sich nicht mehr „Waisenhausprediger", sondern „Inspector Scholae". Neben ihm arbeiteten noch ein Ökonomie-Inspektor und drei Lehrer. Am 31. Januar 1754 setzte der Markgraf seinen Hofprediger Johann Christian Schmidt als Konrektor ein.[542] Schmidt hatte einige Jahre zuvor das Waisenhaus als „Götzen der Bayreuther Pietisten" bezeichnet. Ob er sich jetzt in irgendeiner Weise dafür einsetzte, konnte nicht festgestellt werden. Es findet sich von 1754 bis 1763 (dem Todesjahr des Hofpredigers) kein Hinweis auf ein Engagement seinerseits. Warum der Markgraf diese Ernennung vollzog, lässt sich nur vermuten. Vielleicht konnte

sich Silchmüller von Kulmbach aus doch nicht in dem Maße um das Waisenhaus kümmern, wie es nötig gewesen wäre. Er hatte ja an seinem Wirkungsort ein Übermaß an Arbeit zu bewältigen. Distler gab 1756 das Inspektorenamt ab und wurde Kantor an der Bayreuther Hofkirche.[543] Wie er arbeitete, lässt nur schwer beurteilen. Zwischen 1747 und 1757 wurden keinerlei Einträge in das „Conferenz-Buch" gemacht. Man könnte daraus schließen, dass es ihm nicht gelang, eine gute Zusammenarbeit der Mitarbeiter zu erreichen. Aber auch Hechtlin hatte keine Protokolle von Konferenzen hinterlassen. Und ihm hatte Silchmüller ein gutes Zeugnis ausgestellt. Ein guter Verwalter scheint der Musiker Distler vielleicht nicht gewesen zu sein. Denn der erste Eintrag im „Conferenz-Buch" nach seiner Dienstzeit moniert, dass die Übergabe aller Kassen, Belege, Rechnungen und die Aufstellung der Vorräte möglichst bald erfolgen solle, um das jetzige Durcheinander abzustellen.[544]

Im Laufe des Jahres 1757 übernahm Heinrich Gottlob Daniel Feiler das Amt des Inspektors. Er war im Jahr 1731 in Bayreuth geboren worden, und seine Eltern standen zu Silchmüller in einem freundschaftlichen Verhältnis. Denn die Mutter Elisabetha Catharina Feiler war bei der Silchmüllertochter Dorothea Catharina Patin geworden.[545] Feiler hatte nach dreijährigem Studium in Erlangen schon einige Zeit im Bayreuther Waisenhaus gearbeitet, war dann nach Halle gegangen, um dort weiter zu studieren, und war gleichzeitig im dortigen Waisenhaus Informator gewesen.[546]

Am 5. Januar 1758 hielt er die erste Konferenz „auf ausdrücklich wiederholten Befehl eines hochwürdigen Directorii".[547] Der 26-jährige Feiler verehrte den Gründer des Waisenhauses sehr und war bestrebt, das Werk seines Vorbildes in dessen Geist weiter zu führen. Am 19. und 20. Januar hielt sich Silchmüller in Bayreuth auf. Zunächst übergab Johann Distler im Beisein Silchmüllers und des Bürgermeisters Roder das Inventar und die Kasse an den neuen Inspektor. Am nächsten Tag hielt Silchmüller mit allen Mitarbeitern eine Generalkonferenz.[548] Dabei beschrieb und verteilte er die einzelnen Arbeitsbereiche. Inspektor und erster Lehrer war Feiler. Neben dem Unterricht in einer Klasse hatte er die Aufsicht über die Armenschule und das Waisenhaus und verwaltete die Apotheke und den Verkauf des „Address-Calenders". Zweiter Lehrer war Ernst Christian Mirus. Neben dem Unterricht in einer Klasse übernahm er die Ökonomie mit der Hauptkasse und der Buchführung. Dritter Lehrer war Hiob Born. Auf Wunsch des Konsistoriums wurde als außerordentlicher Lehrer der Pfarrer Johann Georg Liebermann angestellt. So weit es sein Alter und seine Kräfte erlaubten, sollte er Unterrichtsstunden übernehmen und bei der Aufsicht im Waisenhaus helfen. Liebermann hatte 1751 seine Pfarrei Schwebheim verlassen und sich den Herrnhutern angeschlossen. Später war er zur Landeskirche zurückgekehrt.[549] Ein weiterer Mitarbeiter war der Schneidergeselle Adam Philipp Flintzbach. Er besserte die Kleidung der Kinder aus und übernahm die Pflege der erkrankten Buben. Er sorgte dafür, dass sich die Buben zweimal in der Woche gründlich wuschen und beaufsichtigte ihre häuslichen Arbeiten wie Holz machen. Die Küche leitete Anna Kunigunda Gräbke. Sie verwaltete die Lebensmittel, backte, kochte und braute leichtes Bier. Von Mirus erhielt sie das Geld für die Einkäufe. Sie hatte die Aufsicht über den Garten und organi-

sierte die dort und in der Küche anfallenden Arbeiten. Ihr half die Küchenmagd Katharina Dorsch. „Waisenmutter" war Maria Holtz. Sie hatte die Aufsicht über die Mädchen und leitete sie zu Handarbeiten an, wie Nähen, Flicken, Stricken und Spinnen. Sie verwaltete die Wäsche. Ihr half die Magd Sophia Schmidt. Diese übernahm das Wäschewaschen und das Heizen der Öfen im Winter.

Was die Räumlichkeiten anlangte, so ging es im Waisenhaus sehr eng zu. Das Ehepaar Distler hatte eine Stube bewohnt. Diese sollten jetzt Feiler und Mirus gemeinsam nutzen. Aber auch die Köchin, Anna Kunigunda Gräbke, hätte die Stube gern gehabt, da sie kein eigenes Zimmer besaß.

Am Ende der Konferenz beschwor Silchmüller die Lehrer, sich jede Woche zu beraten und die Beschlüsse zu protokollieren. Wichtige Punkte solle der Hofprediger Schmidt unterschreiben oder das Protokoll solle nach Kulmbach geschickt werden. Manches wolle er bestätigen, wenn er nach Bayreuth käme. Silchmüller hatte die Beschlüsse der Generalkonferenz mit eigener Hand eingetragen. Er schloss mit dem Wunsch: „GOtt selbst aber gebe Weißheit und Gnade, daß alles ehrlich und ordentlich zugehe." Man hat den Eindruck, dass er mit dieser Generalkonferenz das neu ordnen wollte, was in letzter Zeit aus dem Ruder gelaufen war. Er setzte große Hoffnungen auf Feiler und versuchte, ihn zu unterstützen. Damit dieser durch den Verkauf der Kalender und der Arzneien neben dem Unterricht nicht zu sehr belastet wurde, stellte Silchmüller Andreas Laurentius Hartwig als Hilfslehrer an. Das wurde bei der Konferenz am 23. Januar 1758 beschlossen. Man diskutierte dabei auch, welche Strafmaßnahmen bei Ungehorsam

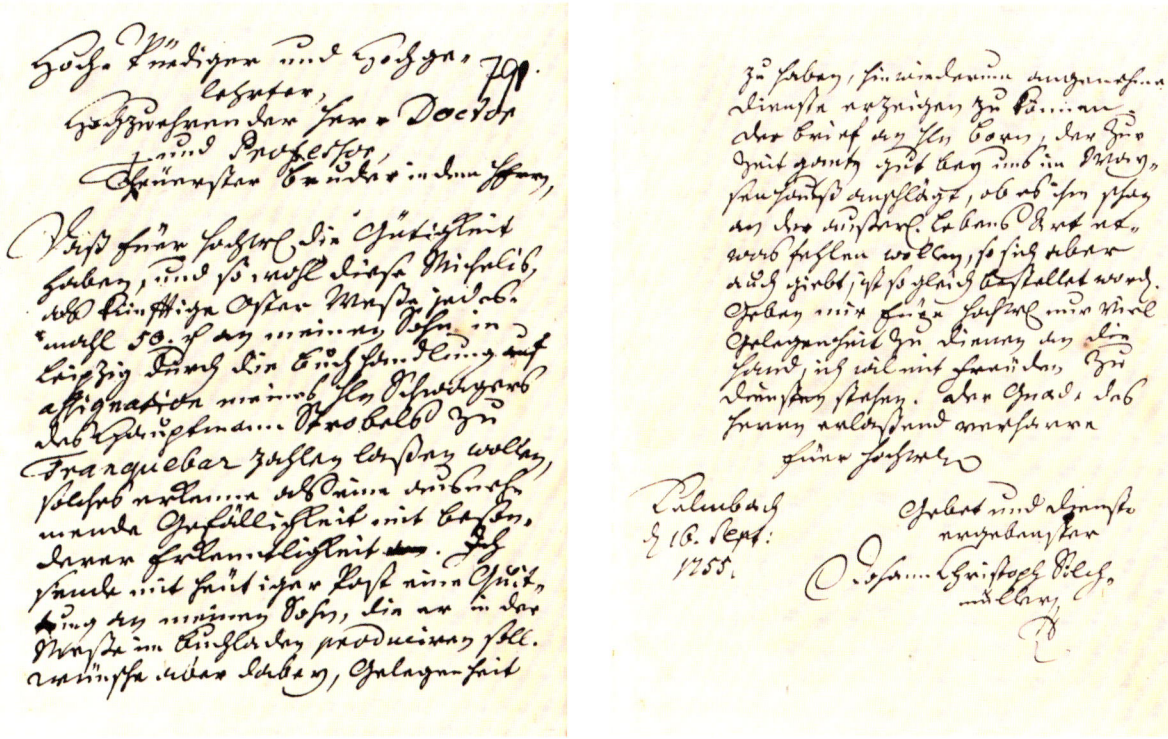

Über 100 Briefe Silchmüllers an die „Väter und Brüder in Halle" sind erhalten. Dabei ging es neben persönlichen Angelegenheiten und kirchlich-theologischen Fragen oft um Nöte und Sorgen im Waisenhaus. Im abgebildeten Brief vom 16. September 1755 bedankt sich Silchmüller zunächst bei Gotthilf August Francke für die Übermittlung einer Zahlung an den Silchmüller-Sohn Christoph Albrecht Gottfried, der in Leipzig studierte. Dessen Onkel, Hauptmann Strobel, schickte von Südindien aus über die Hallische Mission zweimal 50 Taler. Sodann berichtet Silchmüller von dem Lehrer Hiob Born, den Francke vermittelt hatte, dass er „zur Zeit gantz gut bey uns im Waysenhauß anschlägt".

möglich sind. Körperstrafen seien erst erlaubt, wenn mehrmalige Gespräche und das Versagen von Vorteilen vergeblich waren. Ein Kind solle zunächst mit Liebe ermahnt werden, bevor gestraft wurde.

Pastor Feiler übte seinen Dienst im Waisenhaus nur ein knappes Jahr aus. Er ging als Hilfsgeistlicher nach Zoppoten, das zum Gebiet des Grafen Reuß von Ebersdorf gehörte. Warum er aufgab, wird nicht erwähnt. Es ist denkbar, dass er sich bei den Mitarbeitern nicht durchsetzen konnte. Es ist auch möglich, dass der Konrektor Johann Christian Schmidt gegen ihn arbeitete; denn Silchmüller rief Feiler zurück, als der Hofprediger gestorben war. Es musste also noch im Jahr 1758 eine Neuverteilung der Aufgaben vorgenommen werden. Christian Ernst Mirus übernahm das Amt des Inspektors. Er verwaltete weiterhin die Ökonomie und dazu die Apotheke.

Johann Georg Maison kam als weiterer Lehrer hinzu.[550] Maison war Student in Halle, als ihn Silchmüller im Herbst 1758 berief. Auch Silchmüllers Schwiegersohn, Rektor Oertel in Neustadt a. d. Aisch, hatte ihm eine Stelle angeboten. Silchmüller gab zu verstehen, dass es ihm recht sei, wenn der junge Mann nach Neustadt ginge, weil ihm die dortige Schule genauso am Herzen liege. Aber Maison entschied sich für Bayreuth. Silchmüller lobte ihn, er habe nicht nur die Gabe, Kinder zu unterrichten, sondern auch die Gabe der erwecklichen Rede, was ihm bei der Erbauungsstunde an den Sonntagen zustatten kam.[551]

Die Armenschule leistete trotz der Schwierigkeiten mit Feiler gute Arbeit. Wegen des großen Zugangs an Schülern wurde eine vierte Klasse eingerichtet. Neben Lesen, Schreiben und Rechnen gab es die Fächer Bibellesen und biblische Historien, Besprechen eines „Sittenbüchleins", Geschichte, Geographie, Latein und Musik. Die vier Lehrer hielten abwechselnd die sonntägliche Erbauungsstunde mit den Kindern.[552]

Im „Conferenz-Buch" sind nach diesem Eintrag die nächsten Seiten frei. Man hielt also noch einige Konferenzen, aber der Protokollant kam nicht dazu, die Beschlüsse einzutragen. Die Chronik des unbekannten Verfassers meldet, dass im Jahr 1762 ein weiterer Lehrer angestellt wurde, um In-

spektor Mirus zu entlasten: Christian Friedrich Blumberg. Sie berichtet auch, dass am 19. Juni 1762 gegen zehn Uhr nachts im Hintergebäude des Waisenhauses ein Feuer ausbrach. Das Hintergebäude und das Waschhaus wurden eingeäschert. Der rechte Seitenflügel des Hauptgebäudes konnte nur mit Mühe gerettet werden.[553]

Nach dem Weggang Maisons und dem Tod des Hofpredigers und Superintendenten Schmidt – am 13. April 1763 – berief Silchmüller seinen Freund Feiler als Inspektor zurück. Er führte ihn bei einer Konferenz am 9. Mai 1763 im Beisein der Lehrer und der Hausmutter Holtz ins Amt ein. Er mahnte die Anwesenden, Feiler in Liebe aufzunehmen und sich ihm zu unterstellen. Feiler forderte er auf, dem Werk so zu dienen, dass es gedeihen könne. Für die sonntäglichen Erbauungsstunden sei er vor allem verantwortlich. Die Lehrer sollten sich daran beteiligen.[554]

Es war wahrscheinlich ein Fehler, dass Silchmüller jemanden wieder zum Inspektor berief, der schon einmal gescheitert war, weil er längst nicht die Erfahrung hatte wie mancher langjährige Lehrer. Am 3. September bei der Generalkonferenz wurde das offenkundig. Feiler war es nicht gelungen, zwischen den Lehrern und sich eine gute Zusammenarbeit herzustellen. Das Protokoll meldet, es seien die unglückseligen Quellen so manchen Missverständnisses und der bisherigen schlechten Harmonie erforscht worden. Die Präzeptoren nannten einiges, was sie gegen Feiler auf dem Herzen hatten. Feiler versuchte, es mit Hilfe von Zeugen zu entkräften. Obwohl es dann heißt: „Man verband sich zu neuer Liebe und Eintracht", so scheint die Zusammenarbeit in der Folgezeit schwierig gewesen zu sein.[555]

Eine erfreuliche Nachricht konnte die Konferenz zur Kenntnis nehmen. Markgraf Friedrich Christian, der im Frühjahr nach dem Tod seines Neffen Friedrich die Regierung übernommen hatte, machte dem Waisenhaus ein ansehnliches Geldgeschenk. Es wurde beschlossen, damit die Schulden zu tilgen, die sich während des Siebenjährigen Krieges angehäuft hatten, vor allem die Bauschulden, die durch den Wiederaufbau nach dem Brand entstanden waren.

In der Folgezeit hatte Feiler Schwierigkeiten bei der Leitung des Werkes. Aber er wurde von Silchmüller gestützt, dessen Autorität durch seine Ernennung zum Generalsuperintendenten und Oberhofprediger sehr gestärkt worden war. Wie sehr Feiler davon abhängig war, zeigt sein Wunsch, den er am Ende des Jahres 1763 ins „Conferenz-Buch" schreibt: „Der Vater der Waisen laße das folgende und noch viele Jahre durch die persönliche Gegenwart unsers theuersten Herrn Directoris noch geseegneter werden."

3.6. Kulmbach im Siebenjährigen Krieg

Das Kulmbacher Land lag abseits vom eigentlichen Kampfgeschehen. Markgraf Friedrich hätte sich bei der Auseinandersetzung zwischen König Friedrich II. von Preußen und der Kaiserin Maria Theresia und ihren zahlreichen Verbündeten am liebsten ganz heraus gehalten. Als aber im Sommer 1757 Reichstruppen das Markgraftum besetzten, sah er sich gezwungen, das bayreuthische Kontingent der mit Österreich verbündeten Reichsarmee zur Verfügung zu stellen. Der preußische König verstand die Zwangslage seines Schwagers und befahl seinen Generälen, das

Fürstentum nicht als Feindesland zu behandeln. So litt Kulmbach weniger unter den Preußen, sondern vor allem durch die Einquartierungen der Reichsarmee, die regelmäßig in den Wintermonaten ertragen werden mussten. Nur im Winter 1761/62 blieb die Stadt verschont.[556]

Am 21. November 1757 kamen die Regimenter Nassau-Weilburg und Pfalz-Zweibrücken in das Kulmbacher Land. Zwei Kompagnien und der Generalstab unter Führung des General-Feldwachtmeisters Christian Karl Graf von Stolberg nahmen in der Stadt Quartier. Noch stärker wurde die Belastung, als im Lauf des Winters die Einheiten durch Rekruten aufgefüllt wurden. Im Februar 1758 wohnten 1900 Soldaten, 80 Offiziere mit 300 Pferden in Kulmbach. Mancher Hausbesitzer hatte zwölf Soldaten und zehn Pferde unterzubringen. Im April waren 2700 Mann mit vier Generälen in der Stadt. Sie zogen Ende April zum Galgenberg und errichteten dort ein Lager. Graf Stolberg verlangte vom Bürgermeister unbezahlte Arbeiter zum Schanzen. Als die nicht gleich zur Verfügung standen, drohte er, er werde Bürgermeister und Rat die Gräben ausheben lassen, dazu zwei Kompagnien zum Plündern in die Stadt schicken. Das Lager auf dem Galgenberg bedeutete für die städtischen Grundbesitzer, dass 13 Tagwerk Getreidesaat, dazu zahlreiche Wiesen verwüstet waren.

Die Verwaltung der Stadt hatte nicht nur Quartiere zur Verfügung zu stellen, sondern auch Lebensmittel, dazu Holz, Licht und Pferdefutter. Deswegen stiegen die Preise für Getreide und Fleisch, und die Stadtväter hatten große Schwierigkeiten, das nötige Geld aufzubringen. Die markgräfliche Regierung in Bayreuth erwartete zwar, die Truppenführer würden so „raisonable" sein, das Verbrauchte zu bezahlen. Aber es war nichts zu bekommen. Graf Stolberg ließ den Bürgermeister Gräf wissen, er würde ihm sechs Grenadiere zur Plünderung ins Haus schicken, wenn eine Verzögerung der Lieferungen einträte. Weil der Stadt das Geld ausging, sprangen die Ratsmitglieder und der Syndikus mit privaten Darlehen ein. Man nahm Kredit von Juden auf und griff die städtischen Depositengelder an. Nach einer Aufstellung der Stadtverwaltung wurden in jenem Winter für den Unterhalt der Reichstruppen 4348 Gulden 48 Kreuzer ausgegeben. Das Geld ersetzte niemand.

Die Grundbesitzer auf dem Galgenberg erlitten noch einen weiteren Schaden. Als das Lager aufgelöst worden war, hatten sie die Äcker ein zweites Mal gepflügt und besät. Im Juni war die Saat gut herangewachsen. Da schlug dort wiederum ein Korps der Reichsarmee ein Lager auf, und die Saat war zum zweiten Mal vernichtet.

Während viele evangelische Pfarrer in Franken den Krieg des Preußenkönigs mit unverholener Begeisterung verfolgten, weil sie in ihm den Verfechter der evangelischen Sache sahen, verhielt sich Silchmüller sehr zurückhaltend. Schon im Juni 1757 sah er voraus, dass „Jammer und Not über Deutschland und die Kirche zusammenschlagen" würden. Und er forderte seine Kollegen auf: „Es ist Zeit, meine Brüder, ja es ist hohe Zeit, daß wir in vereinigten Kräfften mit Wachen und Beten uns vor den Riß stellen und mit gantzem Ernst und Treue unsre Gemeinden zur ernstlichen Buße beweglichst ermahnen, ob vielleicht den Barmhertzigen GOtt um Jesu willen des Unglücks reuen möchte, das seine Gerechtigkeit über uns, über unsere Kirche und über gantz Deutschland beschlossen hat."[557]

Im Neujahrsbrief 1759 berichtete er den Pfarrern von dem Versprechen, das gläubige Christen in den Staatsämtern verschiedener Länder einander gegeben hätten, sie wollten jeden Abend zwischen fünf und sechs Uhr allein oder mit anderen gemeinsam um Frieden beten, vor allem darum, dass der Religionsfriede in Deutschland erhalten bleibe. Er, Silchmüller, habe sich seit geraumer Zeit angeschlossen und fragte die Pfarrer, ob sie nicht mittun wollten. Aber er werde nichts befehlen. „Ein erzwungener Gottesdienst bringt nichts!"[558]

Die Reichstruppen hielten ihren Gottesdienst in der Spitalkirche jeweils sonntags um 9 und um 14 Uhr. Weil die Stadtgemeinde das Gotteshaus schon um 7 Uhr morgens nutzte, gab es keine Überschneidungen. Dass aber die Bedürfnisse des Heeres und die städtische Kirchenordnung manchmal divergierten, zeigen zwei Vorkommnisse, über die Silchmüller dem Konsistorium berichtete.[559] Am Abend vor dem 4. Advent 1757 forderte der Kommandant den Superintendenten auf, er solle die Stadtpfeifer von der Petri-Kirche für den Gottesdienst der Soldaten zur Verfügung stellen. Es solle nämlich mit der Abendmahlsfeier ein Dankfest verbunden werden, weil zuvor die Preußen in einer Schlacht besiegt worden seien. Deshalb wolle man das „Te Deum" mit Pauken und Trompeten singen. Silchmüller ließ dem Grafen melden, es gebe ein Landesgesetz, dass in der Adventszeit Kirchenmusiken nicht erlaubt seien. Es wäre deshalb für ihn „eine große Consolation, wenn mich Ihro Durchlaucht damit verschoneten". Doch der General blieb dabei: Der Gottesdienst müsse so stattfinden, und Silchmüller solle auf Verantwortung des Kommandierenden die Musiker zur Verfügung stellen. Der Superintendent berichtete nach Bayreuth und holte nachträglich die Genehmigung.

Zu dem lutherischen Feldprediger Bechtold fand Silchmüller anscheinend keinen guten Kontakt; denn für die Beerdigungen, so weit sie an einem Sonntag waren, kam man zu keiner Regelung. Wenn sich nämlich der Leichenzug durch die Stadt in Richtung Nikolai-Friedhof bewegte, läuteten nach altem Brauch nicht nur die Glocken der Petri-Kirche, sondern auch die der Spitalkirche. So geschah es am Palmsonntag 1758. Der Feldprediger war noch auf der Kanzel, als der Spitalkirchner und seine Söhne mit dem Läuten begannen. Bechtold beendete abrupt seine Predigt, ließ gegen den Kirchner eine Schimpfkanonade los und drohte ihm, er werde ihn auf der Wache durchprügeln lassen. Bei weiteren Beerdigungen an einem Sonntag standen zwei Grenadiere mit aufgepflanztem Bajonett vor der Kirchentür und ließen den Kirchner nicht eintreten. So konnte man nicht einmal läuten, als der Bürgermeister der Stadt zu Grabe getragen wurde. Das berichtete der Superintendent ebenfalls nach Bayreuth.

Der Markgraf ließ ihm mitteilen, das Regiment sei ja inzwischen abgezogen. Künftig sollten die Bedingungen festgelegt werden, bevor eine Kirche für das Militär zur Verfügung gestellt würde.

Sorge und Not brachte Ende Juli 1758 die Verlegung des Lazaretts der Reichsarmee von Weißenstadt nach dem Priemershof, der zur Kulmbach benachbarten Gemeinde Metzdorf gehörte und am Ufer des Weißen Mains liegt. Es wurden dort hauptsächlich Soldaten gepflegt, die an Ruhr und Fleckfieber erkrankt waren.[560] Für die Katholiken war ein Feldkaplan angestellt. Wenn ein Protestant nach geistlichem Zuspruch verlangte,

schickte der Kommandant zum Superintendenten. Für Silchmüller war es keine Frage, dass dieser Dienst getan werden musste. Er teilte aber die Bedenken, dass durch die Pfarrer die Seuche in die Stadt eingeschleppt werden könnte. Er selber lag schon seit Mai krank im Bett. Von seinem Krankenlager aus entschied er, dass der jeweilige Wöchner – der Pfarrer, der in einer bestimmten Woche alle Taufen, Trauungen und Beerdigungen zu halten hatte – auch nach Priemershof gehen solle. Die Kollegen taten sich schwer, zu diesem Dienst Ja zu sagen. Die Gemeindeglieder hätten Angst, wenn ein Pfarrer im Lazarett gewesen sei und anschließend sie besuche.

Einige Male wurden Beichte und Kommunion an erkrankte Soldaten gespendet. Nur einmal lief es nicht gut. Als ein sterbender Soldat nach einem Pfarrer verlangte, weigerte sich der Wöchner zu gehen. Silchmüller, der immer noch krank war, schickte nach dem Syndiaconus. Doch dessen Frau ließ bestellen, ihr Mann mache in der Stadt Krankenbesuche, sie wisse aber nicht wo. Der Subdiaconus war ebenfalls nicht auffindbar. So starb der Soldat, bevor ein Pfarrer gefunden war. Silchmüller fragte darauf beim Konsistorium an, wie künftig verfahren werden solle. Schon nach sechs Tagen erhielt er den Bescheid, man teile die Bedenken der Bevölkerung. Deshalb solle der Superintendent den Lazarettoffizier dringend bitten, für die Evangelischen einen Feldprediger anzustellen. Solange das aber nicht der Fall sei, müsse der jeweilige Wöchner den Dienst übernehmen.

Wie ansteckend die Seuche war, wird daraus ersichtlich, dass sich die beiden Lazarettärzte ansteckten und starben. Graf Stollberg verpflichtete daraufhin den Kulmbacher Landphysikus Keck, das Lazarett zu übernehmen. Der erkrankte ebenfalls, genas aber und arbeitete weiter im Lazarett, bis ein Militärarzt gefunden war. Die Seuche gelangte auch in die Stadt. Menschen im besten Alter starben am „hitzigen Fieber".[561]

Das Kulmbacher Kirchenbuch meldet, dass sich die Zahl der Sterbefälle in den Jahren 1758 bis 1761 fast verdoppelte. Während sonst etwas über hundert Menschen pro Jahr in der Stadt starben, lag die Zahl in dieser Zeit bei über zweihundert. Die Hauptursache war ein Läuse-Fleckfieber, das durch die Reichsarmee in die Stadt eingeschleppt worden war.[562]

Obwohl das Markgraftum nicht unmittelbar am Krieg beteiligt war, verarmten die Gemeinden und die einzelnen Bürger. Immer wieder Einquartierung, immer wieder das Einfordern von Lebensmitteln für die Truppe, das ließ bei den Kulmbachern Verdrossenheit und Feindseligkeit gegenüber der Reichsarmee entstehen. Die Sympathien gehörten dem Preußenkönig. Das merkten die Besatzer und antworteten mit Rücksichtslosigkeit und Härte. Licht am Ende des Tunnels zeigte sich, als im Mai 1762 Russland und Schweden mit Preußen Frieden machten. Aber im Dezember bekam die Stadt nochmals Einquartierung, die bis in den März 1763 blieb. Inzwischen, am 15. Februar 1763, hatten Österreich und Preußen endlich den Frieden von Hubertusburg geschlossen.[563]

3.7. Immer neue Geldforderungen des Fürsten

In Bayreuth hatte es Silchmüller gewagt, die Verschwendung am Hof des Markgrafenpaares Friedrich und Wilhelmine zu kritisieren. In Kulmbach erlebte er die Auswirkungen dieses ungebremsten Geldausgebens. Der Markgraf kassierte ab, wo er konnte, auch bei den Kirchengemeinden. Und obwohl Silchmüller als Superintendent zur Führungsschicht des Fürstentums gehörte, fühlte er sich vor allem als Mann der Kirche, die nach seiner Überzeugung nicht nur ein Teilbereich des absolutistischen Fürstenstaates war. Er leistete gegen die Ausplünderung Widerstand.

Schon im April 1742 musste er den Pfarrern mitteilen, dass die Dioezese Kulmbach 3000 Gulden für die neu errichtete Akademie in Bayreuth abzuführen hätte.[564]

Die Akademie war der erste Schritt zur Gründung einer Universität. Das Privileg dazu erteilte Kaiser Karl VII., ein Wittelsbacher, am 21. Februar 1743. Der Markgraf ernannte seinen Vertrauten Daniel de Superville zum Kanzler der neuen Hochschule, die in Erlangen ihre endgültige Bleibe fand.[565] Superville war nur dem Fürsten verantwortlich. Mit der Einweihung der Universität am 4. November 1743 erlebten beide einen persönlichen Triumph. Freilich war von Anfang an die finanzielle Basis der Neugründung zu schmal. Der Staat konnte nicht genug zuschießen. So bestimmte der Markgraf, dass fast alle großen Kollekten während eines Kirchenjahres für die Universität abgegeben werden mussten. Das Geld ging durch Supervilles Hand. Bei der ersten Rechnungsprüfung im Jahr 1748 wurde festgestellt, dass für einen Teil der Ausgaben die Belege fehlten. Trotzdem unterschrieb der Markgraf eine Entlastungserklärung, und da Superville seinen Dienst beenden wollte, bestimmte Friedrich für ihn eine jährliche Rente von 1000 Reichstaler. Die Landstände forderten, diese Rentenverschreibung rückgängig zu machen, weil sich gezeigt hätte, dass Superville „nicht allzu aufrichtig gehandelt" habe. Er habe sich vielmehr übermäßige Vorteile verschafft. Das Geheime Ratskollegium weigerte sich ebenfalls, die Entlastung zu unterschreiben. Trotzdem erhielt Superville die jährliche Rente bis zu seinem Tod im Jahre 1773.

Zehn Jahre nach der „Anleihe" von 3000 Gulden für die Akademie erkundigte sich Silchmüller bei der hochfürstlichen Kammer, ob denn für dieses Geld Zinsen an die Kirchengemeinden gezahlt würden. Doch die Kammerräte konnten sich an nichts erinnern. Schriftliche Unterlagen waren nicht vorhanden. Die Kirchengemeinden erhielten ihr Geld nie zurück.[566]

Einen großen Raubzug führte der Markgraf unter dem Titel „Vorlehen" durch. Die Kastenämter forderten die Pfarrer auf, sie sollten nachweisen, worauf das Recht, Pfründe- und Kirchengrundstücke zu nutzen, gründete, wie lange das Recht schon ausgeübt werde, ob Kauf- oder Lehnsbriefe vorhanden seien.[567]

Nur in den wenigsten Fällen konnte ein Beweis erbracht werden. Denn die meisten Grundstücke waren im Mittelalter gestiftet worden, und Urkunden waren oft durch Brand, Plünderung oder Fahrlässigkeit verloren gegangen. Wenn überhaupt, konnte das Recht nur indirekt nachgewiesen werden, und das verlangte lange Nachforschungen und Kenntnisse, die den meisten Pfarrern fehlten.

Trotzdem drängten die markgräflichen Beamten zur Eile. Bei Nichtvorhandensein von Urkunden sollten die Stiftungen binnen zehn oder vierzehn Tagen das Geld für die beanspruchten Grundstücke abliefern. Allein von den Pfarrämtern Nemmersdorf, Neudrossenfeld, Seibelsdorf,

Johann Georg Kirschner, Pfarrer von Nemmersdorf. Mehrmals wanderte er nach Bayreuth, um die markgräfliche Zwangsanleihe abzuwenden. Er fand kein Gehör, obwohl die Gemeinde dabei war, ihre Kirche neu zu bauen.

Kasendorf, Muggendorf, Berneck und Trumsdorf wurden insgesamt 20 000 Gulden verlangt.

Silchmüller schrieb daraufhin dem Markgrafen einen Brief und äußerte seine Bedenken.[508] Er erinnerte daran, dass nach den amtlichen Vorschriften ein Pfarrer keine fünf Gulden ohne Genehmigung ausgeben dürfe. Jetzt aber solle er Tausende von Gulden innerhalb von einigen Tagen abliefern ohne Einschaltung der kirchlichen Aufsicht.

Silchmüller sprach offen die Vermutung aus, dass das Geld für die Kirchengemeinden verloren sei. Denn von den bisher abgelieferten Beträgen sei bei der Finanzkammer nichts als Einnahme gebucht, und es wurde kein Schuldbrief ausgestellt. Das Geld ging sofort ans Oberbauamt und wurde dort ausgegeben. In einigen Jahren werde man in der Rentei sagen: „Bei uns ist nichts gebucht und es wurden auch keine Assignationen ausgefertigt." Auf diese Weise seien schon in früheren Jahren die Kirchengemeinden um einige tausend Gulden gekommen.

Der Superintendent erwähnte in dem besagten Schreiben auch, dass einige Kirchengemeinden durch das „Vorlehen" in echte Not geraten seien. Neudrossenfeld habe eine baufällige Kirche; es regne durch das Dach. Jetzt sollten sie 6000 Gulden abliefern, die für den Neubau dringend gebraucht würden. Die gleiche Summe werde von den Nemmersdorfern verlangt. Sie hatten das alte Kirchendach schon abgebrochen und wollten mit dem Neubau beginnen. In Seibelsdorf war vor fünfzehn Jahren die Kirche gebaut worden. Die Gemeindegliedern hatten in letzter Zeit noch einmal für den Turm gesammelt. Ihnen wurden 3000 Gulden abverlangt.

In einem Circular schrieb Silchmüller an die Pfarrer über „die höchst betrübte und mein Gemüth gantz ausnehmend affligirende Sache

des Vorlehens so von etlichen aerariis meiner Dioeces vel sub executione militari numquam audita von gnädigster Herrschaft verlanget wird."[569] Im lateinischen Text erwähnt er, das Abfordern von Geld geschehe unter militärischem Zwang, was er als unerhört empfindet. Er habe dem Konsistorium geschrieben und dort Unterstützung gefunden. Allerdings konnte beim Fürsten keine Änderung seiner Absichten erreicht werden. Deshalb sollten die Pfarrer die Lehnsbücher in der Registratur durchforschen, um die Rechtsverhältnisse zu klären. Wenn sie sich das nicht zutrauten, sollten sie einen unabhängigen Anwalt zu Hilfe nehmen, keinesfalls aber den markgräflichen Beamten Vertrauen schenken. „Diese sind's nämlich zum größten Theil, die unsere Rechte verdrehen und wo immer es geschehen kann, wenn nicht direkt so doch indirekt, gänzlich zunichte zu machen suchen."

Die Kollegen sollen also die Angelegenheit sorgfältig untersuchen und ihm einen Bericht über das, was sie gefunden haben, zusenden. Geldforderungen der Beamten sollen sie abweisen mit dem Argument, dass es verboten sei, größere Summen ohne Genehmigung auszuzahlen. Er wollte sie nach Kräften in dieser Sache unterstützen.

Vier Monate später teilte er mit, dass einige Stiftungen schon Zahlungen an das Oberbauamt zu leisten hatten.[570] Die Pfarrer sollten Abschriften der Einzahlungsbelege an ihn schicken, damit er die Verhandlungen mit dem Kastenamt wegen der Zinsen führen könne.

In einem Circular vom Dezember wertete es Silchmüller als Erfolg nach allen Eingaben, dass der Markgraf in einem Reskript vom 27. Oktober mitteilen ließ, dass die Stiftungen für die „vorge-

Das Neue Schloss in der Eremitage, finanziert auch durch das Geld der Kirchenstiftungen des Markgraftums

liehenen Kapitalien" 5 Prozent Zinsen erhalten sollten.[571] Damit war die Eigentumsfrage geklärt: Nicht die Stiftungen schuldeten dem Markgrafen Geld für die Grundstücke, sondern der Markgraf war Schuldner der Stiftungen. Diese Richtigstellung nützte in der Praxis allerdings überhaupt nichts. Da der Fürst die Finanzen des Landes nach dem Motto „nach uns die Sintflut" verwaltete, sahen die Stiftungen während seiner Regierungszeit weder Zins noch Tilgung. Der Nachfolger Friedrichs, Markgraf Friedrich Christian, forderte im Jahr 1764 einen Bericht, wie viel aus den Stiftungen zwangsweise abgeliefert worden war und ob etwas an Zins und Tilgung zurückgeflossen sei. Aber auch er konnte nichts zurückzahlen, denn das Fürstentum war pleite. Deshalb forderte er die Pfarrämter auf, einen Teil des Gel-

des für die im Vorjahr abgebrannte Stadt Rehau zur Verfügung zu stellen. Silchmüller unterstützte den Vorschlag. Das Geld sollte besonders der Kirche, dem Pfarrhaus und der Schule in Rehau zugute kommen.[572]

Die Gelder der Kirchengemeinden waren, wie schon erwähnt, beim Bayreuther Oberbauamt eingezahlt worden. Sie dienten also den Bauvorhaben des Markgrafenpaares. In den Jahren 1749 bis 1753 wurde das Neue Schloss in der Eremitage mit dem Sonnentempel errichtet. Das ist ein Kuppelbau, der von einem Bild des Gottes Apoll auf dem Sonnenwagen bekrönt wird. Daran fügen sich Orangerie und einige Gartenzimmer im Halbkreis an. Sie umschließen einen künstlichen Teich mit Wasserspielen. Der Bau diente der Verherrlichung des Markgrafen Friedrich. Er fühlte

Der Gott Apoll auf dem Sonnenwagen.
Als „Bayreuther Apoll" fühlte sich Markgraf
Friedrich. Er versprach, durch das „Licht der Auf-
klärung" ein goldenes Zeitalter heraufzuführen.

sich als der „Bayreuther Apoll", der das „Licht der Aufklärung" brachte und dadurch ein „Goldenes Zeitalter" heraufführte, versinnbildlicht durch die Fülle der Früchte und Blumen.[573]

Das „Vorlehen" war kaum abgeliefert, da kam schon eine neue finanzielle Forderung. Die „Schloßbau-Steuer" wurde von der gesamten Bevölkerung, ob arm oder reich, verlangt. In der Nacht vom 26. zum 27. Januar 1753 war nämlich das Bayreuther Schloss durch eine Unachtsamkeit des Markgrafen in Brand geraten. Er hatte sich vom Hofmaler Wunder die Entwürfe zur Dekoration und zu den Kostümen für ein Maskenfest „Herz in Flammen" zeigen lassen. Der Fürst hatte mit einem Wachsstock die Skizzen beleuchtet. Er stellte ihn ab, als der Künstler gegangen war, und verließ den Raum. Die Kerze brannte ab und entzündete das Mobiliar. Als man das Feuer

entdeckte, war es schon zu spät. Das Löschen erwies sich als unmöglich, weil das Wasser in den Schläuchen gefror. Nach 24 Stunden waren von den sechs Flügeln des Schlosses vier abgebrannt. Der fünfte wurde mit Kanonen zusammengeschossen, um wenigstens den sechsten zu retten. Allein den Wert des verbrannten Mobiliars schätzte man auf eine Million Taler.[574]

Man sagte damals, das Schicksal sei dem Markgrafen zu Hilfe gekommen. Denn schon lange hatten die engen, altmodischen und düsteren Gemächer nicht den Wünschen und Vorstellungen des Fürstenpaares entsprochen. Aber die Landstände hatten jahrelang das Geld für einen Neubau verweigert, wegen „des dermahligen höchst beschwerlichen Zustandes des Landschafftlichen aerarii und die hervorscheinende Unmöglichkeit einer so starken Aushülffe".[575]

Nun musste der Landtag Geld zum Bau eines neuen Schlosses bewilligen. Markgraf Friedrich wollte aber auch das alte Schloss wieder aufbauen. Dafür wurde eine „Kopfsteuer" ausgeschrieben.

Dem Kulmbacher Superintendenten war aufgetragen, diese Steuer von allen Pfarrern, Schulmeistern und Kirchendienern der Diözese einzusammeln, „womit ich lieber wünschte verschonet zu seyn", fügte er in seinem Beischreiben zum Reskript des Konsistoriums hinzu.[576] Jeder Pflichtige musste zunächst seine Einnahmen offen legen. Die Pfarrer und Schuldiener sollten nicht nur die Besoldung in Geld, sondern auch den Ertrag von Wiesen und Feldern, ferner Naturaleinnahmen wie Brennholz, Eier, Hühner und Getreide angeben. Silchmüller empfahl, die Einnahmen genau zu deklarieren, damit nicht noch ein Strafgeld hinzu käme.

Altes Schloss Bayreuth, nach dem Brand vom Januar 1753 mit Hilfe der „Kopfsteuer" wieder aufgebaut

1753 wurde die Kopfsteuer viermal, am Ende eines jeden Quartals, eingesammelt. Als Silchmüller Ende Juni die zweite Rate ankündigte, stellte er fest, dass einige Schulmeister und Kirchendiener noch nicht die erste bezahlt hätten. Er äußerte Verständnis, dass es manchem schwer fiel zu zahlen. Das verstehe aber die Regierung nicht, denn sie drohe eine gewaltsame Eintreibung an. Bei der Ankündigung der vierten Rate berichtete er, in Kulmbach kämen Husaren in die Häuser der säumigen Zahler. Sie verlangten neben der Kopfsteuer noch einen Gulden extra.[577]

Silchmüller fertigte am Ende des Jahres eine Liste aller Einnahmen für den Schlossbau.[578] Es seien hier zur Veranschaulichung wenigstens die kirchlichen Mitarbeiter der Stadt Kulmbach aufgeführt:

Silchmüller (3 Dienstboten)	59 Gulden
Archidiaconus Möckel (1 Magd)	21 Gulden
Syndiaconus Otto (1 Magd)	19 Gulden
Subdiaconus Wirth (1 Magd)	18 Gulden 36 Kreuzer
Rector Arzberger (1 Magd)	16 Gulden $45\,^3/_5$ Kreuzer
Conrector Färber (1 Magd)	9 Gulden $22\,^4/_5$ Kreuzer
Tertius Harleß	8 Gulden $4\,^4/_5$ Kreuzer
Quartus[579] Stumpf	7 Gulden 36 Kreuzer
Organist Thübel	7 Gulden 36 Kreuzer
Rechenmeister Hauenstein	2 Gulden $38\,^2/_5$ Kreuzer
Schulmeister Krieg[580]	$38\,^2/_5$ Kreuzer
Stadtkirchner Hilpert (1 Magd)	4 Gulden $38\,^2/_5$ Kreuzer
Hospitalkirchner Heumann	$38\,^2/_5$ Kreuzer

(Für eine Magd in der Stadt wurde ein Gulden Kopfsteuer festgesetzt, für eine Magd auf dem Land 48 Kreuzer, für ein „Dienstmägdlein" 24 Kreuzer. Die Dienstherren zahlten für ihre Dienst-

boten.) Insgesamt lieferte der Kulmbacher Superintendent für die Pfarrer, Lehrer und Bediensteten
in seinem Bereich 774 Gulden und 18 $^3/_5$ Kreuzer
ab.

Im neuen Jahr wurde die Kopfsteuer nicht
mehr erhoben, weil der Widerstand in der Bevölkerung zu groß war. Stattdessen musste für die
Maß Bier ein Pfennig mehr bezahlt werden, und
alle Steuerbefreiungen wurden aufgehoben.
Silchmüller meinte dazu, es sei eine angenehme
und eine unangenehme Nachricht. „Uns bleibt
gloria obsequii und die Hoffnung besserer Zeiten."[581]

Obwohl die markgräfliche Schatulle längst leer
war, unternahmen Friedrich und Wilhelmine in
den Jahren des Schlossbaus 1754/55 eine kostspielige Reise nach Frankreich und Italien. Die
Begegnung mit der Kunst der Antike und der Re-
naissance wurde für sie zu einem starken Erlebnis und hatte die Folge, dass sich ihr Kunstideal
vom Rokoko ab- und dem Klassizismus zuwand-
te. Wilhelmine brachte eine Sammlung antiker
Kleinkunst und etliche Gemälde mit nach Bayreuth. Die Reise wurde durch Darlehen privater
Geldgeber bezahlt. Diese Finanziers gewannen
einen ziemlichen Einfluss auf den Markgrafen.
Über einen von ihnen, Moses Seckel, ging die
Rede, er sei in Bayreuth der zweitmächtigste
Mann nach dem Markgrafen.[582]

An der von der Markgräfin geleiteten Oper waren 90 Sänger, Musiker Tänzer und Schauspieler
engagiert. Eine italienische Sängerin erhielt 6000
Gulden jährlich. Die Ausgaben für die Auffüh-
rung der Oper „L'Huomo", deren Text Wilhelmine verfasst hatte und die 1754 beim Besuch
Friedrichs II. aufgeführt wurde, betrugen 20 000
Gulden.[583]

Die Ausgaben am Hof ließen den Fürsten nach
immer neuen Geldquellen suchen. 1756 schickte
er zu den Kirchengemeinden Kommissare, die
den Pfarrern eröffneten, sie sollten im Auftrag
des Markgrafen Grundstücke verkaufen oder vertauschen. Sie hatten einen schriftlichen Auftrag
dabei, in dem zu lesen war, der Verkauf oder
Tausch sollte nur geschehen, wenn der Pfarrer
zustimme, etwa weil er meinte, die Fläche sei zu
schwierig zu bearbeiten. Aber das wurde nicht
vorgelesen, und viele Pfarrer wurden überrum-
pelt. So verloren manche Kirchengemeinden einige Grundstücke ganz, oder sie gaben eine große
wertvolle Fläche und erhielten ein kleines min-
derwertiges Stück. Der Kirche St. Johannis bei
Bayreuth wurden von 25 Tagwerk Acker 23 Tagwerk abgenommen, um den Pfarrer „von der Last
der Oekonomie zu befreien". Dafür erhielt die
Gemeinde einige kleinere Grundstücke und einen Pachtzins von 125 Gulden. Der Pfarrer
schrieb dazu: „Schmachvoll!"[584] Schon 1735 waren dieser Gemeinde über 8 Tagwerk Wiesen
abgenommen worden, weil die Markgräfin die
Eremitage vergrößern wollte. Die dafür einge-
tauschte Fläche nannte der Pfarrer „einen küm-
merlichen Ersatz".[585]

Als Silchmüller von der neuerlichen Aktion des
Fürsten hörte, reiste er nach Bayreuth, um sich
kundig zu machen. Er hörte, dass der Markgraf
am Verkauf oder Umtausch der kirchlichen
Grundstücke festhalte, dass aber kein Pfarrer dazu gezwungen sei. Das teilte er seinen Pfarrer-
kollegen mit und gab ihnen den Rat, sich von
dem Kommissar den originalen Text der Beauf-
tragung vorlegen zu lassen. Sie sollten gegen jeden Zwang mit dem Hinweis protestieren, dass
sie an den Fürsten und an das Konsistorium

schreiben und dabei die Gründe gegen einen Verkauf oder Tausch nennen würden. Das Konsistorium werde sie unterstützen. Er selber wolle einen Brief an den Fürsten richten, um ihn von seinem Plan abzubringen, weil dieser höchst bedenklich sei.[586]

Markgraf Friedrich reagierte auf Silchmüllers Einrede sehr schnell und sehr ungnädig. Er ließ ihm am 16. Oktober 1756 schreiben: „Wir haben höchst misfällig vernehmen müßen, daß Ihr euch nicht entblödet, eure Capitulares durch ein besonderes Circulare wieder den Austausch der Pfarrgüter aufzuwiegeln". Silchmüller wurde verpflichtet, vom Verweis des Markgrafen den Pfarrern des Sprengels Kulmbach Kenntnis zu geben und sein voriges Circulare zu widerrufen. Der Markgraf gab zu verstehen, dass der Austausch der Pfarrgüter zwar freiwillig sei, er werde aber dafür sorgen, dass er nicht durch Silchmüllers „Hetze" behindert werde.

Silchmüller teilte die Rüge des Fürsten seinen Amtsbrüdern mit und schrieb darunter, er schäme sich trotzdem nicht. Sein Gewissen spreche ihn frei; denn er habe getan, was seine Pflicht war, und er wolle nun ruhig abwarten, ob sein Einspruch etwas bewirke.[587]

Der Widerstand, dessen Anführer der Kulmbacher Superintendent war, hatte Wirkung. Nach ersten Erfolgen der Kommissare verkaufte oder vertauschte kein Pfarrer mehr ein Grundstück zu Gunsten des Markgrafen. Der Kirchleuser Pfarrer schrieb an den Rand des Circulares: „Solche Verkauffung unterblieb [...]. Hat sich sonderl. Ihro Excellenz H. Super. Silchmüller darwieder gesetzet".

Ende 1756 ließ der Markgraf sogar durch das Konsistorium den Pfarrern mitteilen, dass der

Verkauf und das Vertauschen von Grundstücken nur nach Genehmigung durch die Aufsichtsbehörde geschehen dürfe. Denn es seien Pfarrgüter unter ihrem Wert verkauft oder vertauscht worden, wodurch der Lebensunterhalt der Geistlichen gemindert und der Bestand mancher Kirchengemeinden in Frage gestellt worden sei.[588]

Am 14. Oktober 1758 starb die Markgräfin Wilhelmine im Alter von 49 Jahren – am gleichen Tag verlor ihr Bruder die Schlacht bei Hochkirch gegen die Österreicher. Ihrem Wunsch gemäß sprach der reformierte Hofprediger Wüst an ihrem Sarg nicht von ihrer Person, sondern von der Eitelkeit aller Dinge. Am 20. September 1759 heiratete Markgraf Friedrich die 22-jährige Prinzessin Sophia Carolina Maria von Braunschweig-Wolfenbüttel.

Die Hochzeit war der Anlass für eine „Vermählungssteuer".[589] Der Markgraf schrieb am 22. August an die Superintendenten, sie sollten die Geistlichen anweisen, von allen eingepfarrten Hausvätern ein „don gratuit" – ein freiwilliges Geschenk – zur Bestreitung der Vermählungskosten einzufordern. Die Hochzeit eines regierenden Fürsten müsse würdig gefeiert werden, und das verursache große Kosten. Da die Finanzkammer nicht in der Lage sei, das zu bezahlen, müssten die Einwohner des Fürstentums dafür aufkommen. Ausdrücklich warnte der Markgraf vor „Verunglimpfung des Vorhabens durch Superintendenten und Geistliche".

Silchmüller gab den Befehl zunächst nicht weiter, sondern versuchte, ihn rückgängig zu machen. Er reiste nach Bayreuth mit dem Vorschlag, die Pfarrer von der Pflicht, die Vermählungssteuer einzusammeln, zu entbinden. Es sei nämlich bei der Bevölkerung das Gerücht aufgekommen,

die Pfarrer hätten diese Form des Sammelns vorgeschlagen, um selber nichts bezahlen zu müssen. An einigen Orten, etwa in Rugendorf, sei es
zu Beschimpfungen und Hassausbrüchen gegen
den Pfarrer gekommen. Silchmüller erreichte
nichts. Im Gegenteil, die Hofräte forderten ihn
auf, selber herumzureisen, um Pfarrer und Gemeinden zu motivieren. Die Reisekosten könne
er von dem gesammelten Geld abziehen. Doch
Silchmüller lehnte wegen der weiten Entfernun-
gen und der kürzer gewordenen Tage ab. Auch
wollte er die Pfarrhäuser nicht mit Bewirtung und
Übernachtung belasten.

Die Pfarrer sammelten im November und Dezember das „freiwillige Geschenk" für den Markgrafen ein. Bewegend sind ihre Berichte, die sie
zusammen mit dem Geld an den Superintendenten schickten. Es wird darin deutlich, wie der Siebenjährige Krieg, von dem das Bayreuther Fürstentum ja nicht unmittelbar betroffen war, die
Menschen hatte verarmen lassen. Der Bernecker
Pfarrer Georg Salomon Matthäus Sambstag berichtete, trotz aller Mühe habe die Sammlung
„keinen großen Effect" gebracht. Soldaten hätten
zuvor in den Häusern Nahrungsmittel weg genommen und verzehrt. Einige arme Witwen hätten sich geweigert, etwas zu geben, und ent-
schuldigten sich „mit ihrer Paupertät". In Berneck
kamen 16 Gulden 1 1/2 Kreuzer zusammen. Allein
vier Gulden stammten vom Pfarrer.

Pfarrer Johann Christoph Fröhlich von Kirchleus schickte 11 Gulden 15 Kreuzer. Er wies darauf hin, dass die Dorfbewohner durch die Kon-
tributionen an die preußischen Truppen im
Frühjahr zwischen 30 und 50 Gulden eingebüßt
hätten. Auch habe der örtliche Adlige eine Abga-
be „zu dem Hochfürstl. Beylager" leisten müssen.

Das Geld habe er sich von den Bauern zurück-
geholt. „Überall hörte man die betrübtesten Klagen über die allzu vielen Abgaben, dazu in dieser elenden Kriegszeit."

Der Wirsberger Pfarrer Johann Gottfried Müller
schrieb, in manchen Häusern gebe es viele Kinder, aber kein Brot. Und der Streitauer Pfarrer
Beyer musste etliche Male etwas vorstrecken,
weil die Betreffenden überhaupt keinen Kreuzer
im Haus hatten.

Die „Vermählungssteuer" zeigt, wie weit abgehoben der markgräfliche Hof vom Leben der Untertanen war. Trotz eigener leerer Kassen, trotz
Kriegsnot, trotz Hunger und Armut bei der Bevölkerung wurde eine prunkvolle Hochzeit gefeiert, und manchem wurde dafür der letzte Kreuzer
aus der Tasche geholt. Als Markgraf Friedrich im
Jahr 1763 starb, hinterließ er 5,64 Millionen Gulden an Schulden. Das Geld gab der Fürst in der
Hauptsache für das eigene Amüsement aus.[590]

3.8. Distanz zum Zeitgeist

Zentren der Aufklärung im Markgraftum waren
der Bayreuther Hof und einige Jahre nach der
Gründung die Universität Erlangen. Die Professoren der dortigen theologischen Fakultät mussten
die Verpflichtung unterschreiben, dass sie pietistische Gedanken ablehnten. Auf die Gefahren des
Rationalismus wurde bei dieser Verpflichtung
nicht hingewiesen.[591] Die ersten theologischen
Lehrer versuchten einen Ausgleich zwischen Offenbarung und Vernunft, zwischen orthodoxem
Luthertum und den Gedanken der Aufklärung
herzustellen. Der Trend aber wandte sich Schritt
um Schritt von der traditionellen Kirchenlehre ab

hin zu den neuen Ideen. Schon 1748 stellte Superville mit Professor Johann Martin Chladen einen Theologen an, der sich ganz der Aufklärung verschrieben hatte.[592] So veränderte sich die Pfarrerschaft innerhalb weniger Jahrzehnte. Denn wer angestellt werden wollte, musste in Erlangen studiert haben. Am 9. Dezember 1743 verkündete ein Reskript: Landeskinder sollen drei Jahre an der Friedrichs-Universität zu Erlangen studieren, wenn sie eine Anstellung im Lande erhoffen.[593]

Nun erhielten die Predigten einen anderen Schwerpunkt. Der Pfarrer verstand sich nicht mehr als Ausleger der Bibel, sondern wollte das verkünden, was von Staats wegen als nützlich angesehen wurde. Die Rechtfertigung des Sünders durch das Kreuzesopfer Christi war für den aufgeklärten Theologen kein Thema. Es ging überhaupt nicht mehr um Erlösung aus Verlorenheit und Sünde; denn der Mensch war nach Meinung der Aufklärer in seinem Kern gut, und wenn er die richtige Erziehung bekomme, werde er zu einem „tugendhaften und glückseligen Leben" gelangen. Der Pfarrer fühlte sich als vom Staat angestellter „Tugendlehrer"; das Ziel seiner Arbeit sah er darin, die Menschen anzuleiten, dass sie als treue Untertanen des Fürsten lebten und etwas zum sozialen Wohlbefinden beitrügen.[594]

War der evangelische Gottesdienst schon bis dahin sehr nüchtern gewesen, so mutierte er jetzt immer mehr zu einer Gemeindeversammlung, bei der der Pfarrer regierungsamtliche Erlasse bekannt zu geben und zu erläutern hatte. Jahrelang wurde z.B. alle vier Wochen ein Erlass wegen der Deserteure von den Kanzeln verlesen und erläutert. Häufig verließen junge Männer die markgräfliche Miliz. Ihnen wurde ein „Generalpardon" verkündet, wenn sie innerhalb von zwei Mona-

ten zur Truppe zurückkehrten. Andernfalls wurde der Verlust des ganzen Besitzes angedroht.[595] Zu Beginn des Siebenjährigen Krieges war die Lust zu kämpfen denkbar gering. Da mussten die Pfarrer abkündigen, dass niemand von einem Meister in Dienst genommen oder in der Kirche getraut werden dürfe, der nicht zuvor vier Jahre Militärdienst geleistet und vom Kommandanten des Bayreuther Regiments einen Entlassungsschein erhalten hatte. Der Markgraf ließ es sich allerdings auch gefallen, wenn Gutbetuchte einen Freischein käuflich erwarben.[596] Ähnlich gab es Abkündigungen über Ackerbau und Viehzucht, über administrative und schulische Angelegenheiten oder baupolizeiliche Vorschriften.[597] Sicher wurde damit manches Nützliche und Hilfreiche in die Bevölkerung weiter gegeben. Aber weil das die genuin christliche Botschaft zurückdrängte, machte sich die evangelische Kirche selber überflüssig. Sie versäumte es immer öfter, die Menschen zum Glauben an Christus zu rufen.

Die Zelebration der markgräflichen Familie im Gottesdienst nahm einen breiten Raum ein. In den sonntäglichen Fürbitten mussten alle Mitglieder genannt werden, also auch Tanten und Onkel des Fürsten. Besondere Ereignisse in der fürstlichen Familie wie Geburt, Hochzeit und Tod sollten nicht nur abgekündigt, sondern auch in der Predigt entfaltet werden. Bei freudigen Ereignissen wurde ein „Te Deum" angestimmt. Sehr stark spürte es die Gemeinde, wenn eine Person aus der fürstlichen Familie verstorben war. Nach dem Tod der Markgräfin Wilhelmine bestand der Sonntagsgottesdienst darin, dass das Ereignis der versammelten Gemeinde verkündet wurde, danach läuteten eine volle Stunde lang alle Glocken. Dann ging man nach Hause – keine

Predigt, kein Lied, kein Gebet, kein Segen. Acht Wochen lang wurde täglich eine dreiviertel Stunde lang mit allen Glocken geläutet. Erst nach sechs Wochen (am 1. Advent) durfte die Orgel wieder ertönen.[598] Auch als das markgräfliche Paar im Oktober 1754 die Reise nach Frankreich und Italien antrat und als der Markgraf eine Kur in Karlsbad oder Aachen plante, wurde das abgekündigt und in der Fürbitte erwähnt, bzw. bei der Rückkehr ein Dankgebet gesprochen.

Während der markgräfliche Hof in Prunk und Luxus schwelgte, versuchte man beim Gottesdienst zu sparen. Die festlichen Messgewänder und Chorhemden gingen nach und nach in den evangelischen Kirchen verloren, weil keine neuen angeschafft werden durften und für die Restaurierung kein Geld da war.[599] Selbst an Kerzen suchte man zu sparen. Sie sollten schließlich nur noch brennen, wenn das heilige Abendmahl gefeiert wurde. Und das geschah immer seltener, weil die rationalistische Aufklärungstheologie damit wenig anfangen konnte.

Zu den Sparmaßnahmen gehörte die Verminderung der kirchlichen Feiertage. Das Markgrafenpaar machte fast aus jedem Tag ein Fest, aber die Untertanen sollten mehr arbeiten. Am 2. Mai 1747 musste Silchmüller einen Erlass der Regierung verschicken, dass von nun an die dritten Feiertage an Weihnachten, Ostern und Pfingsten, ferner die Marien- und Aposteltage, nur noch halbe Feiertage sein sollten. Früh könne ein Gottesdienst gehalten werden. Aber nachmittags sei Arbeitszeit. Sechs Jahre später schaffte der Markgraf diese Feiertage ganz ab. Es könnte zwar eine Wochenpredigt wie in der Passionszeit gehalten werden. Aber es durfte nur ein Lied gesungen werden, und die Orgel sollte schweigen. Der

Klingelbeutel musste allerdings herumgehen.[600] Die Abschaffung der Feiertage bedeutete neben der Einschränkung der kirchlichen Verkündigung eine soziale Verschlechterung für die vielen abhängig Beschäftigten. Die Gesellen und Lehrlinge bei den Handwerkern, die Knechte und Mägde auf den Bauernhöfen kannten ja keinen Urlaub. Allein die kirchlichen Feiertage boten die Möglichkeit, sich ein wenig zu erholen.

Später hob das Konsistorium die Abschaffung der Feiertage zumindest für die Grenzorte zu den katholischen Bistümern wieder auf. Die einfachen Menschen hingen an den Feiertagen. Wenn der evangelische Pfarrer keinen Gottesdienst mehr hielt, gingen sie in den katholischen Nachbarort und besuchten dort die Kirche. Und das bedeutete dann, dass die Leute Geld einlegten, was man im eigenen Land brauchen konnte.[601]

Der Rationalismus der Aufklärung verengte die Religion auf Moral und Nützlichkeit. Das Mysterium des christlichen Glaubens, das Festliche und Feierliche im Gottesdienst – das ging damals in der evangelischen Kirche Stück um Stück verloren. Silchmüller konnte diese Verflachung als einzelner nicht aufhalten. Aber er entwickelte einen imponierenden Gegenentwurf. Von seinem Kirchenbauprogramm wurde schon gesprochen. Die Kirchen, die auf seine Initiative hin gebaut wurden, verkünden dem Besucher, dass der christliche Glaube eine freudige und sieghafte Botschaft enthalte. Die Altäre weisen nicht nur auf das Kreuzesopfer hin, im Mittelpunkt steht meist das Bild des auferstandenen und gen Himmel fahrenden Christus. In der Predella finden wir oft eine Darstellung des Abendmahls oder wenigstens die Verba Testamenti.[602] Das war ein Kontrapunkt zum Skeptizismus der Aufklärer.

Die markgräfliche Grablege in der Bayreuther Schlosskirche: Hier stehen die Särge der Markgräfin Wilhelmine, des Markgrafen Friedrich und ihrer Tochter Friederike.

Silchmüller liebte festliche Gottesdienste. Natürlich war er an die damals geltende „Chorordnung" von Heinrich Arnold Stockfleth, eingeführt im Jahr 1697, gebunden. Diese Ordnung hatte nicht mehr den liturgischen Reichtum der „Deutschen Messe" Luthers, die seit dem Jahr 1533 mit der „Brandenburgisch-Nürnbergischen Kirchenordnung" im Lande in Übung gewesen war. Stockfleths Liturgie bedeutete schon eine

Minderung des reichen Erbes. Es fehlen bei ihm das Confiteor, der Psalmengesang, das Kyrie eleison, das große Gloria und die meisten Abendmahlsgebete.[603] Silchmüller kämpfte darum, dass wenigstens diese verminderte Gottesdienstordnung von den Pfarrern eingehalten wurde. Er veranlasste im Konsistorium den Neudruck der „Chorordnung" und empfahl sie den Pfarrern seiner Dioezese. Bei besonderen Anlässen suchte er die bestehende Liturgie festlich auszugestalten. Er begnügte sich nicht damit, die Festpredigt zu halten, sondern schickte dem Gemeindepfarrer detaillierte Angaben über den Verlauf des Gottesdienstes. Zumindest zwei solche Briefe sind erhalten, nämlich der zur Weihe der Neudrossenfelder Kirche im Oktober 1757[604] und der zur Kirchweihe in Harsdorf im Oktober 1765.[605] Jedes Mal begann der Gottesdienst mit einem feierlichen Einzug des Superintendenten, der mitwirkenden Pfarrer, der Lehrer, Gotteshauspfleger, Schultheißen, der Amtleute und Ehrengäste unter Glockengeläut und einer Intrade der Trompeten und Pauken. Bei seiner solchen Prozession legte Silchmüller Wert darauf, dass eine Abordnung „von dem jungen Volck" dabei war. Weil die Gemeinde das „Kyrie eleison" nicht mehr singen konnte, ließ er es durch einen Chor und durch Instrumente erklingen („figuraliter gesungen und musiciret"). Dann stimmte der Liturg das Gloria an, das die Gemeinde mit dem Liedvers „Allein Gott in der Höh sei Ehr" fortsetzte. Es folgte die biblische Lesung, das Credo (meist gesungen) und die Predigt. Nach dem Predigtlied gehörte zu einem Festgottesdienst das „Te Deum", begleitet von Pauken und Trompeten. Jedes Mal wurde das Abendmahl gefeiert, und Silchmüller nahm gerne noch eine Taufe oder Trauung in den Gottesdienst hinein, wobei er in einer zweiten, kürzeren Predigt diesen Kasus entfaltete. Neben der Orgel und den Trompeten wird in beiden Anweisungen zum Gottesdienst ein Kammerorchester erwähnt, das beim Absingen der Choräle Zwischenstücke spielte und vor der Predigt und bei der Kommunion zur Meditation und Andacht anleiten sollte. Wenn wir uns die festlichen Kirchenräume dazu denken, so war das ein imposanter Versuch, die blasse Kopflastigkeit des protestantischen Gottesdienstes hinter sich zu lassen und den ganzen Menschen anzusprechen.

Die Gemeinden waren in den Glaubensfragen konservativer als die Pfarrer, die oft mit dem Elan eines Reformators im Geiste der Aufklärung von der Universität kamen. Während sie sich in der Hauptsache als Vertreter der staatlichen Ordnung sahen, erinnerte sie Silchmüller an ihren ursprünglichen Auftrag, nämlich die Menschen für den Glauben an Christus zu gewinnen. So bemühte er sich, mit den Pfarrern ins Gespräch zu kommen, nach den Circularpredigten, bei den jährlichen Visitationen in den Pfarrämtern und durch die Pfarrersynoden. Auch in den Circularen findet sich dieses Anliegen. So heißt es in dem Neujahrsbrief von 1754 nach den üblichen Wünschen: „Der HErr rüste Sie besonders mit neuer Krafft, Treue und Eiffer aus, das wichtige Hirten- und Seelen-Ampt, das der HErr Ihnen anvertraut hat, in Beweisung des Geistes und der Krafft auszurichten und eine große Menge Seelen zu erretten und dem HErrn JEsus durch das Wort der Wahrheit zuzuführen, bis wir alt und lebenssatt unsern Hirtenstab mit freudigem Gewissen unserm oberen Hirten zu Füßen legen und den Gnadenlohn treuer Knechte von Ihm empfangen können."[606]

Einen eindringlichen Pastoralbrief schrieb Silchmüller zu Jahresbeginn 1756.[607] Er knüpfte darin an ein Schreiben des Konsistoriums vom Oktober 1755 an, in dem die Aufsichtsbehörde anlässlich des 200-jährigen Jubiläums des Augsburger Religionsfriedens ein sehr düsteres Bild von der Situation der evangelischen Kirche zeichnete. Da heißt es, der Verfall des Christentums werde von Tag zu Tag augenscheinlicher. An diesem Verfall trügen die Pfarrer die größte Schuld. Sie sollten Lehrer und Vorbilder sein. Aber sie seien vor allem deswegen an ihrem Amt interessiert, weil sie dadurch ihre Versorgung hätten. Seelsorge und Unterricht betrieben sie lässig und lau. Bei vielen finde sich eine große Unwissenheit, was Bibel und Bekenntnisschriften betreffe. Und manche rissen durch ihren unsittlichen Lebenswandel das nieder, was gepredigt werde.

Zum Konsistorium gehörten damals mehrheitlich Mitglieder, die der Aufklärung positiv gegenüber standen. Nun sahen sie, wohin die Entwicklung ging. Unterschrieben hatten von Dobeneck als Präsident, Johann Nikolaus Erckert als Vizepräsident, ferner German August Ellrod, Johann Christian Schmidt und die Pietisten Johann Michael Ansorg und Silchmüller, der immer noch dem Gremium angehörte, auch wenn er nur bei wenigen Sitzungen anwesend sein konnte.

Der Kulmbacher Superintendent suchte in seinem Pastoralbrief, die harten Feststellungen des Konsistoriums zu einer brüderlichen Paränese zu vertiefen. Zunächst erinnerte er an die Todesfälle des vergangenen Jahres. Die beiden Senioren und drei Pfarrer wurden aus dem Leben abgerufen. Auch er selber sei dem Tod nahe gewesen. Da habe sich ihm die Frage aufgedrängt: „Wie werden wir vor dem HErrn stehen?" Wie werde Gott seine Amtsführung beurteilen? Je mehr er, Silchmüller, sein Alter spüre, umso mehr beschäftige ihn diese Frage. Er bitte nun die Kollegen, das, was er schreibe, in Liebe aufzunehmen, „weil es auch aus Liebe geschrieben wurde". Dann wiederholte er die Feststellung des Konsistoriums, „daß die Ursachen dieses Verfalls nicht nur in der Unwißenheit u. Boßheit des armen Volcks, sondern auch und größtentheils entwe-

der in der Unwißenheit oder in der Untreue und Sorglosigkeit und in dem Mangel an geistlicher Erfahrung und Erkenntniß vieler Lehrer und Seelen-Hirten zu suchen und zu finden sey." Es fehle vielen Pfarrern die Leidenschaft, Seelen für Christus zu gewinnen. Es unterbleibe das persönliche Ringen um die Wahrheit durch Bibelstudium und Gebet. Und weil dem Prediger die innere Überzeugung und eigene Glaubenserfahrung abgehe, blieben die Herzen der Predigthörer ohne Überzeugung, Rührung und Besserung.

Bei manchem Pfarrer sei es leider so, dass er nicht einmal bei der Predigtvorbereitung die Bibel aufschlage, sondern seine Gedanken zur Predigt aus gedruckten Postillen abschreibe. Zur Predigtvorbereitung aber seien das eigene Studium der heiligen Schrift und die persönliche Meditation nötig, bei der sich der Prediger selber dem Wort der Bibel aussetze und dabei Umkehr und Trost erfahre. Denn Ziel der Predigt solle nicht sein, die Hörer mit schönen Gedanken und Bildern zu unterhalten, sondern ihre Bekehrung, Sinnesänderung und Errettung. Das könne ein Prediger nur vermitteln, wenn er selbst erfahren habe, was Buße, Annahme der Gnade und Erneuerung des Lebens seien.

Der Schreiber betonte, er wolle das Gesagte nicht als Appell an die eigene Kraft verstanden wissen. Denn das wäre eine Überforderung. Das Gebet sei ein Weg, der weiterführe. „Nehmen wir unsre eigene Not, die Not der Gemeinde und die Not des ganzen Landes in unser Gebet." Auch für die Obrigkeit, die Amtsbrüder und Mitarbeiter sei das Gebet nötig. „Preces et lacrymae sunt arma ecclesiae!"[608] Wenn Schwierigkeiten in der Gemeinde aufträten, sollten die Pfarrer nicht die Obrigkeit um

Hilfe anrufen. Denn staatliche Gewalt könne keinen Menschen bekehren. Das geschehe allein
„durch das Schwert des Geistes, welches ist das
Wort GOttes." Jesus und die Apostel hätten nie
weltliche Macht als Beistand gehabt. Sie hätten
allein mit dem Wort gekämpft. Dieses Wort decke
als Gesetz die Sünde auf und strafe sie; und es
spreche als Evangelium dem Hörer Vergebung
und Erlösung zu. Das sei das Herz der christlichen Botschaft. Deshalb sei die wichtigste Aufgabe der Predigt, Jesus, den Erlöser, zu verkünden.

Zum Schluss merkte Silchmüller an, die Kollegen sollten diesen Brief nicht so verstehen, dass
er sich über sie stelle und sich einbilde, er habe
das alles schon gemeistert. „Der HErr wird mich
vor einem solchen stolzen Sinn bewahren. Ich
fühle meine Schwachheit nur allzuwohl. Und ich
habe noch längst nicht ausgerichtet, was mir befohlen ist."

3.9. Glück und Leid
in einer großen Familie

Silchmüller war mit seiner zweiten Frau Eleonore
Maria geb. Killinger und sieben Kindern von Bayreuth nach Kulmbach umgezogen. Zwei Kinder
davon stammten aus seiner ersten Ehe. Am 27.
Juli 1742 wurde die Tochter Henrietta Johanna
Sophie geboren. Das Patenamt übernahm Christiana Henriette von Beilwitz, die als erste Hofdame
und Kammerfräulein der Königin von Dänemark
in Kopenhagen lebte.[609] Das siebte Kind der
Eleonora Maria war ein Sohn, der am 5. Januar
1744 tot zur Welt kam.[610] Und am 28. Dezember
des gleichen Jahres wurde der Sohn Andreas
Christoph Gottlieb geboren. Er kam vier Wochen

früher als erwartet zur Welt.[611] Von dieser Geburt
erholte sich die Mutter nicht mehr. Sie starb am
3. Januar 1745. Am 6. Januar hielt Senior Keck im
Nachmittagsgottesdienst die Leichenpredigt.
Dann wurde die Tote in einer großen Prozession
aus der Stadt zum „Gottesacker" geleitet, wo der
Syndiaconus Kretschmann sie einsegnete.[612]
Silchmüller schickte den Pfarrern einen schwarz
umrandeten Neujahrsbrief.[613] Darin berichtete
er: „Am 3. Januar hat es dem HErrn in seinem
Ratschluß gefallen, meine innigstgeliebteste
Ehe-Consortin, weyland Frau Eleonoren Marien
eine gebohrene Killingerin, in dem 30.ten Jahr
dero Lebens durch einen ihr zwar seligen, mir
aber und meinen Mutterlosen Waysen höchst
schmertzhafften Tod zu entziehen [...]. Wie sehr
meine Seele durch diesen so plötzlichen und un-
verhofften Fall gebeuget worden, vermag meine
Feder nicht auszudrücken."

Das „Trauer-Carmen" des Vaters der Verstorbenen zeigt, wie oft der Tod damals zerstörerisch in
das Leben der Menschen einwirkte. Albrecht
Eberhard Killinger berichtete, er habe vier Ehe-
frauen zu Grabe tragen müssen. Und er fährt fort:
„Ich finde kaum die Zeit, den alten Schmertz zu
lindern, | So schlägt mich Deine Hand aufs neue
in den Kindern." Im Juli 1744 starb ihm der Sohn
Johann Christian Friedrich Killinger als Premier-
leutnant bei der Reichsarmee. Nun, ein halbes
Jahr später, war die Tochter Eleonora Maria tot.
Und so spricht der Vater zum Ehemann: „Verlangt
Dein Kummer Trost? Von mir verlang ihn nicht.
| Jetzt fehlt mir in der Nacht des Unglücks selbst
das Licht."[614]

Auch Silchmüller ließ ein Trauergedicht
drucken. Da klagt er mit seinen Kindern: „Neun
Waysen, die noch nichts verstehen, | Neun Kin-

der wimmern durch das Hauß, | und ruffen unter Angst und Flehen | Den holden Mutter-Nahmen aus." Sie bedeutete ihm viel: „Du hast mich ohne Falsch geliebet, | und mit Vernunfft Dein Hauß regirt, | Wie jeder Dir das Zeugniß giebet, | Dem nicht der Neid die Zunge führt. | Du warst mein Schmuck bey meiner Freude, | Mein Trost und Labsal in dem Leide, | Und Deiner Kinder Ruh und Lust".[615]

Am Sterbebett der Mutter geschah noch die Taufe des neugeborenen Andreas Christoph Gottlieb. Als Taufpaten fungierten Andreas von Luhe, Obrist und Kommandant der Plassenburg, und der Schlossprediger und Subdiaconus Christoph Adam Völkel.[616] Nach der Beerdigung sandte der Witwer eine letzte Missionsgabe seiner Frau nach Halle: Einen Dukaten zur Unterstützung von zwei armen tamilischen Wöchnerinnen.[617]

Ein Jahr nach dem Tod seiner zweiten Frau, am 11. Januar 1746, wurde Silchmüller mit Rosina Elisabetha Schard getraut. Sie war am 1. März 1710 als jüngste Tochter des Superintendenten Johann Schard und seiner Ehefrau Maria Catharina geb. von Lüttig in Kulmbach geboren worden.[618] Silchmüller fügte dem Eintrag ins Kirchenbuch die Bitte an: „GOtt segne diese meine dritte Ehe und lasse sie, wenn es Sein heiliger Wille seyn kan, länger als die beiden ersten dauern."

Es war die Last seines Haushaltes mit den neun Kindern, dass Silchmüller sofort nach Ablauf des Trauerjahres eine neue Ehe einging. An seinen Freund Gotthilf August Francke schrieb er vor der Hochzeit am 28. Dezember 1745: „Die Noth zwinget mich also, ad tertia vota zu schreiten. Gedachte Jungfr. Schardin ist bißher für die Crone tugendhafter Frauen Zimmer in Culmbach gehalten worden, welches mich hoffen läßt,

Gott werde unsere Hertzen in Ihm desto inniger vereinigen. Sie hat von Zeit zu Zeit sehr wichtige Anstände zum heyrathen gehabt, sich aber nie dazu entschließen wollen. Da Sie nun aber gleichwohl Ihr Hertz zu mir geneiget hat: so sehe [ich] sie nicht anders an als die Person, die Gott gantz sonderbahr für mich und meine armen Kinder aufgehoben hat, und traue dem lieben Vater in dem Himmel zu, Er werde diese Verbindung wohl gelingen laßen."[619]

Durch diese Eheschließung wurde Silchmüller wohl ein Stück mehr ein „Kulmbacher", denn die Familie Schard war hier schon länger ansässig und hatte in der Umgebung ziemlichen Grundbesitz. Die Schwester seiner Frau, Anna Catharina Elisabetha Schard, war mit dem Stadtsenior und Archidiaconus Johann Georg Keck verheiratet, der seit 1718 als Pfarrer in Kulmbach wirkte.

Die „Keckische Familie" ließ ein Hochzeits-Carmen drucken. Darin werden die Tugenden der beiden gerühmt: Bei der Braut ihre Frömmigkeit und Geduld, die sich zeigte, als sie „der HErr mit schweren Ruthen […] geschlagen und gebeugt" hatte. Auch ihr „kluger Geist", der „aus den muntern Augen blitzet", wird genannt. Rosina Elisabetha war fast 36 Jahre alt, als sie heiratete. Vielleicht war der Grund dafür eine Krankheit, die sie in der Jugend durchstehen musste. Von Silchmüller wird angemerkt, dass sich alle Bürger freuten „über Dein so kluges Wählen, Du o Zierde unsrer Stadt! Das gewiss so viel Vergnügen, als gewünschten Nutzen hat."[620]

Etwas über ein Jahr danach ließen Johann Christoph und Rosina Elisabetha Silchmüller ihrem Schwager Keck ein Trauergedicht drucken. Er war überraschend am 26. März 1747 im Alter von noch nicht sechzig Jahren gestorben.[621]

Am 7. November 1746 wurde dem Ehepaar Silchmüller-Schard die Tochter Catharina geboren. Als Patinnen gewann Silchmüller Catharina Schreiber, die Frau des Haushofmeisters Johann Friedrich Schreiber in Bayreuth, und Juliana Eleonora Finck, die Frau des Landschafts-Kommissars und Kulmbacher Bürgermeisters Georg Finck.[622] Am 15. Oktober 1747 kam der Sohn Johann Christian Philipp zur Welt. Paten waren Johann Philipp Erb, markgräflicher Geheimrat und seine Frau Christiana Erdmuthe, eine geborene von der Planitz.[623] Wieder ein Jahr später brachte Rosina Elisabetha ihr drittes Kind zur Welt: Maria Elisabetha Friderica, geboren am 20. Dezember 1748. Das Patenamt übernahm Maria Elisabetha Friderica Wirth, die Ehefrau des Subdiaconus und Schlosspredigers Ludwig Philipp Wirth auf der Plassenburg.[624] Die beiden letztgenannten Kinder starben im April 1752 im Alter von drei bzw. vier Jahren nach einander an den Blattern.[625] Das vierte Kind aus dieser Ehe blieb am Leben: Elisabetha Sophia wurde am 19. Juni 1753 geboren. Patinnen waren Maria Elisabeth von Schönbeck, Witwe des Herrn von Schönbeck, und Johanna Sophia Möckel, die Frau von Johann Matthäus Möckel, der dem Schwager Keck als Archidiaconus nachgefolgt war.[626] Das fünfte Kind wurde am 28. November 1754 tot geboren. Silchmüllers Frau war bei dieser Geburt schon 44 Jahre alt.[627]

Im Haus des Kulmbacher Superintendenten feierten in diesen Jahren schon dessen ältere Kinder Hochzeit. Am 13. Februar 1747 wurde die älteste Tochter aus erster Ehe, Sophia Christiana, mit Georg Christoph Oertel, dem Konrektor am Gymnasium in Neustadt a. d. Aisch, getraut. Drei Hochzeitsgedichte erinnern an dieses Fest.[628] Der Freund Christoph Heinrich Grießhammer, Pfarrer

zu Gerhardshofen, und der Bruder Johann Augustin Oertel deuteten beide in ihrem „Carmen" an, der Bräutigam habe lange gezögert zu heiraten. Es seien ihm viele Bedenken eingefallen, weil er vor allem die Schwierigkeiten sah, die Ehe und Familie bringen könnten. Bei allem Zureden habe er abgewehrt. Erst als er mit der Silchmüller-Tochter bekannt gemacht wurde, konnte er Ja sagen und glauben, dass Gott ihn so führen wollte.

Am 9. Februar 1751 wurde die zweite (lebende) Tochter aus der ersten Ehe, Christiane Charlotte, mit dem Sekretär und Regierungsadvokaten Georg Wilhelm Egidius Kade, wohnhaft in Kulmbach, getraut. Der Bruder der Braut, Christoph Albrecht Gottfried, der damals im Kloster Bergen bei Magdeburg studierte, widmete dem Paar ein Hochzeitsgedicht mit dem Titel „Jesus, ein Fels".[629] Christiane Charlotte starb schon 1760.

Am 9. August 1753 traute Silchmüller die älteste Tochter aus der zweiten Ehe Christiana Friderica Johanna mit dem Hofrat und Archivar auf der Plassenburg Johann Jacob Will, einem Witwer. Der Bruder der Braut, Christoph Albrecht Gottfried, schrieb auch diesmal ein Hochzeitsgedicht.[630] Er war inzwischen von Bergen nach Erlangen umgezogen, um hier Theologie zu studieren. Beim Vergleich seiner beiden Gedichte (dem von 1751 und dem von 1753) merkt man, wie in dem Verfasser selbst eine Veränderung vorgegangen ist. Das erste – „Jesus, ein Fels" – war voller biblischer Begriffe und Bilder. Es war ein „pietistisches Lehrgedicht". Das zweite Gedicht ist eine glutvolle Schilderung dessen, was Liebe zwischen zwei Menschen bewirkt, im Guten wie im Bösen. Biblische Bezüge fehlen diesmal. Statt dessen verwendet der Student der Theologie Bilder aus der antiken Mythologie. Die

Zur Vermählung der Christiane Charlotte Silchmüller mit Georg Wilhelm Egidius Kade schrieb
ihr Bruder Christoph Albrecht Gottfried Silchmüller
ein Hochzeitsgedicht.

Vignetten über dem Text zeigen den Unterschied: das erste Mal ein flammendes Dreieck als
Symbol des Dreieinigen Gottes, das zweite Mal
zwei Herzen, aus denen Feuerflammen in einander schlagen. Man spürt dem zweiten Gedicht an,
wie der Geist der Aufklärung an der Universität
den jungen Mann verändert hatte.

Silchmüller wünschte sehr, dass sein Sohn
auch Halle kennen lerne. Aber zunächst hatte er
die vorgeschriebene Zeit an der Universität Erlangen zubringen müssen. Hier war er im Haus
des Theologieprofessors Caspar Jacob Huth un-
tergekommen, dem wohl bedeutendsten theologischen Lehrer in der Anfangszeit der Universität.
Dieser versuchte in seinen Veröffentlichungen
zwischen dem lutherischen Bekenntnis und den
Gedanken der Aufklärer zu vermitteln.[631] Nach
der Zeit in Erlangen studierte Christoph Albrecht
Gottfried Silchmüller nicht in Halle, sondern in
Leipzig. Das lag am „Amthorischen Testament".
Der Kulmbacher Stifter hatte bestimmt, dass neben den Nachkommen der Familie Amthor auch
Silchmüllers Söhne in den Genuss des Stipendiums und des Freitisches kamen. Allerdings war
daran die Bedingung geknüpft, dass sie in Leipzig oder Jena studierten.

Silchmüller schrieb darüber an Gotthilf August
Francke am 7. Juni 1755: „Es hat mir sehr wehe
gethan, daß ich ihn nicht nach Halle habe
schicken können. Aber meine starcke familie von
11 noch lebenden Kindern nöthiget mich, das
Amthorische beneficium zu amplectiren, zumahlen der Stifter aus selbsteigener Bewegung ohne
mein begehren und wissen meine Kinder ausdrücklich im Testament benahmet, und zwar mit
der praerogative, daß sie angesehen werden sollen, als ob sie zu der Amthorischen Freündschaft
gehöreten, so ich als eine gütige Vorsorge Gottes
billig mit allem Danck erkenne, zumahlen ich
bey meinen vieljährigen Diensten kein Geld
spahren können."[632]

Am 20. Juli 1759 musste Silchmüller von seiner
dritten Frau, Rosina Elisabetha geb. Schard, nach
dreizehn Ehejahren Abschied nehmen. Nach einer

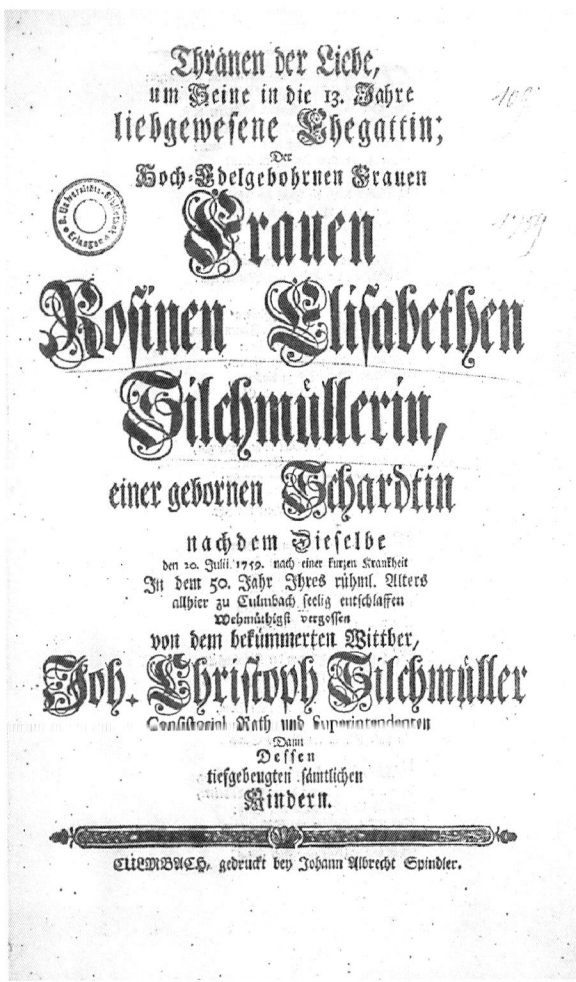

Trauergedicht Silchmüllers für seine dritte Frau Rosina Elisabetha geb. Schard

kurzen Krankheit starb sie überraschend, noch nicht fünfzig Jahre alt. Der Senior und Archidiaconus Friedrich Ernst Otto hielt die Ansprache bei der Beerdigung im „St. Peterskirchhof" und

eine Woche später am 7. Sonntag nach Trinitatis die Gedächtnispredigt während der Vesper.[633]

Silchmüller verfasste für seine Frau ein Trauergedicht: „Thränen der Liebe, um Seine in die 13. Jahre liebgewesene Ehegattin".[634] Darin erinnerte er sich, sie habe kurz zuvor um sein Leben gerungen, als er todkrank darniederlag. Sie habe ihn gepflegt und an seinem Bett gebetet. Und dann sei sie erkrankt, und er habe Gott um ihr Leben gebeten. „Ich lag vor dir mit meinen Kindern, | Um betend ihren Tod zu hindern. | Doch fand ich kein erbarmend Ohr. | Umsonst, mein banges Händeringen, | Konnt sie dem Sarg nicht mehr abzwingen. | Ein schneller Tod entreißt sie mir: | Gesund und kaum noch krank gewesen, | Starb sie; mein halbes Herz mit ihr." Seine Kinder ermahnte er, ihr für alle Fürsorge und Erziehung zu danken. Und sie sollten ihr Sterben nicht vergessen: „Denkt ewig an ihr letztes Ringen, | Lernt, so wie sie den Tod bezwingen, | Der sie ohn allen Schauer fand: | Warum? Sie wußt, der HErr des Lebens | Schrieb ihren Namen nicht vergebens | In die von Blut befärbte Hand."

Die Verstorbene hinterließ ihren beiden am Leben gebliebenen Töchtern einen ansehnlichen Lehnsbesitz.[635] Es waren dies vier halbe Höfe zu Haselbrunn, zwei halbe Höfe und zwei Sölden in Dreßendorf, zwei halbe Höfe und ein Sölden zu Pöllersdorf, ein Lehen in Fölschnitz, den halben Zehnt in Donnersreuth und den halben Zehnt von einem Gütlein in Weiher. Am 14. Februar 1760 leistete Silchmüller vor dem Markgrafen Friedrich für seine Töchter Catharina und Elisabetha Sophia die Erbhuldigungspflicht. Ihr Großvater, der Superintendent Johann Schard, hatte diesen Besitz von seiner Frau geerbt. Wie wertvoll er war, wurde deutlich, als der Ehemann der älteren Tochter Catharina, der Hofrat Christoph Samuel Pensel, im Jahr 1771 beim Verkauf der einen Hälfte 5000 Gulden fränkisch erhielt.

Wiederholt erkrankte Silchmüller in diesen Jahren schwer. Im Sommer 1750 musste er die schon festgesetzte Synode absagen. Im August litt er vier Wochen an „Flußfieber", aus dem sich ein „Tertian-Fieber" entwickelte, Malaria, bei der an jedem zweiten Tag ein Fieberanfall erfolgte.

Auch im Oktober 1755 erkrankte er am „Flußfieber" und war dem Tode nahe.[636] Silchmüller durfte in dieser Zeit eine große Anteilnahme der Kulmbacher Gemeinde erfahren. Menschen aus allen Ständen versammelten sich, um für seine Genesung zu beten. Während er in den ersten Kulmbacher Jahren viel Anfeindung und Ablehnung ertragen musste – man hätte ihn am liebsten aus der Stadt gejagt, meinte er –, „so sehr hat doch nachhero Gott die Hertzen zur Liebe geneiget".[637]

Ende Mai 1757 hatte er einen „Podagra-Anfall", welchem eine „Frießel-Krankheit" folgte, die ihn fast vier Wochen ans Bett fesselte. Am letzten Junisonntag versuchte er wieder zu predigen, weil die Gemeinde durch den begonnenen Siebenjährigen Krieg sehr beunruhigt und verängstigt war. Er brach auf der Kanzel ohnmächtig zusammen. Als er wieder erwachte, kam in ihm der Gedanke hoch: „Ach, hätte ich doch für immer einschlafen können, damit ich nicht den Jammer und die Not sehen muss, die jetzt über Deutschland zusammenschlägt."[638] Im Juli/August 1758 fühlte er sich sehr schwach, nachdem ihn ein heftiges „Katarrh-Fieber" überwältigt hatte.[639] Im Mai/Juni 1759 legte ihn eine Erkrankung für Wochen lahm und ließ ihn ans Sterben denken.[640] Dann starb im Juli seine Frau.

Wegen seiner labilen Gesundheit und wegen der unmündigen Kinder in seinem Haus ging Silchmüller eine vierte Ehe ein – er war inzwischen 65 Jahre alt geworden. Er heiratete am 20. Mai 1760 die 26-jährige Maria Magdalena Bößner, die aus Colmar im Elsass stammte, wo ihr verstorbener Vater Johann Jacob Bößner Kaufmann gewesen war.[641] Der Magister Lang rühmt sie in seiner Rede über die Bayreuther Superintendenten wegen ihrer Tugenden und wegen ihres klugen Verstandes.[642]

An diese Hochzeit erinnert eine Schrift eines Kulmbacher Studenten, der in Jena Altphilologie studierte. Gottlieb Christoph Harleß hatte durch Silchmüller eine außerordentliche Förderung erfahren. Dieser hatte dafür gesorgt, dass Harleß die Kulmbacher Lateinschule besuchen konnte, wo der Bruder des Jungen, Christian Harleß, seit 1750 Tertius und von 1753 bis 1755 Conrektor war.[643] Silchmüller hatte ihm zusammen mit den eigenen Söhnen sechs Jahre lang Privatunterricht erteilt und dann dafür gesorgt, dass er ein Stipendium für das Studium an der Universität bekam. Harleß rühmt, er habe von Silchmüller und seiner Frau Rosina Elisabetha Wohltaten empfangen, wie man sie nur von Eltern erwarten könne. Silchmüller sei – außer Gott – der einzige Urheber dafür, dass er ein Studium habe beginnen können. Nun widmete er ihm seine erste Veröffentlichung: „Untersuchung über die Pflichten der Herolde bei den Griechen" mit den innigsten Segenswünschen.[644] Gottlieb Christoph Harleß war später Professor für Altphilologie an der Universität Erlangen.[645] Ein Enkel von ihm prägte die junge bayerische Landeskirche so stark, dass man von einer Ära Harleß spricht: Adolf von Harleß (1806–1879), Theologieprofessor in Erlangen und

Oberkonsistorialpräsident in München. Er verhalf
der lutherischen Erweckungsbewegung zum Sieg
und konnte damit das verwirklichen, wofür Silchmüller gekämpft hatte.

Einen Monat vor Silchmüllers Hochzeit hatte
die Tochter Dorothea Catharina aus seiner zweiten Ehe Johann Martin Dorn, den gräflich giechi-
schen Verwalter zu Wiesentfels, geheiratet. Zum
Fest am 10. April 1760 verfassten diesmal zwei
Brüder der Braut, nämlich Christoph Albrecht
Gottfried, jetzt Kandidat der Theologie, und sein
jüngerer Bruder, Johann Adam Gottlob, Archiv-
Registrator zu Bayreuth, ein Hochzeitsgedicht.[646]
Christoph Albrecht Gottfried hatte noch in Leipzig studiert und wurde als Adjunkt eines Pfarrers
in die praktische Arbeit eingewiesen. So zeigt dieses dritte Gedicht eine weitere Stufe seiner inneren Entwicklung. Denn es heißt da:

> „Wir können unser Glück nicht bauen,
> Es ist ein Arm, der uns regirt;
> Dem muß der Mensch sich anvertrauen,
> Weil er ohn' ihn sein Wohl verliert.
> Der Seegen folgt nur aus der Höhe,
> Und dieser muß erbeten seyn;
> Vergißt man den bey seiner Ehe,
> Wird, statt der Lust, die Eh' zur Pein."

Etwas Besonderes bei diesem Gedicht ist die
Erwähnung des Vaters, den Gott nach Leid und
Trauer tröste und mit der Fülle seines Segens be-
schenke. Und die Söhne wünschten ihm, dass er
das „Alter Jakobs" erreiche.

Nach dem frühen Tod ihres Mannes heiratete
Dorothea Catharina den Geheimen Schreiber
Creta in Bayreuth.[647]

Noch zweimal konnte Silchmüller in Kulmbach Kinder trauen. Am 8. November 1763 heira-

tete Christoph Samuel Pensel, Archivar auf der
Plassenburg, die älteste Tochter aus der dritten
Ehe, Catharina Silchmüller. Der Bräutigam war
ein Sohn des Kulmbacher Kastenamtmanns Johann Stephan Pensel.[648]

Vier Monate später, am 8. März 1764, war die
Hochzeit des angehenden Kasendorfer Pfarrers
Christoph Albrecht Gottfried Silchmüller mit
Elisabetha Sophia Möckel, der Tochter des damaligen Archidiaconus und Seniors Johann Mat-
thäus Möckel.[649] Ein Freund des Bräutigams, der
sich nur mit dem Buchstaben „K." zu erkennen
gab, verfasste ein Hochzeitsgedicht.[650] Es ist eine
Auseinandersetzung mit Zeitgenossen, die Gottes
Wirken im Leben der Menschen leugneten und
sagten: „Kein Gott ist da." Die Gedanken der Aufklärung mit ihrer Distanzierung vom christlichen
Glauben blieben nicht in den philosophischen
Zirkeln, sondern bewegten auch Menschen abseits der Universitäten, so dass sie sagten: „Zur
Ehe braucht man keinen Gott, da soll man den
Verstand gebrauchen." Der Verfasser des Gedich-
tes aber betonte, dass derjenige Glück und Segen
in seiner Ehe empfange, der dafür bete und sich
der Vorsehung Gottes anvertraue.

Die Ehe des jungen Kasendorfer Pfarrers dauerte nicht lange. Er starb 1766 im Alter von 31
Jahren – für seinen Vater ein bitterer Kelch.[651]

Wann und wo die Tochter aus zweiter Ehe Ludovica (oder Louyse) Justina Eleonora mit dem
Baron von Spangenberg getraut wurde, war bisher nicht zu ermitteln. Spangenberg diente als
Rittmeister im Heer des russischen Zaren.

Die jüngste Tochter aus zweiter Ehe, Henrietta
Johanna Sophia, blieb unverheiratet und lebte im
Haushalt der Stiefmutter Maria Magdalena geb.
Bößner und pflegte sie im Alter. Als „Demoiselle

Johanne Sophie Silchmüller" wird sie unter den Subskribenten des Geschichtsbuches von J. C. E. Reiche „Culmbach und Plassenburg" genannt, das im Jahr 1796 erschien. Sie starb 1810 in Bayreuth an Auszehrung.

Das jüngste lebende Kind der zweiten Ehe war Andreas Christoph Gottlieb. Er wurde Soldat im kaiserlichen Herr und brachte es zum Bannerträger.[652]

In der Ehe Silchmüllers mit Maria Magdalena geb. Bößner wurden ebenfalls Kinder geboren: Das erste war am 4. März 1761 die Tochter Christiana Sophia Wilhelmina. Patin wurde Christiana Sophia Wilhelmina von Pöllnitz, die Witwe des Geheimrats Hans von Pöllnitz.[653] Am 3. April 1763 kamen Zwillinge zur Welt: Johann Friedrich und Johann Immanuel. Pate des erstgenannten wurde der Bayreuther Hofrat Johann Friedrich Richter. Er war Pietist und unterstützte die Herrnhuter Mission.[654] Das stellvertretende Patenamt übernahm eine Frau aus Colmar, vielleicht die Schwester der Mutter, Maria Catharina Meyer, die Ehefrau des Procureur de Conseille Franz Meyer. Für das zweite Kind wurde ebenfalls ein Elsässer Pate, nämlich Immanuel Scheurer, Pfarrer zu Sandhofen bei Colmar. Stellvertreterin war Johanna Friderica Richter, die Ehefrau des oben genannten Hofrates.[655]

Die Zwillinge starben kurz nach dem Dienstantritt Silchmüllers als Generalsuperintendent in Bayreuth, Johann Immanuel am 4. November und Johann Friedrich am 25. November 1764. Am 3. Dezember dieses gleichen Jahres wurde das Kind Wilhelm Friedrich geboren.[656] Nach Lang widmete sich Wilhelm Friedrich den „Schönen Künsten"[657]

Silchmüller war demnach der Vater von einundzwanzig Kindern. Von ihnen erreichten dreizehn das Erwachsenenalter. Acht starben als kleine Kinder.

Silchmüller erlebte noch die Hochzeit seines Sohnes Johann Adam Gottlob mit, die am 20. November 1770 in Kulmbach gefeiert wurde. Die Braut Johanna Sophia Graf war eine Tochter des früheren Kulmbacher Bürgermeisters Johann Christoph Graf. Der Bräutigam arbeitete als Regierungssekretär und Archivar auf der Plassenburg.[658]

Kurz nach Silchmüllers Tod heiratete die zweite Tochter aus dritter Ehe Elisabetha Sophia den Geheimen Archivar Gottfried Theodor Christoph Buchta. Die Trauung am 16. September 1771 hielt Silchmüllers Freund, der Konsistorialrat Johann Wolfgang Wanderer. Zur Hochzeit unmittelbar nach dem Todesfall gab der Markgraf seine Genehmigung.[659]

4. Generalsuperintendent und Oberhofprediger in Bayreuth

(1763–1771)

4.1. Noch ein Jahr in Kulmbach

Überraschend starb Markgraf Friedrich im Alter von 52 Jahren am 26. Februar 1763. Er hatte am 15. Februar, dem Tag, als der Siebenjährige Krieg durch den Frieden von Hubertusburg beendet wurde, eine Maskerade angesetzt. Da er kränklich war, hatten ihm die Ärzte von der Teilnahme abgeraten. Er feierte trotzdem im schlecht beheizten Theater am Reithaus und zog sich eine Lungenentzündung zu, von der er sich nicht mehr erholte.[660]

Der Bayreuther Hof und die Mitglieder des Ministeriums meinten, dass es für sie besser sei, einen eigenen Fürsten zu haben, als eine Provinz von Ansbach oder Berlin zu werden. Von der Weferlinger Linie lebte damals noch ein Nachkomme, nämlich Friedrich Christian, der jüngste Bruder von Georg Friedrich Carl, dem Vater des verstorbenen Markgrafen Friedrich. Er war 1708 als vierzehntes Kind zwei Monate nach dem Tod seines Vaters geboren worden.[661] Er besuchte das Gymnasium in Halle, wo Silchmüller sein Informator wurde. 1730 kam er zu seinem Bruder Georg Friedrich Carl nach Bayreuth, der ihm das Schloss in Neustadt a. d. Aisch als Wohnsitz anwies. Fortan hieß Friedrich Christian „der Prinz von Neustadt". Er heiratete 1732 die siebzehn-

jährige Prinzessin Victoria Charlotte von Anhalt. Sie gebar ihm zwei Töchter. Der Prinz trennte sich aber bald von seiner Frau, weil er sie des Ehebruchs verdächtigte. Die Enttäuschung ließ ihn noch menschenscheuer und misstrauischer werden, als er bis dahin schon gewesen war.

Er war religiös und den Armen gegenüber hilfsbereit, aber auch jähzornig und unbeherrscht und misshandelte wiederholt Dienstboten. Einen verletzte er durch einen Schuss derart, dass er starb. Daraufhin ließ ihn der Markgraf, sein Bruder, auf der Plassenburg gefangen setzen. Erst die Fürsprache der Königin von Dänemark, seiner Schwester, ließ ihn wieder frei kommen. Als sein Neffe Friedrich die Regierung übernommen hatte, mied er den Bayreuther Hof, weil er dort von der Markgräfin und ihren Hofdamen verspottet worden war. Er diente als Generalleutnant der dänischen Armee in Wandsbek.

Dorthin schickte jetzt das Bayreuther Ministerium eine Gesandtschaft, um den Prinzen für die Übernahme der Herrschaft zu gewinnen. Er zeigte sich wenig geneigt, die Last eines bankrotten Fürstentums auf sich zu nehmen, auch hielt er sich nicht für geeignet zu regieren. So bedurfte es vieler Argumente der Herren Treskow, Friedrich von Ellrod und Theodor Adam von Reitzenstein, um ihn zu gewinnen.

Markgraf Friedrich Christian von Brandenburg-Bayreuth (reg. 1763–1769)

noss er dessen uneingeschränktes Vertrauen. In welcher Stimmung der Prinz in die Residenzstadt gekommen war, davon zeugt ein Spruch, den er am ersten Abend in eine Fensterscheibe seines Kabinetts ritzte: „Eile und errette deine Seele, denn auf dieser Welt ist kein wahres Guth zu finden."[662]

Schon am Tag nach seiner Ankunft machte ihm der Kulmbacher Superintendent einen Besuch. Silchmüller erinnerte den Markgrafen an ein Gespräch, das sie vor über vierzig Jahren in Genf geführt hatten. Er hatte den Studenten ermahnt, fleißig zu lernen, da er einmal ein regierender Herr werden könne. Friedrich Christian hatte damals geantwortet: „Wenn ich Markgraf von Bayreuth bin, soll er mein Bischof werden." Das schien nun gar nicht mehr unmöglich, denn der Superintendent von Bayreuth, Johann Christian Schmidt, war gestorben.

Schmidt war 1760 von seinem Gönner, dem Markgrafen Friedrich, zum Nachfolger des verstorbenen German August Ellrod ernannt worden. Aber er hatte dieses Amt als Superintendent und Oberhofprediger kaum ausgeübt: Schon seit dem Winter 1759 hatte er nach einer Erkältung an „Auszehrung", vermutlich an Lungentuberkulose, gelitten. Der Besuch der Heilbäder Steben, Wildbad und Burgbernheim hatte keine Besserung gebracht. Nachdem er seine letzte Predigt am 2. Advent 1762 gehalten hatte, starb er am 17. April 1763.[663]

Bei seinem Besuch am 6. Mai wurde Silchmüller vom Markgrafen aufgefordert, den Gottesdienst für den folgenden Sonntag Rogate zu übernehmen. Es wurde eine „Zimmerpredigt"; denn Friedrich Christian war so menschenscheu, dass er keinen öffentlichen Gottesdienst besuchte. Er

Am 5. Mai zog er mit einem kleinen Gefolge in Bayreuth ein. Er brachte seinen „Leibarzt" Schröder und dessen Tochter mit, dazu seine drei Kammerdiener. Schröder war ein ehemaliger Apothekergehilfe, der als Marktschreier und Quacksalber mit einem Affen von Jahrmarkt zu Jahrmarkt gezogen war. Er hatte dem Prinzen einmal bei einer kleinen Sache geholfen. Nun ge-

nahm auch nicht das Abendmahl, weil er mit seiner Gattin in Feindschaft lebte.

Silchmüllers Predigt über „Das Rechte und GOtt Wohlgefällige Beten" ließ der Markgraf drucken. Obwohl der Prediger nur einen Tag zur Vorbereitung hatte, ist es eine tiefschürfende Entfaltung dessen, was christliches Beten sein kann. In der Einleitung betonte er, das Gebet sei eine der wichtigsten Pflichten („GOtt will, dass wir Ihn anbeten"), eine der größten Wohltaten („Er will nahe seyn denen, die Ihn anruffen") und eine der nützlichsten Übungen im Christentum (weil dadurch christliche Tugenden wie Glaube, Liebe, Hoffnung gestärkt würden).[664]

Silchmüller ließ sein persönliches Ergriffensein mit einfließen. Dieser „Bet-Sonntag" sei der erste Sonntag, den der neue Regent in seiner Residenzstadt verbringe. Er, Silchmüller, sehe es als eine wichtige Pflicht an, für den Landesherrn zu beten. Er sei tiefbewegt, denn er habe den Fürsten schon als Kind von neun Jahren kennengelernt und ihn dann acht Jahre lang begleitet. Das sei vor 46 Jahren gewesen. So vermute er, dass er wohl der älteste Diener des Hauses Brandenburg-Culmbach sei.[665]

Dann kam Silchmüller zur Auslegung des Sonntagsevangeliums (Joh. 16, 23–30) und formulierte dem entsprechend sein Thema: „Das Rechte GOtt Wohlgefällige Beten – I. Wie es geschehen müsse. II. Welche Vortheile für uns es nach sich ziehe."[666] Zu I. führte er aus, das Gebet sollte „im Namen Jesu geschehen", d. h. im Glauben an ihn, denn als Sünder könnten wir nicht, so wie wir sind, Gott nahen. „So wenig ein Rebelle es wagen darf, ohne eine Mittels-Person vor seinen König zu treten und pardon zu bitten." Jesus hätte den Zugang zu Gott eröffnet. „Er söhnete uns mit GOtt aus [...]. Dadurch erwarb Er uns die Erlaubnis, dass wir uns wieder dem Thron GOttes nahen und unsere Bitte aussprechen dürfen."

Zu II. stellte der Prediger fest, ein Vorteil des rechten Betens sei, dass es erhört werde. Silchmüller setzte sich an dieser Stelle mit der Erfahrung der Beter auseinander, dass manches Gebet doch nicht erhört worden sei. Er fragte: War es ein Gebet im Namen Jesu, d. h. in seinem Sinn? War es vielleicht das Gebet eines Menschen, der in seiner Sünde mutwillig verharren wollte? Freilich, so meinte Silchmüller, sei mit diesen Hinweisen das Problem unerhört gebliebener Gebete nicht vollständig erklärt. Auch Gläubige wie der Apostel Paulus hätten manchmal diese Erfahrung machen müssen. Dieser habe für sich um Heilung von einer Krankheit gebetet und die Antwort bekommen: „Lass dir an meiner Gnade genügen". Gott bleibe auch bei dieser Verheißung, dass Gebete im Namen Jesu erhört würden, unbegreiflich und unverfügbar. Deshalb würden manche unserer Gebete anders erhört, als es unser Wunsch gewesen sei.

Der andere Vorteil des Betens sei, „daß der Geist des rechten Beters mit göttlichem Trost, Friede und Freude erfüllt wird." Beter empfingen einen kindlichen Geist; sie könnten sich über die Segensgaben in ihrem Leben freuen und würden darüber zufrieden und dankbar.

Am Schluss kam Silchmüller noch einmal auf die Geschehnisse der letzten Zeit zu sprechen.[667] Der schnelle Tod des Markgrafen Friedrich habe viele Menschen im Land erschüttert. Doch Gott habe sich erbarmt und einen „neuen Vater des Vaterlandes" geschickt, „nicht nur einen Friedrich, sondern einen Friedrich Christian", von dessen „nicht nur Fürstlichen, sondern auch Christlichen Gesinnungen wir nun billig alles Gute erwarten."

Silchmüller erhoffte wohl von dem neuen Landesherrn, den er wegen seiner religiösen Einstellung mehr schätzte als seinen Vorgänger, eine Verbesserung der Zustände im Land und in der Kirche. Friedrich Christian hatte vielleicht den Willen dazu. Aber es fehlten ihm die Fähigkeiten und Kenntnisse für einen erfolgreichen Regenten.

Am 14. August 1763 teilte Silchmüller den Pfarrern des Kulmbacher Kapitels mit, dass ihn der Markgraf als Nachfolger des verstorbenen Superintendenten in Bayreuth haben wolle.[668] Wann der Umzug sein werde, sei noch ungewiss, weil der Witwe Schmidt eine zweijährige Gnadenfrist zugesagt worden sei. Er fügte hinzu, die Amtsbrüder würden ihm gewiss glauben, „daß ich bei meinen schon weit avancirten Jahren sehr schwehr an diese mutation gehe". Er fürchte die Lasten und Veränderungen, die nun noch einmal auf ihn zukämen. Andererseits empfinde er es als eine wunderbare Fügung, dass ihn der neue Regent nach Bayreuth rufe, von wo er einst habe weichen müssen, weil man ihn dort nicht mehr haben wollte.

Im Neujahrsbrief von 1764 teilte Silchmüller mit, der Markgraf habe ihn zum Generalsuperintendenten von Bayreuth und zum Oberhofprediger ernannt.[669] Ferner habe ihm die Fakultät in Erlangen am 5. Oktober 1763 den theologischen Doktorgrad verliehen. Das sei eigentlich schon ein halbes Jahr früher geplant gewesen. Aber damals habe er abgelehnt, weil ein Pfarrer ausgestreut hatte, der Geehrte habe den Markgrafen mit 1000 Talern bestochen. Silchmüller unter-

strich, die Ehrung sei allein von der Fakultät ausgegangen. Der Fürst habe nichts dazu getan. Auf der lateinischen Urkunde steht als Begründung: „Wegen unsterblicher Verdienste gegenüber der heimatlichen Kirche durch viele zur Klarheit [helfende] veröffentlichte Schriften über die theologische Lehre, die überall sehr bekannt sind." Diese Anerkennung war für Silchmüller ohne Zweifel eine Genugtuung, nachdem er Jahrzehnte lang angefeindet worden war.

Friedrich Christian bemühte sich, die Schulden aus der Zeit seines Vorgängers zu tilgen. Er verkaufte das Tafelsilber und überzählige Reitpferde. Er entließ die Künstler und Künstlerinnen an der Oper und der französischen Komödie und löste die Bayreuther Kunstakademie auf. Die Folge war ein Exodus der Kunst aus Bayreuth. Aber für das bankrotte Fürstentum sah er wohl keine andere Möglichkeit.[670]

In dem Bemühen, Geld herein zu holen, schlugen die Ratgeber des Markgrafen vor, es sollten bei einem Regierungswechsel Beamte, also auch Pfarrer und Lehrer, neu berufen werden und dafür die entsprechenden Gebühren noch einmal entrichten. Da es hier um Menschen ging, für die er sich verantwortlich fühlte, verfasste der künftige Generalsuperintendent eine Denkschrift.[671] Er verwies darauf, dass es eine solche Neuberufung mit den entsprechenden Gebühren in der Geschichte des Hauses Brandenburg noch nicht gegeben habe, sodann, dass so etwas für den geistlichen Stand undenkbar sei und deshalb bisher weder in der evangelischen noch in der katholischen oder orthodoxen Kirche vorgekommen sei. Denn die Berufung zum geistlichen Amt geschehe im Namen Gottes. „GOtt stirbt nicht, darum ist auch ein Dienst nicht beendet, wenn ein Regent stirbt." Daneben verwies Silchmüller auf die praktischen Schwierigkeiten, die Neuberufungen verursachen würden. Etliche Pfarrer und Lehrer hätten die Kredite noch nicht abbezahlt, die sie bei ihrer ersten Berufung hatten aufnehmen müssen. Die meisten Landgeistlichen verdienten nicht mehr als 150 bis 200 Gulden im Jahr. Die Landschulmeister müssten sich mit 50 bis 100 Gulden begnügen. So werde es ihnen schwer fallen, alle Gebühren noch einmal zu bezahlen. Der Markgraf müsse sich darauf einstellen, dass er mit einer Flut von Bittschriften überhäuft würde. Schließlich möge er bedenken, dass die Not aus dem Siebenjährigen Krieg nicht überwunden sei. Auch die Pfarrer hätten unter den Einquartierungen zu leiden gehabt.

Drei Tage nach Erhalt von Silchmüllers Denkschrift teilte der Markgraf dem Konsistorium mit, dass er den Neuberufungs-Plan nicht weiter verfolgen wolle. Das Konsistorium gab das an die Superintendenten weiter, die dann die Pfarrer benachrichtigten.[672] Die Aufsichtsbehörde monierte allerdings, der betreffende Geistliche habe in seiner Eingabe unschickliche Ausdrücke gegen den Fürsten gebraucht und seine bischöflichen Rechte angetastet. Silchmüller betonte in seinem Schreiben an die Pfarrer, er fühle sich von dieser Kritik nicht betroffen. Wenn er etwas Unschickliches gesagt hätte, wäre der Fürst wohl nicht darauf eingegangen. Aber selbst wenn er einen „Castor" bekommen hätte wie damals, als er gegen Vorhaben des Markgrafen Friedrich opponiert hatte, wäre er nicht zurückgewichen.[673]

Bevor Silchmüller von Kulmbach wegzog, versuchte er noch einiges in der Verwaltung zu ordnen. Er hatte festgestellt, dass in einigen Pfarreien die Kirchenbücher nur unvollständig vorhanden waren. Manche Pfarrer hatten es sich gespart, Taufen, Trauungen und Beerdigungen einzutragen. Nun verlangte der Superintendent, dass die Register doppelt geführt würden, vom Pfarrer und vom Schulmeister.[674] So sind zumindest für einige Jahrzehnte in den Kulmbacher Pfarreien die Matrikeln doppelt vorhanden.

Sämtliche Akten im Archiv der Superintendentur ließ er ordnen und ein Verzeichnis anfertigen. Nach Genehmigung durch das Konsistorium bestellte er dazu seinen Sohn Johann Adam Gottlob, der als Archivar auf der Plassenburg arbeitete. Der Arbeitslohn von 60 Gulden wurde auf die einzelnen Gemeinden umgelegt.[675]

Auf Grund der übersichtlich geordneten Urkunden konnte Silchmüller seinem Nachfolger eine genaue Auflistung der Pfründeeinnahmen hinterlassen. Er schrieb dazu: „Meinen Hn. Amts-Nachfolgern zu Culmbach, die der HErr zum Seegen der geliebten Culmbachischen Gemeinde setzen wolle zur Nachricht aufgezeichnet, weil in der gantzen Registratur daselbst keine ordentliche und richtige Nachricht anzutreffen ist."[676]

Die Liste zählt zunächst die Geldeinnahmen des Superintendenten auf: 82 Gulden im Jahr, die u. a. vom Kulmbacher Klosteramt kamen. Stolgebühren für Taufen, Trauungen und Beerdigungen fielen kaum an, weil das die drei Petri-Pfarrer übernahmen. Der Superintendent hielt Kasualien nur auf besonderen Wunsch. Die Gebühr für eine Taufe betrug 16 Kreuzer. Bei einer Haustaufe galt der doppelte Gebührensatz. Proklamation und Trauung wurden mit 48 Kreuzer abgegolten, eine Beerdigung mit 36 Kreuzer. Wenn ein Brautpaar getraut wurde, das schon vor der Hochzeit intim gewesen war, waren ein Gulden 30 Kreuzer Kirchenbuße fällig, dazu die Traugebühr. Einen

Dukaten zahlte ein Pfarrer, wenn ihn der Superintendent in sein Amt einführte. Einen Taler erhielt er von der Kirchenstiftung, wenn er die Jah-
resrechnung oder eine Baurechnung prüfte.

Die Haupteinnahmen des Superintendenten
bildeten freilich nicht die Geldzahlungen, sondern die Naturalgaben. Die Pfründestiftung besaß
Grundstücke, die verpachtet wurden, ein Holz-
recht von jährlich 26 Klafter Brennholz, ein Ge-
treiderecht beim Kastenamt, beim Mönchshof
und in Windischenhaig mit fast 20 Simra Weizen,
Roggen, Gerste und Hafer.[677] Dazu erhielt der Superintendent den halben „Reuthzehnt" von Melkendorf und den Spitzeichener Zehnt. Er erhielt
Abgaben von Lehengütern in Windischenhaig, in
Rottlersreuth, Ebersbach, Gumpersdorf und Wai-
zendorf. Das „Cronenwirtshaus" in der Langgas-
se, die Beckenhäuser in der Spitalgasse und am
Kirchwehr und das Hintere Buchhaus schuldeten
der Pfründestiftung ebenfalls jährlichen Zins. Mit
dieser Aufzählung sind noch gar nicht alle Lehen
und Rechte genannt, die oft nur ein paar Kreuzer
einbrachten. Das alles zu verwalten, zu buchen
und gegebenenfalls einzutreiben, kostete viel
Zeit.

Am 26. Juni 1764 schrieb Silchmüller den Pfarrern des Kulmbacher Kapitels das letzte Circular.[678] Der Abschied falle ihm schwer nach fast 23

Jahren in Kulmbach. Auch das Alter mache ihm
zu schaffen: Am 2. August erreiche er das 70.
Lebensjahr. Aber er wolle dem Ruf dennoch nicht

*Von Friedrich Lorenz Esper, Silchmüllers Nachfolger
in Kulmbach, gibt es kein Bild in den Kulmbacher
Kirchenbüchern, wohl aber vom nächsten Superintendenten Friedrich Ernst Otto (1720–1776). Der
gebürtige Kulmbacher wirkte in seiner Heimatstadt
nacheinander als Syndiaconus (ab 1747), Archidiaconus (ab 1755) und Superintendent (ab 1766).*

ausweichen. „Ich gehe also im Nahmen des HErrn hin, wohin Er mich sendet, und überlasse mich in Einfalt des Hertzens seiner Gnade, Erbarmung und Beystandes." Nach dem Dank für die Zusammenarbeit und dem Wunsch um Gottes Segen für Familie und Amt legte er den Pfarrern noch einmal sein Hauptanliegen ans Herz: „Bedencken Sie alle Zeit, daß Sie Prediger des Evangelii sind und laßen Sie ihr Vornehmstes seyn, zu predigen Jesum Christum, den gecreutzigten, der mit seinem Blute seine Gemeine erkaufft hat, so werden Ihnen geistliche Kinder gebohren wie Thau aus der Morgenröthe."

Am Sonntag Trinitatis hielt er seinen Abschiedsgottesdienst – unter Tränen, die er selbst, aber auch die Gemeindeglieder nicht zurückhalten konnten. Die Kulmbacher empfanden Ehrerbietung und Dankbarkeit für den Mann, dem sie in den ersten Jahren mit Misstrauen und Ablehnung begegnet waren. Von dieser Anfangszeit berichtet Silchmüller Jahre später in einem Brief an Gotthilf August Francke, man habe in den ersten zwei, drei Jahren „wieder das Wort und meine Person gewütet und getobet, so daß manche mich gerne würden zur Stadt hinaus gestaupet und gesteinigt haben, wenn es in ihrem Willkühr bestanden wäre."[679]

Am zweiten Sonntag nach Trinitatis wurde als Nachfolger Friedrich Lorenz Esper in der Petrikirche eingeführt. Esper war Pietist und mit Silchmüller befreundet, der bei dieser Berufung mitgewirkt hatte: „Es hat damahls erstaunlichen Wiederstand gegeben, biß ich mit ihm zu diesem Officio durchgedrungen bin."[680] Der neu ernannte Superintendent starb aber im Jahr darauf.[681]

4.2. Die zweite Bayreuther Zeit – hohe Stellung, hohes Alter

Silchmüller konnte zunächst nicht in das Haus des Superintendenten an der Stadtkirche einziehen, weil dort die Witwe seines Vorgängers bis Ende April 1765 das Wohnrecht besaß. Er bewohnte über ein Dreivierteljahr einige Räume in dem neueren Flügel des Waisenhauses.[682] Als er seinen Einzug hielt, standen Hunderte von Schaulustigen auf den Gehsteigen. Inspektor Feiler hatte die Waisenkinder in der Betstunde am Vorabend auf das Kommen des Gründervaters besonders eingestimmt. Sie warteten jetzt mit Blumensträußen vor dem anderen Flügel des Waisenhauses. Aber Silchmüller konnte sie wegen der Menschenmenge nicht sehen und fuhr vorüber. „Diese Einfalt und Unschuld rührte unter vielen Zuschauern und unsern vornehmen Nachbarn besonders das hiesige geistliche Ministerium, daß Herr Pfarrer Künneth mit weinenden Augen Ihro des Herrn Generalsuperintendens Hochwürden Magnificenz, welche wegen der sie umgebenden Menge nicht die aufgestellte Reihe ihrer Waisen beobachteten, aus ihrem Hause herausführte, um die Liebe und Ehrfurcht dieses unschuldigen Alters zu sehen."[683] Ohne Zweifel bewegte es die Menschen, dass einer, der hatte gehen müssen, weil man ihn nicht mehr wollte, nun hochgeehrt zurückkehrte. Selbst Johann Theodor Künneth, der Schwiegersohn des verstorbenen Superintendenten Johann Christian Schmidt, konnte seine Rührung nicht verbergen.

Silchmüller wurde mit der Berufung nach Bayreuth die höchste Funktion übertragen, die ein evangelischer Theologe im Markgraftum erreichen konnte. Als Generalsuperintendent war er

Johann Theodor Künneth, Schwiegersohn des Bayreuther Superintendenten Johann Christian Schmidt. Der historisch und naturwissenschaftlich interessierte Geistliche wirkte von 1781 bis 1800 selbst als Bayreuther Superintendent und verhalf der Theologie der Aufklärung zum Durchbruch.

Sprecher der Landeskirche, als Special-Superintendent verwaltete er die Diözese Bayreuth. Dazu ernannte ihn der Markgraf zum Stellvertretenden Präsidenten des Konsistoriums, das stets von einem Juristen geleitet wurde. Als Oberhofprediger hielt er zwar nicht regelmäßig die Gottesdienste der Hofgemeinde, war aber Seelsorger und Ansprechpartner des Fürsten und Prediger bei besonderen Anlässen.

Trotz dieser hohen Stellung konnte Silchmüller in den sieben Jahren dieser zweiten Bayreuther Zeit längst nicht so viel bewirken wie in den Jahren 1727 bis 1741, als er Hofprediger war. Das hing sicher mit seinem hohen Alter zusammen. Auch die Verhältnisse, die Silchmüller vorfand, waren schwierig. Im ersten Jahr fühlte er sich behindert, weil er seine Sachen in Kisten und Koffern an verschiedenen Orten auslagern und mit der großen Familie sich in den beengten Räumlichkeiten des Waisenhauses behelfen musste.

Sein Vorgänger Johann Christian Schmidt hatte Unordnung hinterlassen. Denn während seiner ganzen Zeit als Superintendent war er ein kranker Mann gewesen. In den letzten Regierungsjahren Markgraf Friedrichs hatte Geldmangel dazu geführt, dass weltliche und geistliche Ämter an den Meistbietenden verkauft wurden. Dabei achtete man wenig auf die Qualifikation für dieses Amt. „Man kan daraus leicht urtheilen, was für lumina ecclesiae im Lande anzutreffen sind, und wie kläglich es in der Kirche Christi in unserem Land aussehe."[684] Unter dem Markgrafen Friedrich Christian verschlimmerte sich der Zustand der Verwaltung, die von Korruption und persönlichen Machtkämpfen der Höflinge zerrüttet wurde, und der Regent war unfähig, dem Einhalt zu gebieten.

Zudem war die geistige Entwicklung über den Pietismus hinweggegangen. Er wirkte nicht mehr in die Öffentlichkeit hinein, sondern hatte sich in die Nische privater Frömmigkeit zurückgezogen. Silchmüller war in Bayreuth wie ein Findling aus einer vergangenen Epoche, geachtet wegen seiner Beständigkeit, aber auch schon ein wenig fremdartig. Er empfand das auch selber so. In einem Brief an Gotthilf August Francke aus dem

Jahr 1767 schrieb er, die meisten Menschen im Lande seien „gegen das selige Evangelium von Christo gleichgültig". Und das sei nicht verwunderlich: „Überschwemmet doch der grobe und subtile indifferentismus [...] die Kirche Christi."[685]

Die Verbindung mit Halle bestärkte und tröstete Silchmüller. Solange Gotthilf August Francke, der Sohn des Gründers der Stiftungen, lebte, versuchte er, sowohl die theologische Fakultät als auch das Waisenhaus unter dem Einfluss des Pietismus zu erhalten (was freilich immer weniger gelang). Der Bayreuther Superintendent bemühte sich deshalb, Studenten, die die vorgeschriebenen Jahre in Erlangen studiert hatten, nach Halle zu schicken, und er verwandte sich dafür, dass sie als Lehrer und Erzieher im Waisenhaus einen Freitisch bekamen.[686]

In dieser Bayreuther Zeit erhielt Silchmüller weiterhin die Hallischen Nachrichten über die Missionsarbeit in Südindien und unter den deutschen Auswanderern in Nordamerika. Er las sie mit großer Dankbarkeit, bestätigten sie ihm doch, dass es in anderen Gegenden der Welt mit dem „Reich Gottes" vorangehe, während er im eigenen Land Stagnation und Gleichgültigkeit sah und darunter litt.[687]

Die Dioecese Bayreuth, deren Aufsicht Silchmüller übertragen war, hatte etwa den gleichen Umfang wie die Kulmbacher. An der Stadtkirche St. Maria Magdalena wirkten neben dem Superintendenten ein Archidiaconus, ein Syndiaconus und ein Subdiaconus. Weiter gehörten die Pfarreien Benk, Bindlach, Birk, Bronn, Bußbach, Creußen, Eckersdorf, Emtmannsberg, St. Georgen (mit der Betreuung des Zuchthauses), Gesees, Haag, St. Johannis, Lindenhardt, Mengersdorf, Mistelbach, Mistelgau, Neunkirchen am Main, Neustadt am Kulm, Neustädtlein, Obernsees, Pegnitz, Plech, Schnabelwaid, Warmensteinach, Weidenberg und Wirbenz dazu.[688] Silchmüller hatte also eine ähnlich große Last an Verwaltungsarbeit zu bewältigen wie in Kulmbach. Zudem versuchte er das, was aus der Zeit seines Vorgängers liegen geblieben war, zu ordnen.

Wovon Silchmüller mit seiner Familie im ersten Dreivierteljahr nach seiner Übersiedlung lebte, ist offen. Denn bis zum 30. April 1765 erhielt die Witwe des Vorgängers alle Einkünfte.[689] Dies geht aus einer von der Witwe Schmidt gefertigten Abrechnung hervor. Dabei bekamen die Hinterbliebenen auch die Gebühren, die bei den jährlichen Rechnungsprüfungen anfielen. Silchmüller scheint bei diesem Punkt zögerlich gewesen zu sein. Jedenfalls betonte die Witwe Schmidt, dass ihr Mann den „Ellrodischen Relicten" (d. h. den Hinterbliebenen des Superintendenten August German Ellrod) diese Gebühr auch überlassen habe, worüber sie eine Quittung besitze. „Sie als großer Geistlicher, der schon viele Witwen und Geistliche auseinandergesetzt haben, werden mir hoffentlich nicht unrecht tun", schrieb sie dem Nachfolger.

Welche Gedanken beide damals bewegten, darüber kann man nur spekulieren. Wie schon in Kulmbach, übernahm Silchmüller in Bayreuth das Amt von seinem schärfsten Gegner. Sah er das als eine Art Gottesurteil, das ihn bestätigte? Oder war er erschrocken über eine Fügung, die er selbst nicht für möglich gehalten hatte?

Die Einkünfte des Bayreuther Superintendenten waren ungleich höher als die in Kulmbach. An barem Geld erhielt Silchmüller etwa 277 Gulden. Groß waren die Naturaleinnahmen: über 16 Simra Korn, über 4 Simra Weizen, über 6 Simra

Gerste, über 14 Simra Hafer, dazu 40 Klafter Holz, außerdem Erbsen, Wicken, Hanfkörner, 29 Herbsthähne und 13 Hühner, fast 8 Schock Eier (etwa 480 Stück), ein Stück Rotwild, ein Stück Schwarzwild, 10 Karpfen, Schmalz, Kartoffeln, Kraut, dazu Flachs und Hanf, das von den Frauen zu Garn gesponnen wurde.

Gleich zu Beginn der zweiten Bayreuther Zeit erlebte Silchmüller ein Fest, das ihn mit Genugtuung erfüllte. 1664 hatte Markgraf Christian Ernst das „Collegium illustre Christian-Ernestinum zu Bayreuth" gegründet. Nun feierte man das hundertjährige Jubiläum.[690] Nach der Gründung der Universität hatte das Gymnasium einen rapiden Niedergang erlitten, weil Superville die Stiftungen und die begabtesten Lehrer – Kripner, Ellrod, Pötzinger und Wörner – dorthin abzog. Auch die Bibliothek wurde dem Gymnasium genommen und nach Erlangen gebracht. Silchmüller hatte mit einigen Konsistorialräten dagegen opponiert und deswegen vom Markgrafen Friedrich einen Verweis erhalten. Als dann German August Ellrod in Bayreuth Generalsuperintendent geworden war, hatte er versucht, die Situation am Gymnasium zu verbessern, so dass es langsam wieder aufwärts ging.

Silchmüller war bei diesem Jubiläum mit einem Gottesdienst in der Stadtkirche beteiligt. Er forderte die Gemeindeglieder auf, Gott zu danken, dass trotz aller Widrigkeiten dieser „Musensitz" erhalten geblieben sei. Sie sollten beten, dass das Gymnasium eine Stütze für Kirche und Gemeinwesen bleibe.

Im Oktober 1765 gab der neue Superintendent in der Tradition seiner Vorgänger Stübner, Hagen und Ellrod für das Markgraftum eine Neuauflage des Gesangbuchs heraus. Es trägt wie frühere

Bayreuther Gesangbuch, von Silchmüller bearbeitet. Zweite Auflage von 1771

Ausgaben den Titel: „Neuvermehrtes Brandenburgisch-Bayreuthisches Gesang- und Gebet-Buch, worinnen so wohl des seligen D. Martin Luthers als anderer treuen rechtgläubigen Gotteslehrer und frommen Christen Gesänge und Gebete enthalten sind, unter der Direction D. Joh. Christ. Silchmüllers, des Hochfürstl. Consistorii Vice-Praesidenten, General-Superintendens, Oberhofpredigers, auch Special-Superintendens zu Bayreuth". Dieses Gesangbuch erschien ein zweites Mal im Jahr 1771 bei Samuel Gottlieb Riedel zu Bayreuth, der seit 1734 das markgräfliche Privileg darauf besaß.[691]

Silchmüllers Gesangbuch von 1765 übernahm in der Hauptsache den Bestand der vorherigen. In seiner Vorrede an den „christlichen geneigten Leser" ging er deshalb nicht auf den Inhalt oder Veränderungen ein, sondern er brachte eine Meditation über Lobpreis und Anbetung als Erfüllung und Ziel christlicher Existenz. Gott habe Wohlgefallen daran, „wenn die Schaar der heiligen Engel und Auserwählten in der triumphirenden Kirche im Himmel" das „Heilig, Heilig, Heilig ist GOtt der HErr Zebaoth" ruft. Aber ebenso habe er Wohlgefallen, „wenn die Heiligen und Geliebten GOttes in der streitenden Kirche hier auf Erden, zwar noch mit lallender Stimme, aber doch mit brünstigem Geist und Erhebung ihres Herzens zu GOtt, mit Psalmen und Lobgesängen, und lieblichen geistlichen Liedern die Majestät GOttes verehren und anbeten."[692] Gott bleibe zwar der über alles herrliche Gott, wenn ihm die Geschöpfe die Anbetung und den Dank verweigerten. Aber der Mensch würde seiner Natur nicht gerecht, weil ihm der „geheime Trieb" eingepflanzt sei, das wert zu schätzen und zu rühmen, „was uns kostbar, was uns schön, was uns herrlich, was uns liebens- und lobenswürdig scheinet". Silchmüller kritisierte an dieser Stelle die Gewohnheit mancher Protestanten, dass sie erst zur Kirche kämen, wenn die Predigt beginne, und nach Predigtschluss „mit einer kaltsinnigen Andacht wieder davon eilen, ohne sich durch erbauliche Lieder mit der Gemeinde GOttes zur Andacht erwecket und GOtt gedienet zu haben. Sie unterlassen das nöthigste Stück des wahren Gottes-Dienstes, welches ist die Anbetung und Verehrung GOttes durch Gebet und Gesang."[693]

4.3. „Die schönste Markgrafenkirche des Bayreuther Landes"

Auch in der zweiten Bayreuther Zeit war Silchmüller mit Kirchenbauten befasst. Den Neubau der Martins-Kirche in Harsdorf und die Reparatur des dortigen Pfarrhauses hatte er noch von Kulmbach aus angestoßen.[694] Er schrieb am 11. März 1763 an den Pfarrer Christoph Ludwig Gottfried Lind, er werde anlässlich einer Rechnungsprüfung in Trebgast nach Harsdorf kommen, um Pfarrhaus und Kirche in Augenschein zu nehmen. Er versprach, sich beim Patronatsherrn einzusetzen, damit er das Pfarrhaus renovieren lasse. Aus einem Schreiben vom 26. Januar 1764 geht hervor, dass sich die Renovierung der Kirche noch im Stadium der Planung befand. Silchmüller empfahl dem Pfarrer, sich an den neuen Superintendenten Esper zu wenden. Dieser zog allerdings erst im Juni nach Kulmbach und konnte gerade ein Dreivierteljahr sein Amt ausüben. So wird Silchmüller die Schlussphase des Neubaus wieder in die Hand genommen haben. Jedenfalls gab er den Harsdorfern den Rat, aus Wirsberg einen dort nicht mehr gebrauchten, aus dem Mittelalter stammenden Altar zu erwerben. Die Fahrt der Harsdorfer nach Wirsberg aber war vergebens, denn die Gemeinden konnten sich nicht einigen. Pfarrer Lind beklagte sich in einem Brief an Silchmüller, der Altar liege in Trümmern auf dem Dachboden der Kirche. Trotzdem verlangten die Wirsberger einen hohen Preis und wollten überhaupt den Altar nicht gerne hergeben.[695]

Die Weihe der Kirche feierten die Harsdorfer am 28. Oktober 1765 mit einem provisorischen Altar. Silchmüller kam dazu aus Bayreuth. Am

1764/65 wurde die Kirche in Harsdorf neu gebaut. Der gotische Turm mit mittelalterlichen Fresken blieb stehen.

Tag zuvor schickte er Pfarrer Lind eine Ordnung, wie der Weihegottesdienst ausgestaltet werden solle.[696]

Beim Neubau der Kirche war der mittelalterliche Turm stehen geblieben. Der unter dem Turm vorhandene Chor mit wertvollen Fresken diente fortan als Sakristei. Der Altar steht an der Ostwand des Kirchenschiffs. Auch die Doppelemporen reichen bis dahin. So entstand wie in Nem-

mersdorf ein einheitlicher Gemeinderaum mit dem Kanzelaltar als Zeichen des in der Gemeinde gegenwärtigen Gottes. Der jetzige Altar, 1701 von Elias Räntz für die Bindlacher Kirche gefertigt, gelangte erst nach Silchmüllers Zeit in die Kirche. Dazu kamen Teile eines älteren Altars aus der Werkstatt von Johann Georg Brenck.[697]

Im gleichen Jahr 1765 wurde die Friedhofskapelle St. Michael in G o l d k r o n a c h neu gebaut

Der Kanzelaltar von Harsdorf ist reich an Bilderschmuck, geschaffen teils von Elias Räntz, teils von Johann Georg Brenck

und geweiht. Auch sie ist ein Saalbau mit einer dreiseitigen Empore und einem Kanzelaltar an der Ostwand, der allerdings in neuerer Zeit auseinander genommen wurde. Silchmüller war wohl nur insofern damit befasst, als er die Rechnungen prüfte und den Weihegottesdienst hielt.

Sehr intensiv wirkte er aber bei der Planung und dem Bau der Kirche St. Bartholomäus in B i n d l a c h mit. Turm und Schiff des alten Got-

teshauses waren schadhaft und bildeten eine Gefahr für Gottesdienstbesucher und Anwohner. Deshalb lud Pfarrer Johann Erhardt Seiffert den Generalsuperintendenten zu einer Besichtigung ein.[698]

Silchmüller brachte einen Maurermeister und einen Zimmerermeister mit. Er kam nach ihrem Gutachten zu der Überzeugung, dass ein Neubau angestrebt werden sollte. Er ließ gleich einen

Plan für eine neue Kirche anfertigen, obwohl noch keine Baugenehmigung vorlag. Sitzmann und Schelter nehmen an, dass der Entwurf von dem Bayreuther Hofarchitekten Carl Philipp Christian von Gontard stammt, der allerdings schon im September 1764 von Friedrich II. nach Potsdam berufen worden war.[699]

Silchmüller forderte den Pfarrer und die Gemeindeglieder auf, in Bittschriften die Geheimen Räte zu bestürmen, damit diese eine Baugenehmigung erteilten.[700] Das Problem war freilich das Geld. Die sehr wohlhabende Gemeinde hatte durch Zwangsanleihen des Markgrafen Friedrich ihre sämtlichen Rücklagen verloren. 1751 hatte er den Bindlachern für die Münzbank 12 000 Gulden abgenommen. Diese hatte zwar dann und wann Zinsen bezahlt, es standen aber 700 Gulden an Zinsen aus. Im Jahr darauf hatte der Markgraf noch einmal 12 000 Gulden abholen lassen, dieses Mal für das Bauamt. Für dieses Geld waren nie Zins oder Tilgung bezahlt worden, so dass der Fürst der Kirchengemeinde insgesamt über 30 000 Gulden schuldete.

„Dürfte ich es in der devotesten Submission meiner Seele wagen Euer Hochwohlgebohrene Excellenzen [...] auf das unterthänig gehorsamste zu behelligen", schrieb der Pfarrer in einem Bittbrief vom 22. Januar 1765 „um huldreiche Gnadengenehmigung eines neu zu bauenden Tempels". Mit den ausstehenden Geldern könne die Kirche neu gebaut werden. Der Pfarrer fragte an, ob aus den hochfürstlichen Wäldern das benötigte Bauholz geliefert werden könne und ob es möglich sei, das Geld für Holz und Macherlohn vom Guthaben bei der Kammer abzuziehen. Die sechzig Bauern der Gemeinde, die Fuhrwerk und Zugtiere besaßen, würden unentgeltlich Holz,

Sand und Steine fahren, ebenso den Schutt vom Abbruch der alten Kirche, „soweit das bei ihrer Fron für die Herrschaft und den häufigen Fuhren zur Ausbesserung der Landstraße möglich ist".

Prägnanter und nicht so devot wie der Pfarrer schrieben die Haushaltsvorstände von Bindlach und den Außenorten. Sie schilderten die Schäden an Turm und Kirchenschiff und baten, jetzt das Geld zurückzugeben, das die Kirchenstiftung dem Bauamt geliehen hatte. Der Brief schloss mit der Feststellung, der Neubau sei „eine Sache zur Ehre Gottes, zum Ruhm des Landesfürsten und zum Wohl der Seelen, so sehen wir getrost der Entscheidung des Fürsten entgegen".

In einem Begleitschreiben bat der Pfarrer den Generalsuperintendenten, sich beim Markgrafen einzusetzen, damit dieser sein „Fiat" spreche. Die neue Kirche werde ein Denkmal der Unsterblichkeit für den Fürsten und auch für Silchmüller.

Aber das ganze Jahr 1765 blieben die Anträge bei der Behörde liegen, ohne dass etwas weiterging. Am 29. Oktober schrieb Pfarrer Seiffert an Silchmüller, bei einem Sturm hätten sich größere Trümmer vom Turm gelöst, die krachend zur Erde gestürzt seien. Die Anwohner seien mitten in der Nacht in Panik aus ihren Häusern gerannt. Er bat Silchmüller im Namen der Pfarrkinder, sich beim Fürsten einzusetzen.

Nach einem Ortstermin mit dem Schieferdecker Johann Nicolaus Frech und dem Maurermeister Johann Bauer schloss Silchmüller schon am 4. November 1765 mit dem Schieferdecker einen Vertrag: Er solle vor dem Winter Schiefer, Bretter und Balken abnehmen und den Turm provisorisch abdecken. Der Maurermeister erhielt den Auftrag, einen Kostenvoranschlag für Abriss und Neubau von Kirche und Turm zu erstellen.

*St.-Bartholomäus-Kirche
Bindlach, die „schönste
Markgrafenkirche
des Bayreuther Landes"*

Er legte seine Kalkulation am 22. November vor: 7802 Gulden 5 Kreuzer. Vier Tage später reichte der Zimmermann Johann Heinrich Baer Holzliste und Kostenvoranschlag mit 1700 Gulden ein.

Im Laufe des November berichtete Silchmüller im Konsistorium über Bindlach und erhielt die Genehmigung für den Abbruch des Turms. Am 23. Dezember verfasste er einen ausführlichen Bericht, worin er die Notwendigkeit eines Neu-

baus von Kirche und Turm begründete. Da er sich sicher war, dass der Markgraf die Genehmigung erteilen werde, legte er Baupläne und Kostenvoranschläge bei und schlug vor, mit dem Holzeinschlag im Staatsforst sofort zu beginnen, „weil jetzt die beste Zeit für das Fällen ist".

In den ersten Monaten des Jahres 1766 wurde die Genehmigung endlich erteilt. So konnte mit dem Abbruch begonnen werden. Am 26. Mai be-

richtete Pfarrer Seiffert, das Bauholz werde ange-
liefert. Nur bei der Bezahlung gebe es Schwierigkeiten. Er hatte gebeten, den Holzpreis vom Guthaben beim Bauamt abzuziehen, weil von dort in
den vergangenen vierzehn Jahren kein Gulden
an Zins und Tilgung gekommen sei. Die Geheimen Räte aber hatten verfügt, dass der Kaufpreis
vom Guthaben der Münzbank abgebucht wurde,
die bisher einigermaßen regelmäßig Zinsen gezahlt hatte. Seiffert bat Silchmüller als den „Vater
unseres Gotteshauses", sich für die vorgeschlagene Art der Finanzierung einzusetzen. Schon am
nächsten Tag schrieb der Superintendent an den
Markgrafen und erinnerte ihn daran, dass er eine
entsprechende mündliche Zusage gegeben habe.
Die Geheimen Räte mussten daraufhin nachge-
ben.

Am 18. August 1766 wurde der Grundstein für
Kirche und Turm gelegt. Aus Bayreuth kamen
Silchmüller, die Kammerräte Johann Philipp
Scheib und Georg Christian Volckmar und der
Bauinspektor Rudolf Heinrich Richter, der die
Bauleitung übernehmen sollte und die Pläne für
die Gestaltung des Innenraums fertigte. Silchmüllers einstündige Ansprache über den Spruch „Siehe, ich lege in Zion einen Grundstein" (Jesaja 28)
wurde „auf die gegenwärtigen Umstände applici-
ret und mit einem Gebet aus dem Hertzen nach
der Gnade, die der HErr verliehen, geschloßen",
so sein Bericht. Den Ritus der Grundsteinlegung
vollzogen Silchmüller, der Pfarrer, die Kammerräte und der Bauinspektor nacheinander. Fünfmal
schlug der Hammer an – dreimal im Namen Gottes, je einmal im Namen des Fürsten und der Gemeinde Bindlach. Eingemauert wurden eine
Zinnkapsel mit Münzen aus der Regierungszeit
Friedrich Christians und eine Zinntafel mit Na-

*Der Bindlacher Kirchturm. Die Steinplastiken
sind Arbeiten von Johann Gabriel Räntz*

men und Daten. Mit dem Choral „Nun danket alle Gott" schloss die Feier. Silchmüller dankte den
Gemeindegliedern für die geleisteten Hand- und

Das Deckengemälde in der Bindlacher Kirche (Himmelfahrt Christi), ein Werk von Wilhelm Ernst Wunder

Spanndienste beim Abbruch und bei der Holzanlieferung und ermunterte sie, auch beim Neubau zu helfen.

Im Pfarrhaus nahmen die Bayreuther Gäste das Mittagsmahl ein, „welches nach meiner Vorschrift mäßig und nicht zum Überfluß eingerichtet war". Gegen 17 Uhr fuhr Silchmüller in die Residenzstadt zurück. Er schloss seinen Bericht so: „Dem gütigen GOtt und Vater der Barmhertzigkeit sey Preis, Ehre und Danck, der mir in meinem 73ten Jahres Alter bißhero und besonders auch zu dieser Handlung Kräffte und Munterkeit geschencket hat, daß ich munterer und stärcker wieder davon zurückkam, als ich dazu gegangen war."

1766/67 wurde das Kirchenschiff gebaut. Am 3. Juni 1767 schloss Silchmüller einen Vertrag mit Johann Gabriel Räntz zwecks Gestaltung der Portale. Am 11. März 1768 folgte ein Vertrag mit Rudolph Albini und Michael Krätzer, welche die

Blick zum Kanzelaltar in der Bindlacher Kirche. Unten seitlich Figuren der Apostel Petrus und Paulus, zu beiden Seiten des Schalldeckels die vier Evangelisten, darüber die Verklärung Christi (Christus in der Strahlengloriole, umgeben von Mose und Elia sowie den Jüngern Petrus, Johannes und Jakobus d. Ä.)

*Die Kirche St. Michael in Weidenberg,
1770/71 nach einm Ortsbrand wiedererrichtet*

te Silchmüller das Gotteshaus. 1769 wurden die Emporen aufgerichtet; im Mai war die Hebefeier für den Kirchturm. Im gleichen Monat wurde der Vertrag mit Johann Gabriel Räntz für Vasen, Kapitelle und Konsolen am Kirchturm unterschrieben. Ebenfalls 1769 lieferte der Orgelbaumeister Georg Ernst Wiegleb die Orgel. Der Kanzelaltar wurde erst nach Silchmüllers Tod in den Jahren 1777 bis 1781 geschaffen. Die endgültige Kirchweihe hielt Superintendent Künneth am Bartholomäustag (24. August) 1782.[701]

Nach Schelter ist die Bartholomäus-Kirche zu Bindlach der klassische Typ eines protestantischen Predigtsaales ohne Chor mit einer Doppelempore auf drei Seiten. Die untere berührt fast den Altar und bezieht ihn so in den Raum der Gemeinde ein. Stilistisch bedeutet die Bindlacher Kirche das Ende des Rokoko und das Aufkommen des Klassizismus.[702] Für Sitzmann ist sie „die schönste Markgrafenkirche des Bayreuther Landes". Thiel nennt sie die „reifste Markgrafenkirche", bei der wie bei den früheren die Spannung zwischen dem Raum der Gemeinde und dem Kanzelaltar als Zeichen der Transzendenz zum Ausdruck kommt.[703]

Zu Lebzeiten Silchmüllers wurde in der Superintendentur Bayreuth zumindest noch ein Kirchenbau begonnen, nämlich in W e i d e n b e r g . Am 7. Oktober 1770 war zwischen ein und zwei Uhr in der Nacht im oberen Teil des Ortes ein Feuer ausgebrochen, das 44 Häuser und das Obere Schloss zerstörte. Auch die Kirche St. Michael wurde ein Raub der Flammen.[704]

Unverzüglich begann man mit dem Neubau, wobei ältere Mauerteile verwendet wurden. Es entstand ein Saalbau ohne Chor mit Doppelemporen auf drei Seiten, wobei die untere Empore

Stuckarbeiten „nach der Neuesten und Dauerhaften Modernen Version" für 500 Gulden fertigen sollten. Im gleichen Jahr bekam Wilhelm Ernst Wunder den Auftrag für das Deckengemälde mit der Darstellung der Himmelfahrt Christi im Hauptfeld und den vier Evangelisten in den seitlichen Kartuschen. Am 21. Dezember 1768 weih-

Das zentrale Deckengemälde in der Weidenberger Kirche: die Anbetung der Hirten

hinter dem Altar weiter läuft und ihn auf diese Weise in die Gemeinde hereinnimmt. Der Wiederaufbau des Langhauses muss ziemlich schnell vorangegangen sein; denn nach Schelter, Gebeßler und Sitzmann unterschrieb der Bayreuther Maler Wilhelm Ernst Wunder noch im Jahr 1770 den Vertrag zur Ausmalung der Kirchendecke: In der Mitte ein großes Weihnachtsbild mit der Anbetung der Hirten, über dem Altar ein Bild von der Einsetzung des Abendmahls und über der

Orgel ein Bild von der Taufe Christi im Jordan.[705] Über dem Südportal befindet sich eine Kartusche mit den Buchstaben „F. C. A." und der Jahreszahl „1770". Das bedeutet, dass mit dem Neubau in diesem Jahr begonnen wurde unter der Regentschaft von [Christian] Friedrich Carl Alexander, der nach dem Tod von Markgraf Friedrich Christian das Bayreuther Fürstentum von Ansbach aus regierte. Pfarrer in Weidenberg war damals Johann Ludwig Böhner.

4.4. Die beiden letzten fränkischen Hohenzollern

Unter der Herrschaft Friedrich Christians geriet die Verwaltung immer weiter in Unordnung. Der Markgraf hatte zwar den besten Willen, aber es mangelte ihm an Urteilsvermögen und Kenntnissen. So war er vom Rat anderer abhängig. Und er schenkte sein Vertrauen Leuten, die es schamlos für sich ausnutzten.[706] In höchster Gunst stand bei ihm der „Leibarzt" Kaspar Heinrich Schröder. Gleich zu Beginn seiner Regierung ernannte ihn der Markgraf zum Geheimen Rat und Bergwerksdirektor, dann auch zum Leiter der staatlichen Münze. Schließlich mussten alle Gnadenangelegenheiten durch seine Hand gehen. Als Helfer gewann Schröder den Kammerherrn Johann Christian Tritschler von Falckenstein und den Amtmann von St. Georgen, Wunschold, der die Verwaltung der markgräflichen Schatulle bekam – ein Kleeblatt von Verbrechern. Sie ließen öffentliche Gelder in die eigene Tasche fließen, beraubten und erpressten unschuldige Menschen und setzten Amtsinhaber ein und ab, wie es ihnen passte. Schröder nahm dem Juden Moses Seckel ungestraft 40 000 Gulden ab. Die beiden angesehenen Minister Ellrod mussten gehen, weil Schröder vor dem Markgrafen die Bemerkung machte: „Ellrod ist ein Spitzbube."

Da die Minister gegen die drei machtlos waren, riefen sie den König von Preußen um Hilfe an.[707] Der schickte am 15. Juli 1765 den Freiherrn von Plotho nach Bayreuth, der einen Bericht anfertigte. Darin stellte er fest, das Land befinde sich im kläglichsten Zustand, weil Schröder und Wunschold und ihr Anhang das Vertrauen des Markgrafen missbrauchten. Sie verkauften Ämter und Begnadigungen (selbst bei schwersten Verbrechen) gegen Geld. Sie steckten Landeseinkünfte in die eigene Tasche. Landesschulden und Zinsen würden nicht mehr bedient. Sie veräußerten Lehen, die dem Land gehörten. Redliche Diener würden von ihnen ohne Grund abgesetzt und korrupte Leute an ihre Stelle gebracht. Die von Schröder geprägten Münzen seien so schlecht, dass sie außerhalb des Markgraftums nicht genommen würden.

König Friedrich II. schrieb das alles am 21. April 1766 in einem Brief an den Markgrafen und forderte ihn auf, die Schuldigen zu entlassen und vor Gericht zu stellen.[708] Ähnlich äußerte sich der Ansbacher Markgraf Alexander.

Bevor die beiden fürstlichen Mahnschreiben den Markgrafen erreichten, scheint er sich überraschend von Schröder und Wunschold distanziert zu haben. Darauf deutet jedenfalls ein Konsistorialschreiben an die Superintendenten vom 11. Januar 1766 „Schrödersche und Wunscholdsche Cassation betr.".[709] Darin berichten die Konsistorialräte, der Markgraf habe ihnen den Entschluss mitteilen lassen, „den Geheimden Rath von Schrödern und Cammerrath Wunschold die bishero aufgehabte [...] Departemente und Verrichtungen, worüber keine Pflicht geleistet, sofort abzunehmen". Die markgräfliche Schatulle, die Bergwerksverwaltung und das Münzwesen seien denjenigen zu übertragen, die zuvor zuständig gewesen seien. Die Superintendenten sollten jede Zusammenarbeit mit den Abgesetzten unterlassen. In diesem Sinne sollten sie die Pfarrer unterrichten. Unterschrieben war das Reskript vom Präsidenten Erckert, vom Vizepräsidenten Silchmüller und von den Räten Seiler, Ellrod, Wanderer und Harrer.

Friedrich Adam Ellrod, Hofprediger in Bayreuth, nach Silchmüllers Tod sein Nachfolger als Superintendent

Von dieser Absetzung war in der Literatur bisher nichts zu lesen. Was zu dieser plötzlichen Entscheidung des Markgrafen geführt hatte, darüber kann man nur spekulieren. Hatte Silchmüller seinen ehemaligen Schüler aufgesucht und über das Treiben Schröders und Wunscholds aufgeklärt? Es war die Zeit, in der Plotho gerade die Ergebnisse seiner Untersuchung zusammenstellte.

Doch die Entmachtung war nicht von Dauer. Ganz ließ der Markgraf seinen Vertrauten Schrö-

der nicht fallen. Und Tritschler bekam mehr Einfluss als je zuvor: Er ließ den Markgrafen einen Revers unterschreiben, dass dieser keinen Befehl ohne sein – Tritschlers – Wissen unterzeichnen werde.[710] Er übernahm die markgräfliche Privatschatulle, die bisher Wunschold verwaltet hatte, und ließ diesen auf der Plassenburg einsperren. Nun konnte Tritschler ungehindert Einnahmen des Markgrafen und der Kammer für sich abzweigen. Er scheute sich ebenso wenig wie Schröder, unschuldige Menschen zu erpressen. Den Juden Simon Männlein ließ er wegen angeblichen Betrugs verhaften. Er kam erst wieder frei, als er Bargeld und Schuldscheine im Wert von 33 000 Gulden und sämtliche Juwelen abgeliefert hatte.

Dem Markgrafen wurden diese Verbrechen berichtet. Aber er war so hilflos und verbittert, dass er nichts mehr hören wollte. Er zog sich Anfang 1768 nach Himmelkron zurück. Hier kümmerte er sich vor allem um gemeinnützige Stiftungen. Er verfügte, dass das Bayreuther Waisenhaus einen Turm und eine Uhr erhielt. Der Stadt Wunsiedel gab er 200 Dukaten zum Bau eines Kirchturms. Je 800 Gulden schickte er dem Hospital und der Kirche von Neustadt a. d. Aisch. Davon sollten jedes Jahr am 15. Oktober, dem Geburtstag seiner verstorbenen Tochter, die Zinsen an die Armen verteilt werden.

Als Friedrich Christian eine Reise nach Wandsbek unternehmen wollte, um dort seine gemeinnützige Stiftung zu besuchen, plante Tritschler einen Anschlag auf ihn. Unterwegs sollte der Markgraf verhaftet und wegen Schwachsinns abgesetzt werden. Die Regierung sollte entweder der König von Preußen oder Markgraf Alexander von Ansbach übernehmen.

Friedrich Christian erfuhr unterwegs in Hof a. d. Saale von der Verschwörung. Er kehrte am 17. Juli 1768 nach Himmelkron zurück und befahl, Tritschler zu verhaften und auf der Plassenburg einzusperren. Nun war Schröder wieder der alleinige Ratgeber, der die Entlassung seines Freundes Wunschold aus dem Gefängnis bewirken konnte.

Anfang Januar 1769 erkrankte der Markgraf an Lungenentzündung und Gangraena mit schmerzlichen Bläschen in Mund und Hals.[711] Am 12. Januar reichte ihm Silchmüller das heilige Abendmahl, das er seit seiner Scheidung nicht mehr empfangen hatte. Der Superintendent und auch der Hofprediger Friedrich Adam Ellrod blieben bis zu seinem Tod am 20. Januar bei ihm. Sie lasen ihm abwechselnd Gebete und Bibelworte vor. Kurz vor seinem Tod rief ihm Silchmüller zu: „Sei getreu bis in den Tod, so will ich dir die Krone des Lebens geben." Darauf antwortete der Sterbende laut vernehmlich: „Das will ich auch, ich will getreu bleiben." Friedrich Christian wurde nach seinem Wunsch in Himmelkron an der Seite seines Vaters und seiner Brüder Georg Friedrich Carl und Albrecht Wolfgang beigesetzt.

Die Regierung übernahm der Ansbacher Markgraf Christian Friedrich Carl Alexander. Er verfügte, dass Tritschler die Freiheit und einige Verwaltungsämter zurück erhielt. Schröder wanderte mit Wunschold nach Sulzbach aus, wobei sie das gestohlene Geld mitnahmen.

Markgraf Alexander war der vierte Landesherr, dem Silchmüller den Treueid leistete, als jener am 17. Mai 1769 Bayreuth besuchte. Der Fürst war vielseitig gebildet und an Wissenschaft und Kunst interessiert. Vorbild war ihm sein Onkel Friedrich II. von Preußen und dessen aufgeklärter Absolu-

Die Initialen des Markgrafen Friedrich Carl Alexander von Brandenburg-Ansbach und -Bayreuth über dem Südportal der Weidenberger Kirche

tismus. Er versuchte, die Schulden seiner Vorgänger abzuzahlen und Handel und Gewerbe zu fördern. Ebenso sorgte er für das Weiterbestehen der Universität Erlangen, deren Besuch auch für die Studierenden des Ansbacher Gebietes verpflichtend wurde. Die ehemalige Residenz Bayreuth aber lag jetzt am Rande des Geschehens, denn der Markgraf lebte und wirkte in Ansbach.

In der Regierungszeit Alexanders und im letzten Lebensjahr Silchmüllers suchte die größte Hungersnot des Jahrhunderts das Land heim. Schon 1770 fiel die Getreideernte viel geringer aus als in normalen Jahren.[712] Es war ein nasses Jahr mit vielen Überschwemmungen gewesen.

Markgraf Alexander, der letzte fränkische Hohen-zoller, im Jahr 1770

Herbst und Winter 1770/71 waren warm und nass, so dass die Schnecken die Saaten auf den Feldern abfraßen. An Weihnachten blühten Krokusse, und nach Neujahr pflügten und besäten die Bauern ihre Äcker. Erst in der Karwoche kamen Frost und Schnee. Bis in den Mai hinein schneite es. Am 2. Mai ordnete das Konsistorium für den Dienstag vor Pfingsten einen „Außerordentlichen Bußtag" an. Neben einem Dankgebet für die glücklich überstandene Erkrankung der Markgräfin sollte die Gemeinde darum beten, dass das Land vor einer Hungersnot verschont bleibe.[713] Am 29. Mai sandte das Konsistorium ein Gebet wegen der zu erwartenden Missernte an die Pfarrämter. Es sollte in den Wochenbetstunden nach einer entsprechenden Predigt gelesen werden. Dieses Gebet war das Letzte, was Silchmüller im Konsistorium mit formulierte, bevor er starb.[714] Im Juli zerschlug ein Hagel das Wenige, was die anhaltende Nässe überstanden hatte.

Obwohl viele Menschen erkrankten und verhungerten, verhinderte Markgraf Alexander die schlimmste Katastrophe. Im August ließ er in anderen Ländern Getreide kaufen und Magazine anlegen. Weil die Kassen der Markgrafschaft leer waren, verlangte er von allen Beamten, auch von den Geistlichen und Lehrern, 4 Prozent ihres Jahreseinkommens als Anleihe. Das Geld sei „willig und schleunig" abzuliefern, „worüber keine Einwendung, sie mag heißen, wie sie wolle, stattfinden soll".[715] Auch von den Kirchenstiftungen wurde eine „Anleihe" zum Ankauf von Getreide genommen. Allein die Kirchen des Bayreuther Landes gaben 50 000 Gulden rheinisch.

Trotz dieser Vorsorge war die Not schlimm und drückend, bis im Sommer 1772 die neue Ernte eingebracht worden war.

„Zu keiner Zeit hat es so viele Bettelleute gegeben als diesmal. Sie baten und schrieen nur um einen Bissen Brot. Viele starben auf dem Weg vor Hunger. Die Reichen hatten Mangel an Getreide, und die Armen aßen Kraut und Gras wie das Vieh. Schnecken und Wurzeln waren vielen ein Genuß."[716] Wegen des nassen Wetters und der unzulänglichen Nahrung erkrankten ganze Ortschaften an einem „faulen Fieber". Das Konsistorium verbot aus Gründen der Hygiene, die Verstorbenen zu waschen und neu einzukleiden. Man solle sie sofort in den Sarg legen.

Damit ist die Erzählung über das Lebensende Silchmüllers hinausgegangen. Merkwürdig ist, dass er in einem Hungerjahr – 1694 – geboren wurde und in einem Hungerjahr starb.

Alexander war der letzte fränkische Markgraf. Im Dezember 1791 endete seine Regierung. Er übergab die Fürstentümer Ansbach und Bayreuth dem preußischen König und übersiedelte mit seiner Favoritin Lady Elizabeth Craven nach England.

4.5. Fortgang und Ende des Waisenhauses

Obwohl Silchmüller ab Juli 1764 fast ein Jahr lang im Waisenhaus wohnte und sich beinahe täglich vom Inspektor Feiler berichten ließ, konnte er den Niedergang der einst blühenden Erziehungsarbeit nicht aufhalten. Maßgeblich dafür waren zwei Ursachen: der häufige Wechsel der Lehrer, die wegen der geringen Bezahlung und der beengten Wohnverhältnisse nur so lange blieben, bis ihnen eine andere Stelle angeboten wurde. Der zweite Grund war die Unfähigkeit Feilers, sich gegen die Lehrer durchzusetzen.

Im Januar 1766 vermerkt das „Conferenz-Buch" den Fortgang der Lehrer Blumberg und Born.[717] Die drei Klassen wurden jetzt vom verbliebenen Lehrer Hartwig und von den Studenten Hagen und Weichselbaum unterrichtet. Der pensionierte

Polizist Lienhard hatte für einige Jahre bei der Aufsicht über die Buben mitgeholfen. Er ging ins Gravenreuther Stift. Für ihn sollten Gymnasiasten, die im Waisenhaus logierten, u. a. der Schüler Ulmer, ein Sohn des früheren Predigers im Waisenhaus, einspringen.

Im Mai 1767 folgte wieder ein Wechsel. Alle drei Lehrer gaben ihren Dienst auf. Für sie kamen die Herren Troeger und Ehrlicher und der über sechzig Jahre alte Pfarrer Hans Ernst von Trauwitz.[718] Aber diese drei verließen Schule und Waisenhaus schon nach fünf Monaten.[719] Trotz großer Anstrengungen konnte Silchmüller nur zwei neue Lehrer gewinnen, nämlich Ludwig Nicolai und Traugott Heinrich Kirchner. Erst nach anderthalb Jahren wurde ein dritter Lehrer angestellt.[720]

Bei diesem raschen Wechsel war es schwierig, ein Mindestmaß an Stetigkeit und Ordnung in die Erziehungsarbeit zu bringen. Feiler musste die Lehrer jedes Mal neu einweisen. Und er stieß damit häufig auf Widerspruch oder erhielt eine Zusage, die dann doch nicht erfüllt wurde. Die Lehrer warfen ihm „Herrschsucht" und „Neuerungen" vor. So verbrachte Feiler manche Konferenz damit, um aus früheren Einträgen im Protokoll nachzuweisen, dass das, was er verlangte, schon dreißig Jahre zuvor beschlossen worden war. Überhaupt verschanzte sich Feiler gerne hinter anderen Autoritäten, hinter dem „Conferenz-Buch" und hinter dem hochverehrten Direktor. „Um Gottes, auch um des Amtes und der Sorgen des theuersten Directors willen" nahm man sich vor, „nicht dem Argwohn, Verdacht, Eigensinn, Stolz und eigenem Geist zu folgen, sondern wie mehrmals herzlich gebeten worden, sich in Liebe miteinander zu besprechen und es nicht als Ma-

Turm samt Uhr auf dem Bayreuther Waisenhaus wurde 1768 dank einer Spende des Markgrafen errichtet.

jestätsbeleidigung auszulegen, wenn an das erinnert wird, was gegen die Ordnung ist."[721]

Was waren die Streitpunkte? Der Kirchgang am Sonntagmorgen war nicht mehr selbstverständliche Sitte wie in den Anfangszeiten. Als Silchmüller darauf drang, schickte man die Kinder zwar in die Kirche, aber ohne Begleitung eines Lehrers, so dass unterwegs und in der Kirche allerhand Unfug passierte, was natürlich zum Stadtgespräch wurde.[722] Oder man setzte am Sonntagmorgen das Abernten der Zwetschgenbäume aufs Programm, was bei den Kindern mehr Anklang fand als die Kirche.[723] Endlich, „nach langer Zeit", führte der Lehrer Nicolai die Kinder zur Kirche.

Doch die Mehrzahl blieb zu Hause. Sie kamen auf die Idee, bei den hinteren Gebäuden ein Feuer zu schüren. Frau Feiler sah es noch rechtzeitig, so dass ein größerer Schaden verhindert wurde.[724]

Dass die Lehrer ihre Aufsichtspflicht ernstnahmen, musste immer wieder angemahnt werden. Sie sollten bei den Mahlzeiten anwesend sein. Es sei die Unsitte eingerissen, dass die Kinder ihr Essen hinunterschlängen und dann wegliefen, ohne auf den gemeinsamen Abschluss zu warten. Sie streunten in der Stadt herum, ohne sich abgemeldet zu haben. Die Lehrer fehlten auch beim Morgen- und Abendgebet und bei der Andacht am Sonntagnachmittag.

Schülereltern wiesen Feiler darauf hin, dass von Oktober 1765 bis Mai 1767 kein Heft korrigiert worden sei. Die Lehrer hatten die Kinder zwar etwas abschreiben lassen, es aber nicht nachgeschaut. „Die teutsche Schule beschämt uns da!"[725]

Mangelnde Aufsicht und Ordnung führten dazu, dass das Haus verdreckte. Stuben, Treppen und Hausplatz wurden nicht gekehrt. Die Lehrer, die die Kinder dazu anhalten sollten, kümmerten sich nicht darum.[726] Da die Kinder wenig Lust hatten, sich zu waschen, und man sie dazu nicht anhielt, nisteten sich Läuse ein, einige Kinder litten an der Krätze und am Erbgrind und steckten andere an. So stellte die Frau des Bauinspektors Jakob Spindler den Antrag, dass ihr Sohn in der Armenschule nicht mehr neben krätzige Kinder gesetzt werde.[727]

Bei einer Generalkonferenz ordnete Silchmüller an, dass die Buben außerhalb der Schulzeit zu nützlichen Arbeiten angehalten werden sollten. Verschiedene Lehrmeister, die einen Lehrjungen aus dem Waisenhaus beschäftigten, hätten sich beschwert, die Jungen seien „faul, träge, plauderhaft und fräßig". Sie meinten, die Ursache dafür sei wohl die Erziehung im Waisenhaus.[728]

Die Waisenhaus-Buchhandlung wurde im August 1767 nicht mehr betrieben. Silchmüller schlug vor, die vorhandenen Buchbestände zu katalogisieren und zum Verkauf anzubieten.[729] Die Apotheke dagegen florierte.[730]

In dieser insgesamt wenig erfreulichen Zeit erlebte das Waisenhaus einen letzten festlichen Höhepunkt, als Markgraf Friedrich Christian ein halbes Jahr vor seinem Tod das Geld für einen Turm auf dem Waisenhaus stiftete.[731] Am 12. September 1768 hielt man das Richtfest, zu dem der Rektor des Gymnasiums, Johann Jacob Lang, den Zimmermannsspruch verfasste, der danach gedruckt wurde. Darin wird an die 38-jährige Geschichte erinnert. Rühmend erwähnte er alle, die bei der Gründung mitgeholfen hätten, darunter der „unvergeßliche Silchmüller", dem noch viele Jahre geschenkt werden sollten „bey der seltenen Lebhaftigkeit ihres Alters". Lang sagte ihm Dank, dass er in der ganzen Zeit die Einrichtung zu Gunsten der Ärmsten geleitet habe, ohne ein Entgelt dafür zu bekommen, dass er vielmehr immer wieder selber mit Gaben und Spenden half. Er dankte auch dem Wohltäter Markgraf Friedrich Christian und fügte hinzu: „Lernt also, ihr Monarchen, denken, wie unser großer Markgraf denkt! GOtt lehrte ihn die hohe Weisheit, daß Er das armen Waisen schenkt, was sonst die eitle Lust mit Geld und Zeitverlust verschwendet."

Nach dem Tod Friedrich Christians errichtete Markgraf Alexander eine so genannte „Heiligen-Deputation", eine Superbehörde, die alle Stiftungen, Spitäler und Waisenhäuser beaufsichtigen sollte. Diese entließ im Jahr 1770 den Inspektor Heinrich Gottlob Daniel Feiler, der als Pfarrer nach Westheim ging. Sie ernannte Heinrich Christoph Windisch zum Ersten Inspektor, dazu zwei neue Lehrer, und zum Ökonomie-Inspektor Arnold Andreas Richter. Dessen Frau leitete die Küche, seine beiden Töchter wurden als Mägde angestellt. Ein Hausknecht sollte die groben Arbeiten im Haus verrichten und die Knaben beaufsichtigen. Für den Garten war eigens ein Gärtner da.[732]

Silchmüller nannte sich wohl noch Direktor des Waisenhauses, und man begegnete ihm sicher mit Ehrerbietung. Aber die letzte Entscheidungsbefugnis war ihm abgenommen. So verfasste er im Januar 1771, ein halbes Jahr vor seinem Tod, gleichsam als sein Testament zwei ausführliche Instruktionen, eine für den Inspektor und eine für den Ökonomie-Inspektor.

Es ist eine Zusammenfassung seiner Erfahrungen aus über vierzig Jahren Arbeit im Waisenhaus, auch eine Zusammenfassung dessen, was wiederholt im „Conferenz-Buch" festgehalten wurde. Und es ist Silchmüllers Versuch, der Stiftung ihren christlichen Charakter zu erhalten. So legt er zu Beginn der „Instruction" dem Inspektor ans Herz, dass „eine wahre und ungeheuchelte Gottesfurcht der Grund aller unserer Handlungen seyn muß, wenn diese GOtt wohlgefällig seyn, und ein jeder sein Amt und Beruff treu und redlich ausrichten will". Das könnten die Erzieher aber nur dann der Jugend weitergeben, wenn sie selber in der Gottesfurcht lebten. Deshalb sollten sie „im täglichen Gebet und Flehen von GOtt die nöthige Weisheit und Gnade erbitten, dass sie in allen Stücken der Jugend mit gutem Exempel vorangehen".[733]

Breiten Raum nehmen Silchmüllers Anweisungen bezüglich der Speisen ein – es war das erste Jahr der Teuerung. Alle sollten das gleiche Essen bekommen, und die Mitarbeiter sollten es zusammen mit den Kindern im selben Raum einnehmen. Nur dem Ökonomie-Inspektor wird zugestanden, dass er mit seiner Familie in seinem „Appartement" speist. Die Mahlzeiten sollten nach Qualität und Quantität so beschaffen sein, „dass ein jedes die Gabe GOttes mit Danksagung genießen könne". Wegen des allgemeinen Nahrungsmangels sollte es nur zweimal in der Woche Fleisch geben (für drei Kinder ein Pfund), sonst aber Gemüse, Salat oder „Erdäpfel" (Kartoffeln) je nach Jahreszeit. Als Getränk war für alle leich-

tes Bier vorgesehen. Brot sollten die Kinder so viel bekommen, wie sie wollten. Für das Brot sollte wegen der Teuerung nicht nur Roggen-, sondern auch Gerstenmehl verbacken werden.[734]

Die beiden Teile der „Instruction" beschreiben das Leben in Waisenhaus und Schule bis ins einzelne, ob es nun um Andachten, Unterricht, Hygiene, Aufsicht oder Buchführung ging. Auch die wöchentlichen Konferenzen und das Protokollbuch sollten fortgeführt werden. Silchmüller wollte als Direktor, wenn es seine Zeit erlaubte, dabei sein. Wie weit er aber noch Einfluss nehmen konnte und ob seine „Instruction" beachtet wurde, lässt sich nicht feststellen. Einträge im „Conferenz-Buch" fehlen.

Nach Silchmüllers Tod im Sommer 1771 wurde eine „Waisenhaus-Deputation", bestehend aus dem Bayreuther Superintendenten und Regierungsräten, errichtet. Einen Waisenhaus-Inspektor sah man als überflüssig an. Stattdessen nahm man Handwerksgesellen als Aufsicht für die Buben. Sie wechselten allerdings schnell, weil sie sich übel aufführten.[735]

Ab 1776 wurde aus Silchmüllers Stiftung zur Förderung und Erziehung armer Waisenkinder ein Arbeitshaus. Man brachte dort zusätzlich 36 Schwererziehbare unter, so dass insgesamt 82 Kinder in dem Gebäude zusammengepfercht waren. Im Vordergrund stand jetzt nicht mehr der Unterricht in den Schulfächern oder die Erziehung im christlichen Glauben, sondern die Erwerbstätigkeit der Kinder: Sie spannen Baumwolle für einen Webermeister.[736]

Eine Denkschrift von 1776 macht deutlich, worum es jetzt ging.[737] Es wurde darin der Nachweis geführt, dass die Einweisung von 36 zusätzlichen Kindern keine weiteren Kosten verursache.

Auch Raum und Personal würden ausreichen. Die Kinder sollten nur „in den Anfangs-Gründen" des Lesens, Schreibens und Rechnens „nothdürftig" unterrichtet werden. Das Hauptgewicht lag auf der Erwerbsarbeit für den „Raths-Freund Kolb", der als Verleger die hauptsächliche Aufsicht führte. Weil er nicht immer anwesend sein konnte, ordnete er zwei Frauen, die von der städtischen Almosenkasse lebten, als Aufseherinnen ab. Das von den Kindern verdiente Geld wurde der Waisenhauskasse zugeführt.

Der Gedanke, der Silchmüller, Markgraf Georg Friedrich Carl und andere bei der Gründung des Waisenhauses bewegt hatte, nämlich arme, verwahrloste Kinder so zu fördern, damit sie einmal ihr Leben meistern und als Christen leben würden, spielte keine Rolle mehr. Man sah in den Kindern billige Arbeitskräfte, die man ausbeutete. Ihre Ausbildung und ihr Wohlergehen spielten eine zweitrangige Rolle.

Fünfzehn Jahre bestand das Arbeitshaus für Schwererziehbare und Waisenkinder. Im letzten Regierungsjahr des Markgrafen Alexander wurde es ganz aufgelöst. Der Hofrat und Deputierte des Waisenhauses Vogel schlug vor, die Kinder bei Familien unterzubringen.[738] Am 9. Mai 1791 folgte der entsprechende Erlass. Wer ein Kind aufnahm, bekam jährlich 30 Gulden für Kost und Kleidung, dazu einen Gulden, wenn ein Bett vorhanden war. Interessenten sollten mit der Bewerbung ein Zeugnis des Pfarrers und des zuständigen Amtes vorlegen.[739]

Am 28. Juni folgte eine Instruktion an die Pfarrer und Beamten.[740] Sie sollten mit den Pflegeeltern eindringlich besprechen, worauf diese zu achten hätten. Das Pflegekind sollte zur Frömmigkeit erzogen werden, wozu die häusliche An-

dacht und der sonntägliche Kirchgang gehörten, ebenso zu Ordnung und Reinlichkeit. Es solle unbedingt am Vormittag die Schule besuchen dürfen und Zeit für Hausaufgaben haben, gesundes und reichliches Essen bekommen und Pflege im Krankheitsfall erhalten. Dabei sollte immer der Arzt, aber nicht irgend ein Quacksalber konsultiert werden. Das Kind sollte keinesfalls im Bett oder in der Kammer von Dienstboten schlafen. Es durfte zwar im Haus oder in der Landwirtschaft mitarbeiten, aber schwere, möglicherweise gesundheitsschädliche Arbeiten seien zu meiden. Um alles zu überwachen, sollte der Pfarrer das Pflegekind ein- oder zweimal pro Woche besuchen, mit den Pflegeeltern über die Erziehung sprechen und vierteljährlich einen Bericht an die Waisenhausdeputation abliefern.

Auch wenn manche Pflegeeltern das Waisenkind weniger aus christlicher Barmherzigkeit aufnahmen, sondern wegen der 30 Gulden und der zusätzlichen Arbeitskraft, so waren die Verhältnisse wohl besser als im Arbeitshaus in Bayreuth.

Die Waisenkinder wurden ziemlich schnell in Familien untergebracht. Schon am 25. Oktober 1791 wurden die Hausgeräte und Betten des Waisenhauses versteigert. In das Haus baute man Mietwohnungen ein; der Garten wurde parzelliert und verpachtet. Im bisherigen Kirchensaal blieb eine „Frey-Schule", an der ein Lehrer unterrichtete.[741] Die Armenschule wurde aber bald mit der Stadtschule vereinigt. Seit 1804 war das Waisenhausgebäude samt Hofraum und Garten an das Gymnasium vermietet.

Kollekten für das Waisenhaus wurden in den Kirchen der ehemaligen Markgrafschaft auch im 19. und 20. Jahrhundert erhoben, zunächst an fünf Sonn- und Feiertagen im Jahr, ab 1905 zumindest noch am Erntedankfest.[742] Im Jahr 1997 bestand das Vermögen der „Provinzialwaisen-hausstiftung" aus 201 582 DM an Wertpapieren sowie aus etlichen Miethäusern.[743]

Bis 1923 wurden Waisenkinder in Familien untergebracht, und die Stiftung zahlte dafür das jährliche Entgelt. Heute werden aus dem Stiftungsvermögen Konfirmanden unterstützt, die Vollwaisen oder Halbwaisen sind.

4.6. Tod und Nachrufe

Am 30. Juni 1771 zeigte Maria Magdalena Silchmüller ihrem Schwiegersohn Johann Jacob Will, dem Hofrat und Chefarchivar in Kulmbach, den Tod ihres Mannes an. Johann Christoph Silchmüller war nach fünfwöchigem Krankenlager im Alter von fast 77 Jahren gestorben.[744] Am 3. Juli hielt der Syndiaconus Johann Theodor Künneth in der Gottesackerkirche die Beerdigungsfeier.[745] Am folgenden Sonntag übernahm der Freund der Familie, Konsistorialrat Johann Wolfgang Wanderer, die Gedenkpredigt in der Stadtkirche.

Groß ist die Zahl der gedruckten Nachrufe zu Silchmüllers Ableben.[746] Ein seltsamer Schluss findet sich im Nachruf der Witwe. Nachdem sie den Lebenslauf des Verstorbenen nachgezeichnet hatte, erwähnte sie seine besondere Beziehung zu Markgraf Alexander. Silchmüller habe um dessen Leben gebetet, als er krank darniederlag. Der Fürst durfte genesen, so wie es einst der König Hiskia erlebte, als der Prophet Jesaja für ihn Fürbitte getan hatte. Worauf die Witwe mit diesem Hinweis hinaus wollte, deuten vielleicht die beiden letzten Zeilen ihres Trauergedichtes an. Bei

aller Trauer bliebe den Hinterbliebenen doch ein Trost: „So leben uns doch mehr, als Vater und Verwandter, | Es leben uns zum Trost noch Gott und Alexander." Sicher bewegte die Witwe in den Tagen des Abschieds die Frage, die damals auf allen Pfarrwitwen lastete: Was wird aus mir, wenn das Gnadenjahr vorüber ist? Hoffte sie auf eine kleine Rente vom Fürsten? Wir wissen nicht, wie Maria Magdalena Silchmüller mit den noch unversorgten Kindern ihr weiteres Leben fristete. Sie überlebte ihren Mann um fast 32 Jahre und starb am 15. Februar 1803 in Bayreuth.[747]

Bewegend ist die Klage, die das Waisenhaus drucken ließ: „ER ist nicht mehr, der Seiner Fürsten Herzen | Für uns geöffnet, daß die Schmerzen, | Die Noth der Waisen sie bewog; | Daß sie Verlaßne pflegen hießen, | Und die nicht niedertreten ließen, | Die sonst kein Vater auferzog." Ohne Zweifel verlor das Waisenhaus mit Silchmüller seinen einzigen wirklichen Beschützer. Die weitere Geschichte machte das offenbar.

Die Bayreuther Alumnen, die mittellosen Schüler des Gymnasiums, dankten dem Verstorbenen für seinen Beistand. Sie rühmten aber auch den Hirten und Prediger der Bayreuther Gemeinde: „Der Oberhirte fällt! des Tempels Säulen zittern; | Er, der der Heerde Schild und fester Pfeiler war."

Etwas vollmundig war der Nachruf der Pfarrer an der Bayreuther Stadtkirche: „Sein Name blüht im Heiligthum des Herrn, | Sein Nachruhm glänzt von unsrer Grenze fern, | Silchmüllern wird die Nachwelt einst noch schätzen, | Und Ihm verdient ein Ehren-Denkmal setzen." Das trat bekanntermaßen nicht ein. Aber es war nicht der Wunsch des Verstorbenen, wie der Verfasser einräumt: „Doch würdig Lob war Ihm seit je verhaßt;

| Die Gnade war's, die Er mit Demuth ehrte, | Die auch Sein Mund schon sterbend, halb erblaßt, | Den Seinen noch mit größtem Eifer lehrte. | Nicht Sein Verdienst, nicht Seine Seltenheit. | Nein! Gnade nur und die Barmherzigkeit | Soll nach dem Todt den anvertrauten Heerden | Vom heilgen Redner-Stuhl recht groß geschildert werden."

Die Pfarrer des Bayreuther Landes rühmten den Verstorbenen als einen begnadeten Seelsorger:

„Der fromme Hirt, der die vertrauten Schaafe
So treu, so väterlich bewacht,
Der Lehrer, der mit Sanftmuth, selten Strafe,
Den Irrenden zurechtgebracht [...].
Fest stand er da – nie des Ermahnens müde,
Verschloß nie schüchtern seinen Mund:
That Sündern gern Versöhnung, Gnade, Friede,
Ungerne Höllenschrecken kund."

Einer, der diese Seelsorge erfahren hatte, der Regierungssekretär und Justizrat, Johann Adam Kretschmann widmete Silchmüller die Worte: „Freund des Herzens! mein Nathanael[148] im Grabe! | mein Herz weint um Dich: | Daß ich Dich zum Trost und Vater nicht mehr habe, | beugt und jammert mich. | Seelig war mir, um Dich, jede Lebens-Stunde, | wo mein Geist Dich sprach. | Sanfter Lehrer! jedem Wort aus Deinem Munde | floss der Seegen nach."

JOANNES CHRISTOPHORUS SILCHMÜLLERUS
S.S.Theolog.Doctor:Consistorii Baruthini Pro-Praeses Ecclesiarum ac Scholarum Marchionatus Brandenburgo-Culmbacensis, Superintendens Generalis, Supremus Concionator Aulicus, Serenissimi Principis Confessionarius, nec non Superintendens Specialis Baruth. et Orphanotrophii Director. Nat.Wasungae die II.Aug.MDCXCIIII. Anno aetat. LXXVII.
D.D.DW.F.W.P.A.et C.

Johann Christoph Silchmüller in seinem Todesjahr 1771. In seiner Linken hält er die Bibel, die Rechte zeigt auf Briefe. Sein Blick wirkt selbstbewusst und durchdringend.

5. Silchmüllers Lebenswerk im Rückblick

5.1. Rezeptionen

In der öffentlichen Meinung war die Anerkennung anlässlich seines Todes bald verdrängt. Laurentius Johannes Jacobus Lang erwähnte Silchmüller noch einmal in seiner Rede über die Bayreuther Superintendenten: „Da wir dessen Verdienste noch in frischer Erinnerung haben, schätze ich, dass eine weitläufigere Erwähnung nicht nötig ist." In einer Anmerkung erwähnte er aber doch das Hofgesangbuch, einen „ausführlicheren Katechismus", das Waisenhaus, das auf seinen Rat hin errichtet wurde, ferner neun Kirchen, die in der Kulmbacher und Bayreuther Dioecese unter seiner Leitung gebaut wurden.[749] Aber schon im Jahr 1780 äußerte ein Bayreuther Schriftsteller über Silchmüllers Erbauungsstunden im Waisenhaus: „Sie wurden durch wiederholte Verordnungen verboten, und die Nester der Blut- und Kreuzvögelein zerstört."[750] Pietistische Frömmigkeit wurde als „Bigottismus", „Obscurantismus" und „Mystizismus" abgetan und bekämpft.

Es vergingen fast hundert Jahre, bis Silchmüller eine erste positive Würdigung fand. Im Jahr 1860 schrieb Lorenz Kraußold: „Es hat ziemlich lange gedauert, bis man zu der Einsicht kam, daß der Pietismus in seiner historischen Erscheinung eine Berechtigung habe und aus einem wirklichen Be-dürfniß dem todten Orthodoxismus gegenüber hervorgegangen sei [...]. Die feindselige Haltung, welche der Orthodoxismus der damaligen Zeit zum Pietismus nahm, war das sicherste Zeichen seiner eigenen Oede und Leere, die Unfähigkeit, das innere Leben in sich aufzunehmen".[751]

Eine ähnlich positive Wertung findet sich bei Gottfried Thomasius in seinem Buch über die Erweckungsbewegung zu Beginn des 19. Jahrhunderts, das 1867 erschien. Darin spricht er von den „anregenden und belebenden Einflüssen des Pietismus, die die Kirche doch sehr bedurfte".[752]

Beide sahen in den Bibelkreisen des 18. Jahrhunderts den Ausgangspunkt für die Erweckungsbewegung im 19. Jahrhundert. So beschrieb es auch der Altmeister der evangelischen Kirchengeschichte Bayerns Matthias Simon im Jahr 1942: Der Rationalismus der Aufklärung habe zu einer Verödung und Auflösung des kirchlichen Lebens geführt. Der alte Glaube sei aber in den pietistischen Hauskreisen weitergegeben worden, die sich heimlich versammelten. Sie hätten sich so weit als möglich am kirchlichen Leben beteiligt. Aber der persönliche Glaube an den Erlöser Christus sei nicht in der Kirche geweckt worden, sondern beim Bibellesen in den Konventikeln. Diese seien von Boten aus Ebersdorf und Herrnhut gestärkt worden und hätten wie eine verborgene Glut gewirkt, aus der dann das Feuer der Erweckung aufloderte. Soweit Simon.[753] Mir kam bei Simons Urteil über Konventikel und Kirchengemeinden der Gedanke, dass sich dies mit dieser Ausschließlichkeit wohl nicht sagen läßt; denn es ist ja ein individueller und oft verborgener Weg, wie ein Mensch zum christlichen Glauben findet. Freilich kann man den Verfall der landeskirchlichen Gemeinden in den Jahrzehnten um 1800 auch statistisch nachweisen.[754]

Nach Kraußold und Thomasius dauerte es wiederum fast vierzig Jahre, bis die Erforschung des Pietismus in Bayreuth einen neuen Impuls erhielt. Im Jahr 1903 veröffentlichte Jacob Batteiger Briefe, die Silchmüller an den Grafen Zinzendorf geschrieben hatte. Im gleichen Jahr folgte die Abhandlung: „Der Pietismus in Bayreuth". Als weitere Quellen bearbeitete Batteiger hier Silchmüllers Adventspredigt von 1728, das Hofgesangbuch, den Katechismus und die Berichte über das Sterben des Markgrafen und die Entstehung des Waisenhauses. Das ergab eine Darstellung von Silchmüllers Wirksamkeit bei seinem ersten Bayreuther Aufenthalt. Eine Ergänzung dazu brachte das „Bayreuther Tagebuch" aus den Jahren 1727/28, das von Karl Weiske im Jahr 1925 gefunden und veröffentlicht wurde.

Durch die Auswertung des „Conferenz-Buchs" wurde die Arbeit im Waisenhaus und in der Armenschule mit ihren Licht- und Schattenseiten anschaulich. Das geschah 1905 durch Thomas Meister und 1932 durch F. Bruckmeier.

Nach dem Zweiten Weltkrieg wiesen Helmuth Meißner und Heinrich Thiel zum ersten Mal auf Silchmüllers Kulmbacher Wirksamkeit hin, nämlich auf seine Beteiligung bei der Entstehung der Markgrafenkirchen. Das ergänzte Franz Pietsch

1974 durch seine Erforschung der Kulmbacher Lateinschule, für die sich der Superintendent einsetzte. Seine Charakterisierung des Pietisten Silchmüller als eines Fanatikers, der durch die Erzeugung von Furcht und Schrecken die Seelen bearbeitete, schießt aber wohl übers Ziel hinaus.[755]

Aus der gleichen Zeit (1974) stammt Wilhelm Kneules „Kirchengeschichte der Stadt Bayreuth". Bei Silchmüller stellte er Licht- und Schattenseiten fest. Als positiv wertete er, dass die Pietisten einer „übersteigerten Genußsucht und Weltlust, die vom Hof in verhängnisvoller Weise ins Volksleben eindrang, einen Damm entgegengesetzt haben [...] daß sie in kleinen Kreisen, den so genannten Erbauungsstunden, den Leuten eine vertiefte Bibel- und Heilserkenntnis zu vermitteln suchten [...] daß sie die Praxis pietatis in Werken der Liebe und Barmherzigkeit betonten". Als nicht biblisch und nicht lutherisch wird kritisiert, Silchmüller habe „die böse Welt" sich selbst überlassen und sich vor allem auf den Kreis der Erweckten und Bekehrten konzentriert.[756] Dieser Vorwurf lässt sich nicht einmal für Silchmüllers Zeit als Hofprediger aufrecht erhalten, erst recht nicht für seine Tätigkeit als Superintendent in Kulmbach und Bayreuth. Da war er ein Mann der Volkskirche.

Ebenfalls aus dieser Zeit (1972) stammt Claus-Jürgen Roepkes Buch „Protestanten in Bayern". Darin erwähnt er Silchmüllers Mitwirken beim Bau der Markgrafenkirchen. Seine Einstellung charakterisierte er als „Bußkampf der Seelen" nach August Hermann Francke und „Zinzendorf'sche Jesusmystik", was ein ziemlich schablonenhaftes Urteil ist.[757] Silchmüller hatte zwar in Halle starke Impulse bekommen und stand auch einige Jahre lang mit Zinzendorf in Verbindung.

Aber er besaß durchaus das Format eines eigenständigen lutherischen Pietisten, mit einem weiteren Horizont, als die beiden Begriffe andeuten.

Im Jahr 1980 hielt Pfarrer Heinrich Brehm beim Colloquium Historicum Wirsbergense ein viel beachtetes Referat über Silchmüller, der „heute weitgehend vergessen" sei. Kein Straßenname in Bayreuth und Kulmbach erinnere an ihn. Dabei sei sein Eintreten für Waisenkinder und Arme, sein Einsatz für die Fortbildung der Pfarrer und für die Erneuerung des Schulwesens, ferner seine Mitwirkung beim Bau etlicher Markgrafenkirchen beachtlich gewesen. Die Ablehnung, die Silchmüller begegnete, führte Brehm darauf zurück, dass der Hofprediger „rigoros pietistisch eingestellt war und allzuoft ins Extrem ging".[758]

In dem Band „Oberfranken in der Neuzeit" aus dem Jahr 1984 referiert Elisabeth Roth über „,Teutsche Schulen' in Stadt und Land".[759] Sie berichtet darin auch über das Bayreuther Waisenhaus und kommt zu dem Urteil, dass mit Silchmüller „unsere Region während entscheidender Jahrzehnte im 18. Jahrhundert Anteil an bedeutenden pädagogischen Strömungen der Zeit" gehabt habe, „auch wenn ihm kein ähnlicher Erfolg wie seinem Lehrer August Hermann Francke beschieden war".

In demselben Band erwähnt Jakob Lehmann Silchmüllers „Bayreuther Tagebuch" als Beispiel für eine Literatur, in der persönliche Erfahrungen und Empfindungen ihren Niederschlag fanden. Sie sei damit eine Vorstufe auf dem Weg zur Deutschen Klassik gewesen.[760]

Friedrich Wilhelm Kantzenbach bringt in seinem Buch „Theologie in Franken" aus dem Jahr 1988 eine das Leben und Werk Silchmüllers umfassende Darstellung. Er interpretiert hauptsächlich das Hofgesangbuch und vier gedruckte Predigten und geht auch auf die Markgrafenkirchen ein. Er kommt zu dem Urteil, Silchmüller sei „der wirksamste Schüler August Hermann Franckes und zugleich der beste Vermittler zwischen dessen Konzept und Zinzendorfs reichen geistlichen Anregungen für Franken" gewesen. Und an anderer Stelle heißt es: „Silchmüllers Person und Schicksal sind ein Beispiel für eine Minderheit, der immer deutlicher werden mußte, daß sie eine Minderheit bleiben werde, und die doch Mut und Unverdrossenheit nicht aufgab, sondern bei den begonnenen Aufgaben beharrte."[761]

Im Spindlerschen „Handbuch zur bayerischen Geschichte" (1996) hat Dieter Wölfel den Abschnitt über die evangelische Kirche Frankens bearbeitet. Er beschreibt Silchmüller als Vertreter des Hallischen Pietismus, der dann „als entschiedener Parteigänger Zinzendorfs" wirkte.[762] Das kann so nicht gesagt werden. Silchmüller stand als Hofprediger zwar in brieflichen Kontakt zum Grafen, hatte aber schon damals seine Vorbehalte. Das galt erst recht für die Kulmbacher Zeit, als sich Silchmüller von Zinzendorfs Freiheit in Bekenntnisfragen distanzierte.

Eine Gesamtdarstellung des Pietismus in Bayern erschien im Jahr 2001 von Horst Weigelt. Von Silchmüller wird hier vornehmlich die erste Bayreuther Zeit mit der Gründung des Waisenhauses und der Herausgabe von Hofgesangbuch und Katechismus gebracht. Hilfreich ist die Zusammenstellung am Schluss über die Bedeutung des Pietismus für die individuelle Frömmigkeit, für die Pädagogik und Sozialarbeit, für die Mission, aber auch für die geistliche Lyrik und Literatur. Silchmüller war bei alledem beteiligt.[763]

5.2. Nachwort des Verfassers

Meine Begegnung mit Silchmüller geschah unbeabsichtigt und eher zufällig. Bei der Erforschung der Geschichte des Dorfes Kirchleus stieß ich im Pfarrarchiv auf das „Circular-Buch" aus jener Zeit. Als ich die Einträge, die der Pfarrer in Eile abgeschrieben hatte, mühsam entzifferte, fiel mir auf, dass der Superintendent die Reskripte und Erlasse des Markgrafen und des Konsistoriums zwar ordnungsgemäß weitergab, dass er aber dabei mit seiner Meinung nicht hinter dem Berg hielt, ja offen Kritik übte. Das schien selbst mir, der ich kein Fachhistoriker bin, bemerkenswert: In der Zeit des Absolutismus, in der sich die Pfarrer als Teil des Staates und Diener des Fürsten verstanden, hatte einer den Mut und die geistige Unabhängigkeit, eine Auffassung zu vertreten, die bei aller Loyalität der Obrigkeit gegenüber doch nicht alles gut hieß.

Ein glücklicher Kauf in einem Antiquariat brachte mir weitere Einsichten: Das „Bayreuther Tagebuch" zeigte mir einen Pietisten, von Halle geprägt, voller Eifer und Idealismus, aber auch vorsichtig und durchaus geschult, sich in höfischen Kreisen zu bewegen, der aber nie abhob, sondern immer auch den Kontakt zu den einfachen Menschen suchte, die für ihn genauso wertvoll waren wie die Hochgestellten. Ich nahm mir vor, weiter zu suchen. Helmuth Meißner gab mir einige Hinweise, vor allem was Silchmüllers Mitwirkung beim Bau der Markgrafenkirchen betrifft. In den Archiven in Bamberg, Nürnberg und Bayreuth und in einigen Pfarrarchiven fand ich handschriftliche Urkunden und Mitteilungen, die abgesehen vom „Conferenz-Buch" und Johann Christian Schmidts Pamphlet „Der Pietisten Geist

in sichtbarer Gestalt" noch kaum ausgewertet worden waren. Das ergänzte manches, was aus der ersten Bayreuther Zeit bekannt war, es ließ aber auch Silchmüllers Tätigkeit als Superintendent in Kulmbach und Bayreuth anschaulicher werden.

Durch Kontakte mit dem Pfarramt Wasungen und dem Archiv in Meiningen wurde auch einiges Wissenswerte aus seiner Kindheit und Jugend entdeckt. Das Internet machte es schließlich möglich, eine ganze Anzahl von Silchmüller-Drucken, die bis jetzt noch nicht bekannt waren, zu finden, etwa weitere Predigten oder auch Andachten im Waisenhaus, dann die lateinische Disputation des Gymnasiasten Silchmüller mit seinem Rektor Ludovici in Schleusingen.

Schließlich – ich hatte diese Arbeit eigentlich schon abgeschlossen – wurde bekannt, dass sich im Archiv der Franckeschen Stiftungen Halle und der Staatsbibliothek in Berlin über hundert Briefe befinden, die Silchmüller an die „Väter und Brüder" in Halle in den Jahren 1718 bis 1766 geschrieben hatte. Sie sind wohl die persönlichsten Zeugnisse von ihm.

Die Freude am Entdecken beflügelte mich, und ich bin dankbar, dass ich als Ruheständler noch einmal so etwas begonnen habe. Bei meinem Lesen und Forschen gewann ich die Überzeugung, dass Silchmüller eine Gestalt in unserer fränkischen Geschichte ist, die nicht vergessen werden sollte.

5.3. Dank

Nachdem ich diese Arbeit mit Gottes Hilfe abschließen konnte, möchte ich auch allen ein „Danke" sagen, die mir durch Hinweise und Ratschläge geholfen haben. Zuerst und vor allem danke ich Prof. Dr. Günter Dippold, dem 1. Vorsitzenden des Colloquium Historicum Wirsbergense, dass er gemeinsam mit den Mitgliedern des Vorstands meine Arbeit angenommen und mit hilfreichen Bemerkungen und Kritik begleitet hat.

Das Verzeichnis der gedruckten und handschriftlichen Quellen für diese Biographie ist lang. Das verdanke ich den Mitarbeitern der Archive und Bibliotheken, die das Entsprechende herausgesucht haben. Besonders erwähnen möchte ich das Archiv der Franckeschen Stiftungen zu Halle, das Stadtarchiv Bayreuth, die Universitätsbibliothek Bayreuth, das Landeskirchliche Archiv Nürnberg, das Staatsarchiv Bamberg, das Thüringische Staatsarchiv Meiningen, die Universitätsbibliothek Erlangen-Nürnberg und das Archiv der Brüder-Unität Herrnhut.

Die Bilder in diesem Buch verdanken wir zum größten Teil dem Fotografen Achim Bühler; einige Bilder sind von Eike Übe und Gerhard Schott. Auch die Archive der Herrnhuter Brüdergemeine und der Franckeschen Stiftungen Halle steuerten Bilder bei, ebenso die Stadt Wasungen.

Da ich mir erst im Alter einen Computer zugelegt habe, war ich dankbar, dass mir Andreas Gockel hilfreich zu Seite stand.

Ich danke besonders meiner Frau, dass sie für mein zeitaufwändiges Projekt Verständnis hatte.

Quellen und Literatur

Veröffentlichungen Silchmüllers

Die Seligkeit derer die da trachten nach dem Reich GOttes. In einer Abschieds-Predigt Am XV. Sonntag nach Trinitatis, als den 21. September 1727. In der Zucht-Hauß-Kirche zu Halle in Sachsen über [...] Matth. VI., V. 33 [...]. 2. Aufl. Bayreuth 1728.

Der Einzug Christi in Jerusalem. Als ein Bild Seines geistlichen Einzugs in die Hertzen der Gläubigen. In einer Anzugs-Predigt Am I. Sonntag des Advents [...] 30. November 1727. In der [...] Schloß-Capelle zu Bayreuth Aus [...] Matth. XXI. v. 1–9 [...]. Bayreuth 1727.

Der Schwach-Gläubigen Aergerniß an Christo, aus des ordentlichen Sonntags-Evangelii Dom. III. Advent. Matth. XI. 2 seqq. Vers 6 [...] Selig ist [...] In der Hochfürstl. Schloß-Capelle zu Bayreuth, d. 12. December 1728 vorgestellet [...]. Bayreuth 1728.

Neue Sammlung Erbaulicher und geistreicher Alter und Neuer Lieder Oder Neues vollständigeres Gesang-Buch Auf Hoch-Fürstl. gnädigsten Specialen Befehl Zum Gebrauch Der Hoch-Fürstlichen Hof Capelle allhier zu Bayreuth zusammen getragen [...] von Joh. Christoph Silchmüller [...] 2. Aufl. Bayreuth 1733. (Die erste Auflage erschien 1730.)

D. Martini Lutheri Kleiner Catechismus Samt einer in Frage und Antwort abgefaßten Ordnung des Heyls, und ausführlichen Erläuterung [...] Auf Hochfürstl. gnädigsten Befehl Zum allgemeinen Gebrauch in allen Kirchen und Schulen des Marggrafenthums Brandenburg-Culmbach Ober- und Unterhalb des Gebirgs von deß Hochfürstl. Brandenburg. Culmbachisch. Consistorii verordneten Räthen und Assessoribus verfertiget und nach dem Gutbefinden der Theologischen Facultäten zu Leipzig, Jena und Tübingen zum öffentlichen Druck befördert. 2. Aufl. Bayreuth 1735. (Die erste Auflage erschien 1732.)

Erbauliches Denckmahl der letzten Stunden des Weyland Durchlauchtigsten Fürsten und Herrn, Herrn Georg Friedrich Carl, Regierenden Marggrafens zu Brandenburg [...] Darinnen Dero Höchst erbauliche Zubereitung zu der Ewigkeit, großmüthige Standhafftigkeit im sterben, und höchst selige Auflösung, welche den 17. May dieses 1735. Jahres erfolget. Bayreuth 1735.

Neue Spuren der gütigen Vorsorge GOttes In der wahrhafften Beschreibung von dem Anfang / Fortgang und Wachsthum / Deß im Jahr 1730 In der Hochfürstlichen Brandenburg-Culmbachischen Residentz-Stadt Bayreuth errichteten Waysen-Hauses und Armen-Schule [...]: Bayreuth 1736.

Deß hocherleuchteten alten Kirchen-Lehrers und Zeugens der Wahrheit D. Johannis Tauleri Geistreiche Betrachtungen deß Leidens Christi um ihrer Vortrefflichkeit willen in diesem bequämen Format mit einigen Anmerckungen und einer Vorrede zum Druck beföderd von Johann Christoph Silchmüller [...]. Leipzig und Bayreuth 1738.

Die Thorheit derjenigen, welche kein zukünfftiges Gericht glauben wollen, in einer geistlichen Rede am zweyten Sonntag deß Advents 1738 nach Veranlassung deß ordentlichen Evangelischen Textes Luc. 21, 25 biß 36. Vor gnädigster Landes-Herrschaft und Dero Hoff-Staat in dem Hoch-Fürstlichen Zimmer deß Schlosses zu Bayreuth vorgestellet und auf Verlangen hoher Gönner zum Druck übergeben von Johann Christoph Silchmüller [...]. Bayreuth 1739.

Das große Erbe der Geistlichen Überwinder wurde, als der entseelte Leichnam deß Weyland Reichsohnmittelbahr Hochwohlgebohrnen Frey Herrn, Herrn Eucharii Ferdinandi Caroli Deß Heiligen Römischen Reiches Edlen Pannern und Freyherrn von Künßberg, Herrn zu Thurnau und Ermreuth [...] welcher am 29ten Mertz dieses 1739ten Jahres in dem 43sten Jahr Dero Ruhmvollen Lebens in Ihrem Erlöser selig entschlaffen, und deß Nachts an dem darauf folgenden 4ten April in der Stadt-Kirche allhier zu Bayreuth in Dero zubereitete Grufft bey gesetzet worden, nach Veranlassung der Worte Offenbahrung S. Johannis XXI, 7 in einer Trauer-Rede erwogen von Johann Christoph Silchmüller [...]. Bayreuth 1739.

Die Vortheile der Nachfolger JEsu aus ihren Leiden Bey der öffentlichen und Standsmäßigen Beysetzung Des Weyland

Reichsfrey Hochwohlgebohrnen Herrn, Herrn Christian Martin von und uff Gravenreuth [...] Hoch-Fürstlich-Brandenburgisch-Culmbachischen hochbetrauten würcklichen Geheimen Raths und Obristen [...] welche den 23. Aprilis dieses 1739sten Jahres Nachmittags um 3. Uhr in der Stadt- und Haupt-Kirche der Hoch-Fürstlichen Residenz-Stadt Bayreuth geschahe, aus dem 94sten Psalm v. 19. in einer Trauer-Rede vorgestellt von Johann Christoph Silchmüller [...]. Bayreuth 1739.

Der Ertz-Vater Joseph, als ein Vorbild Jesu Christi, in einem kurzen Abriß seiner Lebens- besonders aber Leidens-Geschichte, nach welchem Die öffentlichen Erbauungs-Stunden in dem hiesigen Waysen-Haus In der Passions-Zeit dieses 1739ten Jahres so der HErr wil, werden gehalten werden. Entworffen von Johann Christoph Silchmüller [...]. Bayreuth 1739.

Fortsetzung deß kurtzen Abrisses der Geschichte Josephs, als eines Vorbildes Jesu Christi, besonders aber seines Standes der Erhöhung, nach welchem die öffentlichen Erbauungs-Stunden in dem hiesigen Waysen-Hauß in dem Osterfest dieses 1739ten Jahres, so der HErr wil, werden gehalten werden [...]. Bayreuth 1739.

Ein dreyfaches Wort des HErrn an die beyden Seelen-Sorger, dann die gantze Christliche Pfarr-Gemeinde zu Drossenfeld und Langenstadt bey der Einweyhung der Neuen Kirchen zu Drossenfeld, und der Investitur beyder Herren Geistlichen daselbst, am XVIII. Sonntage nach Trinitatis als am 9. October 1757 aus Jeremiae Cap. VII v. 1 biß 7 vorgetragen und auf vieler Verlangen zum Druck herausgegeben von Johann Christoph Silchmüller [...]. Kulmbach 1757.

Das Rechte, und GOtt wohlgefällige Beten/ wurde bey dem Ersten Sonntäglichen Gottes-Dienst des Durchlauchtigsten Fürsten und Herrn, HERRN Friedrich Christians, Regierenden Marggrafens zu Brandenburg-Culmbach etc. In Dero Residenz-Schloß zu Bayreuth nachdem Dieselben Am 6ten May dieses 1763ten Jahres unter dem Frohlocken aller getreuen Unterthanen Dero öffentlichen Einzug in demselben, und Dero Residenz-Stadt Bayreuth glücklich gehalten, an dem darauf folgenden 8ten May, als dem Sonntag Rogate über das ordentliche Sonntags Evangelium betrachtet und auf gnädigsten Specialen Befehl zum Druck befördert von Johann Christoph Silchmüller, Consistorial-Rath und Superintendenten zu Culmbach [...]. Bayreuth und Kulmbach 1763.

Neuvermehrtes Brandenburgisch-Bayreuthisches Gesang- und Gebet-Buch, worinnen so wohl des seligen D. Martin Luthers als anderer treuen rechtgläubigen Gotteslehrer und frommen Christen Gesänge und Gebete enthalten, unter der Direction D. Joh. Christ. Silchmüllers [...]. Bayreuth 1771. (Die erste Auflage dieses Gesangbuches gab Silchmüller 1765 heraus.)

Weitere zeitgenössische Drucke

Buchka, Johann Simon: Muffel, der Neue Heilige, nach dem Leben geschildert, und bey Gelegenheit einer Magister-Promotion zu Wittenberg in folgendem Gedichte entworffen. Basel 1737. (Die erste Auflage erschien 1731. Die letzten Auflagen wurden gegen den Willen des Verfassers gedruckt.).

Buchka, Johann Simon: Evangelische Buß-Thränen über die Sünden seiner Jugend und besonders über eine Schrifft, Die man Muffel der neue Heilige betitult, mit Poetischer Feder entworffen von dem Verfasser des so genannten Muffels, oder besser M. Oufle. Leipzig / Bayreuth 1737.

Drey Theologische Gutachten, welche die hochansehnliche Theologische Facultäten zu Leipzig, Jena und Tübingen über den zum Gebrauch in Kirchen und Schulen dess Marggraffthums Brandenburg-Culmbach Edirten Erläuterten Kleinen Catechismum Lutheri auf geschehenes Erfordern ausgestellet [...]. Bayreuth 1735.

Flessa, Johann Adam: Einige Beweggründe zu einer frühzeitigen Bekehrung der Jugend [...]. Bayreuth 1732.

Flessa, Johann Adam: Leichen-Rede bey der Beerdigung Der Hoch-Edelgebohrnen Frauen Sophien Charlotten Einer gebohrnen Strobelin Des Hoch-Ehrwürdigen und Hochgelehrten Herrn Joh. Christoph Silchmüllers [...] getreuesten Frauen Eheliebsten, am 15.ten Mertz dieses 1733 Jahres [...]. Bayreuth 1733.

Historia Historiographorum Rite Constitutorum inque Eandem Disputatio I. Historico-Moralis, Schleusingae in Ill. Gymnasio Saxo-Hennebergico d. 19. Mart. 1712, instituta Praeside M. Godofredo Ludovici, Rectore, et Respondente Jo. Christophoro Silchmüller, Wasungenti. Schleusingae 1712 und 1713.

Hochfürstlich-Brandenburgisch-Culmbacher [...] Address- und Schreibkalender [...] 1745 [...]. Bayreuth 1745.

Milch Für die Unmündigen Kinder Oder Kurtze und deutliche Anweisung Zum Wahren Christenthum Denen Einfältigen zum Besten aus hertzlicher Liebe herausgegeben [...]. 2. Aufl. Jena 1729.

Nova Acta Historica-Ecclesiastica [...]. Weimar 1767 (darin S. 239–258: Hundertjährige Jubelfeyer des Collegii illustris Christiani-Ernestini zu Bayreut).

Schmidt, Johann Christian: M. Johann Christian Schmidts, Hochfürstl. Brandenburg-Culmbachischen Oberhofpredigers, Beichtvaters, dann Consistorial-Raths, Oberpfarrers und Superintendenten zu Bayreuth auserlesene Leichen- und Gedächtnisreden, nebst einem besonderen Anhange und der Lebensbeschreibung des sel. Verfassers zur Ausgabe befördert von dessen Schwiegersohne M. Johann Theodor Künneth Subdiacono zu Bayreuth. Leipzig / Bayreuth 1764.

Gedruckte Widmungsgedichte zu Ehren Silchmüllers und seiner Familienmitglieder

Die nachfolgend aufgelisteten Drucke liegen, wenn nicht anders angegeben, in der Universitätsbibliothek Erlangen-Nürnberg.

Hochzeitsgedichte

Epithalamium quo sacra nuptialia Viri Plurimum Reverendi, Amplissimi ac Doctissimi Domini, Domini Johannis Christophori Silchmulleri [...] cum Nobilissima, omniumque virtutum ornamentis condecorata Virgine Sophia Charlotta, Viri [...] Pauli Friderici Strobelii [...] Filia Relicta [...] Praeceptores Scholae in Orphanotropheo Glauchensi Latinae *[Universitäts- und Landesbibliothek Sachsen-Anhalt, Halle].*

Bey der Ehelichen Verbindung Des [...] Johann Christoph Silchmüller [...] mit [...] Der [...] Jungfer Eleonoren Marien Killingerin, Des [...] Hn. Albrecht Eberhard Killingers [...] Aeltester Jungfer Tochter, Welche den 30ten Junius in Bayreut höchstvergnügt gefeyert wurde, Sollte seine aufrichtigste Beyfreude bezeugen, Des Herrn Bräutigams Treu ergebenster Schwager Friedrich Albrecht Strobel [...] Jena.

Bey dem Hochzeits-Feste des Hochwürdigen [...] Johann Christoph Silchmüller [...] mit der [...] Jungfrauen Rosina Elisabetha Schardin in Culmbach wollte ihre Ergebenheit und Beyfreude bezeigen Die sämtliche Der Jungfer Braut nahe anverwandte Keckische Familie, Coburg.

Daß Tugend und GOttesfurcht dasjenige Gut sey, so man bey heyrathen zu suchen hat, wollte Als [...] Herr Georg Christoph Oertel, [...] Conrector der Schule in Neustadt an der Aisch mit [...] Jungfer Sophia Christiana [...] Herrn Johann Christoph Silchmüllers, [...] ältesten Jungfer Tochter, den 13ten Februar An. 1747 in ein eheliches Bündniß traten, erweisen, und zugleich im Namen der in gedachten Lyceo frequentirenden, von dem Höchsten alles vornehme Wohlergehen anwünschen Christian Carl am Ende.

Als das Oertel- und Silchmüllerische Hochzeit-Festin am 13. Febr. 1747. zu Culmbach vergnügt vollzogen wurde, wollte [...] Seine herzliche Gratulation abstatten Des Herrn Bräutigams leiblicher Bruder Johann August Oertel [...]. Erlang.

Als S. T. Herr Georg Christoph Oertel Bestverdienter Conrector der Stadt-Schul zu Neustadt an der Aysch Sich mit S. T. Jungfer Sophia Christiana Silchmüllerin [...] trauen ließ [...] wollte [...] Seinen ergebensten Glückwunsch [...] abstatten Christoph Heinrich Grießhammer Pfarrer zu Gerhardshofen. Erlang.

Bey der Kade- und Silchmüllerschen Ehe-Verbindung So den 9. Febr. im Jahr 1751 zu Culmbach vergnügt vollzogen wurde, wollte hierdurch Seinen brüderlichen Glück- und Segens-

wunsch gehorsamst abstatten, Christoph Albrecht Gottfried Silchmüller, aus dem Klosterbergischen Pädagogio. Magdeburg.

Bey dem Will- und Silchmüllerischen Hochzeit Feste welches den 9. Aug. 1753 in Culmbach vollzogen wurde, wollte [...] seine Beyfreude an den Tag legen der Jungfer Braut Bruder Christoph Albrecht Gottfried Silchmüller [...] Erlangen.

Die Regungen der Freude bey der höchst angenehmen Dorn- und Silchmüllerischen Ehe-Verbindung Welche am 10ten April 1760 zu Culmbach vergnügt vollzogen wurde; in folgender Ode [...] von der Jungfer Braut beyden Brüdern Christoph Albrecht Gottfried Silchmüller, Rev. Minist. Cand. Johann Adam Gottlob Silchmüller, Regierungs Registrator zu Bayreuth. Culmbach, druckts Johann Albrecht Spindler.

De praeconum apud Graecos officiis diatribe qua viro maxime reverendo doctissimoque Joanni Christophoro Silchmullero [...] patrono suo aeternum venerando de nuptiis mense Maio MDCCLX Culmbaci celebratis pie gratulatur Theophilus Christophorus Harles Culmbaco-Francus SS. et LL. DD. C Societatum Latinae Ienensis sodalis ordinarius et Teutonicae Altorfinae honorarius. Ienae Litteris Schillianis *[Privatbesitz].*

Die beglückte Wahl des Weisen, Suchte Bey der Silchmüller- und Möcklischen Eheverbindung Welche den 8ten Martii 1764 zu Culmbach freudigst vollzogen worden [...] glückwünschend zu bezeugen, ein aufrichtiger Freund und Diener K. Culmbach.

Sterbegedichte

Wehmütige Klage über den frühzeitigen und schmertzlichen Verlust Seiner theuersten Ehe-Consortin weyland Frauen Eleonoren Marien Silchmüllerin, einer gebohrnen Killingerin welche am 3.ten Januarii dieses 1745ten Jahres in dem 30ten Jahr ihres Lebens in dem HErrn selig entschlaffen, wolte für Sich und sämtlich zurückgebliebene Kinder aus tief gebeugtem Hertzen führen Derselben Hinterlasser schmertzlich betrübter Mann und Witber Johann Christoph Silchmüller. Culmbach gedruckt bey Johann Albrecht Spindlern.

Den schmertzlichen Verlust seiner innigstgeliebtesten Tochter Frauen Eleonoren Marien Silchmüllerin gebohrnen Killingerin [...] wolte hiermit wehmüthigst betrauern Derselben schmertzlichst betrübtester Vater Albrecht Eberhardt Killinger.

Den schmertzlichen Verlust Ihres im Leben liebgewesenen Herrn Schwagers S. T. Herrn Johann Georg Keckens, welcher den 26. Martii 1747 [...] in dem 60sten Jahr seines Alters [...] entschlief [...] Wolten wehmüthigst beklagen Johann Christoph Silchmüller und Rosina Elisabetha Silchmüllerin gebohrne Schardin. Culmbach [...] 1747.

Thränen der Liebe um Seine in die 13. Jahre liebgewesene Ehegattin, der Hoch-Edelgebohrnen Frauen Frauen Rosinen Elisabethen Silchmüllerin, einer gebohrnen Schardtin nachdem Dieselbe den 20. Julii 1759 nach einer kurzen Krankheit In dem 50. Jahr Ihres rühml. Alters allhier zu Culmbach seelig entschlaffen Wehmüthigst vergossen von dem bekümmerten Wittber, Joh. Christoph Silchmüller [...] Dann Dessen tiefgebeugten sämtlichen Kindern.

Funeralia, Sammlung von (meistens Baireuthischen) Funeralien, Bd. 1 *[UB Bayreuth]*.

Archivalien

Archiv der Brüder-Unität, Herrnhut

R.20A.15.c.180 Datei 06: Tagebuch, Diarien, Reisen: Historie der Thüringen-Reise Zinzendorfs Nov. 1727.

Archiv der Franckeschen Stiftungen Halle

Briefe Silchmüllers an die Väter und Brüder in Halle
AFSt/H A78b : 88a (Extrakt eines Briefes)
AFSt/H A78b : 91 (Bericht über Genf)
AFSt/H A116 : 489 (Erweckung in Salzungen)
AFSt/H A116 : 928 (an N. N.)
AFSt/H A116 : 931 (Diarium Baruth. 30. 10. bis 30. 12. 1727 umfassend)
AFSt/H A116 : 1021 (Diar. Baruth. Cont. IV)
AFSt/H A116 : 1131 (Diarium Baruth.)
AFSt/H A175 : 115 (an Graf Reuß)
AFSt/H A188 : 71, 87, 104 (an Prof. Lange)
AFSt/H A188a : 333, 343, 363 (an Prof. Lange)
AFSt/H A188b : 34, 80, 141, 321, 388, 516 (an Prof. Lange)
AFSt/H B8 : 58 (an Aug. Herm. Francke)
AFSt/H C708 : 1–15, 17–35, 37, 38, 40, 41, 43, 47, 50, 53, 54, 56, 59, 61, 62, 65, 68, 70, 72, 73, 79, 81, 82, 87, 96, 99, 101, 103 (an Gotth. Aug. Francke)
AFSt/H C708 : 16, 42 (an einen unbekannten Rat)
AFSt/H C708 : 93 (Pro Memoria)
AFSt/H D90 : 1066 (an Graf Heinrich XXIII. Reuß)
AFSt/H K2 b : 51 (an Prof. Callenberg)
AFSt/H K3 b : 18, 368 (an Prof. Callenberg)
AFSt/H K4 b : 319 (an Prof. Callenberg)
AFSt/H K6 b : 29 (an Prof. Callenberg)

AFSt/H A 113b : 410–441 („Extract aus dem Journal, welchen Zeit meines Aufenthalts in Geneve vom 3.ten Novemb. an. 1722. bis zum 10. Aug. 1724. geführet habe, diejenige Sachen betreffend, die vornehmlich ad Statum Ecclesiasticum entweder unmittelbar gehören, oder doch einige connexion mit oder einen influxum in denselben haben.")

Landeskirchliches Archiv Nürnberg

Superint. Bayreuth Nr. 135: Kollekte für Waisenhaus
Superint. Bayreuth Nr. 149: Bücherverlag des Waisenhauses
Superint. Bayreuth Nr. 154: Waisenhaus
Superint. Bayreuth Nr. 160: Einkünfte der Superintendentur, Verhandlungen mit der Witwe Schmidt
Superint. Bayreuth Nr. 484: Bau der Kirche zu Bindlach
Superint. Kulmbach Nr. 19: Beisetzung der Prinzessin Christiana Sophia Wilhelmina
Superint. Kulmbach Nr. 38: Einkünfte der Superintendentur Kulmbach
Superint. Kulmbach Nr. 69: Prozess Superintendent contra Bürgermeister
Superint. Kulmbach Nr. 74: Pastoralia
Superint. Kulmbach Nr. 76: Wiederbesetzung der Superintendentur
Superint. Kulmbach Nr. 135: Designation 1753 (Eingepfarrte Orte)
Superint. Kulmbach Nr. 148: Schlossbausteuer und Vermählungssteuer
Superint. Kulmbach Nr. 191: Circularien
Superint. Kulmbach Nr. 200/IV: Synodal-Acta 1744 und 1751
Superint. Kulmbach Nr. 215: Vorlehen
Superint. Kulmbach Nr. 220: Proklamationen
Superint. Kulmbach Nr. 263: Katechese in Kulmbach und Streit über Silchmüllers Katechismus
Superint. Kulmbach Nr. 270: Conraditag
Superint. Kulmbach Nr. 302: Erlanger Kirchenlotterie
Superint. Kulmbach Nr. 309: Eingeschlichene Pietisten in Kulmbach

Pfarrarchiv der Stadtkirche Bayreuth

Kirchenbuch der Hofgemeinde Bayreuth (begonnen am 1. Januar 1728 von Silchmüller).

Pfarrarchiv Harsdorf

Kirchenreparatur und Einweihungsfeier 1765
(Notizen von Helmuth Meißner aus Akt 160)

Pfarrarchiv Kirchleus

Kirchenbuch 1673–1799 (Notizen über Pfarrer und Ereignisse).
Circularbuch aller Hochfürstl. Regierungs- (und) Consistorial-
und Inspections-Verordnungen vom Jahr 1741 an für die
Hochfürstl. Brandenburg.-Culmbachische Pfarrei Kirchleus
und das damit verbundene Filial Gößersdorf.

Pfarrarchiv Kulmbach St. Petri

Pfarrbeschreibung (S. 119–141)
Kirchenbuch St Petri Nr. 108, Nr. 109.

Pfarrarchiv Nemmersdorf

Gotteshaus- und Baurechnungen 1752–1755.

Pfarrarchiv Seibelsdorf

Pastoralbrief Silchmüllers an Neujahr 1756 (I. Generalia).
Gotteshausrechnungen 1586–1890

Staatsarchiv Bamberg

C 7 VIII, 2460: Buchverlag Kipping und Riedel in Bayreuth
C 13, Nr. 3266 I: Vier halbe Höfe zu Haselbrunn (Silchmüller als
    Lehnsinhaber)
C 14, Nr. 6: Jährliche Einlagen für das Waisenhaus
C 14, Nr. 621: Verschiedene Denkschriften zur Errichtung des
    Waisenhauses 1729
C 14, Nr. 623: Addresskalender
Collectanea Sauerwein und Adelsarchiv Reitzenstein: Nachrich-
    ten über die markgräfliche Familie in Bayreuth
Neuverzeichnete Akten, Nr. 7163: Der Pietisten Geist in sichtba-
    rer Gestalt / Den Herrn Hofprediger und den so genannten
    Pietisten alhier beschehene Beschuldigung so wohl im Glau-
    ben alß Leben; und die von Smo. Regnante angeordnete Un-
    tersuchung Betreff Sub anno 1735
Neuverzeichnete Akten, Nr. 13033: Exercitium theologicum und
    der Eklat mit dem Studiosus Müller

Staatsbibliothek zu Berlin – Preußischer Kulturbesitz, Handschriftenabteilung

Stab/F 19,2/27 : 4–8, 10–19 (an Aug. Herm. Francke)
Stab/F 19,2/27 : 9 (an Graf Reuß)

Stadtarchiv Bayreuth

Archiv des Historischen Vereins für Oberfranken, Nr. 856:
a) „Chronik des Waisenhauses" (nach 1791).
b) „Die immerwährende Güte und Hülfe des HErrn in Versor-
    gung armer und verlassener Waisen wurde bei Aufrichtung
    des Thurns [...] den 12. September 1768 durch einen Zimmer-
    mann auf der Kuppel gedachten Thurns gepriesen".
c) „Instruction" Silchmüllers für die beiden Inspektoren (3. Jan.
    1771).
d) „Plan, Wie die Erziehungsanstalten dahier zu Bayreuth [...]" (7.
    Mai 1776).
e) Reskript des Markgrafen Alexander am 9. Mai 1791 („Zur Be-
    endigung des Waisenhauses") und „Instruction" an Geistliche
    und Beamte (28. Juni 1791).
f) „Vorbericht über Entstehung und Zweck der Provinzial-Wai-
    senhaus-Stiftung, Rechte und Verbindlichkeiten".
Nr. 212: Brief Silchmüllers an Korbitz 1769
Nr. 695: Bau des Waisenhauses 1732
Nr. 962: Bau des Waisenhauses 1732
Nr. 1044: Eingabe Silchmüllers wegen Neuberufung von Geistli-
    chen und Lehrern (1764)."
Nr. 23622: Waisenhaus 1743
Nr. 23640: Waisenhausverlag 1747
Nr. 23645: Waisenhausbuchhandlung
Nr. 24529: Zwei Briefe Silchmüllers an den Markgrafen Friedrich
    wegen der Waisenhaus-Inspektoren Ulmer und Hechtlin
Nr. 26816: Brief von Maria Magdalena Silchmüller mit der Nach-
    richt von seinem Tode 1771. Kinder aus zweiter Ehe 1735/37
Nr. 28178: Neujahrsbrief der Prinzessin Christiane Sophie Wilhel-
    mine an Silchmüller 1738

Stadtarchiv Kulmbach

Nr. 229 – 00 1 Alumnen

Universitätsbibliothek Bayreuth

Conferenz-Buch das Waysen-Hauß und Armen-Schule allhier in
    Bayreuth betreffend Angefangen den 14. Julii anno 1730 bis
    Mai 1769.

Literatur

Armbruster, Johannes (Hrsg.): Eine preußische Königstochter. Denkwürdigkeiten der Markgräfin von Bayreuth, Schwester Friedrich des Großen. Ebenhausen-München und Leipzig 1917.

Batteiger, Jacob: Der Pietismus in Bayreuth. Berlin 1903 (Historische Studien 38).

– Zur Geschichte des Pietismus in Bayreuth. In: BBKG 9 (1903), S. 153–189, 210–227.

– Zur Geschichte des Pietismus in Bayreuth. Nachträge. In: BBKG 11 (1905), S. 34–45.

Berger, Brigitte: Die Markgrafenkirche zu Neudrossenfeld und der Einfluß Johann Christoph Silchmüllers auf die Gestaltung. Masch. Zulassungsarbeit. Bayreuth 1970.

Beyreuther, Erich: August Hermann Francke 1663–1727. Zeuge des lebendigen Gottes. 2. Aufl. Marburg 1961.

– August Hermann Francke und die Anfänge der oekumenischen Bewegung. Leipzig 1957.

– Geschichte des Pietismus. Stuttgart 1978.

Brehm, Heinrich: Johann Christoph Silchmüller in Kulmbach (1741 bis 1763). Vortrag in Kulmbach (Bericht der Bayerischen Rundschau vom 13.11.1980).

Bruckmeier, Franz: Die deutsche Schule Bayreuths im 18. Jahrhundert. Phil. Diss. Erlangen 1932.

Brückner, Georg: Pfarrbuch der Diöcesen Meiningen, Wasungen und Salzungen. Meiningen 1863 (Neue Beiträge zur Geschichte des deutschen Alterthums 2).

Flessa, Andreas: Kulmbach im Siebenjährigen Krieg. Kulmbach 1918.

Gebeßler, August: Stadt und Landkreis Kulmbach. München 1958 (Bayerische Kunstdenkmale 3).

– Stadt und Landkreis Bayreuth. München 1959 (Bayerische Kunstdenkmale 6).

Hahn, Karl: Chronik des Marktes Wirsberg. Wirsberg 1984.

Heckel, A. W.: Beispiele des Guten aus der Geschichte der Stadt Kulmbach sammt einer Chronik derselben als Einleitung. Kulmbach 1885.

Herrmann, Friedrich: Bayreuther Markgrafen-Büchlein. Kurze Geschichte des ehemaligen Fürstentums Bayreuth. Eine Denkschrift zur Feier der 100jährigen Zugehörigkeit dieses Fürstentums zur Krone Bayern. Bayreuth 1910.

Heussi, Karl: Kompendium der Kirchengeschichte. Tübingen 1949.

Holle, Johann Wilhelm: Friedrich Christian, der letzte Markgraf von Bayreuth. In: AO 5, 2 (1852), S. 1–54.

– Georg Friedrich Karl, Markgraf von Bayreuth 1726–1735. In: AO 6, 2 (1855), S. 27–64.

– Geschichte der Stadt Bayreuth von den ältesten Zeiten bis 1702. Durchgesehen und bis zum Jahre 1900 fortgeführt von Gustav Holle. Bayreuth 1902.

Kantzenbach, Friedrich Wilhelm: Der Separatismus in Franken und bayerischen Schwaben im Rahmen der pietistischen Bewegung. In: ZBKG 45 (1976), S. 33–53.

– Zinzendorf, Bayreuth und Franken. In: Jahrbuch für fränkische Landesforschung 39 (1979), S. 109–124.

– Theologie in Franken. Der Beitrag einer Region zur europäischen Theologiegeschichte. Saarbrücken 1988.

Kneule, Wilhelm: Kirchengeschichte der Stadt Bayreuth. Teil 1. Neustadt a. d. Aisch 1971 (Einzelarbeiten aus der Kirchengeschichte Bayerns 50).

Kolde, Theodor: Zur Geschichte des Pietismus in Franken. In: BBKG 8 (1902), S. 266–283.

Kraußold, Lorenz: Geschichte der evangelischen Kirche im ehemaligen Fürstenthum Bayreuth. Erlangen 1860.

Kröll, Joachim: Geschichte des Marktes Weidenberg. Weidenberg 1967.

Krückmann, Peter O.: Das Bayreuth der Markgräfin Wilhelmine. München 1998.

Lang, Laurentius Johannes Jacobus: Oratio de Superintendentibus Baruthinis. Bayreuth 1773.

Lehfeldt, Paul / Voß, Georg: Herzogthum Sachsen-Meiningen. Kreis Meiningen. Amtsgerichtsbezirk Wasungen. Jena 1910 (Bau- und Kunstdenkmäler Thüringens, Heft 36).

Meißner, Helmuth: Der Einfluß Silchmüllers auf den Bau der Markgrafenkirchen im Kulmbacher Land. In: Kirche und Kunst 1972, Nr. 4.

– Katalog der Kanzelaltäre in Oberfranken. Bayreuth 1982 (Heimatbeilage zum Amtlichen Schulanzeiger des Regierungsbezirks Oberfranken 85).

– 250 Jahre Markgrafenkirche zu St. Johannis Bayreuth 1745–1995. Bayreuth 1995.

Meister, Thomas: Separatisten in Bayreuth (1723). In: BBKG 10 (1904), S. 211–217.

– Aus dem Konferenzbuche des Bayreuther Waisenhauses. In: Beiträge zur Geschichte der Erziehung und des Unterrichts in Bayern 1905, S. 142–165.

– Das Bayreuther Waisenhaus. In: Der Mainbote von Oberfranken 1912, S. 59 f.

Moser, Johann Jacob: Beytrag zu einem Lexico der jetzt lebenden Lutherisch- und Reformirten Theologen. Züllichau 1740.

Müssel, Karl: Markgraf Friedrich von Brandenburg-Bayreuth. Teil I: Die Jugendjahre (1711–1731). Bayreuth 1954 (Wissenschaftliche Beilage zum Jahresbericht 1953/54 des Gymnasiums Christian-Ernestinum Bayreuth).

– Markgraf Friedrich von Brandenburg-Bayreuth. Teil II: Von der Verlobung bis zum Regierungsantritt (1731–1735). Bayreuth 1956 (Wissenschaftliche Beilage zum Jahresbericht 1955/56 des Gymnasiums Christian-Ernestinum Bayreuth).

Pfeiffer, Gerhard: Wilhelmine von Bayreuth. In: Fränkische Lebensbilder, Bd. 6. Würzburg 1975, S. 205–222.

– Daniel de Superville. In: Fränkische Lebensbilder, Bd. 8. Würzburg 1978, S. 147–167.

Pietsch, Franz: Geschichte der gelehrten Bildung in Kulmbach. Kulmbach 1974 (Die Plassenburg 33).

Roth, Elisabeth: „Teutsche Schulen" in Stadt und Land. In: dies. (Hrsg.): Oberfranken in der Neuzeit bis zum Ende des Alten Reiches. Bayreuth 1984, S. 663–722.

Schattenmann, Paul: Zur Entstehung des Herrnhutertums im fränkisch-schwäbischen Raum. In: ZBKG 32 (1963), S. 219–229.

Scheiding, Fritz: Allgemeine Beschreibung der evangelisch-lutherischen Pfarrei Streitberg (Manuskript von 1932 im Pfarrarchiv).

Schelter, Alfred: Der protestantische Kirchenbau des 18. Jahrhunderts in Franken. Kulmbach 1981 (Die Plassenburg 41).

Schenk, Carl: Verzeichniß aller weltlichen und geistlichen Beamten etc., die bis Ende des Jahres 1800 in den Alt-Meininger Landen (umfassend das Gebiet vor der Landestheilung von 1826) angestellt worden sind. Meiningen 1862.

Schmidt, Gustav: Die Bayreuther Markgrafen. Bayreuth 2000 (Heimatbeilage zum Oberfränkischen Schulanzeiger 273).

Schornbaum, Karl: Zur Geschichte des Separatismus im Bayreuther Unterland. In: ZBKG 16 (1941), S. 209–229; 23 (1954), S. 10–16.

– Separatisten im Bibertgrund. In: ZBKG 19 (1950), S. 176–196.

– Ein Herrnhuter im Bayreuther Unterland. In: ZBKG 22 (1953), S. 44–46.

– Herrnhuter im Markgraftum Brandenburg-Bayreuth. In: ZBKG 22 (1953), S. 199–216.

Schott, Gerhard (Hrsg.): Evang.-Luth. Dekanat Kulmbach. Porträt eines Dekanatsbezirkes. Erlangen 1991.

Seelig, Lorenz: Friedrich und Wilhelmine von Bayreuth. Die Kunst am Bayreuther Hof 1732–1763. München / Zürich 1982.

Simon, Matthias: Bayreuthisches Pfarrerbuch. Die evangelisch-lutherische Geistlichkeit des Fürstentums Kulmbach-Bayreuth (1528/29–1810). München 1930 (Einzelarbeiten aus der Kirchengeschichte Bayerns 12).

– Evangelische Kirchengeschichte Bayerns. Bd. 2. München 1942.

Sitzmann, Karl: Benk. In: Bayerland 30 (1919), S. 280–283.

– Die schönste Markgrafenkirche des Bayreuther Landes. In: Frankenheimat. Beilage zum Bayreuther Tagblatt 1953, Nr. 5.

– Künstler und Kunsthandwerker in Ostfranken. 2. Aufl. Kulmbach 1983 (Die Plassenburg 12, 16, 37).

Thiel, Heinrich: Ein Taglöhnerssohn wurde Künstler des Kirchbaus. In: Heimatbote. Beilage der Fränkischen Presse 4 (1952), S. 9f., 13f.

– Johann Georg Hoffmann und die Markgrafenkirchen. Bayreuth 1967 (Heimatbeilage zum Amtlichen Schulanzeiger des Regierungsbezirks Oberfranken 26).

– Wilhelmine von Bayreuth. Bayreuth 1981.

Veh, Otto: Markgraf Georg Friedrich Karl von Bayreuth (1726–1735). In: AO 35, 3 (1951), S. 86–108.

Weigelt, Horst: Von Schwenckfeld bis Löhe. Aspekte aus der Geschichte evangelischer Theologie und Frömmigkeit in Bayern. Gesammelte Aufsätze. Neustadt a. d. Aisch 1999 (Einzelarbeiten aus der Kirchengeschichte Bayerns 73).

– Geschichte des Pietismus in Bayern. Anfänge, Entwicklung, Bedeutung. Göttingen 2001 (Arbeiten zur Geschichte des Pietismus 40).

Weiske, Karl (Hrsg.): Johann Christoph Silchmüllers Bayreuther Tagebuch, eine neue Quelle für die Erforschung der Geschichte des Pietismus in Bayreuth. In: AO 29, 2 (1925), S. 17–100.

Werth, Sandra: Silchmüllers Waisenhaus als Auswirkung des Halleschen Pietismus. Zulassungsarbeit. Bayreuth 2003.

Abkürzungen

AFSt	Archiv der Franckeschen Stiftungen Halle
AO	Archiv für Geschichte [und Altert(h)umskunde] von Oberfranken
BBKG	Beiträge zur bayerischen Kirchengeschichte
LKAN	Landeskirchliches Archiv Nürnberg
PfA	Pfarrarchiv
SBB	Staatsbibliothek zu Berlin
StAB	Staatsarchiv Bamberg
StadtA Bayreuth	Stadtarchiv Bayreuth
StadtA Kulmbach	Stadtarchiv Kulmbach
UB	Universitätsbibliothek
ZBKG	Zeitschrift für bayerische Kirchengeschichte

Anmerkungen

1 Schenk, S. 149.

2 Lehfeldt/Voß, S. 148.

3 Silchmüller: Das große Erbe der Geistlichen Überwinder, S. 95.

4 Lehfeldt/Voß, S. 149f.

5 Reißland, Ingrid: Die Einweihungsfeierlichkeiten der Schloßkirche „Zur Heiligen Dreifaltigkeit" am 9. November 1692 als Abschluß der Hauptbauphase des Meininger Schlosses Elisabethenburg 1682–1692. In: Südthüringer Forschungen 27 (1992), S. 28–37, hier S. 33.

6 Brückner: Pfarrbuch S. 425f. Nach Lang: Oratio de Superintendentibus, reichte die Pfarrerdynastie Pfnör bis in die Zeit Luthers zurück. Die Familie war auch mit dem berühmten Theologengeschlecht Walch verwandt.

7 Lehfeldt/Voß, S. 148.

8 Schenk, S. 150; Brückner: Pfarrbuch S. 450.

9 Brückner: Pfarrbuch S. 425f.

10 Wölfing, Günther: Wasungen. Eine Kleinstadt im Feudalismus vom 9. bis zum 19. Jahrhundert. Weimar 1980, S. 190f.

11 Brückner: Pfarrbuch, S. 425f.

12 Morgenstern, Otto: Die Ephoren, Rektoren (Direktoren) und Lehrer des Hennebergischen Gymnasiums in Schleusingen von 1660–1914. In: Schriften des Hennebergischen Geschichtsvereins 16 (1930), S. 36–71.

13 Historia Historiographorum.

14 Morgenstern, Otto: Der Unterhalt des Gymnasiums in Schleusingen während der gemeinschaftlichen Verwaltung von 1660–1841. In: Schriften des Hennebergischen Geschichtsvereins 16 (1930), S. 1–35.

15 Ignasiak, Detlef: Herrscher und Mäzene. Thüringer Fürsten von Hermenefred bis Georg II. Rudolstadt 1994, S. 194ff.

16 Jauernig, Reinhold (Bearb.): Matrikel der Universität Jena. Bd. 2: 1652–1723. Weimar 1977, S. 759.

17 Juntke, Fritz (Bearb.): Matrikel der Martin-Luther-Universität Halle-Wittenberg. Bd. 2: 1690–1730. Halle 1960.

18 Moser, s. v. „Silchmüller".

19 AFSt, H C 708 : 61, fol. 4f.

20 Beyreuther: August Hermann Francke, S. 64.

21 Ebd., S. 24f.

22 Heussi, S. 398.

23 Beyreuther: August Hermann Francke, S. 45.

24 Spener, Philipp Jakob: Pia desideria. Gießen 1995, S. 49ff.; Heussi, S. 405.

25 Beyreuther: August Hermann Francke, S. 148.

26 Ebd., S. 150.

27 Ebd., S. 173.

28 Ebd., S. 174.

29 Ebd., S. 178.

30 Silchmüller: Die Seligkeit derer die da trachten nach dem Reich GOttes, S. 6, 62. In seinem „Bayreuther Tagebuch" (Weiske, S. 72) schrieb er, er sei in Jena als „böser Bube" bekannt gewesen. Erst in Halle sei ein anderer Mensch aus ihm geworden.

31 AFSt, H C 708 : 61, fol. 5.

32 Beyreuther: August Hermann Francke, S. 206.

33 In einem Brief an Zinzendorf vom 24. November 1729 erwähnt Silchmüller den Tod seines Lehrers. Er war davon betroffen und meinte: „O, ein großer Verlust für Jena!" (Batteiger: Zur Geschichte, S. 185).

34 Zum folgenden: Moser, s. v. „Silchmüller"; Batteiger: Zur Geschichte, S. 155; Holle: Friedrich Christian; Veh. Als „Informator" begleitete Silchmüller die Prinzen bei ihrem Studium und versuchte sie dabei anzuleiten und zu fördern.

35 SBB, F 19,2/27 : 4 (auch zum Folgenden).

36 SBB, F 19,2/27 : 5.

37 AFSt, H A175 : 115, AFSt, H D90 : 1066.

38 Graf Heinrich XXIII. von Reuß-Lobenstein besaß keine eigene Herrschaft und wohnte nach seiner Verabschiedung als hessischer Oberst in Halle. Er war Mitglied des Missionskollegiums, besorgte dessen Korrespondenz und versuchte unter seinen Standesgenossen für die Missionsarbeit in Indien zu werben. Kramer, Gustav: August Hermann Francke. Ein Lebensbild. Halle 1880–1882, S. 171, 174, 176f., 206.

39 SBB, F 19,2/27 : 7.

40 AFSt, H A 113b 410–441: „Extract aus dem Journal", S. 410 ff. Auch ein Brief vom 16. März 1723 an den Grafen Reuß berichtet die über Genfer Verhältnisse. SBB, F 19,2/27 : 9.

41 Ebd., S. 419 ff.

42 „Prädestination" bedeutet, dass die einen Menschen zur Seligkeit, die anderen aber zur Verdammnis vorherbestimmt seien. Strenge Kalvinisten vertraten diese Lehre.

43 AFSt, H A 113b 410–441: „Extract aus dem Journal", S. 436 ff.

44 Veh, S. 3 ff.

45 Batteiger: Zur Geschichte, S. 166.

46 Ebd., S. 168.

47 SBB, F 19,2/27 : 13, fol. 3.

48 Ebd.

49 SBB, F 19,2/27 : 11, fol. 1.

50 SBB, F 19,2/27 : 12, fol. 1.

51 Weiske, S. 21.

52 Moser: Lexikon s. v. „Silchmüller".

53 Silchmüller: Die Seligkeit, S. 59.

54 SBB, F 19,2/27 : 17, fol. 1.

55 Beyreuther, Erich: August Hermann Francke und die Anfänge der oekumenischen Bewegung. Leipzig 1957, S. 266.

56 Beyreuther: August Hermann Francke, S. 233, 237.

57 Silchmüller: Die Seligkeit, S. 6.

58 Flessa: Leichen-Rede.

59 SBB, F 19,2/27 : 14, fol. 1 ff. (auch zum Folgenden).

60 SBB, F 19,2/27 : 15 und 16.

61 Flessa: Leichen-Rede.

62 Epithalamium quo sacra nuptialia viri [...] Domini Johannis Christophori Silchmulleri [...] cum Virgine Sophia Charlotta.

63 Silchmüller: Die Seligkeit, S. 12.

64 Ebd., S. 14.

65 Ebd., S. 31.

66 Ebd., S. 37.

67 Ebd., S. 54.

68 Ebd., S. 61.

69 Weiske, S. 20.

70 Ebd., S. 21.

71 Kneule, S. 56 f.

72 Zum folgenden: Weigelt: Geschichte, S. 69 ff.

73 Weiske, S. 33 ff.

74 Weigelt: Geschichte, S. 103 ff.

75 Kraußold, S. 286.

76 Kantzenbach: Separatismus, S. 36 ff.

77 Ebd., S. 36 ff.; Weigelt: Geschichte, S. 135, 141 ff.

78 „Wiedergeboren" nennt Jesus in Joh. 3 die Menschen, die durch den Geist Gottes zum Glauben geführt wurden und mit Gott Gemeinschaft haben.

79 „Hure Babel" ist bei den Dissidenten ein Ausdruck für die von Gott abgefallene Kirche gewesen.

80 Zum folgenden: Weigelt: Geschichte, S. 150 ff., Pezold, Uta von: Die Herrschaft Thurnau im 18. Jahrhundert. Kulmbach 1968 (Die Plassenburg 27), S. 152 ff.

81 Weigelt: Geschichte, S. 148 ff.

82 Schornbaum: Zur Geschichte des Separatismus.

83 Kraußold, S. 286 f.

84 Beyreuther: August Hermann Francke, S. 218 ff.

85 Zum Folgenden: Weigelt: Geschichte, S. 213 f.

86 Zum Folgenden: Meister: Separatisten. (Meister zitiert hier aus der Autobiographie des Stadtschulmeisters Erdmann Johann Creta, die sich als Manuskript in der Sammlung des Historischen Vereins von Oberfranken befindet.) Ferner Kantzenbach: Separatismus, S. 33 ff.; Simon: Evangelische Kirchengeschichte, S. 493.

87 Zum Folgenden: Veh, S. 13.

88 StAB, C 18/1 Collectanea Sauerwein, Nr. 24.

89 Holle: Georg Friedrich Karl, S. 34.

90 Zum Folgenden: Herrmann, S. 50 ff.

91 Zum Folgenden: Holle: Georg Friedrich Karl, S. 35 ff.

92 Zum Folgenden: ebd., S. 36 f.

93 Silchmüller: Erbauliches Denckmahl, Bl. 56.

94 Holle: Georg Friedrich Karl, S. 36 f.

95 Weiske, S. 95 ff. Der Markgraf erließ das Reskript acht Monate vor der Ankunft Silchmüllers in Bayreuth.

96 Holle: Georg Friedrich Karl, S. 41.

97 Ebd., S. 37.

98 Zum Folgenden: Weiske, S. 27 f.

99 Ebd., S. 33.

100 Ebd.

101 Ebd., S. 34 f.

102 Ebd., S. 37.

103 Ebd., S. 37 f.

104 Weigelt: Geschichte, S. 227 f.

105 Weiske, S. 38 f.

106 Ebd., S. 41 f. Ebenso: Archiv der Brüder-Unität, Historie der Thüringen-Reise Zinzendorfs, S. 13 ff.

107 Silchmüller: Der Einzug, S. 9.

108 Ebd., S. 12 f.

109 PfA Seibelsdorf, Generalia I, Pastoralbrief Neujahr 1756.

110 Weiske, S. 46.

111 Silchmüller: Der Einzug, S. 67.

112 Ebd., S. 67 f.

113 Weiske, S. 44 ff.

114 Kantzenbach: Theologie, S. 249 f.

115 Weiske, S. 48.

116 Ebd., S. 48 f.

117 Holle: Georg Friedrich Karl, S. 41.
118 Der Bericht über die Eröffnung des Landtages findet sich im Bayreuther Tagebuch (Weiske, S. 50 f.). – „Salutem publicam" = das öffentliche Wohl.
119 Weiske, S. 52 f.
120 Holle: Georg Friedrich Karl, S. 46.
121 Weiske, S. 58 f.
122 Ebd., S. 60.
123 StAB, Neuverzeichnete Akten 13033.
124 Weiske, S. 61.
125 Ebd., S. 99 f. Siehe auch AFSt, H A 116 : 928, fol. 1 f.
126 Weiske, S. 61, 99; ebenso AFSt, H A 116 : 928, fol. 1.
127 Weiske, S. 62.
128 Batteiger: Zur Geschichte, S. 169 f.
129 Weiske, S. 91 f. – Einige Wochen später waren es acht. Sie kamen mittwochs zwischen 18 und 19 Uhr zusammen. Es ging hier beim Bibellesen um praktische Frömmigkeit, wie man als Christ im Alltag leben kann. Da Silchmüller oft verhindert war, gab er ihnen eine Anleitung, wie sie ohne ihn eine Erbauungsstunde halten konnten. Das taten sie dann auch und kamen zusätzlich am Sonntagnachmittag zusammen.
130 Batteiger: Zur Geschichte, S. 172 ff. (Brief vom 20. Mai 1728).
131 Weiske, S. 68.
132 StAB, Neuverzeichnete Akten 13033.
133 Weiske, S. 76 ff.
134 Nach Pietsch, S. 115.
135 Weiske, S. 65, 80.
136 Ebd., S. 79 f.; Batteiger: Zur Geschichte, S. 174.
137 Weiske, S. 63, 72, 79; Batteiger: Zur Geschichte, S. 174.
138 Weiske, S. 71.
139 AFSt, H C 708 : 2, ebenso 708 : 1.
140 AFSt, H C 708 : 2, fol. 2; 708 : 3, fol. 1; 708 : 6, fol. 1 ff., und öfter.
141 AFSt, H C 708 : 6, fol. 4 f.
142 AFSt, H C 708 : 5, fol. 1 f. und öfter.
143 AFSt, H K3b : 18.
144 AFSt, H K4b : 319, fol. 1 ff.
145 Weiske, S. 81 f.
146 Die Lindenallee mit rund 800 Bäumen hatte schon Markgraf Christian Ernst anlegen lassen. Sie standen in vierfacher Reihe zu beiden Seiten eines Weges. In dieser Allee konnte das „Baile-Maille" gespielt werden. Dabei wurde mit einem Schlegel eine Holzkugel nach vorn geschlagen. Sieger war, wer mit den wenigsten Schlägen das Ende der Allee erreichte. Herrmann, S. 49.
147 Weiske, S. 83 ff.

148 Ebd., S. 85 ff.
149 Batteiger: Zur Geschichte, S. 157.
150 Ebd., S. 176 f. (Brief vom 9. Juni 1728).
151 Zinzendorf trug auch Silchmüllers Frau eine Patenschaft an, nämlich für seinen dritten Sohn Christian Friedrich, und Silchmüller bat Zinzendorfs Gemahlin um die Patenschaft für die zweite Tochter Sophia Louise (Brief vom 24. November 1729). Beide Kinder starben aber im frühen Kindesalter. Dazu Batteiger: Zur Geschichte, S. 184 f.
152 Ebd., S. 172.
153 Ebd., S. 176 f.
154 Ebd., S. 178.
155 Ebd., S. 180.
156 Ebd., S. 157.
157 Holle: Georg Friedrich Karl, S. 46 f.
158 StAB, Collectanea Sauerwein, Nr. 4.
159 Ebd.
160 Holle: Georg Friedrich Karl, S. 48 f.
161 Batteiger: Zur Geschichte, S. 182.
162 Ebd., S. 181 f.
163 D. Martini Lutheri Kleiner Catechismus, Vorrede.
164 Ebd., S. 45.
165 Ebd., S. 46 ff.
166 Ebd., Vorrede.
167 Kneule, S. 75 f.
168 LKAN, Superint. Kulmbach, Nr. 263.
169 LKAN, Superint. Kulmbach, Nr. 263: Handschriftliche Kopie von „Drey theologische Gutachten".
170 Drey Theologische Gutachten, S. 16 f.
171 Ebd., S. 27 f.
172 Ebd., S. 31 f.
173 LKAN, Superint. Kulmbach, Nr. 263 (auch zum Folgenden).
174 Ebd.
175 Ebd.
176 Archiv des Dekanats Kulmbach.
177 LKAN, Superint. Kulmbach, Nr. 191
178 Kneule, S. 134.
179 Silchmüller: Neue Spuren, Vorrede und § 1.
180 Ebd.
181 Kneule, S. 76.
182 StAB, C 14, Nr. 621, fol. 1 und 30–39.
183 Ebd., fol. 2–6.
184 AFSt, H A 188a : 343.
185 StAB, C 14, Nr. 621, fol. 12–17.
186 Ebd., fol. 18–28.
187 Silchmüller: Neue Spuren, § 2.
188 Ebd., § 3.

189 Ebd., § 4; LKAN, Superint. Bayreuth, Nr. 135 (Schreiben des Konsistoriums an die Superintendenten).
190 StadtA Bayreuth („Aus einer Chronik" § 4).
191 Conferenz-Buch, S. 7.
192 Silchmüller: Neue Spuren, §5.
193 Ebd., § 6.
194 StadtA Bayreuth, HV Nr. 963.
195 AFSt, H C 708 : 10, fol. 4f.
196 Roth, S. 695.
197 Silchmüller: Neue Spuren, § 7. – Eine Bauabrechnung findet sich im Stadtarchiv Bayreuth (Nr. 695). Sie wurde im November 1733 unterschrieben von Silchmüller, vom Ersten Bürgermeister Elias Kolbe, vom Bürgermeister und Hospitalvorsteher Simon Richter, vom Stadtschreiber Johann Wolfgang Christ und von Johann Michael Taurer. Es findet sich dort auch ein Vorvertrag mit dem Maurermeister Johann Ruprecht Schleicher vom 5. Juli 1732.
198 Silchmüller: Neue Spuren, § 8.
199 Conferenz-Buch, 21. Juli 1730.
200 Silchmüller: Neue Spuren, § 9.
201 Conferenz-Buch, 4. August 1730.
202 Ebd., 15. September 1730.
203 Ebd., 11. November 1730.
204 Silchmüller: Neue Spuren, § 9.
205 Conferenz-Buch, 30. März 1731.
206 Ebd., 1. Dezember 1730.
207 Ebd., 8. Juni 1731.
208 Ebd., 14. März 1732.
209 Ebd., 1. Dezember 1730.
210 Ebd., 14. März 1732.
211 Bruckmeier, S. 39.
212 Das schmale Heft war ohne Verfasserangabe in Jena herausgebracht worden. Schon bei der zweiten Konferenz am 21. Juli 1730 wurde beschlossen, den Traktat in Bayreuth drucken zu lassen.
213 Milch für die Unmündigen, S. 3
214 Ebd., S. 23 ff. zum Folgenden.
215 Ebd., S. 26–48.
216 Ebd., S. 38.
217 Bruckmeier, S. 46 ff.
218 Ebd., S. 40 f.
219 Conferenz-Buch, 31. Oktober 1732.
220 AFSt, H C 708 : 16, fol. 3.
221 Zum Ablauf der Prüfung: Conferenz-Buch, 6. und 13. April 1731, 13. und 23. Juni 1732.
222 Ebd., 13. Oktober 1730.
223 Bruckmeier S. 19 f.
224 Conferenz-Buch, 7. Dezember 1731.

225 Ebd., 29. Oktober 1731.
226 Ebd., 9. Oktober 1733.
227 Ebd., 1735 (ohne Datum).
228 AFSt, H C 708 : 21, fol. 3 f.; 708 : 24, fol. 2 f.
229 Conferenz-Buch, 5. Oktober 1736 und am 8. Februar 1737.
230 Eine Bücherliste findet sich im StadtA Bayreuth, Nr. 23645.
231 Conferenz-Buch, 28. Februar und 11. Juli 1738. Im LKAN, Superint. Bayreuth, Nr. 149, findet sich auch ein Schreiben des Konsistoriums an die Superintendenten vom 7. September 1740 mit der Weisung, für die Schulen Neue Testamente und Psalter aus dem Verlag des Waisenhauses anzuschaffen. (Preis für ein ungebundenes Neues Testament mit Psalmen 2 Groschen und 6 Pfennige, für ein gebundenes 5 Groschen.)
232 Hochfürstlich-Brandenburgisch-Culmbacher [...] Address- und Schreibkalender [...] 1745. – Im Januar 1747 fragte der damalige Präsident der Erlanger Universität Superville bei Silchmüller an, ob das Waisenhaus die Verlagsrechte an dem Kalender der Erlanger Universitätsbuchhandlung für 2000 bis 3000 Gulden verkaufen würde, ferner ob sich Silchmüller für eine Geschäftsverbindung der Hallischen Waisenhausbuchhandlung mit der Erlanger Buchhandlung einsetzen könne, mit dem Ziel, dass jede die Erzeugnisse der anderen mitverkaufe. Eine Antwort Silchmüllers wurde nicht gefunden (StadtA Bayreuth, Nr. 23645). Jedenfalls behielt das Bayreuther Waisenhaus das Privileg bis 1769. Da übertrug es Markgraf Alexander dem Ansbacher Waisenhaus. Die Bayreuther bekamen eine jährliche Entschädigung von 200 Gulden frk. bis zum Rechnungsjahr 1792/93. Da stellte die königl. preußische Regierung die Zahlung ein und überließ den beiden Waisenhausstiftungen das Kalenderprivileg, die damit aber nichts mehr anfangen konnten, wie Joh. Michael Mansfeld von der Königl.-Preuß. Waisenhausverwaltung am 28. Februar 1794 schrieb. (StAB, C 14, Nr. 623.)
233 Engelbrecht, Wilfried: Die Waisenhausdruckerei – Bayreuths legendäre Druckwerkstatt. In: AO 68 (1988), S. 229–234.
234 AFSt, H C 708 : 21, fol. 4.
235 Silchmüller: Neue Spuren, § 14.
236 Ebd., § 12.
237 LKAN, Superint. Bayreuth, Nr. 135 (Waisenhauskollekte).
238 Francke, August Hermann: Segensvolle Fußstapfen [...].Gießen 1994.
239 Silchmüller: Neue Spuren, § 12.
240 Ebd., §13. Siehe auch AFSt, H C 708 : 19, fol. 3.
241 Conferenz-Buch, 16. Dezember 1735.
242 Ebd., 23. März und 13. April 1736.

243 Silchmüller: Neue Spuren, § 13.

244 Conferenz-Buch, 16. März 1736.

245 Ebd., 7. Oktober 1738.

246 AFSt, H C 708 : 32, fol. 2f.

247 AFSt, H C708 : 33, fol. 1ff.

248 AFSt, H C 708 : 37, fol. 4f.

249 AFSt, H C 708 : 42, fol. 3ff.

250 AFSt, H C 708 : 43, fol. 3ff.

251 AFSt, H C 708 : 34, fol. 2.

252 AFSt, H C 708 : 42, fol. 12.

253 Conferenz-Buch, 16. Februar 1731 (den ersten Kurs übernahm German August Ellrod).

254 Silchmüller: Neue Spuren, § 14.

255 Meister: Aus dem Konferenzbuche, S. 165.

256 Batteiger: Zur Geschichte, S. 170, 213, 224 u. ö.

257 Ebd., S. 171.

258 Ebd., S. 174.

259 Silchmüller: Der Schwach-Gläubigen Aergerniß, S. 13.

260 Ebd., S. 19.

261 Ebd., S. 27.

262 Ebd., S. 35.

263 Ebd., S. 38.

264 Ebd., S. 41.

265 Auch zum folgenden: Silchmüller: Das grosse Erbe, S. 30ff.

266 Vgl. 1.1.

267 Silchmüller: Die Vortheile der Nachfolger, S. 21ff.

268 Ebd., S. 24.

269 Ebd., S. 26. – Das Gravenreuther Stift in St. Georgen geht auf einen Vetter dritten Grades zurück: Georg Christoph von Gravenreuth († 1736) verfasste 1735 ein entsprechendes Testament. Müssel, Karl: Georg Christoph von Gravenreuth. In: AO 51 (1971) S. 159–194.

270 Batteiger: Zur Geschichte, S. 177.

271 Ebd., S. 182.

272 Ebd., S. 224f.

273 Diese „typologische Auslegung" des Alten Testamentes wurde besonders im 17. Jahrhundert von reformierten Theologen wie Johann Coccejus († 1669 in Leiden) geübt. Sie sahen in der Geschichte des alten Bundes, in Lebensläufen und Kulthandlungen, Andeutungen für das Kommende, nämlich für die Heilsgeschichte des neuen Bundes. In der Zeit der Aufklärung wurde diese Art der Schriftauslegung aufgegeben, aber später auch wieder angewandt.

274 Moser, s. v. „Silchmüller" (zum Bisherigen und Folgenden).

275 Tauler, Vorrede S. 4.

276 Ebd., S. 8.

277 Ebd., S. 9.

278 Ebd., S. 13f.

279 Ebd., S. 25–38.

280 Silchmüller: Der Ertz-Vater Joseph.

281 Batteiger: Zur Geschichte, S. 225.

282 Ebd., S. 223.

283 Hagen, Erhard Christian von: Geschichtliche Nachrichten über das Bayreuther Gesangbuch. In: AO 6, 1 (1854), S. 65–90, hier S. 75ff.

284 Silchmüller: Neue Sammlung, S. 341.

285 Zur Groß- und Kleinschreibung bemerkte der Herausgeber, sie werde deshalb so verwendet, um im fortlaufenden Text jeweils den Anfang einer Verszeile sichtbar zu machen.

286 Silchmüller: Neue Sammlung, S. 425.

287 Bainton, Roland Herbert: Hier stehe ich. Das Leben Martin Luthers. Göttingen 1952, S. 210ff.

288 AFSt, H A 188a : 363, fol. 3. 188b : 34, fol. 2.

289 Batteiger: Zur Geschichte, S. 186.

290 Ebd., S. 186f.

291 AFSt, H C 708 : 7, fol. 1f.

292 Simon: Evangelische Kirchengeschichte, S. 502.

293 Kantzenbach: Zinzendorf, S. 117.

294 Batteiger: Zur Geschichte, S. 215.

295 Eine von ihnen hatte dann wahrscheinlich die Verleumdungen ausgesprengt, von denen im Kapitel 2.6. berichtet wurde.

296 Batteiger: Zur Geschichte, S. 220.

297 Ebd., S. 222.

298 Ebd., S. 223.

299 Ebd., S. 226 (auch zum Folgenden).

300 Burckhardt, W.: Aus der Geschichte der Brüdergemeine Ebersdorf. Herrnhut 1939, S. 12.

301 AFSt, H C 708 : 47, fol. 3.

302 AFSt, H A 188b : 141, fol. 1f.

303 Ebd.

304 AFSt, H C 708 : 9, fol. 2.

305 Zum Folgenden siehe Schornbaum: Separatisten im Bibertgrund, S. 176–185.

306 Ebd., S. 183ff. (auch zum Folgenden).

307 Zum Folgenden siehe Schornbaum: Zur Geschichte des Separatismus, S. 209ff.

308 Simon: Evangelische Kirchengeschichte, S. 502.

309 AFSt, H A 188b : 516, fol. 1f.

310 Schornbaum: Zur Geschichte des Separatismus, S. 15f.

311 Batteiger: Zur Geschichte, S. 174f.

312 AFSt, H K 4b : 319, fol. 1f. (auch zum Folgenden).

313 Weigelt: Geschichte, S. 236.

314 Buchka: Evangelische Buß-Thränen, S. 3.

315 Ebd., S. 85.

316 Ebd., S. 110.

317 Ebd., S. 112 ff.

318 Ebd., S. 87.

319 Weigelt: Geschichte, S. 216.

320 Batteiger: Zur Geschichte, S. 185 („in Ecclesiasticis" = in Kirchenangelegenheiten).

321 Ebd., S. 186 (Praeses = Präsident des Konsistoriums).

322 Ebd., S. 211.

323 Zum Folgenden Batteiger: Der Pietismus in Bayreuth, S. 95 ff.

324 AFSt, H C 708 : 12, fol. 4.

325 AFSt, H C 708 : 14, fol. 1 ff.

326 AFSt, H C 708 : 15, fol. 1 f.

327 Batteiger: Zur Geschichte, S. 218 (Brief vom 7. Februar 1736).

328 Ebd., S. 218.

329 StAB, Neuverzeichnete Akten 7163.

330 Johann Christian Schmidt, geboren 1706 in Trogen bei Hof als Sohn eines Schmieds und Dorfrichters. Ab 1724 Studium der Theologie in Leipzig. 1737 Reisen nach Holland, England und Frankreich. 1738 Professor am Bayreuther Gymnasium. 1739 ordiniert und Kabinettsprediger des Markgrafen Friedrich. 1741 Hofprediger und Konsistorialrat. 1760 Superintendent in Bayreuth. Seit 1739 verheiratet mit Veronika Susanna Streit, Amtmannstochter aus Heinersreuth. Gestorben 1763 in Bayreuth. Simon: Bayreuthisches Pfarrerbuch, S. 292.

331 StAB, Neuverzeichnete Akten 7163, fol. 2.

332 Ebd., fol. 4–27.

333 Zum Folgenden ebd. fol. 29–43.

334 Batteiger: Zur Geschichte, S. 214 f.

335 Silchmüller: Erbauliches Denckmahl, Bl. 54 ff.

336 Allerdings erwähnt Silchmüller als Todesursache, Wilhelm Ernst sei in Italien als kaiserlicher Obrist an den Blattern gestorben (AFSt, H C 708 : 20, fol. 4).

337 Silchmüller: Erbauliches Denckmahl, Bl. 58 f.

338 Armbruster, S. 394 ff.

339 Silchmüller: Erbauliches Denckmahl, Bl. 61.

340 Ebd., Bl. 64.

341 Ebd., Bl. 65.

342 Ebd., Bl. 69 ff.

343 Batteiger: Zur Geschichte, S. 216 f.

344 Ebd., S. 217 ff.

345 Müssel: Markgraf Friedrich, Teil I, S. 8 f.

346 Ebd., S. 27.

347 Müssel: Markgraf Friedrich, Teil II, S. 26 f.

348 Thiel: Wilhelmine, S. 111.

349 Ebd., S. 34 f.

350 Armbruster, S. 71 f.

351 Thiel: Wilhelmine, S. 35 f., 78.

352 Armbruster, S. 230 ff.

353 Zum Folgenden: StAB, C 18 Collectanea Sauerwein, Nr. 5, Fasc. 24, Bl. 20.

354 Thiel: Wilhelmine, S. 138.

355 AFSt, H C 708 : 10, fol. 2.

356 Zum Folgenden Thiel: Wilhelmine, S. 155.

357 Zum Folgenden Armbruster, S. 354 f.

358 Thiel: Wilhelmine, S. 162.

359 Ebd., S. 165.

360 Ebd., S. 171.

361 Krückmann, S. 34 f.

362 Batteiger: Zur Geschichte, S. 215.

363 AFSt, H C 708 : 20, fol. 1.

364 Schmidt: Leichen- und Gedächtnisreden, S. 14 ff.

365 Zum Folgenden: StAB, Neuverzeichnete Akten 7163.

366 Zum Folgenden: Schmidt: Leichen- und Gedächtnisreden, S. 16 f.

367 Weigelt: Geschichte, S. 239.

368 Thiel: Wilhelmine, S. 204.

369 Armbruster, S. 417.

370 Batteiger: Zur Geschichte, S. 220.

371 AFSt, H A 188b : 388, fol. 3 f.

372 Ebd., fol. 5 f.

373 AFSt, H C 708 : 27, fol. 3 f.

374 „Bete für uns, und am meisten für mich Sünder." AFSt, H C 708 : 29, fol. 7.

375 Kantzenbach: Zinzendorf, S. 118.

376 Thiel: Wilhelmine, S. 202.

377 Armbruster, S. 418.

378 Thiel: Wilhelmine, S. 173.

379 Armbruster, S. 443 f.

380 Ebd., S. 437.

381 Pfeiffer: Superville, S. 151 ff.

382 Kantzenbach: Zinzendorf, S. 118.

383 Thiel: Wilhelmine, S. 182.

384 Ebd., S. 197.

385 Zum Folgenden: Silchmüller, Die Thorheit, S. 9 ff.

386 Ebd., S. 48 ff.

387 Ebd., S. 70 ff.

388 1721 war der Norweger Egede mit seiner Familie nach Grönland gereist und hatte unter den Eskimos die ersten christlichen Gemeinden gegründet. Ab 1733 unterstützten Herrnhuter Brüder die Missionsarbeit. Einer von ihnen gab wohl Silchmüller diese Informationen.

389 Silchmüller: Die Thorheit, S. 80 ff.

390 Armbruster, S. 452.

391 Batteiger: Der Pietismus in Bayreuth, S. 108.

392 Batteiger: Zur Geschichte, S. 225.

393 Batteiger: Der Pietismus in Bayreuth, S. 113.

394 AFSt, H A 188 : 104, fol. 4. Die lateinischen Worte im ersten Satz bedeuten: „Und dies gegen meinen Willen." Der Verweis auf Amos soll eine gewisse Parallelität aufzeigen: Der Prophet wurde aus Bethel vertrieben, weil er dem König das Gericht Gottes androhte. Man sagte ihm: „Bethel ist ein Heiligtum des Königs. Da hast du nichts verloren." So erwartete man wohl auch vom Hofprediger, dass er der Ehre des Herrschers dient, aber diesen nicht kritisiert.

395 Die Taufen (und Trauungen) finden sich im Kirchenbuch der Hofgemeinde, das Silchmüller am 1. Januar 1728 begann. Er schreibt, dass unter dem Oberhofprediger und Generalsuperintendenten Seidel († 1712) schon einmal ein eigenes Kirchenbuch für die Hofgemeinde geführt worden sei. Es konnte nicht mehr gefunden werden. Silchmüllers Kirchenbuch befindet sich jetzt im Archiv der Stadtkirche. Die Beerdigungen der Hofgemeinde wurden weiterhin im Kirchenbuch der Stadtgemeinde vermerkt.

396 Batteiger: Zur Geschichte, S. 180f.

397 Wie Anm. 395.

398 Dies und das Folgende in: Flessa: Leichen-Rede.

399 Die hier genannten Namen erinnern an die Geschichte Rahels, der Frau des Erzvaters Jakob im Alten Testament. Sie starb an der Geburt ihres Sohnes und nannte ihn deshalb Ben-Oni (Sohn des Schmerzes). Jakob aber änderte den Namen in Benjamin (Sohn des Glücks).

400 AFSt, H C 708 : 14, fol. 4; C 708 : 15, fol. 1.

401 AFSt, H A 188b : 321, fol. 3.

402 Batteiger: Zur Geschichte, S. 213.

403 Strobel: Bey der Ehelichen Verbindung.

404 StadtA Bayreuth, Nr. 26816.

405 AFSt, H A 188 :104, fol. 2f. – Johanna Maria Blaufuß war die Schwägerin von Silchmüllers ältester Schwester, die mit einem Rektor Weigandt in Salzungen verheiratet gewesen war. Beide, Schwester und Schwager Silchmüllers, waren damals schon verstorben. Deshalb übernahm er zusammen mit der Frau Blaufuß die Sorge für den jüngsten Sohn des verstorbenen Ehepaares, der Silchmüllers Patenkind war. Sie ermöglichten ihm den Besuch der Schule in Salzungen und Neustadt a. d. Aisch. Im Januar 1741 bat Silchmüller Professor Lange, dem sehr armen Theologiestudenten Weigandt ein Stipendium zu gewähren.

406 PfA Bayreuth-Stadtkirche, Kirchenbuch der Hofgemeinde.

407 Ebd.

408 Ebd.

409 LKAN, Superint. Kulmbach, Nr. 76.

410 LKAN, Superint. Kulmbach, Nr. 191 (Circularien). In einem Schreiben vom 30. April 1752 betonte Silchmüller, dass er sich im mindesten um dieses Amt beworben hätte, sondern er wurde gegen seinen Willen „genöthiget, gedrungen und gezwungen".

411 Hochfürstlich-Brandenburgisch-Culmbacher […] Address- und Schreibkalender 1745, S. 137f.

412 Ebd.

413 LKAN, Superint. Kulmbach, Nr. 191 (Circ. 28. Nov. 1741).

414 Ebd. (Circ. 15. Jan. 1745).

415 Ebd. (Circ. 17. Dez. 1746).

416 Ebd. (Circ. 27. Jan. 1749).

417 Ebd. (Circ. 8. Mai 1741 und öfter).

418 Zum Folgenden Meister: Aus dem Konferenzbuche. Hier findet sich ein Abdruck von Heerwagens „Nachrichten vom Culmbachischen Schulwesen 1780". Vgl. ferner Pietsch, S. 19ff.; Bittner, Franz: Lateinschulen und Gymnasien. In: Roth, Elisabeth (Hrsg.): Oberfranken in der Neuzeit bis zum Ende des Alten Reiches. Bayreuth 1984, S. 589–625.

419 Pietsch, S. 35ff.

420 LKAN, Superint. Kulmbach, Nr. 191 (Circ. 22. Nov. 1751).

421 StadtA Kulmbach Nr. 229 – 00 1 („Alumnen").

422 LKAN, Superint. Kulmbach, Nr. 81 („Recess") und 135 („Designation").

423 LKAN, Superint. Kulmbach, Nr. 191 (Circ. 5. Juni 1743 und öfter).

424 Ebd. (Circ. 29. August 1757).

425 PfA Kirchleus, Circularbuch (18. Dez. 1756).

426 Die Pfarrbeschreibung von St. Petri erwähnt Silchmüllers Unterstützung der Missionsarbeit unter den Tamilen in Trankebar in der Nähe von Madras.

427 LKAN, Superint. Kulmbach, Nr. 191 (Circ. 26. Apr. 1746).

428 PfA Kirchleus, Circularbuch (5. Sept. 1745).

429 Silchmüller erinnerte daran, dass der Fürst die bischöfliche Gewalt in der Markgrafschaft ausübe, eine Hilfskonstruktion, die seit der Reformation in den protestantischen Gebieten galt.

430 LKAN, Superint. Kulmbach, Nr. 191 (Circ. 15. Jan. 1745).

431 Ebd. (Circ. 7. Jan. 1748).

432 PfA Kirchleus, Circularbuch (13. März 1744).

433 LKAN, Superint. Kulmbach, Nr. 191 (Circ. 6. Febr. 1757).

434 Kneule, S. 97f.

435 LKAN, Superint. Kulmbach, Nr. 191 (Circ. 6. Mai 1744).

436 PfA Kirchleus, Kirchenbuch 1673–1799, S. 525ff.

437 Zum Folgenden Heckel, S. 220f.

438 StadtA Bayreuth, Nr. 28 178.

439 Zum Folgenden Heckel, S. 214ff.

440 LKAN, Superint. Kulmbach, Nr. 19 („Acta Beysetzung").

441 LKAN, Superint. Kulmbach, Nr. 220 („Proklamationen").

442 Das sind Urkunden, die das Recht der Versiegelung und Besitznahme beweisen.

443 LKAN, Superint. Kulmbach, Nr. 69 (Acta processualia").

444 LKAN, Superint. Kulmbach, Nr. 270 („Wiederbelebung des Conradi-Tages").

445 LKAN, Superint. Kulmbach, Nr. 191 (Circ. 17. Juli 1743).

446 LKAN, Superint. Kulmbach, Nr. 309 (30. Sept. 1743 „Pietisten").

447 Schornbaum: Herrnhuter, S. 199. In der Brüdergemeinde wurden die verschiedenen Gruppen in „Chören" zusammengefasst: unverheiratete Frauen bzw. Männer, junge Männer bzw. Mädchen, Ehepaare. Diese wohnten dann auch in besonderen Häusern und hatten ihre eigenen Erbauungsstunden.

448 Zum Folgenden: ebd., S. 199–216.

449 AFSt, H C 708 : 47, fol. 1.

450 Ebd., fol. 2.

451 Ebd.

452 Ebd., fol. 3.

453 Guth, Klaus: Konfession und Religion. In: Roth, Elisabeth (Hrsg.): Oberfranken in der Neuzeit bis zum Ende des Alten Reiches. Bayreuth 1984, S. 149–278, hier S. 251.

454 LKAN, Superint. Kulmbach, Nr. 191 (Circ. 15. April 1742).

455 Ebd. (Circ. 18. Juni 1759).

456 Ebd. (Circ. 20. Mai 1753, 6. Aug. 1755).

457 Ebd. (Circ. 19. Febr. 1758).

458 Auf deutsch: „den echten Sinn der heiligen Schrift".

459 Ebd. (Circ. 12. Jan. 1751).

460 Ebd. (Circ. 12. Okt. 1751), ferner Weigelt: Geschichte, S. 347.

461 „Serenissimus" war die Bezeichnung für einen regierenden Fürsten, abgeleitet vom lateinischen Wort „serenus" (heiter).

462 LKAN, Superint. Kulmbach, Nr. 191 (Circ. 12. Jan. 1755).

463 Zum Ganzen: LKAN, Superint. Kulmbach, Nr. 200/IV („Synodal-Acta 1744 und 1751").

464 LKAN, Superint. Kulmbach, Nr. 191 (Circ. 20. April 1755, 5. Aug. 1755).

465 Ebd. (Circ. 15. Jan. 1745).

466 Ebd. (Circ. 20. Mai 1750).

467 Die Kirche St. Walburga zu Benk, die nach einem Brand in den Jahren 1741 bis 1748 neu errichtet wurde, gehörte nicht zur Superintendentur Kulmbach, sondern zu Bayreuth (Hochfürstlich-Brandenburgisch-Culmbacher [...] Address- und Schreibkalender [...] 1745, S. 136). Deshalb wurde sie auch von dem Bayreuther Archidiaconus Johann Michael Ansorg am 1. Mai 1749 geweiht. Hofmann, Helmut (Hrsg.): Evangelisch im Bayreuther Land. Porträt eines Dekanatsbezirkes. Erlangen 1993, S. 125.

468 LKAN, Superint. Kulmbach, Nr. 191 (Circ. 6. Aug. 1755).

469 Thiel: Tagelöhnerssohn.

470 Schmidt, Ferdinand: Seibelsdorf. Beiträge zu einer Orts- und Pfarrgeschichte von Seibelsdorf bei Kronach 1126–1926. Festschrift zur Achthundertjahr-Feier der ältesten Seibelsdorfer Urkunde. Oberlungwitz 1926; Lippert, Karl-Ludwig: Landkreis Stadtsteinach. München 1964 (Bayerische Kunstdenkmale 20), S. 86.

471 Thiel: Hoffmann, S. 8.

472 Zum Folgenden: Meißner, Helmuth: Beiträge zur Geschichte des Kirchenbaus in Trebgast. In: AO 48 (1968), S. 257–270.

473 Gebeßler: Kulmbach, S. 47; Meißner: Katalog, S. 19; Meißner, Helmuth: Aus der Geschichte der Kirche zu Alladorf. Unveröff. Vortragsmanuskript 2001.

474 Meißner: 250 Jahre Markgrafenkirche St. Johannis, S. 26 f.

475 Meißner: Der Einfluß Silchmüllers, S. 59.

476 Schelter, S. 113 f.

477 Hahn, S. 167.

478 Ebd.

479 Gebeßler: Kulmbach, S. 50.

480 Schelter, S. 121 f.

481 Fast alle Angaben zur Lanzendorfer Kirche stammen von Helmuth Meißner.

482 Durst, Gottfried: Pfarrbeschreibung der Kirchengemeinde Nemmersdorf 1913 (Manuskript im PfA Nemmersdorf). S. 13.

483 PfA Nemmersdorf, Kirchenrechn. 1. Jan. bis 31. Dez. 1752.

484 PfA Nemmersdorf, Baurechn. 1. Febr. 1752 bis 31. Jan. 1753.

485 PfA Nemmersdorf, Baurechn. 1. Jan. bis 31. Dez. 1752.

486 PfA Nemmersdorf, Baurechn. 1. Jan. bis 31. Dez. 1753.

487 PfA Nemmersdorf, Baurechn. 1. Febr. 1752 bis 31. Jan. 1753.

488 Schelter, S. 91 f.

489 Fellner, S. 390 f.

490 Thiel: Hoffmann, S. 17 f.

491 Meißner, Helmuth: Der Kanzelaltar in der Kirche zu Nemmersdorf. In: Fellner, Gerhard (Hrsg.): Beiträge zur Ortsgeschichte eines Dorfes im Fichtelgebirge. 1149 Nedemarestorf – 1999 Nemmersdorf. Bayreuth 1999, S. 405 ff. – Meißner stellt die große Ähnlichkeit zum Seibelsdorfer Altar fest, der ebenfalls von Räntz gestaltet wurde.

492 Sitzmann, Karl: Eine Dorfkirche als Kleinod des höfischen Rokoko. In: Heimatbote. Beilage der Fränkischen Presse 2 (1950), Nr. 9.

493 Zum Folgenden Berger.

494 Ein Schuh sind ca. 30 cm.

495 Berger, S. 26.

496 Thiel: Hoffmann, S. 4.

497 Zum Folgenden Berger, S. 35–40.

498 Ebd., S. 50.

499 Ebd., S. 55 ff.

500 Ebd., S. 78 ff.

501 Thiel: Hoffmann, S. 2.

502 Meißner: Katalog, S. 69; Gebeßler: Kulmbach, S. 74 ff.

503 Thiel: Hoffmann, S. 16.

504 Ebd., S. 13 f.

505 Silchmüller: Ein dreyfaches Wort, S. 30.

506 Ebd., S. 39 f.

507 Ebd., S. 40 f.

508 Ebd., S. 44 ff.

509 Sitzmann: Künstler, S. 200.

510 Zum Ganzen Scheiding, S. 3 ff.

511 LKAN, Superint. Kulmbach, Nr. 191 (Circ. 6. Aug. 1755).

512 Die Einbrennsuppe besteht aus Wasser und Salz und Mehl, das ohne Fett etwas geröstet wurde.

513 Schelter, S. 90 f.; Sitzmann: Künstler, S. 259; Thiel: Tagelöhnerssohn.

514 Meißner: Katalog, S. 88.

515 Scheiding, S. 6.

516 LKAN, Superint. Kulmbach, Nr. 191 (Circ. 30. Jan. 1764).

517 Schelter, S. 85 f.; Gebeßler: Kulmbach, S. 11 f.

518 PfA Seibelsdorf, Gotteshausrechnungen 1586 bis 1890.

519 Schelter, S. 89 f.; Meißner: Katalog, S. 82 f.

520 „Liebe Gottes" und „Weisheit Gottes". Nach Matth. 10,16 war die Schlange ein Symbol für „Weisheit" – in der Aufklärungszeit eine besonders geschätzte Tugend, wie die häufige Verwendung des Vornamens „Sophie" zeigt.

521 PfA Seibelsdorf, Gotteshausrechnungen 1586 bis 1890.

522 PfA Kirchleus, Kirchenbuch 1673–1799, S. 519 f.

523 StadtA Bayreuth, Nr. 856 („Chronik des Waisenhauses", § 23). Der Verfasser ist unbekannt.

524 Conferenz-Buch, 1. Juli 1744.

525 Ebd., 15. Juli 1744.

526 Ebd., 29. Juli, 5. August, 12. August 1744.

527 Ebd., 2. Sep. 1744.

528 Ebd., 25. Mai, 8. Juni, 15. Juni 1746.

529 StadtA Bayreuth, Nr. 856 („Chronik des Waisenhauses", § 24).

530 Conferenz-Buch 6. Jan. 1758, 26. Jan. 1759, 9. Mai 1763.

531 Batteiger: Zur Geschichte, S. 227.

532 AFSt, H C 708 : 54, fol. 2.

533 Zum Folgenden: StadtA Bayreuth, Nr. 24529 (Brief Silchmüllers an den Markgrafen).

534 AFSt, H C 708 : 54, fol. 4 f.

535 AFSt, H C 708 : 56, fol. 3.

536 Zum Folgenden: AFSt, H C 708 : 54, fol. 3 f.

537 Weigelt: Geschichte, S. 251, 359.

538 AFSt, H C 708 : 50, fol. 4 f.

539 Meister: Aus dem Konferenzbuche, S. 146; Batteiger: Der Pietismus in Bayreuth, S. 114 f.

540 StadtA Bayreuth, Nr. 24529 (Brief Silchmüllers an den Markgrafen).

541 Simon: Bayreuthisches Pfarrerbuch.

542 StadtA Bayreuth, Nr. 856 („Chronik des Waisenhauses", § 25).

543 Ebd.

544 Conferenz-Buch 5. Jan. 1758.

545 PfA Bayreuth-Stadtkirche, Kirchenbuch der Hofgemeinde Bayreuth, Jg. 1739.

546 AFSt, H C 708 : 73, fol. 1 f.

547 Conferenz-Buch, 5. Januar 1758.

548 Zum Folgenden: Conferenz-Buch, 19./20. Januar 1758.

549 Simon: Bayreuthisches Pfarrerbuch, S. 189.

550 Conferenz-Buch, S. 166 (ohne Datum).

551 AFSt, H C 708 : 87, fol. 1 f.

552 Conferenz-Buch, 26. Jan. 1759.

553 StadtA Bayreuth, Nr. 856 („Chronik des Waisenhauses", § 25).

554 Conferenz-Buch, 9. Mai 1763.

555 Ebd., 3. Sept. 1763.

556 Zum Folgenden Flessa, S. 3 ff.; PfA Kirchleus, Kirchenbuch 1673–1799, S. 522 ff. Dieser Kriegschronik von Pfarrer Fröhlich spürt man an, dass sein Herz für den Preußenkönig schlug.

557 LKAN, Superint. Kulmbach, Nr. 191 (Circ. 30. Juni 1757).

558 Ebd. (Circ. 24. Jan. 1759).

559 Zum Folgenden: LKAN, Superint. Kulmbach, Nr. 74 („Pastoralia").

560 Ebd.

561 Flessa, S. 7.

562 Popp, Ludwig: Leben und Sterben im alten Kulmbach. Diagramm der Tauf-, Trau- und Sterbedaten aus den 350 Jahren von 1550 bis 1900. Kulmbach 1982 (Schriften zur Heimatpflege 29).

563 Flessa, S. 16 ff.

564 LKAN, Superint. Kulmbach, Nr. 191 (Circ. 17. April 1742).

565 Pfeiffer: Superville, S. 155 ff.

566 LKAN, Superint. Kulmbach, Nr. 215.

567 LKAN, Superint. Kulmbach, Nr. 191 (Circ. 30. April 1752, Reskript des Konsistoriums vom 22. März).

568 LKAN, Superint. Kulmbach, Nr. 215 (Brief vom 13. April 1752).

569 LKAN, Superint. Kulmbach, Nr. 191 (Circ. 30. April 1752).

570 Ebd. (Circ. 30. Aug. 1752).

571 Ebd. (Circ. 4. Dez. 1752).

572 Ebd. (Circ. 26. Juni 1764).

573 Krückmann, S. 60 f.

574 Meier-Gesees, Karl: Vor 200 Jahren. Bayreuther Schloß-
brand 26./27. Januar 1753. In: Frankenheimat (Beilage des
Bayreuther Tagblatts) 1950, Nr. 7; Herrmann, S. 66 ff.

575 Büttner, Fritz: Das neue Schloß zu Bayreuth. In: Bayerland
30 (1919), S. 293–295.

576 LKAN, Superint. Kulmbach, Nr. 191 (Circ. 27. Febr. 1753).

577 Ebd. (Circ. 3. Dez. 1753).

578 LKAN, Superint. Kulmbach, Nr. 148 („Schlossbausteuer").

579 Bei dem „Tertius" und „Quartus" handelte es sich um den
Lehrer der dritten und vierten Klasse in der Lateinschule.

580 Die beiden letztgenannten waren Lehrer an den beiden
„teutschen Schulen".

581 LKAN, Superint. Kulmbach, Nr. 191 (Circ. 11. März 1754).
Der Ausdruck „gloria obsequii" ist in seinen Verlautbarun-
gen häufig zu lesen. Er meint: Uns bleibt der Ruhm des Ge-
horsams (ändern können wir nichts).

582 Herrmann, S. 74.

583 Krückmann, S. 69 f.; Herrmann, S. 72, Holle: Geschichte,
S. 148.

584 Meißner: 250 Jahre Markgrafenkirche zu St. Johannis, S. 46.

585 Ebd., S. 36.

586 PfA Kirchleus, Circular-Buch (9. Okt. 1756).

587 Ebd., 3. Nov. 1756.

588 LKAN, Superint. Kulmbach, Nr. 191 (Circ. 3. Dez. 1756).

589 LKAN, Superint. Kulmbach, Nr. 148 („Vermählungssteuer").

590 Schmidt: Bayreuther Markgrafen, S. 64.

591 Aus der Angst vor pietistischen und sonstigen, vom allgemeinen Trend abweichenden Büchern verschärfte der
Markgraf die Zensur: Ohne Genehmigung durfte nichts gedruckt werden. Bei Nichtbeachtung zahlten Autor und
Drucker je 100 Taler Strafe und die Bücher wurden konfis-
ziert. LKAN, Superint. Kulmbach, Nr. 191 (Circ. 13. Jan.
1754).

592 Simon: Evangelische Kirchengeschichte, S. 536.

593 LKAN, Superint. Kulmbach, Nr. 191 (Circ. 9. Dez. 1743).

594 Simon: Evangelische Kirchengeschichte, S. 539 ff.

595 LKAN, Superint. Kulmbach, Nr. 191 (Circ. 12. Jan. 1746 und
öfter).

596 Ebd. (Circ. 14. Juni 1756).

597 Etwa dass die Dächer wegen Brandgefahr nicht mehr mit
Schindeln, sondern mit Ziegeln gedeckt werden müssen.
(LKAN, Superint. Kulmbach, Nr. 191 Circ. 22. Febr. 1750).

598 Ebd. (Circ. 18. Okt. 1758).

599 Piepkorn, Arthur Carl: Die liturgischen Gewänder in der Lutherischen Kirche seit 1555. Marburg 1965 (Ökumenische

600 LKAN, Superint. Kulmbach, Nr. 191 (Circ. 2. Mai 1747,
2. Okt. 1753).

601 Ebd. (Circ. 17. Mai 1762).

602 Verba Testamenti sind die Einsetzungsworte als das zentrale Stück im eucharistischen Hochgebet.

603 Kneule, S. 63.

604 Berger, S. 94 ff.

605 PfA Harsdorf, Akt 160.

606 LKAN, Superint. Kulmbach, Nr. 191 (Circ. 13. Jan. 1754).

607 PfA Seibelsdorf, Generalia I.

608 Silchmüller zitierte häufig diesen Spruch: „Gebete und Tränen sind die Waffen der Kirche."

609 PfA Kulmbach, Kirchenbuch St. Petri 108, S. 124.

610 Ebd., S. 143.

611 AFSt, H C 708 : 50, fol. 1.

612 PfA Kulmbach, Kirchenbuch St. Petri 109, S. 370.

613 LKAN, Superint. Kulmbach, Nr. 191 (Circ. 13. Jan. 1745).

614 Killinger: Den schmerzlichen Verlust seiner innigst gelieb-
testen Tochter.

615 Silchmüller: Wehmüthige Klage.

616 PfA Kulmbach, Kirchenbuch St. Petri 108, S. 155.

617 AFSt, H C 708 : 50, fol. 3.

618 PfA Kulmbach, Kirchenbuch St. Petri 108, S. 29.

619 AFSt, H C 708 : 53, fol. 2 f.

620 Bey dem Hochzeits-Feste des Hochwürdigen [...] Johann
Christoph Silchmüller [...].

621 Silchmüller: Den schmerzlichen Verlust Ihres im Leben
liebgewesenen Herrn Schwagers.

622 PfA Kulmbach, Kirchenbuch St. Petri 108, S. 181.

623 Ebd., S. 193.

624 Ebd., S. 207.

625 PfA Kulmbach, Kirchenbuch St. Petri 109 S. 323.

626 Ebd., S. 105.

627 Ebd., S. 346.

628 Grießhammer: Als S. T. Herr Georg Christoph Oertel; Oertel: Als das Oertel- und Silchmüllersche; am Ende: Daß Tugend und GOttesfurcht.

629 Silchmüller: Bey der Kade- und Silchmüllerschen Ehe-Verbindung.

630 Silchmüller: Bey dem Will- und Silchmüllerschen Hochzeit
Feste.

631 AFSt, H C 708 : 72, fol. 2 f.

632 AFSt, H C 708 : 81, fol. 2 f.

633 PfA Kulmbach, Kirchenbuch St. Petri 109, S. 405.

634 Silchmüller: Thränen der Liebe.

635 Zum Folgenden: StAB C 13 Nr. 3266 I S. 113 ff. („Vier halbe
Höfe zu Haselbrunn").

636 PfA Seibelsdorf, Generalia I (Pastoralbrief vom 13. Jan. 1756).

637 AFSt, H C 708 : 82, fol. 3f.

638 LKAN, Superint. Kulmbach, Nr. 191 (Circ. 30. Juni 1757).

639 Ebd. (Circ. 23. August 1758).

640 Ebd. (Circ. 18. Juni 1759).

641 PfA Kulmbach, Kirchenbuch St. Petri 109 S. 43.

642 Lang: Oratio de Superintendentibus.

643 Pietsch, S. 115, 139.

644 Harleß, Gottlieb Christoph: De praeconum apud Graecos officiis diatribe. Jena 1760, S. 3f.

645 Pietsch,. S. 139.

646 Silchmüller: Die Regungen der Freude Bey der [...] Dorn- und Silchmüllerischen Ehe-Verbindung.

647 Lang: Oratio de Superintendentibus.

648 PfA Kulmbach, Kirchenbuch St. Petri 109, S. 52.

649 Ebd., S. 54.

650 K.: Die beglückte Wahl des Weisen, Suchte Bey der Silchmüller- und Möcklischen Eheverbindung.

651 Simon: Bayreuthisches Pfarrerbuch, S. 316.

652 Lang: Oratio de Superintendentibus.

653 PfA Kulmbach, Kirchenbuch St. Petri 109 S. 216.

654 Simon: Evangelische Kirchengeschichte, S. 510.

655 PfA Kulmbach, Kirchenbuch St. Petri 109 S. 237.

656 PfA Bayreuth-Stadtkirche, Kirchenbuch der Hofgemeinde Bayreuth, Jg. 1764.

657 Nach Lang: Oratio de Superintendentibus.

658 PfA Kulmbach, Kirchenbuch St. Petri 109, S. 72.

659 PfA Bayreuth-Stadtkirche, Kirchenbuch der Stadtgemeinde.

660 Schmidt: Bayreuther Markgrafen, S. 55f.

661 Zum Folgenden Holle: Friedrich Christian, S. 1ff.

662 Ebd., S. 10.

663 Schmidt: Leichen- und Gedächtnisreden, S. 40ff.

664 Silchmüller: Das Rechte, S. 7f.

665 Ebd., S. 10.

666 Ebd., S. 11ff.

667 Ebd., S. 26.

668 LKAN, Superint. Kulmbach, Nr. 191 (Circ. 14. Aug. 1763).

669 Ebd. (Circ. 30. Jan. 1764).

670 Schmidt: Bayreuther Markgrafen, S. 71.

671 StadtA Bayreuth, Nr. 1044.

672 LKAN, Superint. Kulmbach, Nr. 191 (Circ. 5. März 1764).

673 „Castor" ist wohl von dem lateinischen Verb „castigare", das „tadeln, zurechtweisen" bedeutet, abgeleitet. Im klassischen Latein steht „castor" für „Biber".

674 LKAN, Superint. Kulmbach, Nr. 191 (Circ. 5. Juni 1763).

675 Ebd. (Circ. 14. August 1763).

676 LKAN, Superint. Kulmbach, Nr. 38.

677 Ein Klafter sind drei Kubikmeter Holz, ein Simra sind etwa 350 Liter.

678 LKAN, Superint. Kulmbach, Nr. 191 (Circ. 26. Juni 1764).

679 AFSt, H C708 : 82 fol. 4.

680 SBB, F 19,2/27 : 18 fol. 4.

681 Simon: Bayreuthisches Pfarrerbuch. Sein Bruder Johann Gottfried war Silchmüllers Schwager und Pate bei einem Sohn. Beide Brüder wirkten in Neudrossenfeld und führten dort Silchmüllers Katechismus ein. Friedrich Lorenz arbeitete danach in Wunsiedel und Frauenaurach im Sinn des Pietismus.

682 SBB, F 19,2/27 : 18 fol. 3.

683 Notiz Feilers im „Conferenz-Buch" am 17. Juli 1764.

684 SBB, F 19,2/27 : 18 fol. 3. Der lateinische Ausdruck bedeutet „Kirchenlichter".

685 AFSt, H C708 : 102 fol. 1.

686 SBB, F 19,2/27 : 19 fol. 1f.; AFSt, H C 708 : 101 fol. 1f.; AFSt, H C 708 : 102 fol. 2f.

687 SBB, F 19,2/27 : 18 fol. 1; SBB, F 19,2/27 : 19 fol. 3; AFSt, H C 708 : 102 fol. 1 u. ö.

688 Hochfürstlich-Brandenburgisch-Culmbacher [...] Address- und Schreibkalender [...] 1745, S. 136.

689 Zum Folgenden: LKAN, Superint. Bayreuth, Nr. 160.

690 Nova Acta Historico-Ecclesiastica, S. 239–258.

691 StAB, C 7/VIII, Nr. 2460.

692 Neuvermehrtes Brandenburgisch-Bayreuthisches Gesang- und Gebet-Buch, S. 2f.

693 Ebd., S. 4.

694 PfA Harsdorf, Akt 160.

695 Hahn, S. 167f.

696 In Kapitel 3.8. wurde darüber berichtet.

697 Meißner: Katalog, S. 45f.

698 Zum Folgenden: LKAN, Superint. Bayreuth, Nr. 484 (Kirche Bindlach).

699 Schelter, S. 61f.; Sitzmann: Die schönste Markgrafenkirche.

700 LKAN, Superint. Bayreuth, Nr. 484.

701 Sitzmann: Die schönste Markgrafenkirche.

702 Schelter, S. 61f.

703 Sitzmann: Die schönste Markgrafenkirche; Thiel, Heinrich: Studien zur Entwicklungsgeschichte der Markgrafenkirchen. Kulmbach 1955 (Die Plassenburg 9), S. 64f.

704 Kröll, Joachim: Geschichte des Marktes Weidenberg. Weidenberg 1967, S. 111.

705 Sitzmann: Künstler, S. 597; Gebeßler: Bayreuth, S. 142; Schelter, S. 321.

706 Zum Folgenden Holle: Friedrich Christian, S. 16ff.

707 Ebd., S. 36ff.

708 Friedrich der Große: Brief an den Markgrafen Friedrich Christian am 21. April 1766. In: Archiv für Geschichte und Alterthumskunde des Ober-Main-Kreises 1, 1 (1831), S. 68–71.

709 PfA Kirchleus, Circular-Buch, 11. Januar 1766.

710 Holle: Friedrich Christian, S. 41 ff.

711 Ebd., S. 49 ff.

712 Zum Folgenden: PfA Kirchleus, Kirchenbuch 1673–1799, S. 532 ff.; Holle: Geschichte, S. 15 ff.

713 PfA Kirchleus, Circular-Buch, 2. Mai 1771.

714 Ebd., 29. Mai 1771.

715 Ebd., 11. Dezember 1771.

716 PfA Kirchleus, Kirchenbuch 1673–1799, S. 532 ff.

717 Conferenz-Buch 22. Jan. 1766, 20. Febr. 1766.

718 Ebd., 9. Mai 1767.

719 Ebd., 22. Sept. 1767, 2. Nov. 1767.

720 Ebd., 11. Mai 1769.

721 Ebd., 20. Febr. 1766.

722 Ebd., 11. Mai 1767.

723 Ebd., 7. Sept. 1767.

724 Ebd., 2. Nov. 1767.

725 Ebd., 11. Mai 1767.

726 Ebd., 2. Nov. 1767.

727 Ebd., 22. Sept. 1767. Die Krätze wird durch Milben hervorgerufen, die sich durch dünnere Hautstellen bohren und Gänge fressen. Es entstehen Ekzeme, Eiterbläschen und Grinde, die stark jucken. Durch Kratzen gelangen die Milben an andere Stellen der Haut. Der Erbgrind wird durch Pilze verursacht, die durch die Haut in die Kopfhaut dringen. Dadurch entstehen modrig riechende Grinde. Der Erbgrind war damals kaum zu heilen.

728 Ebd., 14. Sept. 1767.

729 Ebd., 31. Aug. 1767.

730 „Instruction" an den Ökonomie-Inspektor § 22.

731 Zum Folgenden: StadtA Bayreuth, Nr. 856 („Die ewig während Güte und Hülfe des HErrn").

732 StadtA Bayreuth, Nr. 856 („Chronik des Waisenhauses" § 28).

733 StadtA Bayreuth, Nr. 856 („Instruction" I. § 1).

734 Ebd. („Instruction" II. § 10 f.).

735 StadtA Bayreuth, Nr. 856 („Chronik des Waisenhauses" § 29).

736 Ebd., § 32.

737 StadtA Bayreuth, Nr. 856 („Plan, wie die Erziehungs-Anstalten dahier zu Bayreuth unter Combinirung mit dem Wayßen-Hauß- Institut herzustellen und zu unterhalten seyn" 7. Mai 1776).

738 StadtA Bayreuth, Nr. 856 („Chronik des Waisenhauses" § 36).

739 StadtA Bayreuth, Nr. 856 („Erlass des Markgrafen Alexander").

740 StadtA Bayreuth, Nr. 856 („Instruction").

741 StadtA Bayreuth, Nr. 856 („Chronik des Waisenhauses" § 37).

742 StAB, C 14, Nr. 6.

743 Satzung der Provinzialwaisenhausstiftung von 1997.

744 StadtA Bayreuth, Nr. 26816.

745 Künneth war der führende Vertreter der Aufklärung in Bayreuth und nach Friedrich Adam Ellrod der Superintendent.

746 UB Bayreuth, Sammlung von (meistens Baireuthischen) Funeralien, Bd. 1.

747 PfA Bayreuth-Stadtkirche, Kirchenbuch der Stadtgemeinde.

748 Nathanael war ein Jünger des Herrn, von dem dieser sagte, er sei „ein rechter Israelit, in welchem kein Falsch ist" (Joh. 1, 47).

749 Lang: Oratio de Superintendentibus, S. 40 f.

750 Krausold, S. 290.

751 Ebd., S. 289.

752 Thomasius: Das Wiedererwachen, S. 7.

753 Simon. Evangelische Kirchengeschichte, S. 554 f.

754 Man erkennt das beim Vergleich der Abendmahlslisten z. B. von 1750 und 1810. Auch die Gaben für die Kirche verminderten sich stark, so dass die Restschulden von den Kirchenneubauten nur noch dadurch bezahlt werden konnten, dass man Kirchengrundstücke veräußerte.

755 Pietsch, S. 90 ff.

756 Kneule, S. 72 ff.

757 Roepke, Claus-Jürgen: Die Protestanten in Bayern. München 1972, S. 262 f., 271.

758 Bayerische Rundschau vom 13. 11. 1900.

759 Roth, S. 691 ff.

760 Lehmann, Jakob: Literatur und Geistesleben. In: Roth, Elisabeth (Hrsg.): Oberfranken in der Neuzeit bis zum Ende des Alten Reiches. Bayreuth 1984, S. 279–375.

761 Kantzenbach: Theologie, S. 247 f.

762 Wölfel, Dieter: Die Evangelische Kirche. In: Kraus, Andreas (Hrsg.): Handbuch der bayerischen Geschichte. Bd. 3, 1: Geschichte Frankens bis zum Ausgang des 18. Jahrhunderts. Begründet von Max Spindler. 3. Aufl. München 1997, S. 782–844, hier S. 816.

763 Weigelt: Geschichte, S. 225 ff. und 342 ff.

Register

Abbildungsnachweis

Archiv der Brüder-Unität, Herrnhut: S. 21, 40, 86, 140
Archiv der Franckeschen Stiftungen, Halle: S. 14, 15, 25, 26, 48,
    69, 79, 85, 175 (Fotos: Klaus E. Göltz, Halle [14, 69, 85],
    Peter Kühn, Dessau [48], Werner Ziegler, Halle [26])
Bayerische Staatsbibliothek, München: S. 80
Bayerische Verwaltung der staatlichen Schlösser, Gärten und
    Seen (Neues Schloss Bayreuth): S. 101
Achim Bühler, Mainleus: S. 32, 39, 46, 52, 54, 56, 65, 66, 67,
    83, 102, 106, 110, 129, 130, 133, 143, 144, 145, 146, 150,
    151, 152, 153, 155, 156, 158, 159, 160, 161, 163, 164, 167,
    171, 181, 183, 184, 185, 191, 207, 209, 213, 214, 216, 217,
    218, 219, 220, 221, 223, 224, 227, 232
Fränkische Lebensbilder, Bd. 8. Würzburg 1978: S. 114
Herzogin-Anna-Amalia-Bibliothek, Weimar: S. 81
Historisches Museum der Stadt Bayreuth: S. 34, 100, 203, 225
    (Foto: Wilfried Engelbrecht, Bayreuth)
Gerhard Schott (†): S. 121, 125
Stadtarchiv Wasungen: S. 8, 9
Eike Uebe, Kulmbach: S. 147, 148, 149, 168
Universitätsbibliothek Erlangen-Nürnberg: S. 57, 59, 77, 97, 117,
    197, 198, 205